高等院校经管类『十三五』规划教材

国际贸易理论与实务

主编 朱金生 叶海燕

副主编 吕杜 毛在丽 孙艳琳 柳哲

Theory and Practice
of International Trade

武汉大学出版社

WUHAN UNIVERSITY PRESS

图书在版编目（CIP）数据

国际贸易理论与实务/朱金生,叶海燕主编.—武汉:武汉大学出版社,
2019.8
高等院校经管类"十三五"规划教材
ISBN 978-7-307-20968-8

Ⅰ.国⋯　Ⅱ.①朱⋯　②叶⋯　Ⅲ.①国际贸易理论—高等学校—教材
②国际贸易—贸易实务—高等学校—教材　Ⅳ.F740

中国版本图书馆 CIP 数据核字（2019）第 109275 号

责任编辑:唐　伟　　责任校对:李孟潇　　版式设计:韩闻锦

出版发行:**武汉大学出版社**　（430072　武昌　珞珈山）
　　　　　（电子邮箱:cbs22@ whu.edu.cn 网址:www.wdp.com.cn）
印刷:湖北民政印刷厂
开本:787×1092　1/16　印张:25.75　　字数:595 千字　　插页:1
版次:2019 年 8 月第 1 版　　2019 年 8 月第 1 次印刷
ISBN 978-7-307-20968-8　　　　定价:59.00 元

前　言

国际贸易理论与实务是我国国际贸易专业的学科基础课，也是专业必修课，教材的使用需求量很大。国际贸易专业自 20 世纪 90 年代以来就一直是高校招生和就业的热门专业。根据相关统计，目前我国设有国际贸易专业的普通本科院校、高等职业院校、中等职业学校有 1000 多所。正是由于上述现实需要，近年来，全国不少高校除了积极引进翻译国外的原版教材外，也自编了一些相关教材。这些教材的出版，对于推动国际贸易理论与实务课程的教学和研究具有重要的作用。但总的说来，由于国际贸易的理论与实务发展十分迅速，加之本学科的教学与研究在我国历史不长，因此，课程内容体系一直在不断调整和完善之中，学科体系和研究方法等尚待进一步探索。通过比较国内外相关教材，我们认为现有教材虽各有所长，但在体系的完备性、理论与实践的结合、内容的新颖性和可读性方面难以满足新形势下不同人才层次的培养需要。为此，编写一本能够反映国际贸易发展最新动态，能将理论和实践更好地结合，重视实践性和应用性，信息量大，可读性高，通俗性强，并能体现最新教学手段的教材就成为一项非常迫切的任务。

本教材的特色主要体现在以下几个方面：

1. 重视理论性、应用性和新颖性的结合。在理论上，努力反映新的学术前沿成果。除了介绍古典和新古典国际贸易理论外，还对当代国际贸易理论进行了充分的诠释；除了介绍重商主义、幼稚产业保护理论、超贸易保护主义的基本内容外，还对新贸易保护主义做了较深入的解析；在国际贸易政策和秩序方面，增加了中国"一带一路"倡议、美国次贷危机、欧洲债务危机、英国脱欧、特朗普新政对全球贸易的影响分析。在应用性方面，紧扣当前国际贸易实践的主流线索，沿着国际贸易方式（增加了对新型跨境电子商务模式的介绍）、贸易术语、合同的标的（商品的名称、质量、数量和包装）、商品的运输及保险、进出口商品的价格、货款的支付结算、争议的预防与处理、交易磋商、合同订立和履行的逻辑路径，循序渐进地讲解国际贸易实践活动中所涉及的具体应用知识。

2. 强化教材的可读性和通俗性。通过在章节中穿插大量的案例导入、小提示、知识链接等，加深学生对抽象的理论和实务知识的消化理解，增强可读性、通俗趣味性和知识拓展性。

3. 突出 21 世纪人才的"能力培养"和"创新教育"。在本教材每章结束后安排相应练习题，引导学生对本章中的一些重点和难点问题的复习；通过这些题目强化学生对国际贸易理论与实务中涉及的一些基础知识和综合知识的理解，提高其综合分析、判断和决策能力。

　　本书在内容安排上，分为上、下二编共十五章：上编——国际贸易理论与政策，下设七章。第一章——国际贸易概述（叶海燕编写）；第二章——古典国际贸易理论（叶海燕编写）；第三章——新古典国际贸易理论（叶海燕编写）；第四章——当代国际贸易理论（叶海燕编写）；第五章——贸易保护主义（毛在丽编写）；第六章——国际贸易政策（毛在丽编写）；第七章——国际贸易秩序（毛在丽编写）。下编——国际贸易实务，分八章。第八章——国际贸易方式（吕杜编写）；第九章——国际贸易术语（吕杜编写）；第十章——商品的名称、质量、数量和包装（吕杜编写）；第十一章——国际货物运输与保险（吕杜编写）；第十二章——进出口商品的价格（朱金生编写）；第十三章——国际贸易货款的支付结算（朱金生编写）；第十四章——争议的预防与处理（朱金生编写）；第十五章——交易磋商、合同订立和履行（朱金生编写）。

　　全书由武汉理工大学经济学院的朱金生教授和叶海燕副教授共同负责编写大纲的拟定、总纂和定稿。武汉华夏理工学院国贸与金融系的吕杜老师、毛在丽老师负责校稿。

　　本书的顺利出版首先要感谢武汉大学出版社的大力支持！同时，在该教材的资料收集和整理中，得到了武汉理工大学经济学院国际商务专业研究生肖慧敏、董心怡等同学的协助，武汉理工大学经济学院的孙艳琳老师、柳哲老师也对教材的编写提出了一些宝贵的建议，在此一并表示感谢！

　　本书在编写过程中，参考了大量同行专家的著作、教材和其他文献资料，在此表示谢意！由于时间和水平有限，疏漏之处在所难免，欢迎广大读者批评指正。

编　者

2019 年 8 月

目　　录

上编　国际贸易理论与政策

上 编

国际贸易理论与政策

第一章　国际贸易概述

☞【学习目标】

学习完本章后，你应该能清楚地知道：

(1) 国际贸易的发展历程；

(2) 当代国际贸易所呈现的发展趋势；

(3) 对外贸易在一国发展中的地位和作用；

(4) 国际贸易的概念及分类；

(5) 考察一个国家的对外贸易需要从哪些指标入手。

第一节　国际贸易的产生与发展

☞【案例导入】

　　1970 年，加纳与韩国的生活水平大致相同。当年加纳的人均国内生产总值为 250 美元，韩国为 260 美元。到了 1992 年，情况发生了极大的变化。韩国的人均国内生产总值达 6790 美元，而加纳仅为 450 美元，这反映出两国完全不同的经济增长率。1968—1988 年间，加纳的年均国内生产总值增长率仅为 1.5%，而 1980—1992 年仅为 0.1%。相反，1968—1992 年，韩国的年均国内生产总值增长率高达 9%。

　　加纳于 1957 年获得独立，是英国在西非的殖民地中最早获得独立的国家。加纳拥有适宜的气候、肥沃的土壤和便利的海运航线，这一切都决定了它在可可生产方面具有绝对优势。简单地说，它是世界上最适于种植可可的地方。在 1957 年时，加纳是世界上最大的可可生产国和出口国。此后，新独立的国家政府并不鼓励本国的生产商参与国际贸易，创立了一个由国家控制的可可推销委员会，它有权确定可可的价格，并且被指定为加纳生产的所有可可的唯一购买者。然而，在 7 年的时间里，加纳的可可生产和出口锐减了 1/3 以上。与此同时，加纳政府依靠国有企业建立国家工业基础的努力宣告失败。结果，加纳出口收入的减少使本国经济陷入衰退，外汇储备下降，这严重限制了该国购买必要进口产品的能力。加纳这一当年非洲最繁荣的国家之一逐渐变成了现在世界上最贫穷的国家之一，这无疑是一场灾难。

　　与加纳不同，韩国政府强调对制成品的进口设置低障碍，并采取刺激措施鼓励韩国公司开展出口贸易。从 20 世纪 50 年代后期开始，韩国政府逐渐将进口关税的

3

平均水平从进口产品价格的 60% 降低到 20 世纪 80 年代中期的 20% 以下，并将大多数非农产品的进口关税降为零。此外，受配额限制的进口产品的数目也从 50 年代后期的占进口产品总数目的 90% 以上减少到 80 年代初的零。同时，韩国政府给出口商的补贴也从 50 年代后期的占销售价格的 80% 逐渐下降到 1965 年的不到 20%，到 1984 年则不给补贴。除在农业部门（农业部门的游说集团强烈要求对农产品施行进口限制）以外，韩国的贸易政策逐渐向自由贸易方向发展。

韩国的经济也发生了巨大的转变。最初，韩国的资源从农业转向劳动密集型的制造业，特别是纺织、服装和制鞋业。韩国拥有充足、廉价而又受过良好教育的劳动力，这是它能在劳动密集型的制造业领域里建立比较优势的基础。20 世纪末，随着劳动力成本的提高，韩国经济已开始向资本密集型的制造业领域发展，特别是汽车、航空、家用电器和先进材料等领域，这一切都给韩国带来了巨大的变化。20 世纪 50 年代后期，韩国 77% 的劳动力都就业于农业部门，进入 21 世纪以来，这个比例已降至 20% 以下。同时，制造业在国内生产总值中所占的比例从不到 10% 增长到 30% 以上，该国国内生产总值的年均增长率超过 9%。

从上面这个案例中我们可以清楚地看到，在 20 世纪 70 年代经济处于同样不发达水平的加纳和韩国由于对待国际贸易的态度和政策不同，而在 20 多年后经济发展命运大相径庭，国际贸易的重要作用可见一斑。

☞ 思考：

什么是国际贸易？国际贸易是如何产生和演变的？国际贸易的作用如何？世界各国积极开展国际贸易的原因有哪些？

一、国际贸易的概念

国际贸易（international trade）是指不同国家（或地区）之间的商品和劳务的交换活动，是不同国家之间分工的表现形式，反映了世界各国之间的相互依赖关系。

作为商品交换的一种特殊形式，国际贸易实现了商品和劳务的国际转移，它由进口贸易（import trade）和出口贸易（export trade）两部分组成，故国际贸易也称为进出口贸易（import and export trade）。如果从单个国家（或地区）的角度来看，一个特定的国家（或地区）同其他国家（或地区）之间进行的商品交换活动，称为该国的对外贸易（foreign trade）；如果从国家与国家之间的角度来看，这种交换活动就称为国际贸易。

随着世界范围内经贸关系的扩大，国际贸易的内涵也在不断发展。在第二次世界大战以前的一段相当长的时间里，国际贸易主要是以有形商品为主，不同国家间的货物贸易一直是各国之间经济联系的唯一形式，即使在今天，有形商品贸易也仍然是国际经济与贸易活动的主体。但是随着有形商品交换规模扩大的需要，各国之间资本流动的规模显著增加，科学技术成果广泛传播，人员流动日益频繁，形成了错综复杂的国际经济交往，导致世界范围内的无形贸易迅速增加，使得国际贸易的内涵与外延也在进一步丰富和扩展。一般来说，我们把国家间有形商品的交换称为狭义的国际贸易，而把包括商品和劳务交换在内的国际贸易称为广义的国际贸易。

二、国际贸易的产生

早在公元前3500年前后，跨区域的贸易就开始出现。国际贸易是人类社会生产力发展到一定阶段的产物。国际贸易的产生必须同时具备两个基本条件：一是生产力发展到一定水平，有可供各国之间交换的剩余产品；二是社会分工的扩大和社会经济实体即国家的存在。从根本上说，社会生产力的发展和社会分工的扩大是国际贸易产生和发展的基础。

在原始社会初期，人类处于自然分工状态，生产力水平极度低下，劳动成果仅能维持群体最基本的生存需要，没有可以用做交换的剩余产品，没有国家和阶级，也就不存在国际贸易。第一次社会大分工，即畜牧业与农业之间的分工，推动了社会生产力的发展，部落之间出现了原始的物物交换。手工业和农业相分离的第二次社会大分工，逐渐产生了直接以交换为目的的商品生产以及以货币为媒介的商品流通。私有财产和阶级的产生与商品流通的扩大，引起了第三次社会大分工，产生了专门从事商品交换的商人。商品流通的发展极大地推动了生产力的发展，使人类的劳动可以产生越来越多的剩余产品，这反过来又促进交换与分工的发展。到原始社会末期、奴隶社会初期，阶级和国家相继形成，商品流通开始超越国界，从而产生了国际贸易。

三、国际贸易的历史演变

（一）资本主义生产方式下国际贸易的发展

国际贸易虽然有着悠久的历史，但其真正具有世界性质还是在资本主义生产方式确立起来之后。资本主义社会的国际贸易分为资本主义生产方式准备时期、资本主义自由竞争时期和垄断资本主义时期的国际贸易。在资本主义生产方式的推动下，国际贸易急剧扩大，国际贸易范围波及全球，商品交换种类日益增多，国际贸易成为影响世界经济发展的一个重要因素。

1. 资本主义生产方式准备时期的国际贸易

资本主义生产方式虽然萌芽于14—15世纪西欧的一些城市中，但资本主义的发展却是从16世纪开始的，16—18世纪是西欧各国封建制度的瓦解时期，也是资本原始积累和资本主义工场手工业的大发展时期。在这一时期，由于欧洲城市的不断兴起，城市手工业得以迅速地发展，商品经济取得了很大的进步，这一切为国际贸易的发展提供了物质基础。这一时期的地理大发现、殖民制度的建立以及海外贸易公司的出现更是使得国际贸易的范围和规模空前扩大。

地理大发现使欧洲人沿着通往亚洲和美洲的新航线大力开展海外贸易，加速了资本的原始积累，促使世界市场的形成。地理大发现的结果使西欧国家纷纷走上了向亚洲、非洲和拉丁美洲扩张的道路，开始了殖民制度和血腥的资本原始积累。在西欧海上强国开展的以地球为战场的商业贸易掠夺中，广大殖民地国家被卷入国际贸易中，这又极大地扩大了世界贸易的疆域，印度洋、东南亚的群岛和半岛以及大西洋等都被包括进来，世界贸易的规模也随之急剧增加。海外贸易公司是英国、荷兰等国为争夺殖民地贸易的独占权而成立的由政府发给特许证的垄断性公司，这些公司分别专门从事与某一地区的对外贸易。

随着商业国的兴衰，国际贸易中心几度转移。14—15世纪，南欧的贸易中心是意大利北部的一些城市，如威尼斯、热那亚；北欧的贸易中心是波罗的海和北海沿岸的汉萨同盟的一些城市，如汉堡、吕贝克等。到15世纪末16世纪初，葡萄牙的里斯本、西班牙的塞维尔、荷兰的阿姆斯特丹、英国的伦敦，先后成为繁荣的国际贸易港口。这一时期国际贸易的商品除奢侈品、贩卖的非洲黑奴外，工业原料和城市消费品的比重开始增加，国际贸易比奴隶社会和封建社会有了很大发展，但由于资本主义机器大工业尚未建成，交通工具还不完善，国际贸易的规模、范围和商品品种均受到一定限制。这一时期的国际贸易既表现出了开拓性，也表现出了掠夺性。

2. 资本主义自由竞争时期的国际贸易

资本主义自由竞争时期是指从18世纪60年代英国发生工业革命开始到1873年爆发世界经济危机为止，也是资本主义制度的确立和发展时期。在这一时期，英国率先完成了工业革命，以蒸汽机为代表的科学技术获得了惊人的发展。之后，法国、德国、美国等国家也相继完成了工业革命，建立起了机器大工业，社会生产力得到了空前大发展，最终确立了资本主义生产方式。一方面，在资本主义生产方式下，机器大生产使社会生产力空前提高，社会产品大量增加，商品经济迅速发展，为国际贸易的发展奠定了物质基础。另一方面，机器大工业迅速发展使交通运输工具也有了突飞猛进的发展，如火车代替马车、轮船代替帆船，使得载运量大大增加，运输的时间与距离大为缩短，从而为国际贸易的发展提供了广阔的世界市场。

这一时期的国际贸易在各方面都发生了显著的变化，具有如下特点。

首先，国际贸易量增长迅速，商品种类越来越多，商品结构不断变化。1720—1800年的80年间，国际贸易量总共只增长了1倍。而1800—1880年的80年间，国际贸易量增长了13倍多，其增长速度超过了世界生产的增长速度。同时，国际贸易商品种类中出现了许多新商品，如织布机、纺织机、船舶、机床等各种生产工具。随着商品产量和数量的增多，这一时期的大宗商品，如香料、茶叶、丝绸、咖啡等，虽然绝对量有所扩大，但所占的份额却逐步下降，取而代之的是纺织品贸易迅速增加，且占据着优势地位。此外，棉花、羊毛、煤炭、钢铁、石油等工业制品和原料也成为大宗交易商品。

其次，英国成为国际贸易中心，整个世界贸易被英国、法国、德国、美国、俄国等几个主要资本主义国家垄断。在资本主义自由竞争时期，殖民地日益成为资本主义宗主国的销售市场和原料来源地，形成了不合理的国际分工，国际贸易中的斗争也日趋激烈。英国是工业革命的先驱，倚仗工业革命所造就的雄厚技术基础，取得了世界工业的霸权地位，成为"世界工厂"。工业上的霸权带来商业上的霸权，1880年，这五个国家的贸易额占国际贸易总额的54.9%，其中英国在国际贸易中的比重达20.8%，是世界上最大的贸易国。

最后，国际贸易方式有了进步，国际贸易组织机构纷纷建立，国家之间的贸易条约关系也逐渐发展起来。随着贸易规模的扩大，一方面，国际贸易的组织机构日趋专业化，出现了许多专门经营某一种或某一类商品的贸易企业，商品交易所、样品展览会等期货交易方式逐步取代了现场看货交易。另一方面，运输业、保险业、银行业等在国际贸易中也得到广泛运用，出现了专门的运输公司、保险公司等，国际信贷关系也逐步发展起来，各种票据如汇票等开始广泛流行。此外，为了保持在世界市场上占有的份额、稳定贸易渠道、协调国家之间的贸易关系或争取到贸易国的优惠待遇，国家之间开始签订贸易条约，通过贸易条约来规定缔约国双方在贸易、航海、商品进出口、转口和关税等问题上的权利与义务。协议形式的贸易协定的普遍发展也保障了各国的贸易利益，使国际贸易能够迅速稳定地发展。

3. 垄断资本主义时期的国际贸易

19世纪70年代以后，资本主义的自由竞争逐渐向垄断资本主义过渡，到19世纪末20世纪初，资本主义发展到帝国主义阶段。在这个时期，一方面，人类历史上发生了具有重要意义的第二次科技革命，人类由此从蒸汽时代进入电气时代。新的科技成果被广泛应用于生产，电的发明、新的炼钢法和内燃机的发明及应用等大大加快了钢铁工业、电力工业的发展，使世界工业生产成倍增长。科技和工业的发展促进了交通运输业的发展，铁路运输的普及、海运航速的加快和运费的降低，为进一步扩大资本输出、开拓销售市场、掠夺原料创造了有利条件。另一方面，主要资本主义国家的对外贸易被为数不多的垄断组织控制，它们决定了一国对外贸易的地理方向和商品构成。垄断组织输出巨额资本，用来扩大商品输出的范围和规模。在国际贸易中，垄断组织通过垄断价格，不断扩大不等价交换；垄断组织把资本输出和商品输出直接结合起来，加重了对殖民地、附属国的掠夺，而且其全部经济都被卷入错综复杂的国际经济联系中，形成了资本主义的世界经济体系。此外，各主要资本主义国家之间的竞争更趋激烈，由于资本主义内在矛盾的加剧和帝国主义国家之间为重新瓜分世界市场而进行的斗争更趋尖锐化，世界上先后发生了五次世界性经济危机，并且爆发了两次世界大战，使世界资本主义经济接连遭受重创。

在这一时期，国际贸易也出现了一些新的变化。首先，国际贸易的规模虽然仍在扩大，但增长速度较自由竞争时期相对减缓。国际贸易量在1840—1870年增长了3.4倍，在1870—1900年只增长了1.7倍，在1900—1914年仅增长62%。1914—1945年两次世界大战期间，国际贸易的增长几乎停止。其次，英国的垄断地位开始动摇并呈现下降趋势，垄断集团开始对国际贸易产生重大影响。由于生产和资本的高度集中，垄断组织不仅控制了国内的生产和流通，而且控制了各国的对外贸易，通过垄断价格国际贸易成为垄断组织追求最大利润的手段，在对外贸易中获取超额利润。最后，为了确保原料的供应和对市场的控制，一些主要资本主义国家的垄断组织开始向殖民地输出资本。1862年资本主义国家海外投资总额仅为20亿美元，1900年增加到200亿美元，1913年增加到440亿美元，是1862年的20多倍。资本输出不仅带动了本国商品的出口，而且成为垄断组织掠夺、控制原料和奴役殖民地的重要工具，同时也是垄断组织争夺国际市场的有力手段。

（二）当代国际贸易的发展

第二次世界大战以后，世界经济和政治格局发生了巨大变化，资本输出迅速增长，国际贸易取得了较大发展。在世界贸易中出现了社会主义国家和一大批政治上独立的发展中国家，但是资本主义经济体系的国家仍是国际贸易的主体，而且有上升的趋势。国际贸易的蓬勃发展刺激了国际服务贸易，并且带动了国际投资，进一步促成了与资本主义经济相适应的国际货币体系。与世界经济发展相适应，当代国际贸易在快速发展的同时，呈现出一些新的特点。

第一，国际贸易步入新一轮高速增长期，贸易对经济增长的拉动作用愈加明显。从1950年到2000年的50年中，全世界的商品出口总值从约610亿美元增加到61328亿美元，增长了100多倍。即使扣除通货膨胀因素，实际商品出口值也增长了15倍多，远远超过了工业革命后乃至历史上任何一个时期的国际贸易增长速度。而且，世界贸易实际价值的增长速度（年平均增长6%左右）超过了同期全球实际国内生产总值的增长速度（年平均增长3.8%左右）。这意味着国际贸易在各国国内生产总值中的比重不断上升，并且导致世界各国的外贸依存度不同程度的提高，国际贸易在现代经济中的地位越来越重要。全球贸易的高速增长既是科技进步、生产力提高、国际分工深化的共同结果，同时它又促进了世界生产。

第二，发达国家继续在国际贸易中占据主导地位，同时发展中国家在国际贸易中的地位有所加强，国际贸易已从发达国家垄断的时代逐步转变为各国相互合作、相互竞争的时代。第二次世界大战后，许多发展中国家纷纷独立，越来越多的国家参与到国际贸易中来，各种类型国家的对外贸易都有了不同程度的增长。其中，增长最迅速的是发达资本主义国家之间的贸易，在世界贸易地区分布中，发达资本主义国家所占比重1950年为60.8%，1985年为65.5%，1999年为72.5%。更重要的是，发达国家通过开展区域贸易合作和控制多边贸易体制来主宰国际贸易秩序，并在国际交换中获得了大部分贸易利益。但是，发展中国家与发达国家之间的贸易总规模还是在不断扩大的，进入21世纪以来一些新兴工业化国家和地区的贸易、分工地位在不断提高。根据世界贸易组织的统计①，2016年亚、欧、北美三大洲的货物贸易额占了全球货物贸易总额的88%，而发展中国家的货物贸易额占世界货物总贸易额的比重是41%。表1.1是2016年世界货物贸易排名，从中可以看出中国在货物出口上已超越美国排名世界第一，在货物进口方面排名世界第二，同时排名前十的国家或地区的贸易额占据了世界贸易总额的一半以上。

第三，国际贸易的商品结构升级，新商品不断涌现，服务贸易和技术贸易发展方兴未艾。世界经济在国际贸易的不断发展中迅速繁荣起来，必然刺激国际交易的商品向更高层次发展以满足消费水平的提高。在制成品贸易中，各种制成品的相对重要性有了变化，制造品特别是机器和运输设备及其零部件的贸易增长迅速，而纺织业、服装业和其他几类轻工业产品的比重则显著下降，制成品贸易呈现出从消费品贸易转向资本品贸易

---

① 数据来自世界贸易组织官网，international trade statistics 2016，http://www.wto.org/english/res_e/statis_e/its2013_e/its13_toc_e.htm。

的变化趋势。工业制成品在国际贸易中所占的比重超过初级产品所占比重。燃料在初级产品贸易中所占的比重急剧上升，石油贸易增长迅猛，而原料和食品贸易则发展缓慢，石油以外的初级产品在国际贸易中所占的比重下降。伴随着各国产业结构的优化升级，全球服务贸易发展迅猛，规模不断扩大。在行业结构上，服务贸易日益向金融、信息、技术、咨询、通信等新兴服务业倾斜；在地区分布上，由于这类新兴服务业均需要密集的资本与技术，因此发达国家在服务贸易中占据优势。高新技术产品在国际贸易中日益占有重要地位，技术贸易等无形贸易及军火贸易迅速增长。

表 1.1　　　**2016 年世界货物贸易主要出口国家或地区与进口国家或地区排名**①

世界货物出口				世界货物进口			
排名	国家或地区	出口额（十亿美元）	占世界货物总出口额比重（%）	排名	国家或地区	进口额（十亿美元）	占世界货物总进口额比重（%）
1	中国	2098	13.2	1	美国	2251	13.9
2	美国	1455	9.1	2	中国	1587	9.8
3	德国	1340	8.4	3	德国	1055	6.5
4	日本	645	4.0	4	英国	636	4.8
5	荷兰	570	3.6	5	日本	607	3.9
6	中国香港	517	3.2	6	法国	573	3.5
7	法国	501	3.1	7	中国香港	547	3.4
8	韩国	495	3.1	8	荷兰	503	3.1
9	意大利	462	2.9	9	加拿大	417	2.6
10	英国	409	2.6	10	韩国	406	2.5

第四，贸易投资一体化趋势明显，跨国公司对全球贸易的主导作用日益增强。在经济全球化的推动下，生产要素特别是资本在全球范围内更加自由地流动，跨国公司通过在全球范围内建立生产和营销网络，推动了贸易投资一体化，并对国际经济贸易格局产生了深刻影响。跨国公司是当代国际贸易发展的主要推动器，跨国公司内部贸易在国际贸易中的份额不断扩大。跨国公司的迅猛发展推动了科学技术的发展，促进了国际分工的深化，加速了国际贸易的发展。跨国公司在促进国际贸易发展的同时，还对贸易商品的结构和贸易流向等产生了重大影响。

第五，各种类型国家间的区域贸易组织层出不穷，全球范围的区域经济合作势头高涨，经济贸易集团内部各成员之间的贸易发展也十分迅速。随着第二次世界大战后国际竞争程度的日益加剧，世界主要贸易国为保持其在全球市场上的竞争力，不断寻求与其

---

①　数据来自世界贸易组织官网，international trade statistics 2016, http://www.wto.org/english/res_e/statis_e/its2013_e/its13_toc_e.htm。

他国家联合，通过优惠贸易安排、自由贸易区、关税同盟、共同市场等不同方式组建区域贸易集团，实现区域内贸易自由化。20 世纪 90 年代以后，区域经济合作不断加深，贸易集团化步伐进一步加快，区域内贸易日益活跃和扩大。2013 年全球贸易总额中有 60% 以上发生在区域贸易协定成员之间，国际贸易量的增长在很大程度上是建立在区域集团内部贸易快速发展的基础上的，区域集团内部贸易正改变着世界贸易的版图①。截至 2017 年 6 月 30 日，向关贸总协定和世界贸易组织通报的区域贸易协定已有 445 个，其中 279 个已生效②。

第六，贸易自由化和贸易保护主义的斗争愈演愈烈，各种贸易壁垒花样迭出。在经济全球化的推动下，世界各国在经济上的交往越来越频繁，贸易自由化已是不可逆转的趋势。但随着国际贸易规模的不断扩大，贸易摩擦产生的可能性也随之增大。当前，各国经济的不平衡性、区域贸易集团的排他性、贸易利益分配两极化等都是造成贸易保护主义层出不穷的重要原因。当前世界已进入贸易争端的高发期，并呈现出以下特点：一是基于战略利益考虑而引发的贸易摩擦增多；二是贸易保护的手段不断翻新，各种技术壁垒成为贸易保护的新式武器，知识产权纠纷成为国际贸易争端的重要方面；三是摩擦从单纯的贸易问题转向更为综合的领域，社会保障问题、汇率制度问题等已成为发生摩擦的新领域，资源摩擦与贸易摩擦交互作用的趋势越来越明显；四是中国已成为国际贸易保护主义的最大受害国。

四、国际贸易的作用

在全球开放程度不断提高的今天，世界各国都把国际贸易作为本国国民经济发展战略的重要内容。国际贸易的发展不仅是社会化大生产发展的内在需要，而且也对现代各国经济和世界经济的发展具有重要的作用。

第一，国际贸易有利于平衡一国市场的供求关系，并且可以通过国际分工带来更大的经济效益。由于各国的生产要素禀赋状况和生产力发展水平的差异，世界各国的生产能力参差不齐，因而各国具有自身的比较优势和相对劣势。有的国家拥有肥沃的土地，有的国家人力资源丰富，有的国家拥有先进的技术，由于不同产品的生产在要素投入比例上存在很大的差异，因此，拥有肥沃土地的国家适合生产土地密集型产品，如大豆和牛奶；人力资源丰富的国家适合生产劳动密集型产品，如鞋类和纺织品；拥有先进技术的国家适合生产资本和技术密集型产品，如汽车和计算机。那么，单就一国而言，有些产品的生产可能出现空缺，另一些产品可能供不应求，还有一些产品呈过剩状态。如果每个国家每种产品都生产，则会造成生产效率低下和生产要素的浪费。然而，如果各国都按照自己的特长，分工生产相对优势产品，然后相互之间开展贸易，不仅可以互通有无，调剂余缺，平衡市场的供求关系，而且能够提高生产要素的利用率，节约社会劳动

---

① 资料来源：海关信息网（http：//www.haiguan.info/）"分析报告—推荐报告"栏目《2013 年经济形势综述及我国进出口贸易形势分析报告》。

② 资料来源：世界贸易组织（WTO）官方网站区域贸易协定专栏，http：//www.wto.org/english/ tratop_e/region_e/region_e. htm。

成本，增加商品价值总量。

第二，国际贸易是各个国家经济相互影响、传递的重要渠道。世界各国在经济上的相互依赖关系导致一国经济的繁荣或衰退会通过各种渠道影响其他国家，而对外贸易则是各国经济活动相互传递的重要渠道。一般来说，国际贸易所传递的经济活动是通过产品价格变动对产量、就业和整个经济变动的影响进行的。当世界市场价格有较大幅度的变动时，首先受到直接影响的是本国与世界市场有着直接联系的那些经贸部门，这些部门又会通过与国内其他部门的经济联系直接或间接地影响后者的价格、产量和就业变动，乃至整个国内经济。第二次世界大战后，美国经济的迅速发展，通过对外贸易渠道的"传递"，带动了西欧和日本经济的恢复和发展。然而，国际贸易所"传递"的不仅仅是各国经济的繁荣，也"传递"一国的经济危机，比如2008年美国的次贷危机波及全球。随着经济全球化和国际贸易的发展，这种"传递"作用在日益加强。

第三，国际贸易有利于促进世界经济的发展。20世纪30年代，英国著名经济学家D. H. 罗伯逊就提出了国际贸易是"经济增长的发动机"的命题。国际贸易的发展是许多国家经济增长的主要原因。一方面，因为各国按比较优势进行国际贸易，通过"两利相权取其重、两害相权取其轻"的办法进行专业化分工，使资源得到更有效的配置，提高了产量，然后通过交换使各国都得到多于自己生产的消费量。这是国际贸易的直接利益。另一方面，随着国际贸易的发展，经过一系列的动态转换过程，把经济增长传递到国内各个经济部门，从而带动国民经济的全面增长。这是国际贸易产生的间接利益。世界经济的发展决定了国际贸易的规模、速度、结构和流向，而国际贸易又是世界经济的重要组成部分，它的发展必然促进世界经济的不断发展。

第四，国际贸易是维护和改善国际环境的重要手段。国际贸易是世界各国对外经济活动的重要内容，是影响各国对外经济关系的核心，同时也是各国外交政策的重要组成部分。一方面，通过国际贸易，可以抑制社会制度不同和被认为有"敌意"的国家的经济发展，比如，1917年俄国十月革命以后，受到列强国家的武装干预，在贸易上受到封锁禁运；通过国际贸易，可以制裁违背联合国宪章的行为。另一方面，通过国际贸易，可以扩大相互交往，促进经贸合作，改善国际环境。

第五，国际贸易是参与经济全球化的重要形式。经济全球化是指以市场经济为基础，以先进科技和生产力为手段，以最大利润和经济效益为目标，通过分工、贸易、投资、跨国公司和要素流动等实现世界各国市场相互融合的过程。首先，经济全球化过程中，国内市场和世界市场的长期融合过程是在国际贸易的自由化和多边贸易体制基础上进行的。其次，经济全球化使国际分工演变为世界性的分工，国际贸易是实现世界分工利益的途径和枢纽。最后，国际贸易有助于缓和经济全球化的负面影响。经济全球化的结果是价值规律的作用加大，世界市场上的竞争更加激烈，可能出现某些国家的经济被边缘化，不同国家间经济差距拉大的情况。而世界贸易组织的建立会使世贸组织成员方之间进行"开放、公平和无扭曲的竞争"，使竞争向有序化和规范化方向发展，并加强对发展中国家和地区的援助，这样可以缓和或抑制在经济全球化过程中出现的负面影响。

☞【本节导入案例解析】

引起世界各国开展国际贸易的原因很多，主要有以下几个方面。

首先，各国的生产要素禀赋状况存在着很大的差异。有的国家拥有广阔的土地，有的国家拥有先进的技术，有的国家拥有丰富的人力资源。而不同产品的生产在要素投入比例上存在着差异，比如种植水稻等农产品需要大量肥沃的土地，制造汽车、飞机等高技术产品需要强大的技术力量。如果各国都按照自己的特长分工生产具有相对优势的产品，然后相互之间开展贸易，就可以提高生产要素的利用效率。案例中的加纳就是将该国的资源转向其没有优势的基本农作物种植和制造业领域，而不再种植可可这一该国在世界经济中享有绝对优势的经济作物。这种资源的低效使用损害了加纳的经济，抑制了该国的经济发展。

其次，国家与国家之间的生产要素缺乏流动性。在当今的现实世界里，由于受到各国政治、经济、自然条件等多种因素的制约，生产要素在国与国之间不像在一国内那样容易流动。为了弥补本国某种生产要素的不足，其通常会从该种生产要素比较多的国家进口该种要素密集型产品，以此来满足本国人民生活的需要。

再次，国家与国家之间的科学技术存在差距。由于科学技术水平的制约，有些技术水平低的国家凭借其现有技术根本无法生产某些高技术产品，因此，通过国际贸易可以以外国之长补自己之短，进而促进经济繁荣。案例中，韩国政府特别支持贸易，而加纳政府却不鼓励本国的生产商参与国际贸易，两国最终的发展完全不同。

最后，开展国际贸易的必要性还表现在它对世界经济发展乃至人类社会进步起着很大的促进作用。一个国家按照比较优势的原则进行国际贸易可以实现经济资源的合理利用，从而有效地提高国民经济福利水平，加快经济发展的速度，比如案例中的韩国。一国参与国际贸易的程度与其经济发展水平有着密切的关系。联合国1992年《贸易与发展报告》研究表明，对外贸易开放程度越高的国家，出口增长越快，经济增长率也越高。

第二节 国际贸易的分类及特征

一、按商品移动的方向划分

根据商品移动方向的不同，国际贸易可分为出口贸易、进口贸易和过境贸易（transit trade）。

（1）出口贸易是指将一国生产和加工的商品或服务输出到国外市场销售，又称输出贸易。如果商品不是因为外销输往国外，例如运往境外使馆、驻外机构的物品，或者携带个人使用物品到境外等，则不计入出口贸易的统计之中。

（2）进口贸易是指将外国生产和加工的商品或服务输入本国市场销售，又称输入贸易。同样，若不是因购买而输入国内的商品，则不成为进口贸易，也不列入统计。

（3）过境贸易是指贸易商品通过一国国境，不经加工地运往另一国的贸易活动。例如某种商品从甲国经由乙国输往丙国，对于乙国来说，这就是过境贸易。在过境贸易中，由于过境国未通过买卖取得货物的所有权，过境商品一般不列入过境国的进出口统计中。

此外，在国际贸易中，一国对从外国进口的商品没有在本国消费，又未经任何实质性加工再向外出口，称为复出口（re-export），如进口货物退货、转口贸易等；反之，一国产品销往别国后未经加工又被该国重新购回，称为复进口（re-import）。产生复进口的原因有商品质量不合格、商品销售不对路或者国内本身供不应求。如果一国在某种商品大类的对外贸易中，出口量大于进口量，其超出部分便称为净出口（net export）；反之，如进口量大于出口量，其超出部分便称为净进口（net import）。

二、按商品的形态划分

根据商品的形态不同，国际贸易可分为有形贸易（visible trade）和无形贸易（invisible trade）。

（1）有形贸易是指有实物形态的商品的进出口活动。例如，机器、粮食、服装等具有实物形态的商品的进出口称为有形贸易。由于有形贸易商品种类繁多，为了便于统计和分析，联合国秘书处于1950年公布了《国际贸易标准分类》，1960年、1975年、1985年、2006年还分别对其做过4次修订。最新的《国际贸易标准分类》把有形商品分为10大类、63章、223组、786个分组和1924个项目，几乎包括所有有形商品。每种商品都有一个5位数的目录编号：第1位数表示类，前2位数表示章，前3位数表示组，前4位数表示分组，5位数一起表示某个商品项目。表1.2为《国际贸易标准分类》的商品大类。

表1.2　　　　　　　　《国际贸易标准分类》商品大类

大类编号	类别名称	大类编号	类别名称
0	食品及主要供食用的活动物	5	未列名化学品及有关产品
1	饮料及烟草	6	主要按原料分类的制成品
2	燃料以外的非食用粗原料	7	机械及运输设备
3	矿物燃料、润滑油及有关原料	8	杂项制品
4	动植物油脂	9	没有分类的其他商品

注：上述分类中，前5类为初级产品，第5到8类为工业制成品，最后一类为其他。

（2）无形贸易是指没有实物形态的技术和服务的进出口活动。比如，专利使用权的转让、旅游、金融保险企业跨国提供的服务等没有实物形态的商品的进出口活动称为无形贸易。一般来说，无形贸易包括服务贸易和技术贸易。无形贸易的发展是伴随着有形贸易的发展而发展的，但随着国际间经济关系的扩大，围绕商品购销的各种服务，如运输、保险、金融、通信等大为增加，旅游服务、专利及技术转让、资本转移及劳务贸易等关系也随之迅速扩大，从而使得基于这些非有形商品交换的发展速度大大加快。

小·提·示

　　有形贸易与无形贸易的主要区别是，有形贸易的进出口要办理海关手续，纳入海关的贸易统计，是国际收支中的重要项目；而无形贸易无须经过海关，一般不反映在海关统计上，但同样要计入一国的国际收支中。

三、按境界标准划分

　　根据境界标准不同，国际贸易可分为总贸易（general trade）和专门贸易（special trade）。这是由于国境和关境不一致所产生的统计标准。

　　（1）总贸易是以国境为标准划分进出口而统计的国际贸易。凡因购买输入国国境的商品一律计入进口，凡因外销输出国境的商品一律计入出口。一定时期内（如一年内）跨国境进口的总额为总进口（general import），一定时期内（如一年内）跨国境出口的总额为总出口（general export）。总进口额与总出口额之和即为总贸易额。

　　（2）专门贸易是以关境为标准划分进出口而统计的国际贸易。只有从外国进入关境和从保税仓库提出进入关境的商品，才能列为进口记录，称为专门进口（special import）。反之，凡是离开关境的商品都记录到出口，称为专门出口（special export）。专门贸易额就是专门进口额与专门出口额的总和。根据这个标准，外国商品直接存入保税仓库的一类贸易活动不再列入进口贸易项目之中；从关境外国境内出口到其他国家的商品，则不被统计为出口。

四、按生产国和消费国在贸易中的关系划分

　　根据生产国和消费国在贸易中的关系，国际贸易可分为直接贸易（direct trade）和间接贸易（indirect trade）。

　　（1）直接贸易是指商品生产国与消费国不通过第三国进行买卖商品的行为。贸易的生产国直接出口，而消费国方面直接进口。交易货物既可以直接从生产国运到消费国，也可以通过第三国的国境转运到消费国。

　　（2）间接贸易是指商品生产国与商品消费国通过第三国或其他中间环节进行买卖商品的行为。在间接贸易情况下，商品从生产国到最终消费国至少要经过一次交换活动，每一次贸易至少有一方不是生产国或者消费国。进行间接贸易往往是由于政治、地理等方面的原因，使得商品不能从生产国直接购买，而只能通过第三国购买。例如，战后的伊拉克虽然有一些商机，但是风险也很大，我国的有些企业在向伊拉克出口商品

时，大多是先把商品卖给伊拉克的周边国家，再由伊拉克的周边国家转口到伊拉克。

小·提·示

　　区分直接贸易与间接贸易的标志是商品交易过程中有无第三国实际地介入买卖，而与货物是否经过第三国国境无关。即使商品直接从生产国运往消费国，只要生产国或消费国与第三国的转口商分别签订了出口合同和进口合同，则该贸易仍属于间接贸易。

　　此外，转口贸易（entrepot trade）是指两国的进出口贸易是通过第三国的中间商的转手来完成的贸易方式。转口贸易与间接贸易的区别在于看问题的角度不同。通过第三国进行的商品贸易，对生产国和消费国而言是间接贸易，对第三国而言则是转口贸易。此外，对转口国而言，它将进口的货物再出口，属于复出口贸易的一种形式。从事转口贸易的国家或地区大多地理位置优越、运输便利、结算方便、贸易限制较少。转口贸易已有数百年的历史，伦敦、鹿特丹、新加坡、中国香港是著名的转口贸易港。

☞ 问与答

　　问：转口贸易和过境贸易的区别是什么？

　　答：转口贸易和过境贸易的区别在于：①转口贸易中，生产国与消费国之间是间接贸易；而过境贸易中，生产国与消费国之间是直接贸易。②过境贸易中过境国只收取少量的手续费，而转口贸易中第三国商人则会以一个正常的商业加价来赢利。

五、按国际收支清偿工具划分

　　根据国际收支清偿工具的不同，国际贸易可分为自由结汇方式贸易（free-liquidation trade）和易货贸易（barter trade）。

　　（1）自由结汇方式贸易是指以国际通用货币作为清偿手段的商品交易活动，也称为现汇贸易。能够充当这种国际支付手段的货币必须能够在国际金融市场自由兑换，主要是美元、欧元、英镑等。

　　（2）易货贸易是指以经过计价的货物作为清偿工具所进行的贸易活动。易货贸易的特点是进口与出口直接相联系，以货易货，进出基本平衡，可以不用现汇支付。它起因于贸易双方的货币不能自由兑换，而且缺乏可以兑换的外汇储备。这种交换方式的优点是可以缓解进口支付能力不足的矛盾，有利于扩大进出口，促进贸易平衡。现在各国之间经济依赖性加强，有支付能力的国家有时也不得不接受这种贸易方式。然而它也存在许多局限性，例如交换商品种类有限，贸易规模受到限制，货物计价不一定合理等。

六、按贸易国之间经济发展水平差异划分

根据贸易国之间经济发展水平的差异，国际贸易可分为水平贸易（horizontal trade）和垂直贸易（vertical trade）。

（1）水平贸易指经济发展水平差异较小或发展水平比较接近的国家之间开展的商品交换活动。例如发达国家之间或发展中国家之间的国际贸易一般都是水平贸易。

（2）垂直贸易指经济发展水平差异较大的国家之间进行的商品交换活动。发达国家与发展中国家间进行的贸易大多属于这种类型。

另外，根据交易手段的不同，国际贸易可分为单证贸易（trade with documents）和无纸贸易（trade without documents）。根据参加贸易国家的多少，国际贸易还可分为双边贸易（bilateral trade）和多边贸易（multilateral trade）。

第三节 与国际贸易有关的概念

一、贸易额和贸易量

贸易额又称贸易值（value of trade），是用货币表示的贸易规模的指标。各国一般用本国货币加以表示，但为了便于国际比较，许多国家按汇率折算成国际上通用的美元来计量。贸易额通常可分为对外贸易额和国际贸易额两种。

对外贸易额（value of foreign trade）是一个国家在一定时期内（如一年）的出口贸易额与进口贸易额之和。国际贸易额（value of international trade）是世界各国出口贸易额的总和。由于一国的出口就是他国的进口，从世界范围来看，所有国家和地区的进口总额之和理应等于所有国家和地区的出口总额之和。各国都倾向于按离岸价格（FOB）计算出口贸易额，按到岸价格（CIF）计算进口贸易额。按到岸价格计算的商品进口额中包含一部分的运输、保险等费用，因而会导致世界出口总额小于世界进口总额的现象发生。但在统计国际贸易额时，常常采用的办法是将各国的出口额加起来，而不是计算各国的进口额之和。

用国际贸易额来反映一国对外贸易的规模和水平，既简洁明了又便于国际比较，因而最常用。可是，由于进出口商品价格经常变动或者有关货币的价值发生变动，这个指标就可能无法准确地反映国际贸易的实际规模与变化趋势。例如，由于本国货币或美元的汇率发生变动，同样数量的出口商品就表现为不同的出口贸易额。因此，就需要贸易量的概念以准确反映国际贸易实际规模的变动。

贸易量（quantum of trade）就是剔除了价格变动影响之后的贸易额，它是用进出口商品的计量单位（如数量、重量等）表示的反映贸易规模的指标。贸易量使得不同时期的贸易规模可以进行比较，但它也存在一个缺点，在统计一个国家全部商品进出口情况时，实物单位无法在不同商品间进行加总。于是，为了反映一国的贸易总量规模及其变动情况，在方法和形式上，还是要借助货币单位，具体算法是：用以固定年份为基期

而确定的价格指数去除报告期的贸易额，得到的就是相当于按不变价格计算的贸易额，计算公式为：

$$价格指数 = （报告期价格/基期价格）×100$$
$$贸易量 = 贸易额/价格指数$$

贸易量可分为国际贸易量（quantum of international trade）和对外贸易量（quantum of foreign trade）。国际贸易量是以一定时期的不变价格为标准计算的各个时期的国际贸易额。对外贸易量是指一国一定时期进口贸易量和出口贸易量的总和。计算公式分别为：

$$价格指数 = （报告期价格/基期价格）×100$$
$$国际贸易量 = 国际贸易额/出口价格指数$$
$$对外贸易量 = 进口贸易额/进口价格指数 + 出口贸易额/出口价格指数$$

联合国等机构的统计资料往往采用国际贸易额和国际贸易量两个数字，以供对照参考。由于国际服务贸易的统计标准尚未统一，加之服务贸易本身的特点，服务贸易只公布贸易额，而不公布贸易量。

二、贸易差额

贸易差额（balance of trade）是指一个国家在一定时期内（通常为一年）出口总额与进口总额之间的差额。如果一定时期的出口额大于进口额，就叫做贸易顺差（favorable balance of trade）或贸易黑字，我国也称之为出超（excess of export over import）。如果一定时期的出口额小于进口额，则叫做贸易逆差（unfavorable balance of trade）或贸易赤字，我国也称之为入超（excess of import over export）。如果一定时期的出口额等于进口额，就叫做贸易平衡。

中国自 2013 年起已跃居世界第一货物贸易大国地位。2017 年，中国货物贸易进出口总额 4.10 万亿美元，比 2016 年增长 11.4%（下同）。其中，出口 2.26 万亿美元，增长 7.9%；进口 1.84 万亿美元，增长 15.9%；贸易顺差 4224 亿美元，同比减少 14.5%[1]。

一国的进出口贸易收支状况是其国际经常收支项目中最重要的组成部分，因此，贸易差额状况对一国的国际收支有重大的影响，是衡量一国对外贸易状况乃至国民经济状况的重要指标。一般认为，贸易顺差可以推进经济增长、增加就业，表明一国在对外贸易上处于有利地位，而贸易逆差则表明一国在对外贸易收支上处于不利境地。因此，通常各国都是努力追求贸易顺差，以增强本国的对外支付能力，稳定本国货币对外国货币的比值。但这并不是绝对的，因为要长期赚取贸易顺差就必须把国内大量的商品和劳务让外国人享受和使用，手中只留有充当国际清偿手段的货币，这样本国可用的经济资源反而相对减少，从而实际上降低了广大国民的经济福利。同时，长期大量的顺差往往易于引发同他国的贸易纠纷，给本国今后的外贸发展增加障碍和困难。同样，逆差若是发

---

[1]　中华人民共和国商务部商务数据中心，详见商务部官方网站，http：//data. mofcom. gov. cn/hwmy/imexyear. shtml。

生于为加速经济发展而适度举借外债，引进先进技术及生产资料等情况，也不是坏事。总的来说，从长期趋势来看，一国的进出口贸易应基本保持平衡。

三、贸易条件

贸易条件（terms of trade）指出口商品价格与进口商品价格的比率，又称交换比价。它表示出口一单位商品能够换回多少单位进口商品。贸易条件在不同时期的变化通常用贸易条件指数（TOT）来表示。由于一个国家进出口商品种类繁多，因此通常用一国在一定时期内出口价格指数和进口价格指数的比值来表示贸易条件指数，计算公式为：

贸易条件指数（TOT）＝（出口价格指数/进口价格指数）×100

如果某一时期一国的贸易条件指数大于100，说明同等数量的出口商品能够换回更多的进口商品，即贸易条件改善；如果贸易条件指数小于100，说明同等数量的出口商品只能换回更少的进口商品，即贸易条件恶化；等于100，贸易条件不变。

☞【示例】

假定1980年为基期，某国的进出口价格指数均为100，1980年的贸易条件指数为100，在2000年底，该国的出口价格指数下降了5%，为95，进口价格指数上升了10%，为110，那么该国2000年的贸易条件指数为：

$$TOT = 95/110 = 86.36$$

和1980年相比，该国贸易条件指数下降了近14个百分点，贸易条件恶化。

一般来说，贸易条件改善或恶化表示贸易对一国福利带来正面或负面的影响。在贸易条件指数小于100的情况下，出口越多越不利。针对这种情况，政府应积极采取措施，调整进出口商品结构，以改变对外贸易的不利状况。图1.1对比了2000—2016年

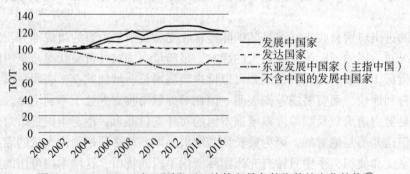

图1.1　2000—2016年不同类型经济体贸易条件指数的变化趋势①

---

① 图内数据来源于联合国贸发会议统计数据库（UNCTAD Statistics）中的 Terms of trade indices and purchasing power indices of exports, annual, 1980—2016, 网页地址为 http：//unctadstat. unctad. org/ TableViewer/ tableView. aspx？ ReportId＝16421。

发展中国家、发达国家、东亚发展中国家（主要指中国）和不含中国的发展中国家贸易条件的变化趋势，结果发现：近十几年来发达国家整体贸易条件有变差的趋势，但不明显；发展中国家总体贸易条件好转，但作为最大发展中国家的中国贸易条件却明显恶化了，而排除中国之后的发展中国家贸易条件改善明显。

但是，孤立地考察贸易条件并不能很好地计量福利或贸易利益变动。比如，在出口价格下降而进口价格相对不变的情况下，只有当生产出口商品的劳动生产率在没有一定程度提高的情况下，才能判断出贸易对本国福利有不利影响。

四、国际贸易商品结构与对外贸易商品结构

国际贸易商品结构（composition of international trade）是指一定时期内各类商品在整个国际贸易中所占的比重，通常以各类商品出口额（进口额）与整个世界出口额（进口额）的比值来表示。对外贸易商品结构（composition of foreign trade）是指一国在一定时期内，各类商品在对外贸易中所占的比重，通常以该国各类商品出口额（进口额）与该国出口总额（进口总额）的比值来表示。国际贸易商品结构可以反映出整个世界的经济发展水平和产业结构状况等。一国的对外贸易商品结构则可以反映出该国的经济发展水平、自然资源状况、产业结构状况、劳动力就业状况等，是一国制订产业结构调整规划的主要依据之一。

由于商品的种类十分繁多，通常将全部商品划分为初级产品和工业制成品两大类。前者是指未经加工或只经简单加工的农、林、牧、副、渔和矿产品，如食品、工业原料、燃料等；后者指经过完全加工的产品，如机器设备、化学制品和其他工业产品等。

必须指出，不断提高对外贸易商品结构中工业制成品的比重，是一国增强国际竞争力的重要方面。一国出口制成品的比重越大，反映它的生产力水平越高，从而它在国际分工中的优势地位越明显。总的来说，发达国家主要出口制成品和进口初级产品，发展中国家则主要出口初级产品和进口制成品。但近年来，一些发展中国家的出口商品构成已有较大变化。同时，一国出口商品构成还应力求多元化。出口商品的种类越是多样化，越能适应国际市场的广泛需求，从而越能抵御国际市场大起大落的冲击。

1980 年，在中国对外贸易货物出口中，初级产品出口占到一半以上，达到50.3%，工业制成品出口仅占到出口总值的49.7%。表1.3 反映了中国近年来出口商品结构的概况。可以看出，在 2009—2017 年间，中国工业制成品出口占中国总出口的比重约为95%。其中，机械及运输设备一直是中国第一大类出口商品，2017 年机械及运输设备出口额约占到中国出口总额的 48%。这说明改革开放以来，中国出口商品结构发生了明显改善，工业制成品的出口在中国出口中占据了绝对优势。同时，出口商品种类已经由低附加值产品向中高附加值产品方向发展。1995 年机械及运输设备取代服装成为我国第一大类出口商品，这标志着出口商品从劳动密集型为主向资本技术密集型为主的转变，表明我国出口商品结构经历了另一次重要的飞跃。

表 1.3　**2009—2017 年中国出口总额、各大类商品出口额及工业制成品占总出口比重**

（单位：亿美元）

	2009	2011	2013	2015	2017
总　值	12016.1	18983.8	22090	22749.5	22635.2
1. 初级产品	631.1	1005.5	1072.8	1039.8	1177.1
食品及活动物	326.3	504.9	557.3	581.6	626.4
饮料及烟类	16.4	22.8	26.1	33.1	34.7
非食用原料	81.5	149.8	145.7	139.2	154.4
矿物燃料、润滑油及有关原料	203.7	322.7	337.9	279.4	353.5
动、植物油脂及蜡	3.2	5.3	5.8	6.4	8.1
2. 工业制成品	11385.0	17978.4	21027.4	21709.7	21458.1
化学品及有关产品	620.2	1147.9	1196.6	1296.0	1413.3
按原料分类的制成品	1848.2	3195.6	3606.5	3913.1	3680.5
机械及运输设备	5902.7	9017.7	10392.5	10594.5	10829.1
杂项制品	2997.5	4593.7	5814.5	5881.5	5477.7
未分类的其他商品	16.5	23.4	17.3	24.6	57.6
工业制成品出口占总出口比重	94.39%	94.70%	95.18%	95.42%	94.80%

资料来源：中华人民共和国商务发布的《中国对外贸易形势报告（2018 年春）》。

五、国际贸易地理方向和对外贸易地理方向

国际贸易地理方向（direction of international trade）又称国际贸易地区分布（international trade by region），它是反映国际贸易地区分布和商品流向的指标，指各个国家或地区在国际贸易中所处的地位，通常以各国或地区的出口额（进口额）占世界出口额（进口额）的比重来表示。

虽然由于国际经济形势不断发生变化，各国的经济实力对比经常出现变动，国际贸易地理方向也不断地发生变更，但在第二次世界大战后的近 70 年里，就地区分布来说，无论是出口还是进口，欧洲占世界货物贸易的比重一直名列榜首，北美比重虽较大但有所下降，亚洲在奋起直追，中南美洲比重较小且有所下降，中东比重有所增加但规模不大，非洲最为落后（见表 1.4）。

就国别分布来说，2016 年世界货物出口排名前 10 位的国家和地区的出口占了世界货物总出口的 53.2%，其中排名前 5 位的国家（中国、美国、德国、日本和荷兰）的出口就占了世界货物总出口的 38.3%；进口排名前 10 位的国家和地区的进口占了世界货物总进口的 54%，其中排名前 5 位的国家（美国、中国、德国、英国和日本）的进口就占了世界货物总进口的 38.9%。总的来说，发达国家在当今国际贸易格局中仍占据主导地位。

表 1.4　　　　　　**1948—2015 年各地区占世界货物贸易的比重（%）**

年份	1948	1953	1963	1973	1983	1993	2003	2012	2015
出　口									
世界	100	100	100	100	100	100	100	100	100
欧洲	35.1	39.4	47.8	50.9	43.5	45.3	45.9	35.6	37.3
北美	28.1	24.8	19.9	17.3	16.8	18.0	15.8	13.2	14.4
亚洲	14.0	13.4	12.5	14.9	19.1	26.1	26.1	31.5	34.1
中南美洲	11.3	9.7	6.4	4.3	4.4	3.0	3.0	4.2	3.4
中东	2.0	2.7	3.2	4.1	6.8	3.5	4.1	7.5	5.3
独联体	—	—	—	—	—	1.5	2.6	4.5	3.1
非洲	7.3	6.5	5.7	4.8	4.5	2.6	2.4	3.5	2.4
进　口									
世界	100	100	100	100	100	100	100	100	100
欧洲	45.3	43.7	52.0	53.3	44.2	44.6	45.0	35.9	36.8
北美	18.5	20.5	16.1	17.2	18.5	21.4	22.4	17.6	18.7
亚洲	13.9	15.1	14.1	14.9	18.5	23.6	23.5	31.8	29.2
中南美洲	10.4	8.3	6.0	4.4	3.8	3.3	2.5	4.1	3.7
中东	1.8	2.1	2.3	2.7	6.2	3.3	2.8	4.1	4.5
独联体	—	—	—	—	—	1.2	1.7	3.1	2.1
非洲	8.1	7.0	5.2	3.9	4.6	2.6	2.2	3.4	3.4

数据来源：WTO 贸易数据统计网站，https://www.wto.org/english/res_e/statis_e/merch_trade_stat_e.htm#top。

对外贸易地理方向（direction of foreign trade）又称对外贸易地区分布或对外贸易国别结构，是指一定时期内各个国家或区域集团在一国对外贸易中所占有的地位，通常以它们在该国进口总额、出口总额或进出口总额中的比重来表示。对外贸易地理方向指明了一国出口商品的去向和进口商品的来源，也反映了一国与其他国家或区域集团之间经济贸易联系的紧密程度。一国的对外贸易地理方向通常受经济互补性、国际分工的形式与贸易政策的影响。对一国而言，如果商品的进出口集中在某一个或几个国家，我们就说该国的对外贸易地理方向集中；反之，则对外贸易地理方向分散。对外贸易地理方向的集中和分散各有利弊。以出口为例，对外贸易地理方向比较集中有利于出口厂商的信息交流，交易成本比较低。但出口集中往往会带来国内厂商之间为了争夺客户相互压价，从而造成出口国内部之间的恶性竞争。而无论是出口还是进口，一国对外贸易地理方向过于集中，都会使得该国容易受制于人，从而在对外贸易中处于不利境地。对外贸易地理方向的分散则可以降低一国所面临的政治与经济风险，避免进出口商之间的恶性竞争，但其不利之处是交易成本比较高。

中国大陆对外贸易地理方向比较集中。中国大陆进出口主要面向欧盟、美国、日本、东盟和其他亚太经合组织成员。中国大陆与这些国家和地区的贸易额占了中国大陆总贸易额的八成多。表 1.5 显示了 2006—2017 年来中国大陆排名前十位的贸易伙伴，反映了中国对外贸易的地理方向。

表 1.5　　　　　　　　　　　　**2006—2017 年中国大陆前十位贸易伙伴**

名次	2006 年	2008 年	2010 年	2012 年	2014 年	2015 年	2017 年
1	欧盟	欧盟	欧盟	欧盟	欧盟	欧盟	欧盟
2	美国	美国	美国	美国	美国	美国	美国
3	日本	日本	日本	东盟	东盟	东盟	东盟
4	中国香港	东盟	东盟	中国香港	中国香港	中国香港	日本
5	东盟	中国香港	中国香港	日本	日本	日本	中国香港
6	韩国	韩国	韩国	韩国	韩国	韩国	韩国
7	中国台湾	中国台湾	中国台湾	中国台湾	中国台湾	中国台湾	中国台湾
8	俄罗斯	澳大利亚	澳大利亚	澳大利亚	澳大利亚	澳大利亚	澳大利亚
9	澳大利亚	俄罗斯	巴西	俄罗斯	俄罗斯	印度	巴西
10	印度	印度	印度	巴西	巴西	巴西	印度

资料来源：主要根据中国海关信息网（http：//www. haiguan. info）2017 年度、2015 年度、2014 年度和 2013 年度《经济形势综述及我国进出口贸易形势分析报告》综合整理。

☞【知识链接】

　　1962 年，首届诺贝尔经济学奖获得者、荷兰计量经济学家丁伯根第一次提出了贸易引力模型（gravity model of trade）。他认为，一国向另一国的贸易流动主要取决于用 GDP 测量的国家经济规模和两国间的地理距离。两国间的贸易量与它们的经济规模之积正相关，而与两国之间的距离负相关。贸易引力模型的具体表达式如下

$$T_{ij} = A(Y_i Y_j / D_{ij})$$

　　其中 T_{ij} 是两国间双边贸易总额，Y_i 是国家 i 的国内生产总值，Y_j 是国家 j 的国内生产总值，D_{ij} 是国家 i 和国家 j 的距离，A 是比例常数。

六、外贸依存度

外贸依存度（degree of dependence on foreign trade）是评估与衡量一国或地区经济开放程度的主要指标，反映一国或地区的经济与世界经济联系的密切程度。实践中最常用的外贸依存度采用的是世界银行的统计指标，即一国或地区在一定时期内的进出口总额（包括商品和服务贸易）占该国国内生产总值（GDP）的比重，即：

外贸依存度=进出口总额/国内生产总值×100%

除此之外，还有商品贸易依存度（商品进出口总额/国内生产总值）、出口依存度（出口总额/国内生产总值）、进口依存度（进口总额/国内生产总值）、商品出口依存度（商品出口总额/国内生产总值）、商品进口依存度（商品进口总额/国内生产总值）等指标。

外贸依存度不仅表明一国或地区的经济对国际市场的依赖程度，还可在一定程度上表示一国经济发展的水平以及参与国际经济的程度。随着经济全球化进程的加快，国际分工在世界各国之间得到了迅速发展，各国之间的相互依赖程度也在不断加深，从而导致各国外贸依存度不断提高。这一点可通过表1.6中的1960年以来世界平均外贸依存度变化趋势表现出来。

表1.6　　　　　　　　　　　1960年以来的世界平均外贸依存度

年份	1960	1970	1980	1990	2000	2005	2010	2012	2015
外贸依存度	24.23	27.09	38.48	39.76	51.30	55.24	57.63	60.47	58.21

数据来源：世界银行"世界综合贸易方案"数据库（World Bank's World Integrated Trade Solution, WITS) http://wits.worldbank.org/

图1.2则表明了中国进入21世纪后外贸依存度的变化情况。在这十几年中我国外贸依存度在经历了入世初期的快速增长后，从2006年64%的高点开始回落，2008年和2009年受国际金融危机的影响，中国的对外贸易出现回落，导致外贸依存度下降，2009年跌至43%。经过2010年和2011年小幅回升后，2012年开始再度缓慢下降。2015年，中国的外贸依存度降到40%以下，为35.6%，其中出口依存度为20.5%，进口依存度为15.1%。

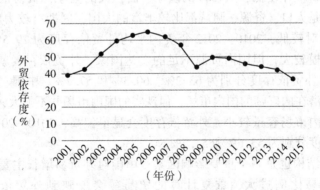

图1.2　中国2001—2015年外贸依存度的变化

数据来源：中国统计年鉴（2002—2016年）

一国的经济发展水平会影响外贸依存度。考察发达国家的历史，我们发现，在工业化初期，贸易依存度提高快，当经济发展到一定程度以后，贸易依存度就维持在一个相对稳定的水平。经济发展的低级阶段外贸依存度较低，这个时期的明显特征是第一产业在国民经济中占重要地位，工业以轻工业为主，产业结构以劳动密集型为主，能够出口换汇的产品少、品种单一、附加值低，所以进出口规模较小。经济发展的中级阶段外贸依存度比较高，其明显的特征是重工业比重逐步提高，第一产业地位削弱，第二、三产业比重上升，基础工业和设施有了一定的发展，经济发展所需的许多原料、设备需从国外进口，为了平衡国际收支，出口规模也相应较大，因此外贸依存度比较高。当经济发展到高级阶段，外贸依存度趋于平稳，甚至下降，这时的经济特征是利润来源主要依靠高新技术产业，产业结构以第三产业为主，商品进出口已不是其获取利益的主要来源，而是通过资本、技术和管理的输出以及服务贸易等其他方式获取巨额利润，所以用商品进出口衡量的外贸依存度反而降低。

小·提·示

　　当今世界上为什么会出现各国外贸依存度的巨大差异以及为什么通常发展中国家依存度高，发达国家依存度低，经济发展所处的阶段可以对此作出合理解释。

　　一国外贸依存度与该国国民经济规模成负相关关系。一个国家参与国际贸易到什么程度，受该国所拥有资源的影响。阿瑟·刘易斯（1955）认为，一个国家拥有的资源越多，就越容易自给自足。小国国内市场小，为了发展专业化和规模经济，必定比大国更严重地依赖对外贸易，小国只有在外贸依存度加大的情况下才能引起经济增长。而对大国来说，国内市场及资源条件允许其发展专业化和规模经济，通过发展内需也能推动经济的快速增长。经济学中通常用国内生产总值（GDP）来反映国家的大小。GDP总量大的国家，贸易依存度低，人口多的国家、面积大的国家，贸易依存度也会相对较低。例如，美国是人口、资源、疆域都比较丰富的大国，因拥有较为广阔的国内市场，外贸依存度就相对较低，2010—2012年美国平均外贸依存度为29.5%。英国、法国、意大利是经济规模较大，但国内资源不足的发达国家，外贸依存度就比较高，2010—2012年三国平均外贸依存度分别为63.2%、60.3%和57.7%。中国、印度作为发展中国家，虽然拥有潜在的广阔的国内市场，但现实的国内市场并不太大，与美国这样的发达大国相比，国内市场容量较小，外贸依存度会显得偏高，2010—2012年中国和印度的平均外贸依存度分别为53.6%和51.7%。①

　　此外，贸易结构也是一个重要影响因素。中国对外贸易增长主要靠两头在外的加工贸易。加工贸易比例过大，重复计算的贸易额会反映到外贸依存度指标上来。1981年中国加工贸易出口11.31亿美元，进口15.04亿美元。到2008年，中国加工贸易出口6751.14亿美元，进口3783.77亿美元，加工贸易总额增长了近400倍，但

---

　　① 2010—2012年各国的平均外贸依存度数据来源于WTO网站统计数据库，http：//stat. wto. org/ CountryProfile/WSDBCountryPFHome. aspx？Language＝E。

一般贸易只增长了 30 余倍。中国的这种贸易结构，夸大了外贸依存度。以 2008 年为例，当年中国加工贸易进出口总额为10535亿美元，其中从国外进口的 3784 亿美元又体现在中国的出口产品中，实际中国的加工贸易净出口额为 2967 亿美元，如果扣除因为加工贸易的重复计算，中国的贸易额将减少 7568 亿美元，外贸依存度将因此而下降 15 个百分点①。

另外，对外贸易的先天条件、地理位置、政府经济政策对一国的外贸依存度也有很大影响。港口众多、海岸线较长的国家由于运输成本低，参与国际贸易的可能性大，外贸依存度就高；实行自由贸易政策的国家，政府鼓励出口，进口的障碍少，外贸依存度就高；一国如高筑贸易壁垒，参与国际贸易的可能性小，外贸依存度就低。

☞ 思考：

对于不同类型的国家而言，参与国际贸易的基础是什么？国际贸易的利益又从何而来？

✻ 本章小结 ✻

国际贸易是指不同国家（或地区）之间的商品和劳务的交换活动。它是在一定的历史条件下产生和发展起来的，是人类社会生产力发展到一定阶段的产物。国际贸易的产生必须同时具备两个基本条件：一是生产力发展到一定水平，有可供各国之间交换的剩余产品；二是社会分工的扩大和社会经济实体即国家的存在。国际贸易经过原始社会、奴隶社会、封建社会、资本主义社会的发展，呈现出当代国际贸易发展的新趋势。国际贸易的发展是社会化大生产发展的内在需要，国际贸易对于现代各国经济和世界经济的发展都具有重要作用。

根据不同的划分标准，可以将国际贸易分为进口贸易、出口贸易、过境贸易，有形贸易、无形贸易，总贸易、专门贸易，直接贸易、间接贸易等。

国际贸易的相关概念是学习国际贸易理论与政策的前提条件。贸易额是用货币表示或反映贸易规模的指标。贸易量是剔除了价格变动影响之后的贸易额。贸易差额是指一个国家在一定时期内（通常为一年）出口总额与进口总额之间的差额。贸易条件指出口商品价格与进口商品价格的比率，它表示出口一单位商品能够换回多少单位进口商品。贸易商品结构表示一国在一定时期内（如一年内）各类商品贸易额在总贸易额中所占的比重。国际贸易地理方向指各个国家或地区在国际贸易中所处的地位，通常以各国或地区的出口额（进口额）占世界出口额（进口额）的比重来表示。对外贸易地理方向指一定时期内各个国家或区域集团在一国对外贸易中所占有的地位，通常以它们在该国进口总额、出口总额或进出口总额中的比重来表示。外贸依存度是衡量一国经济开

---

① 张智革，吴薇. 中国对外贸易依存度的动态分析 [J]. 国际贸易，2011，27（10）.

放程度的主要指标，实践中最常用的外贸依存度指的是一国在一定时期内进出口贸易总额占 GDP 的比重。

❋ 练 习 题 ❋

一、名词解释

国际贸易　对外贸易　出口贸易　进口贸易　过境贸易　有形贸易　无形贸易　总贸易　专门贸易　直接贸易　间接贸易　转口贸易　水平贸易　垂直贸易　对外贸易额　国际贸易额　对外贸易量　贸易差额　贸易条件　国际贸易商品结构　对外贸易商品结构　国际贸易地理方向　对外贸易地理方向　外贸依存度

二、单选题

1. 一个国家（或地区）的对外商品交换活动，称为该国的 （　　　）。

　　A. 国际贸易　　　　　　　　B. 对外贸易

　　C. 货物进出口　　　　　　　D. 国际服务贸易

2. 用以表明各个国家、各个地区在世界贸易中所占的地位，通常采用的指标是（　　　）。

　　A. 贸易差额　　　　　　　　B. 对外贸易额

　　C. 国际贸易地理方向　　　　D. 对外贸易地理方向

3. （　　　） 无须经过海关手续，一般不反映在海关统计上。

　　A. 无形贸易　　　　　　　　B. 有形贸易

　　C. 水平贸易　　　　　　　　D. 垂直贸易

4. 从甲国经过第三国国境向乙国运送商品，对于第三国而言就是 （　　　）。

　　A. 转口贸易　　　　　　　　B. 过境贸易

　　C. 间接贸易　　　　　　　　D. 专门贸易

5. 假设以 2012 年为基准年，其进出口价格指数均为 100，2013 年出口价格上涨6%，进口价格下降 2%，则其贸易条件 （　　　）。

　　A. 改善　　　　　　　　　　B. 恶化

　　C. 平衡　　　　　　　　　　D. 无法确定

6. 在统计国际贸易额时，常常采用的办法是将各国的 （　　　） 加起来。

　　A. 进口额　　　　　　　　　B. 出口额

　　C. 贸易差额　　　　　　　　D. 贸易量

三、多选题

1. 国际贸易的产生必须具备两个基本条件，即 （　　　）。

　　A. 有可供交换的剩余产品

　　B. 商人的出现

　　C. 手工业的出现

D. 在各自独立为政的社会实体之间进行的产品交换

2. 一国的外贸依存度受该国（　　　）的影响

  A. 经济发展水平   B. 国民经济规模

  C. 所拥有资源   D. 政府经济政策

3. 下列说法不正确的有（　　　）。

  A. 统计国际贸易额的方法是把世界各国和地区的进出口总额相加

  B. 过境贸易的货物价值应统计在过境国的进出口贸易值内

  C. 复出口是指从国外进口的产品在该国内经过实行性加工后再出口

  D. 在过境贸易中，商品所有权需向第三国商人转移

4. 根据贸易国之间经济发展水平的差异，国际贸易可分为（　　　）。

  A. 水平贸易   B. 垂直贸易

  C. 直接贸易贸易   D. 间接贸易

5. 根据商品移动方向不同，国际贸易可分为（　　　）。

  A. 出口贸易   B. 进口贸易

  C. 转口贸易   D. 过境贸易

四、计算题

1. 已知某国的国内生产总值为 40000 亿美元，货物出口贸易额为 1600 亿美元，货物进口额为 1400 亿美元，请计算该国的外贸依存度。

2. 若以 20×1 年为基期，假定 20×2 年的进出口价格指数为 105，20×3 年的进出口价格指数为 120，这三年的进出口额统计数据见表 1.7。

求：

表 1.7　　　　　　　　20×1—20×3 年进出口额统计数据　　　　　（单位：亿美元）

时　间	进出口总额	出口额	进口额
20×1 年	4743	2492	2251
20×2 年	5098	2662	2436
20×3 年	6208	3256	2952

（1）20×1、20×2 和 20×3 年贸易差额分别是多少？是顺差还是逆差？

（2）分别计算 20×2 年和 20×3 年对外贸易额的增长率。

（3）分别计算 20×2、20×3 年的对外贸易量。

3. 如果以 20×1 年为基期（即 20×1 年出口单位价格指数为 100），20×2 年和 20×3年某国的出口价格指数分别为 100.05 和 99.02，同期出口额分别为 6250.74 亿美元和 6886.97 亿美元，请通过计算贸易量判断出该国 20×3 年相对 20×2 年出口的实际规模是扩大了还是缩小了。

五、简答题

1. 为什么只有到了原始社会末期才产生国际贸易？国际贸易的产生必须具备哪些条件？

2. 分别简述直接贸易与间接贸易、转口贸易与过境贸易的区别。

3. 什么是对外贸易地理方向？如何正确看待一国对外贸易地理方向的集中与分散？

4. 当代国际贸易呈现了哪些新特点？

5. 国际贸易对于现代各国经济和世界经济的发展分别有哪些作用？

❋ 课外思考实践题 ❋

1. 论述工业革命对国际贸易产生的影响。

2. 举例说明国际贸易的重要性。

第二章　古典国际贸易理论

☞【学习目标】

学习完本章后，你应该能清楚地知道：

（1）绝对优势理论的主要观点和对其的评价；

（2）比较优势理论的主要观点和对其的评价。

第一节　绝对优势理论

☞【案例导入】

为了说明人们为什么选择在物品、劳务上依靠他人，以及这种选择如何改变了他们的生活，我们来看一个简单的经济假设。设想世界上只有两种物品：土豆、牛肉；世界上只有两个人：农民、牧牛人。这两个人都喜欢吃这两种物品。

如果农民只能生产土豆，牧牛人只能生产牛肉，那么，贸易的好处是最明显的。第一方案：两人"老死不相往来"。农民只能吃土豆泥、炸土豆、烤土豆；牧牛人只能吃烤牛肉、炸牛肉、煮牛肉。他们只能食用一种物品。第二方案：贸易。贸易使他们能享有更多的种类，这时每个人都可以有汉堡包和炸薯条。

表2.1　　　　　　　　　　　　　　简单贸易模型

	生产1磅所需时间		40小时的产量（磅）	
	牛肉	土豆	牛肉（20小时）	土豆（20小时）
农民	2	1	10	20
牧牛人	1	20	20	10

假设农民和牧牛人每人每周工作40小时，并可以把这个时间平均分配用于种土豆和养牛。如果农民和牧牛人选择自给自足，而不是相互贸易，那么每个人消费的就是他生产的，如下表2.1所示。

这样，农民每周能消费10磅牛肉和20磅土豆；牧牛人每周能消费20磅牛肉和10磅土豆。

在吃了几年自给自足的产品后，牧牛人有了个主意，与农民交谈。

牧牛人：农民啊，我的朋友，我知道如何改善你和我的现有生活。我认为你完全应该停止生产牛肉，把你所有的时间用于种植土豆。据我的计算，如果你一周工作40小时种植土豆，你将生产40磅土豆。如果你把这40磅土豆中的15磅给我，我给你15磅牛肉作为回报。这样，你每周将能吃到25磅土豆和15磅牛肉，而不是现在的20磅土豆和10磅牛肉。如果你按我的计划去做，你将有更多的这两种食物。

　　农民：（声音显得有些怀疑）听起来对我是个好交易。但我不明白为什么你提出了这个交易。如果交易对我这么好，不能对你也有好处吧。

　　牧牛人：啊！交易确实对我也有好处。如果我停止生产土豆，每周40小时养牛，我将生产40磅牛肉。我给你15磅牛肉来换15磅土豆后，我将有25磅牛肉和15磅土豆。最后，我将得到的这两种食物都比现在多。

　　农民：我不知道这个道理，听起来太棒了，令人难以相信。这些计算看起来是正确的，但我总有些弄不明白。这种交易怎么使我们两人都过得好呢？

☞ 思考：

牧牛人该如何回答农民的问题呢？以上故事说明了什么问题？

一、绝对优势理论的产生背景

亚当·斯密是英国著名经济学家，西方古典政治经济学奠基人，国际分工及传统贸易理论的创始者。他提出了"经济人""看不见的手""大市场，小政府"等重要思想，创立了自由放任（laissez-faire）的自由主义经济理论，被誉为经济学界的"牛顿"，其所著的《国富论》一书被誉为经济学"圣经"。

在亚当·斯密生活的时代，英国正处于资本主义原始积累完成，机器生产逐步替代手工业生产的第一次产业革命时期。随着产业革命的逐渐展开，英国经济实力不断增强，新兴的产业资产阶级迫切要求在国民经济各个领域中迅速发展资本主义，向海外市场扩张。但是，他们面临着两个制度性的阻碍因素。一个是存在于英国乡间的行业公会制度。在行会制度下，生产多少、卖什么价格都有规定，而这种规定，无疑束缚了资本主义商品经济的发展。另一个是在欧洲对外贸易活动中盛行已久的重商主义理论（merchantilism）及其政策主张。重商主义的支持者把金银珠宝看作一国财富的唯一表现，贸易则是增加一国财富的主要途径（另一个重要途径则是到海外掠夺），因此强调贸易顺差，政策上主张"奖出限入"，甚至禁止进口。极端贸易保护主义严重阻碍了对外贸易的扩大，使新兴资产阶级从海外获得生产所需的廉价原料，并为其产品寻找更大海外市场的愿望难以实现。

1776年，亚当·斯密出版了《国富论》，全称《国民财富的性质和原因的研究》。斯密在该书中站在产业资产阶级的立场上，批判了重商主义，其核心内容有以下三点。

（1）关于什么是财富的问题。斯密认为，重商主义把金银财富和真实财富混为一谈了，金银并非财富的唯一形态，"一个国家的利益不是金银量的增加，而是一国土地和劳动年产物交换价值的增加，或是一国居民年收入的增加"。衡量一国是否富裕的标准不是该国拥有的金银数量，而是其劳动生产率的高低。因此，增加一国财富的方法应是增加资本，提高劳动生产率以发展生产，而不是单纯地积累货币财富。

（2）关于重商主义增强国家干预力量的论点。重商主义强调，为了增强国家力量，必须管制经济；而斯密认为，政府必须减少其经济作用，国家应主要保护私有财产不受侵犯，保卫国家不受外来侵略。

（3）关于重商主义的持续积累金银财富的政策。斯密根据货币流量调整机制说明，如果一国长期保持贸易顺差，金银会源源不断地流向该国，当商品供应量一定时，商品的价格会趋于上涨。价格上涨，商品成本增加，该国货物在国外的吸引力就会降低，出口也会减少。另一方面，外国货物在该国国内的价格会相对便宜（与相对较贵的该国货物相比），该国进口因而增加，这将使该国贸易顺差减少，甚至出现逆差，于是需用金银来偿付差额，导致金银外流。所以，力图以保持贸易顺差来增进一国的金银拥有量是枉费心机的。因此，他反对政府实行保护贸易政策，主张以自由贸易政策来扩大对外贸易。

二、绝对优势理论的主要观点

斯密在《国富论》中首次提出绝对优势理论，有力地论证了自由贸易的合理性与可行性，被后人公认为自由贸易理论的先驱。

绝对优势理论（theory of absolute advantage）也称绝对成本理论（theory of absolute costs）。斯密从一个简单事实入手，那就是两个国家若自愿进行贸易，它们一定都能够从贸易中获利。如果一个国家无利可得或者只有损失，就会拒绝进行贸易。斯密指出，当两国都拥有各自的绝对劳动生产率优势时，这种互利贸易就产生了；贸易模式是两国各自专业化生产并出口自己具有绝对优势的产品，进口具有绝对劣势的产品，其结果比自己什么都生产更有利；贸易得利源于国际分工和专业化生产提高了劳动生产率。这就是绝对优势理论的基本原理。

1. 分工可以提高劳动生产率

斯密非常强调分工的意义。他认为，在市场经济中由于利益的驱动，主观上为自己服务的微观经济主体可以通过分工和交易，在客观上为社会工作的同时，实现自利和互利、个体利益和社会利益的相互联系。其实现的方式是：社会各微观经济主体按自己的特长实行分工，进行专业化生产，并通过市场进行交易，最终实现社会福利的最大化。简言之，财富的增加依赖于劳动分工。其原因在于，在生产要素不变的情况下，分工可以提高劳动生产率，因而能增加国家财富并提高本国生活水平。

斯密指出，分工促进劳动生产率的提高主要通过以下三个途径来实现：①分工可以提高劳动者的熟练程度；②分工使每个人专门从事某项生产，从而节省与生产没有直接关系的时间；③分工有利于发明创造和改进工具。以手工制扣针工厂为例，在没有分工的情况下，一个粗工每天至多只能制造20枚针，有的甚至连1枚针也制造不出来，而在分工之后，平均每人每天可制针4800枚，每个工人的劳动生产率提高了几百倍。

斯密进而分析到，分工既然可以极大地提高劳动生产率，那么每个人专门从事他最有优势的产品的生产，然后彼此交换，则对每个人都有利，即分工的原则是成本的绝对优势或绝对利益。他以家庭之间的分工为例说明了这个道理。他说，如果一件东西购买所花费用比在家内生产的少，就应该去购买而不要在家内生产，这是每一个精明的家长都知道的格言。裁缝不为自己做鞋子，鞋匠不为自己裁衣服，农场主既不打算自己做鞋子，也不打算缝衣服。他们都认识到，应当把他们的全部精力集中用于处在比邻人有利地位的职业，用自己的产品去交换其他物品，会比自己生产一切物品得到更多的利益。

斯密认为，适用于一国内部不同个人或家庭之间的分工原则，也适用于国家之间。国际分工是各种形式分工中的最高阶段。斯密认为，国与国之间的贸易可以使每个国家都增加财富，原因如下：国际贸易扩大了市场，使社会分工超出国家范围，这意味着专业化程度和劳动生产率的不断提高，最终将促进收入增长。国际贸易是实现和扩大专业化分工利益的重要途径。

2. 绝对优势是对外贸易的基础

斯密认为，两国间的贸易基于绝对优势。如果一国相对另一国在某种产品的生产上有更高的效率，则称该国在这一产品的生产上具有绝对优势，反之就具有绝对劣势。两国可以通过专门生产各自具有绝对优势的产品，并用其中一部分来交换其具有绝对劣势的产品，使资源得到最有效的利用，而两种产品的总产出会有很大增长。相对于分工前的产出，增加额可用来测度两国专门化生产所产生的利益，并通过国际贸易在两国间分配。国际交换的结果使每个国家对两种商品的消费都会增长，从而改善国民福利。因此，斯密极力主张国家解除对贸易的管制，包括征收关税和发放补贴。

☞【示例】

由于气候条件，加拿大种植小麦效率更高，但不适于种植香蕉。而尼加拉瓜适于种植香蕉却不适于种植小麦。因此，加拿大在小麦生产上相对于尼加拉瓜有绝对优势，而在香蕉生产上有绝对劣势；尼加拉瓜则相反。在这种情况下，如果两国都只生产自己占绝对优势的产品，然后通过贸易获得另一种商品，则世界资源的利用效率更高，世界福利达到优化。也就是说，加拿大专门生产小麦（其产量远大于国内需求），用一部分小麦（多余的）换取尼加拉瓜多余的香蕉。结果，小麦和香蕉都会增产，消费也会增加，两国都得到了好处。

3. 绝对优势的来源

斯密认为，绝对优势分为两大类，一类是自然绝对优势（天赋优势），就是超乎人力范围之外的气候、地理、土壤、矿产和其他相对固定的优势；另一类是获得性绝对优势（后天优势），即工业发展所取得的经济条件，如资本、技术优势，以及通过教育或培训获得的生产技巧和工艺。两者结合起来构成一个国家在生产和出口某种产品上具有的劳动生产率绝对优势。由此可见，获得性优势是靠后天培育和发展取得的，包含资本积累、技术进步、劳动技能提高的作用，因而绝对优势应该是动态变化的，而不仅仅是静态的天然绝对优势。

斯密的这些观点在后来的国际贸易理论中得到了进一步发展。本书第三章的要素禀赋理论和第四章中涉及规模经济的贸易理论都可追溯到斯密的这一思想。

三、绝对优势理论的数学说明（一）

1. 基本假设

为了进一步理解绝对优势理论，我们用一个简单的两国两产品一要素模型（又称为 2×2×1 模型）加以说明。像其他所有的经济分析一样，在研究国际贸易时，经济学家也常常将许多不存在直接关系和并不重要的变量假设为不变，并将不直接影响分析的其他条件尽可能地简化。绝对优势理论模型的基本假设如下：

（1）两个国家和两种可贸易品，两种产品的生产都只有一种要素投入—劳动。

（2）交易对象是最终产品，采用物物交换的形式进行贸易。

（3）两国在不同产品上的生产技术不同，存在着劳动生产率上的绝对差异。

（4）劳动力在两国间不能流动，但在一国不同部门间可以流动，且国内是充分就业的，这就意味着一个部门劳动力的增加就意味着另一个部门劳动力的减少。

（5）规模报酬不变。

（6）完全竞争市场，即各国生产产品的价格都等于产品的平均成本，无经济利润。

（7）无运输和其他成本。

（8）两国之间的贸易是平衡的。

2. 生产和贸易模式

怎样确定一国在哪种产品上具有绝对优势呢？绝对优势的衡量有两种办法：

（1）用劳动生产率，即用单位要素投入的产出率来衡量。产品 j 的劳动生产率可用 (Q_j/L) 来表示，其中 Q_j 是产量，L 是劳动投入。一国如果在某种产品上具有比别国高的劳动生产率，那么该国在这一产品上就具有绝对优势。

（2）用生产成本，即用生产 1 单位产品所需的要素投入数量来衡量。单位产品 j 的生产成本(劳动使用量) 可用 $a_{Lj} = L/Q_j$ 表示。如果在某种产品的生产中，一国单位产量所需的要素投入低于另一国，则该国在这一产品上就具有绝对优势。

我们假设两个国家是中国和美国。两国都生产大米和小麦，但生产技术不同。劳动是唯一的生产要素，两国有相同的劳动力资源，都是 100 人。由于生产技术的不同，同样的劳动人数，可能的产出是不同的。如果两国所有的劳动都用来生产大米，假设中国可以生产 100 吨，美国只能生产 80 吨。如果两国的劳动都用来生产小麦，假设中国能生产 50 吨，而美国能生产 100 吨。两国的生产可能性如表 2.2 所示。

表 2.2　　　　　　　　　　　**中国和美国的生产可能性（1）**

	大米（吨）	小麦（吨）
中　国	100	50
美　国	80	100

从劳动生产率的角度说，中国每人每年可以生产 1 吨大米，而美国每人每年只生产 0.8 吨，中国具有生产大米的绝对优势。美国每人每年可以生产 1 吨小麦，而中国每人

每年只能生产 0.5 吨,美国具有生产小麦的绝对优势。表 2.3 列出了中美两国在大米和小麦生产中的劳动生产率。

表 2.3　　　　　　　　　中国和美国的劳动生产率（Q_j/L）

	大米（人均产量）	小麦（人均产量）
中　国	1.0	0.5
美　国	0.8	1.0

注：Q_j 是产量，L 是劳动投入，其中 j 代表大米／小麦。

从生产成本的角度来说,每吨大米在中国只要 1 个单位的劳动投入,在美国则要 1.25 个单位。相反,每吨小麦在中国需要 2 个单位的劳动投入,在美国只要 1 个。在表 2.4 中,我们分别用 a_{LR} 和 a_{LW} 来表示中美两国单位大米和单位小麦生产中的劳动要素投入,即生产成本。

表 2.4　　　　　　　　　中国和美国的生产成本（a_{L_j}）

	大米（a_{LR}）	小麦（a_{LW}）
中　国	1.0	2.0
美　国	1.25	1.0

显然,$a_{LR(中国)} < a_{LR(美国)}$,而 $a_{LW(中国)} > a_{LW(美国)}$。通过生产成本的比较,我们可以得出与以上比较劳动生产率时同样的结论。

根据绝对优势理论,中国应专门生产大米（100 吨）,然后用其中的一部分去跟美国交换小麦。美国则应专门生产小麦（100 吨）,然后用一部分小麦去交换中国的大米。

3. 贸易所得

这种专业化的分工和交换有什么好处呢?

我们用一个假设的例子来说明。如果没有贸易的话,两国都是封闭经济,自给自足,因此,为了满足不同的消费,每个国家都要生产两种产品。为了方便起见,我们假设每个国家都将自己的劳动资源平均分布在两种产品的生产上。那么,中国的大米产量是 50 吨,小麦是 25 吨,美国则生产 40 吨大米和 50 吨小麦,如表 2.5 所示。在封闭经济中,各国的生产量也是各国的消费量。

表 2.5　　　　　　　　　没有贸易情况下两国的产量／消费量

	大米（Q_R）	小麦（Q_W）
中　国	50	25
美　国	40	50

在两国开放自由贸易和专业化分工之后，中国生产 100 吨大米而美国生产 100 吨小麦，如表 2.6 所示。

表 2.6 分工后两国的生产情况

	大米（Q_R）	小麦（Q_W）
中 国	100	0
美 国	0	100

假设中国仍然保持自给自足时的大米消费量（50 吨），拿出另外的 50 吨去跟美国交换小麦，而美国也是如此，保证原来的小麦消费量（50 吨），将余下的 50 吨小麦去交换大米。这样，中国与美国用 50 吨大米换 50 吨小麦。贸易的结果是，对照表 2.5，中国现在有 50 吨大米（自己生产的）和 50 吨小麦（进口的），比自给自足时多了 25 吨小麦，而美国也有 50 吨小麦和 50 吨大米，比自给自足时多了 10 吨大米。两国都比贸易前增加了消费，都得到了在自给自足时不可能达到的消费水平，如表 2.7 所示。这就是贸易所得。

表 2.7 有贸易情况下两国的消费量

	大米（Q_R）	小麦（Q_W）
中 国	50	50
美 国	50	50

在这个例子中，中国大米与美国小麦的交换比例是 1∶1，而实际中这一比例会变动。究竟以什么样的比例（即价格）进行交换，取决于国际市场上两种产品的供给与需求。但有一点非常明确，中国用 1 吨大米换取的小麦不能少于 0.5 吨，否则不如自己生产；进口 1 吨中国大米，美国愿意支付的小麦不会超过 1.25 吨，否则无利可图。两国都能从分工和贸易中获利的小麦/大米交换比例（大米的相对价格）应在 0.5 与 1.25之间。

四、绝对优势理论的数学说明（二）

我们还可以以亚当·斯密举的英国和葡萄牙的例子来说明上述理论。假定世界上只有两个国家英国和葡萄牙，两国的自然条件、技术都不一样；这两个国家都生产葡萄酒和毛呢两种产品；生产要素为劳动力，只能在国内流动，不能在国际流动。

分工前，如表 2.8 所示，英国每年生产一单位的酒和毛呢，分别需要劳动力 120 人和 70 人，葡萄牙每年生产一单位的酒和毛呢，分别需要劳动力 80 人和 110 人。可以看出，英国有生产毛呢的绝对优势，葡萄牙有生产酒的绝对优势。两国的劳动力总数都是190 人。

表2.8 分工前英国和葡萄牙的产量/消费量

	葡萄酒产量/消费量（单位）	生产葡萄酒所需劳动人数（人/年）	毛呢产量/消费量（单位）	生产毛呢所需劳动人数（人/年）
英国	1	120	1	70
葡萄牙	1	80	1	110
合计	2	200	2	180

如果两国进行分工，都只生产各自具有绝对优势的产品，即英国只生产毛呢，葡萄牙只生产葡萄酒，则英国190人的劳动力可以生产出2.714单位的毛呢，而葡萄牙190人的劳动力可以生产出2.375单位的葡萄酒，如表2.9所示。可见，在同样的劳动力水平和数量下，两国生产出的两种产品的总量都增加了，其中毛呢的产量增加了0.714个单位，葡萄酒的产量增加了0.375个单位，说明分工可以提高劳动生产率。

表2.9 分工后英国和葡萄牙的产量

	葡萄酒产量（单位）	生产葡萄酒所需劳动人数（人/年）	毛呢产量（单位）	生产毛呢所需劳动人数（人/年）
英国			190/70 = 2.714	190
葡萄牙	190/80 = 2.375	190		
合计	2.375	190	2.714	190

两国在此分工的基础上进行交换，假设英国用1单位的毛呢和葡萄牙交换1单位的葡萄酒，结果两国的消费情况如表2.10所示。可以看出，和分工前的消费情况相比，英国多消费了0.714单位的毛呢，而葡萄牙多消费了0.375单位的葡萄酒，说明专业化分工和贸易给双方都带来了好处。

表2.10 贸易后英国和葡萄牙的消费量

	葡萄酒消费量（单位）	毛呢消费量（单位）
英国	1	1.714
葡萄牙	1.375	1
合计	2.375	2.714

☞ 问与答

问：为什么参与贸易的两个国家同时都获利了？这额外的利益从何而来？

答：由于分工和劳动效率的提高，整个世界的产量增加了，因此消费量可以相应增加，从而使参与贸易的两个国家都得到好处。另外，国际贸易本身并没有直接地创造财富，直接创造财富的其实是分工。

五、对绝对优势理论的评价

1. 绝对优势理论的贡献

绝对优势理论具有重大的理论意义和实践意义。首先，建立在劳动价值论基础上的绝对优势理论，在历史上第一次从生产领域出发，解释了国际贸易产生的部分原因，也首次论证了国际贸易不是一种"零和游戏"，而是一种"双赢博弈"，从而科学地为国际贸易理论的建立做出了贡献。从某种意义上说，这种"双赢"理念仍然是当代各国扩大开放，积极参与国际分工和贸易的指导思想。其次，亚当·斯密提倡的自由贸易"代表着一个还在同封建社会的残余进行斗争、力图清洗经济关系上的封建残污、扩大生产力、使工商业具有新的规模的资产阶级"的思想和倾向，对于扫除封建残余和重商主义思想缺陷发挥了重要的历史作用。最后，亚当·斯密的自由贸易思想反映了资本主义上升时期资产阶级向外殖民扩张和抢占世界市场的强烈愿望，不仅对当时的外贸政策产生了重大影响，而且对整个自由竞争资本主义时期各国的外贸政策产生了深远的历史影响。

2. 绝对优势理论的不足之处

绝对优势贸易理论的局限性很大，因为在现实社会中，有些国家先进发达，有可能在各种产品的生产上都具有绝对优势，而另一些国家可能不具有任何产品生产上的绝对优势，但是贸易仍然在这两种国家之间发生。对于这种绝对先进和绝对落后国家之间的贸易现象，斯密的绝对优势理论并未论及，但斯密的学生大卫·李嘉图却给出了非常合理的解释，这就是我们下一节将要学到的比较优势理论。事实上，绝对优势理论可以看作是比较优势理论的一种特殊情况。

☞ 思考：

绝对优势的前提条件是两个国家在两种产品上分别具有绝对优势。然而在现实中，我们经常看到先进的发达国家和落后的发展中国家之间有着规模巨大的贸易额，这又该如何解释呢？

☞ 【本节导入案例解析】

牧牛人：我们两人都可以获益是因为贸易使我们每个人可以专门从事我们最擅长的工作。你将把更多的时间用于种植土豆，更少的时间用于养牛。我将把更多的时间用于养牛，更少的时间用于种植土豆。由于专业化和贸易，我们每个人都可以不用增加工作时间而消费更多的牛肉和更多的土豆。

本节案例说明：①专业化分工可以提高劳动生产率并节约社会劳动；②自由贸易完全有可能是双方互惠互利的。

第二节　比较优势理论

一、比较优势理论的产生背景

　　大卫·李嘉图是英国资产阶级古典政治经济学的杰出代表和完成者。李嘉图所处的时代正是英国以机器大工业代替工场手工业的产业革命时期。当时，英国的社会生产力飞速发展，工业生产急剧增长，劳动生产率大大提高。到 19 世纪，英国已成为"世界工厂"。

　　在英国工业资产阶级力量得到不断加强的同时，封建地主阶级在政治生活中仍然起着重要作用。当时英国社会的主要矛盾是工业资产阶级同地主贵族阶级的矛盾，而这一矛盾由于工业革命的快速进展而达到异常尖锐的程度。在经济方面，他们的斗争主要表现在《谷物法》的存废问题上。

　　1815 年，英国政府为了维护封建地主阶级的利益修订实施了《谷物法》。该法令规定，必须在国内谷物价格上涨到限额以上时，才准进口，而且该法令的每次修订都在不断提高这个价格限额。《谷物法》限制了英国对谷物的进口，使国内粮价和地租长期保持在很高的水平上，保障了地主阶级继续获取高额利润，却严重损害了工业资产阶级的利益。粮价的上涨，导致居民对工业品的需求由于食品费用增加而相应减少，而工业资产阶级被迫提高工资，生产成本增加，利润减少，削弱了英国工业品的竞争力。同时，《谷物法》还招致外国以高关税阻止英国工业品对其出口。所有这些都极大地损害了英国工业资产阶级的利益。于是，英国工业资产阶级和封建地主阶级围绕《谷物法》的存废展开了长期的斗争。封建地主阶级拼命维护《谷物法》，极力阻止谷物自由贸易，而英国工业资产阶级迫切需要从理论上论证实行谷物自由贸易的优越性。李嘉图适时而应，在 1817 年的《政治经济学及赋税原理》一书中继承和发展了亚当·斯密的绝对优势理论，建立了以自由贸易为前提的比较优势理论，为工业资产阶级与封建地主阶级的斗争提供了有力的理论武器。李嘉图主张，英国不仅要从外国进口谷物，而且要大量进口，因为英国在纺织品上所占的优势比在谷物生产上所占的优势要大，故英国应该专门生产纺织品，以其出口换取谷物，取得比较利益，提高商品生产数量。李嘉图认为《谷物法》会导致英国经济停滞，因为依据《谷物法》向农产品征收关税会降低国内土地的产出并使地租升高，这样一来，大量的财富会转移到封建地主手里，而远离工业资本，而地主倾向于将财富浪费在奢侈品上，而不是进行投资。

　　在李嘉图比较优势理论的影响下，1846 年英国皮尔政府正式废除了《谷物法》，这是 19 世纪英国自由贸易政策所取得的最伟大的胜利，英国经济上的自由放任主义得到了充分体现。

二、比较优势理论的主要观点

　　作为古典政治经济学的代表人物，李嘉图与斯密一样，主张自由贸易，认为每个人在自由追求个人利益的同时会自然而然地有利于整个社会。

与重商主义不同，李嘉图认为，国际贸易给社会带来利益并非因为一国商品价值总额的增加，而是因为一国商品总量的增长。国际贸易之所以对国家极为有利，是因为"它增加了用收入购买的物品的数量和种类，并且由于商品丰富和价格低廉而为节约和资本积累提供刺激"。同斯密一样，李嘉图强调了进口带来的利益。不过，李嘉图并非只是重复斯密关于自由贸易的好处，而是提出了更加系统的自由贸易理论，从资源的最有效配置（使用）角度来论证自由贸易与专业分工的必要性。

李嘉图用"比较成本（comparative costs）"的概念来分析国际贸易的基础，建立了"比较优势理论（theory of comparative advantage）"。比较优势理论认为：

（1）一个国家不论经济处于怎样的状态、经济力量是强是弱、技术水平是高是低，都能确定各自的相对优势，即使总体上处于劣势，也可从诸多劣势中找到相对优势（也称比较优势）；

（2）国际贸易的基础并不限于劳动生产率的绝对差异，只要国家间存在着劳动生产率的相对差异，就会出现生产成本和产品价格的相对差异，从而使各国在不同的产品上具有比较优势，使国际分工和国际贸易成为可能；

（3）每个国家都应集中生产并出口其具有"比较优势"的产品，进口其具有"比较劣势"的产品，即"两利相权取其重、两害相权取其轻"；

（4）通过国际贸易，各国都能获得比分工以前更多的商品，从而实现社会劳动的节约，给贸易双方都带来利益。

比较优势理论的核心思想是，在国际上如果两国生产力不等，甲国生产任何一种商品的成本均低于乙国，处于绝对优势，而乙国的劳动生产率在任何商品的生产中均低于甲国，处于绝对劣势，这时两国仍存在进行贸易的可能性。处于绝对优势的国家不必生产全部商品，而应集中生产在本国国内具有最大优势的商品；处于绝对劣势的国家，也不必放弃所有商品的生产，而只应放弃生产本国处于最大劣势的商品。通过国际分工和自由贸易，世界的产品总量增加了，劳动生产率也提高了，参与交换的国家也可以节约社会劳动，增加产品消费，改善福利状况。

三、比较优势的判断

怎样才能知道一国是否具有某种商品的比较优势呢？

产品的比较优势可以用相对劳动生产率、相对生产成本或者机会成本来确定。

我们对前面的例子（表 2.2）做以下改动：假设美国的劳动力都用来生产大米的话，每年的生产能力不是 80 吨，而是 150 吨；中国的生产能力不变。这样，两国的生产可能性如表 2.11 所示。

表 2.11 中国和美国的生产可能性（2）

	大米（吨）	小麦（吨）
中　国	100	50
美　国	150	100

（1）用产品的相对劳动生产率来衡量。相对劳动生产率是不同产品劳动生产率的比率，即两种不同产品的人均产量之比，用公式表示为：

$$\frac{产品 A 的相对劳动}{生产率（相对产品 B）} = \frac{产品 A 的劳动生产率（人均产量：Q_A/L）}{产品 B 的劳动生产率（人均产量：Q_B/L）} \quad (2.1)$$

如果一个国家某种产品的相对劳动生产率高于其他国家同样产品的相对劳动生产率，该国在这一产品上就拥有比较优势。反之，则具有比较劣势。表 2.12 的数字是根据表 2.11 所计算的相对劳动生产率。中国大米的相对劳动生产率是 1 吨大米/0.5 吨小麦，即 2 吨大米/吨小麦。美国大米的相对劳动生产率是 1.5 吨大米/吨小麦。2>1.5，中国大米的相对劳动生产率高于美国，中国具有生产大米的比较优势。两国小麦的相对劳动生产率则正好相反，中国为 0.5 吨小麦/吨大米，美国为 0.67 吨小麦/吨大米，美国具有生产小麦的比较优势。

表 2.12   中国和美国的相对劳动生产率

	大米/小麦	小麦/大米
中 国	2	0.5
美 国	1.5	0.67

（2）用相对成本来衡量。所谓"相对成本"，指的是一个产品的单位要素投入与另一产品单位要素投入的比率，用公式表示为：

$$产品 A 的相对成本（相对产品 B）= \frac{单位产品 A 的要素投入量（a_{LA}）}{单位产品 B 的要素投入量（a_{LB}）} \quad (2.2)$$

如果一国生产某种产品的相对成本低于别国生产同样产品的相对成本，该国就具有生产该产品的比较优势。上例中两国每吨大米和小麦的相对成本见表 2.13。中国的大米相对成本比美国的低（0.5<0.67），而美国的小麦相对成本比中国的低（1.5<2）。因此，结论与用相对劳动生产率来衡量是一致的：中国有生产大米的比较优势，美国有生产小麦的比较优势。

表 2.13   中国和美国的相对成本

	大米（a_{LR}/a_{LW}）	小麦（a_{LW}/a_{LR}）
中 国	0.5	2
美 国	0.67	1.5

（3）一种产品是否具有生产上的比较优势还可用该产品的机会成本来衡量。所谓"机会成本"，指的是为了多生产某种产品（例如小麦）而必须放弃的其他产品（大米）的数量。用大米来衡量的每单位小麦的机会成本为

$$小麦的机会成本 = \frac{减少的大米产量（\Delta Q_R）}{增加的小麦产量（\Delta Q_W）} \quad (2.3)$$

其中，Q_R是大米产量，Q_W是小麦产量，"Δ"表示变动。

在前面的计算中我们可以看到，在给定的时间（或土地）里，每个中国农民可以生产 1 吨大米，也可以生产 0.5 吨小麦，但不能同时生产 1 吨大米和 0.5 吨小麦。也就是说，在中国，一个农民要想多生产 1 吨小麦，就不得不少生产 2 吨大米，每吨小麦的机会成本是 2 吨大米。在美国，一个农民要想多生产 1 吨小麦，就必须少生产 1.5 吨大米，每吨小麦的机会成本是 1.5 吨大米。同样，我们可以算出大米的机会成本（小麦机会成本的倒数），中国为 0.5 吨小麦，美国为 0.67 吨小麦。中国生产大米的机会成本低，具有生产大米的比较优势。美国生产小麦的机会成本低，具有生产小麦的比较优势。

由此可见，三种方法的结论是相同的，都能确定各国产品的比较优势。

四、比较优势理论的数学说明

除了强调两国之间生产技术存在相对差异而不是绝对差异之外，比较优势模型的前提假设与绝对优势模型基本一致的。在比较优势模型中，生产和贸易的模式是由生产技术的相对差异以及由此产生的相对成本差异决定的。

在说明比较优势理论的时候，李嘉图沿用了英国跟葡萄牙进行毛呢和葡萄酒贸易的例子，并对条件进行了改变。这个例子后来成为对比较优势原理最权威的阐述。下面是对李嘉图这一论述的数学说明。

分工前，如表 2.14 所示，葡萄牙生产每单位葡萄酒需要耗费的劳动量为 80 人/年，生产每单位毛呢需要耗费的劳动量为 90 人/年，而英国则分别需要 120 人/年和 100 人/年。

表 2.14　　　　　　　　　　　分工前英国和葡萄牙的产量/消费量

	葡萄酒产量/消费量（单位）	所需劳动人数（人/年）	毛呢产量/消费量（单位）	所需劳动人数（人/年）
英国	1	120	1	100
葡萄牙	1	80	1	90
合计	2	200	2	190

可以看出，英国两种产品的劳动成本都绝对高于葡萄牙，按照斯密的绝对优势理论，两国间是不会发生贸易的。可是，虽然葡萄牙在两种产品的生产上都比英国有绝对的成本优势，但优势的程度并不相同。两种产品的成本比率分别是

毛呢成本比率＝90/100＝0.9　　　葡萄酒成本比率＝80/120＝0.67

葡萄牙的毛呢成本为英国毛呢成本的 90%，葡萄酒的成本为英国的 67%，虽然其两种产品的绝对成本均比英国要低，但相对而言，葡萄酒的成本更低，优势更大，所以应该分工生产葡萄酒，以葡萄酒交换英国的毛呢更为有利；英国两种产品的成本均处于绝对劣势，但毛呢的劣势较小一些，所以应分工生产毛呢，以毛呢交换葡萄牙的葡萄酒更为有利。

　　如果两国按以上比较优势进行分工，英国只生产毛呢，葡萄牙只生产葡萄酒，则英国 220 人/年的劳动力可以生产出 2.2 单位的毛呢，而葡萄牙 170 人/年的劳动力可以生产出 2.125 单位的葡萄酒，如表 2.15 所示。可见，在劳动力不变的情况下，分工使得两国生产出来的两种产品的总量都增加了。

表 2.15　　　　　　　　　　分工后英国和葡萄牙的产量

	葡萄酒产量（单位）	所需劳动人数（人/年）	毛呢产量（单位）	所需劳动人数（人/年）
英国			220/100 = 2.2	220
葡萄牙	170/80 = 2.125	170		
合计	2.125	170	2.2	220

　　两国在分工前提下进行贸易，假设英国仍然用 1 单位的毛呢和葡萄牙交换 1 单位的葡萄酒，结果是两国的消费情况如表 2.16 所示，可以看出，虽然两国的劳动总量没有增加，仅仅由于进行了国际分工和贸易，英国就能够多消费 0.2 单位的毛呢，而葡萄牙能够多消费 0.125 单位的葡萄酒。这说明，即使一国在两种商品的生产上都处于不利地位，通过两国间的专业化分工与贸易，双方的国民福利也都能够提高。

表 2.16　　　　　　　　　　贸易后英国和葡萄牙的消费量

	葡萄酒消费量（单位）	毛呢消费量（单位）
英国	1	1.2
葡萄牙	1.125	1
合计	2.125	2.2

五、对比较优势理论的实证分析

　　李嘉图模型的基本预见——国家应当出口相对劳动生产率高的产品——已经被多年以来的许多研究所证实。不少对李嘉图模型的实证检验是使用第二次世界大战后初期的数据，来分析美英两国的生产率和两国间贸易。这是一项独特的具有启发性的比较。当时几乎在所有的部门，英国的劳动生产率都低于美国。因此，美国在各方面都有绝对优势。然而，英国当时的总出口量与美国的几乎一样大。毫无疑问，一定是英国的一些部门虽然绝对生产率低下但拥有比较优势。根据李嘉图模型，在这些部门中，美国较英国的劳动生产率优势都是最小的。

　　匈牙利经济学家贝拉·巴拉萨在 1963 年发表了一篇实证论文[①]，利用数据对比了

---

　　① B. Balassa. An empirical demonstration of classical comparative cost theory ［J］. The Review of Economics and Statistics，1963（4）：231-238.

在 26 个制造业中，1951 年美国对英国的出口比例以及美国对英国的劳动生产率比例。根据李嘉图的理论，美国某个产业的相对劳动生产率越高，美国就越比英国更有可能出口那项产品。巴拉萨的结论验证了这一点。此外，该研究还证实了李嘉图的另一个基本观点：贸易靠的是比较优势而不是绝对优势。在这些数据所涉及的年代，美国所有 26 个制造业的劳动生产率都要高出英国一筹，从 11% 到 366% 不等，但是英国有 12 个部门的产品出口大于美国，而在美国出口大于英国的那些产业部门，美国的劳动生产率几乎都是英国的 2 倍以上。

检验李嘉图模型新近的证据并不是那么明确清晰。部分原因是，世界贸易的增长以及随之带来的国家间的专业化生产意味着我们没有机会看到什么是这些国家的弱项。20 世纪 90 年代的世界经济情况显示，各国一般不生产自己具有比较劣势的商品，所以无法衡量它们这些部门的生产率。比如，大多数国家不生产飞机，因此就没有相关的单位产品劳动投入的数据。尽管如此，许多证据仍表明劳动生产率的差异在决定世界贸易模式中继续扮演着重要角色。

比较优势还可以用世界服装贸易作为例子来阐明。不管怎样衡量，像美国这样的创新型国家，其服装制造业的劳动生产率比新兴工业化国家，如墨西哥和中国的劳动生产率要高。但是由于服装制造业的技术相对比较简单，发达国家在服装工业上的生产率优势比在其他工业上的低。例如，1992 年美国制造业的平均劳动生产率是墨西哥工人的 5 倍，但是美国服装产业的劳动生产率只比墨西哥高 50%。其结果是，服装是从低工资国家出口到高工资国家的主要商品。

六、对比较优势理论的评价

比较优势理论发展了斯密的国际分工和贸易理论，克服了绝对优势理论的缺陷，比绝对优势理论更具有普遍意义。斯密的理论只认证了一部分在生产上具有绝对优势的国家参与国际分工的必要性，而李嘉图的理论则阐述了国际贸易互利性的普遍适用，即任何国家都能从国际贸易中获益，从而成为"分析巨大'贸易利益'来源的基本方法"，首次为自由贸易提供了有力证据，并从劳动生产率相对差异的角度成功地解释了国际贸易发生的一个重要起因，因此李嘉图的比较优势理论被称为国际贸易的一般理论。直到今天，这一理论仍然是许多国家，尤其是发展中国家制定对外经贸战略的理论依据。

当然比较优势理论也有很多不足，主要体现在以下方面：

（1）预测了极端的专业分工，而其在现实世界中根本看不到，因为还有很多非贸易品的存在；

（2）忽略了国际贸易对国内收入分配的影响，并据此认为，国家作为一个整体是始终能够从贸易中获利的，而在现实中，国际贸易对国内收入分配有强烈的影响；

（3）没能明确国际交换价格的确定，更没有涉及贸易利益在两国之间如何分配的重要问题；

（4）只考虑到供给因素，忽略了需求面的影响；

（5）把劳动看做是唯一的生产要素，忽视了资本、土地、技术等其他生产要素的作用；

（6）假定生产要素（即劳动）是同质的，然而，受过专门教育和培训的熟练劳动力在生产效率上往往高于没有受过教育和训练的简单劳动力；

（7）假定同一产品的生产成本固定以及没有交易和运输成本等。

这些重要的假设前提使比较优势理论与现实情况之间存在较大差距。

此外，该理论忽视了规模经济也可能是国际贸易的起因，这使它无法解释明显相似的国家间同类产品上大量的贸易往来。该理论还忽视了各国资源禀赋的不同也是贸易产生的一个原因，因此漏掉了贸易体系的一个重要方面。

比较优势理论是一种静态的分析方法，是基于现有和传统遗留下来的优势，在既定的经济情况下，从静态的角度对一个国家的产业结构现状进行分析。该理论注重由一国现有劳动生产率所决定的即期利益和资源在国际间合理配置的短期效应，而这些是否符合一国经济发展的长远利益则不得而知。该理论强调自然赋予的生产要素，而忽视获得性生产要素（人力资本、技术能力等）。在比较优势理论模型中，生产要素在国际不流动，不存在技术进步和技术传播，要素禀赋等也不发生变化，因而由此决定的专业化分工形式也就不会改变。显然，传统比较优势理论抽象掉了对国际贸易有巨大影响的现实国际经济关系，抽象掉了整个世界经济活动和进步的支柱，即技术进步。相反，从动态的角度看，比较优势可以不断地转移和变化，促使其发生转化的根本原因是技术进步。我们也可以说，比较优势理论只解释了劳动生产率相对差异如何引起国际贸易，却没有进一步解释各国劳动生产率存在差异的原因，也看不到各国劳动生产率发生的变动及产生这种变动的原因。

最后，比较优势理论也忽视了潜在优势的培育和比较优势的转化。在现实经济中，如果相对落后的发展中国家仅根据其现有的比较优势参与国际分工，专业化于初级产品或劳动密集型工业制成品的生产，放弃贸易条件好的高附加值产品的开发和生产，忽视潜在比较优势的培育和比较优势的转换，其结果是，初级产品贸易条件的不断恶化对其经济发展造成不利影响，即使能够获得贸易的短期效应和既得利益，但从长期看反而可能会扩大与发达国家之间的差距，甚至陷入"比较利益陷阱"，出现"贫困化增长"的局面。

☞ 思考：

虽然根据比较优势原理可以推算出一个可能发生国际贸易的交换范围，那么两种产品在世界市场上确切的交换比率（相对价格）究竟是怎样是确定的呢？

☞ 【知识链接】

比较优势陷阱是指一国（尤其是发展中国家）完全按照比较优势，生产并出口初级产品和劳动密集型产品，则在与以技术和资本密集型产品出口为主的发达国家的国际贸易中，该国虽然能获得比较利益，但贸易结构不稳定，总是处于不利地位，从而落入"比较利益陷阱"，或称"比较优势陷阱"。

比较优势陷阱可分为两种。第一种是初级产品比较优势陷阱。它是指执行比较优势战略时，发展中国家完全按照机会成本的大小来确定本国在国际分工中的位置，运用劳动力资源和自然资源优势参与国际分工，从而只能获得相对较低的附加值，并且比较优势战略的实施还会强化这种国际分工形式，使发展中国家长期陷入低附加值环节。由于初级产品的价格需求弹性小，如果初级产品的国际价格下滑，发展中国家的贸易条件就会恶化，甚至出现贫困化增长的现象。

第二种是制成品比较优势陷阱。由于初级产品的出口形势恶化，发展中国家开始以制成品出口来替代初级产品出口，并利用技术进步来促进产业升级。但发展中国家由于自身基础薄弱，主要是通过大量引进、模仿先进技术或接受技术外溢和改进型技术等手段来改善在国际分工中的地位，并有可能进入高附加值环节。但是这种改良型的比较优势战略由于过度依赖技术引进，使自主创新能力长期得不到提高，无法发挥后发优势，只能依赖发达国家的技术进步。

贫困化增长是某些特定发展中国家发生的情况，是一个大国由于某种原因（一般总是单一要素供给的极大增长）使传统出口商品的出口规模极大增长，其结果不仅导致该国贸易条件的严重恶化，而且使该国国民福利水平绝对下降，即一个偏向出口的大国经济增长引起该国贸易条件严重恶化，以致社会福利下降程度远远高于人均产量增加对社会福利的改善程度，最终会出现越增长越贫困的结果，因此又叫做"悲惨的增长"。

❋ 本章小结 ❋

古典经济学家在劳动价值论的基础上提出了国际贸易理论，从劳动生产率的差异角度解释了国际贸易发生的原因和影响，认为劳动生产率是国际贸易重要的决定因素。本章主要介绍了亚当·斯密的绝对优势理论与大卫·李嘉图的比较优势理论。

亚当·斯密的绝对优势理论认为每个国家都应专业化生产并出口自己具有绝对优势的产品，进口具有绝对劣势的产品，其结果比自己什么都生产更有利。贸易得利来源于国际分工和专业化生产提高了的劳动生产率。但其无法解释生产任何产品的绝对成本都高于其他国家的国家是如何参与贸易的。

李嘉图的比较优势理论弥补了绝对优势论的不足。该理论认为：国际贸易的基础并不限于劳动生产率上的绝对差别，只要国家间存在着劳动生产率上的相对差别，就会出现生产成本和产品价格的相对差别，从而使各国在不同的产品上具有比较优势；各国都应集中生产并出口其具有"比较优势"的产品，进口其具有"比较劣势"的产品；这样贸易各国都能获得比分工以前更多的商品，从而实现社会劳动的节约，并提高贸易各国的国民福利。

通过本章对绝对优势理论和比较优势理论内容的系统介绍，我们了解了古典国际贸易理论发展、变化的详细过程，清楚了各个历史时期有代表性的古典贸易学说的主要观点和政策主张。这对于我们分析和认识当代世界贸易活动，分析和认识各国的经济政策和措施，借鉴历史上的经验，制定适合我国国情的对外贸易政策有着十分重要的现实指导意义。

❋ 练 习 题 ❋

一、名词解释

绝对优势　绝对优势理论　相对劳动生产率　相对成本　机会成本　比较优势理论

二、单选题

1. 假设葡萄牙生产每单位酒需要 40 人劳动 1 星期，生产每单位毛呢需要 30 人劳动 1 星期；英国生产每单位酒需要 100 人劳动 1 星期，生产每单位毛呢需要 50 人劳动 1 星期，那么下列表述正确的是（　　　）。

  A. 英国在两种产品的生产上都具有绝对优势

  B. 葡萄牙在毛呢的生产上具有比较优势

  C. 英国在酒的生产上具有比较优势

  D. 葡萄牙在两种产品的生产上都具有绝对优势

2. 比较优势理论的提出者是（　　　）。

  A. 亚当·斯密　　　　　　　　B. 大卫·李嘉图

  C. 赫克歇尔　　　　　　　　　D. 李斯特

3. 比较优势理论认为国际贸易的基础是各国间存在着（　　　）。

  A. 劳动生产率的绝对差异　　　B. 劳动生产率的相对差异

  C. 要素禀赋的国际差异　　　　D. 规模经济的差异

4. 根据比较利益论假定 A、B 两国生产 X 产品的单位生产成本分别为 100 人和 90 人劳动一年，生产 Y 产品的单位生产成本分别为 120 人和 80 人劳动一年，则（　　　）。

  A. B 国同时生产 X、Y 产品，A 国不生产

  B. A 国生产 Y 产品，B 国生产 X 产品

  C. A 国生产 X 产品，B 国生产 Y 产品

  D. A 国同时生产 X、Y 产品，B 国不生产

5. 如练习题表 1 所示数据，在下列说法中，正确的是（　　　）。

练习题表 1

国家 商品	美国	英国
小麦（工时/蒲式耳）	6	8
棉布（工时/码）	12	24

  A. 按照绝对优势分工，且美国专门生产小麦，英国专门生产棉布

  B. 按照绝对优势分工，且美国专门生产棉布，英国专门生产小麦

  C. 按照比较优势分工，且美国专门生产小麦，英国专门生产棉布

  D. 按照比较优势分工，且美国专门生产棉布，英国专门生产小麦

三、多选题

1. 假设我国生产手表需 8 个劳动日，生产自行车需 9 个劳动日，而印度生产这两种产品分别需要 12 个和 10 个劳动日，根据比较优势理论，则（　　）。

A. 中国生产和出口手表　　　　B. 印度生产和出口自行车
C. 中国生产和出口手表与自行车　　D. 两国各自都生产两种产品

2. 若德国和英国在同一劳动时间内分别生产 10 码毛呢、15 码麻布和 10 码毛呢、20 码麻布，基于比较利益原则的分工格局为（　　）。

A. 英国生产并出口毛呢　　　　B. 英国生产并出口麻布
C. 德国生产并出口毛呢　　　　D. 德国生产并出口麻布

3. 英国和德国都生产布和酒，两国各自生产这两种产品，英国国内的交换比例为 10∶15，德国则为 10∶20，按比较优势，德国生产酒，英国生产布，两国进行交换，当国际商品交换比例越接近 10∶15（　　）。

A. 对英国越有利　　　　　　　B. 对德国越有利
C. 英国获得贸易利益越多　　　D. 英国获得贸易利益越少

四、计算题

1. 假设有甲、乙两国生产小麦和布匹，在国际分工前各国的投入产出如练习题表 2 所示。

问：甲、乙两国分别在哪种产品生产上具有绝对优势？

练习题表 2

	小　麦		布　匹	
	劳动投入量	产出量	劳动投入量	产出量
甲	15	120	5	100
乙	10	120	10	100

2. 假设生产 1 单位食品所需要的劳动投入本国是 6，外国是 12；生产 1 单位布所需要的劳动投入本国是 10，外国是 5。问：

（1）本国与外国分别在哪种产品的生产上具有绝对优势？
（2）本国与外国交换食品可以接受的交换比例在什么范围内？（用分数表示即可）

五、简答题

1. 斯密认为绝对优势的来源是什么？
2. 绝对优势的衡量有哪两种方法？
3. 绝对优势理论的贡献是什么？
4. 比较优势理论的主要观点有哪些？
5. 衡量比较优势的方法有哪几种？
6. 比较优势理论的意义是什么？它有哪些不足？

❋　课外思考实践题　❋

1. 假设迈克 2 小时可修完草坪，但同样时间可拍 1 万元的广告；简妮 4 小时修完草坪，同样时间，她可到快餐店打工挣 20 元。那么迈克应该自己修草坪吗？

2. 假设日本工人每月每人能生产 1 辆汽车，或生产 1 吨粮食，美国能生产 1 辆汽车或能生产 2 吨粮食。那么美国应该与其他国家进行贸易吗？

第三章　新古典国际贸易理论

☞【学习目标】

学习完本章后，你应该能清楚地知道：

(1) 与要素禀赋相关的基本概念；

(2) 要素禀赋理论的推导过程与核心内容；

(3) 里昂惕夫之谜的提出及其解释。

第一节　要素禀赋理论

☞【案例导入】

　　沙特阿拉伯是一个石油大国，石油资源丰富，2012年其领土范围内已探明的石油储量达2650亿桶，约占全球总储量的20%，位居全球首位。2012年沙特石油日均产量达1160万桶，其中出口750万桶。沙特阿拉伯经济结构单一，石油是其经济发展的命脉，石油收入占其国家财政收入的60%~80%，石油和石化产品出口占其出口总额的90%左右。沙特阿拉伯的进口产品中，机电设备、食品和交通工具所占比重最大。自20世纪70年代起，沙特阿拉伯利用其丰富的石油资源大力发展经济和改善人民生活，进行了多期五年发展规划。经过几十年努力，沙特阿拉伯从一个贫穷落后的国家变成一个举世闻名的现代化石油大国，而且成为中东最大的商品和承包劳务市场，并拥有大量的海外资产。对石油的高度依赖，使沙特阿拉伯深受国际市场上石油价格波动的影响。20世纪70年代石油价格攀高，给沙特阿拉伯带来了可观的贸易收益，使其一跃成为世界人均高收入国家，而80年代以后的石油价格萎靡不振，也给其带来了巨大的不利影响。

　　大多数发展中国家的出口商品都与其要素禀赋密切关联。尼日利亚、墨西哥、委内瑞拉等都是世界石油的主要供给国，赞比亚、扎伊尔、智利是著名的铜出口国，哥伦比亚、坦桑尼亚、埃塞俄比亚、巴西、科特迪瓦、危地马拉是著名的咖啡供应地……

　　马来西亚在1957年独立时，基本上是单一经济结构，橡胶出口占收入的一半，占其国内生产总值的近1/4，锡是其第二大出口产品，占全部出口收入的10%~20%。独立后，马来西亚继续投资于初级产品出口，并在制成品出口上进行投资。结果，其出口逐步多样化，保持了经济的快速增长。在非洲，科特迪瓦为维持其咖啡出口，加强了投资，同时还增加了对可可、木材和其他初级产品的投资，出口不断增长，国内居民生活水平也不断提高。

　　也有相反的例子。科特迪瓦的邻居加纳在 1957 年独立时，大概是非洲最富裕的国家。当时的加纳，同大多数发展中国家一样，经济结构单一，可可出口占其收入的 60%。独立后，加纳将投资从出口基地急转到进口替代产业。到 20 世纪 80 年代，可可出口量仅为 60 年代的一半，而其他出口产品并没有弥补这一缺口。

☞ **思考：**

该案例说明了什么？我们能从中得到什么启发？

一、要素禀赋理论的提出

　　要素禀赋理论的产生始于对斯密和李嘉图理论的质疑。在斯密和李嘉图的模型中，技术不同是各国在生产成本上产生差异的主要原因。可是到了 20 世纪初，各国尤其是欧美之间的交往已经很普遍，技术的传播已不是一件非常困难的事。许多产品在不同国家的生产技术已非常接近甚至相同，但为什么成本差异仍然很大？赫克歇尔认为，除了技术差异以外，一定有其他原因决定各国在不同产品上的比较优势，而其中最重要的是各国生产要素的禀赋不同和产品生产中使用的要素比例不同，从而形成了著名的要素禀赋理论（theory of factor endowment），又被称为要素比例学说（factor proportions theory）。

　　要素禀赋理论由瑞典经济学家赫克歇尔（Eli F Heckscher）和俄林（Bertil Ohlin）师生两人共同提出。1919 年，赫克歇尔发表了题为《外贸对收入分配的影响》一文。在这篇被萨缪尔森称为"天才之作"的文章中，赫克歇尔提出了建立在相对资源禀赋情况和生产中要素比例基础上的比较优势理论，第一次阐述了要素禀赋理论的基本论点。这些论点当时并没有引起人们的注意。10 年以后，他的学生，另一位瑞典经济学家俄林在这篇文章的基础上做了进一步的研究，并在其博士毕业论文《区间贸易和国际贸易论》中，利用一般均衡分析，对其老师的理论做了清晰而全面的解释，使要素禀赋理论得以成型。鉴于其在国际贸易领域的贡献，俄林于 1977 年荣获诺贝尔经济学奖。后来，另一位诺贝尔经济学奖获得者保罗·萨缪尔森（Paul Samuelson）进一步完善了俄林对于要素禀赋与国际贸易关系的论述，推导出证明要素禀赋理论十分精确的数学条件。无论在理论分析上还是在实际应用中，要素禀赋理论都取得了巨大成功，从 20 世纪上半叶到 70 年代末，无人能够动摇其在国际贸易理论中的优势地位。即使在新贸易理论出现之后，要素禀赋理论也依然重要。

　　最初，赫克歇尔与俄林采用传统分析方法——文字描述与逻辑推理来表述他们的理论思想。后来的经济学家将他们的思想放在新古典经济学框架之下，采用由新古典经济学所建立起来的等产量线、无差异曲线、生产可能性边界等，在两种或两种以上生产要素的框架下分析产品的生产成本，将赫克歇尔与俄林的理论发展成一个标准理论模型，并归纳成一个简洁的定理，所以赫克歇尔和俄林的要素禀赋理论又可简称为 H-O 定理、H-O 模型。自从要素禀赋理论提出以来，经济学家们就开始对其进行拓展。其中三个重要的理论拓展分别被称为斯托尔帕-萨缪尔森定理、要素价格均等化定理与雷布津斯基定理。这些定理在要素禀赋理论的基础上进一步分析了国际贸易的影响和后果。因此，有人将赫克歇尔与俄林的 H-O 模型称为狭义的要素禀赋理论，而将经过拓展的模型称为广义的要素禀赋理论，而狭义和广义的要素禀赋理论则被统称为新古典国际贸易理论。

二、与要素禀赋理论有关的概念

要素禀赋理论主要借助于要素密集度和要素丰裕度这两个概念，故清晰、准确地了解它们及相关术语的含义十分重要。

1. 生产要素和要素价格

生产要素（factor of production）是指生产活动必须具备的主要因素或在生产中必须投入或使用的主要手段。俄林认为，生产商品需要不同的生产要素而不仅仅是劳动力，并据此提出三要素论。三要素论的主要论点是：劳动、土地和资本是一切社会生产不可或缺的要素。后来也有人把技术知识、经济信息当作生产要素。要素价格（factor price）则是指生产要素的使用费用或报酬，例如土地的租金、劳动力的工资、资本的利息等。一种商品的价值是由生产该商品所需要的要素的报酬（即要素价格）来决定的。

2. 要素密集度和要素密集型产品

要素密集度（factor intensity）是指商品生产中所需要的各种要素之间的投入比例。各种商品由于属性不同，生产中所要求的要素比例也不同，比如农产品要求较多的土地，纺织品则要求较多的劳动力。根据商品生产中所要求的不同要素间的比例，可以把商品划分为不同类型的要素密集型产品。如果某种要素在某种特定商品的生产投入中所占比例最大，则称该商品为该要素密集型产品。例如生产小麦投入的土地占的比例最大，便称小麦为土地密集型产品（land-intensive product）；生产纺织品劳动所占的比例最大，则称纺织品为劳动密集型产品（labor-intensive product）；生产计算机资本所占的比例最大，于是称计算机为资本密集型产品（capital-intensive product），以此类推。

在通常的状况下，经济学家将产品划分为资源密集型、劳动密集型、资本密集型、技术密集型这四种基本类型。要素密集型是一个相对的概念。例如，如果计算机生产中投入的资本与劳动的比例高于纺织品生产中资本与劳动的比例，那么计算机就是资本密集型产品，纺织品就是劳动密集型产品。但是，计算机产业相对于飞机制造业来说，计算机又成为劳动密集型产品，而飞机则是资本密集型产品。当只有两种商品（X 和 Y）、两种要素（劳动和资本）的情况下，如果 Y 商品生产中使用的资本/劳动比大于 X 商品生产中的资本/劳动比，则称 Y 商品为资本密集型产品，X 为劳动密集型产品。如果资本的相对价格下降，生产者为了减少其生产成本，必定会用资本来替代劳动。这样做的结果是两种商品都会变得更加资本密集化。如果在任何可能的相对要素价格下，生产 Y 的资本/劳动比均大于生产 X 的资本/劳动比，才可以明确地说 Y 是资本密集型产品。

3. 要素禀赋和要素丰裕度

要素禀赋（factor endowment），又称"资源禀赋"，是指一国所拥有的可用于生产商品和劳务的各种生产要素的总量，既包括自然存在的资源，也包括可获得性资源

（如技术和资本）。

　　要素丰裕度（factor abundance）是指一个国家某种生产要素与其他生产要素比较而言的充裕程度。要素丰裕度是一个相对的概念，与一国生产要素的绝对数量无关。衡量要素丰裕度有两种方法。

　　一种方法是用一国所拥有的生产要素（如资本和劳动）的相对供给数量来衡量。假设有 A、B 两国，尽管 B 国拥有资本要素的绝对数量少于 A 国，但如果 B 国的可用总资本 TK_B 和可用总劳动 TL_B 的比率大于 A 国的可用总资本 TK_A 和可用总劳动 TL_A 的比率，即

　　$TK_B/TL_B > TK_A/TL_A$，则 B 国是资本相对丰裕的国家，而 A 国是劳动相对丰裕的国家。

　　另一种方法是以要素的相对价格来定义。如果 B 国资本要素价格（即利率 r_B）和劳动要素价格（即工资率 w_B）之比小于 A 国利率 r_A 和工资率 w_A 之比，我们就说 B 国是资本相对丰裕的国家，而 A 国是劳动相对丰裕的国家。

　　在上述两种衡量方法中，相对价格法考虑了要素的供给和需求，相比来说较为科学。鲍恩（1987）等人提供了 1966 年部分国家（地区）的数据，用三种生产要素的三个不同的相对量分析了这些国家（地区）的要素禀赋状况，如表 3.1 所示。

表 3.1　　　　　　　　　　部分国家（地区）的要素禀赋①

国　家（地　区）	资本/劳动（每个劳动力比美元数）	资本/土地（每公顷土地比美元数）	劳动/土地（每公顷土地比劳动人数）
澳大利亚	7415.5	67.2	0.009
巴　西	1151.6	42.8	0.038
加拿大	10583.1	198.0	0.019
日　本	3358.5	5286.5	10574
中国香港	1368.5	90739.1	66.308
美　国	10260.9	1058.6	0.103

　　表 3.1 中的数据表明，不同角度的衡量，其结果不一。美国是资本拥有量最多的国家，但是如果以资本劳动的比率衡量，加拿大的资本要素比美国更丰裕；如果以资本土地的比率来衡量，中国香港地区的资本丰裕度远远高于美国。因此，当我们说某国在要素禀赋上属于哪种类型时，必须注意看与谁比。如果我们只看表 3.1 中的资本劳动比，美国无论在资本存量，还是在劳动绝对数量上，都远远高于加拿大和中国香港地区。但与加拿大比，美国的人均资本存量低于对方，因此相对加拿大而言，美国属于劳动丰裕的国家。如果拿美国与中国香港地区比，则美国的人均资本存量高于中国香港地区的水平，因此美国与中国香港地区比，属于资本丰裕的国家。

_____

　　① 本表来自胡涵钧主编：《新编国际贸易》，复旦大学出版社 2000 年版，第 67 页。

三、要素禀赋理论的基本假设

要素禀赋理论，即 H-O 模型建立在一些简单的假设之上，这些假设使该理论显得相当严谨，主要有以下几条。

（1）只有两个国家、两种商品、两种生产要素（劳动和资本）。这一假设的目的是便于进行理论说明。实际上，将这一假设放到多个国家、多种产品、多种要素也不会影响要素禀赋理论的适用性。

（2）两国的技术水平相同，即同种产品在不同国家有着相同的生产函数。这意味着假如两国要素价格相同，则两国在生产同一商品时就会使用相同数量的劳动和资本。例如，如果中国和日本厂商采用相同的生产技术，那么一定数量的人均资本在日本生产出某一产量的产品，同一资本劳动比也会在中国生产出同等数量的同种产品。但是，要素价格在不同国家通常是不同的，各国的生产者都会较多使用本国低廉的生产要素。

（3）两种生产要素的供给是固定的、同质的，且都被充分利用。

（4）在两个国家，产品要素密集度类型始终不变。这就是说无论相对要素价格如何改变，都不会发生生产要素密集度逆转现象。譬如，在中国 X 产品是劳动密集型产品，Y 产品是资本密集型产品，那么在日本也是如此。

（5）生产规模报酬不变。规模报酬不变表明，某种商品的资本和劳动使用量按照相同比例增加时，该产品产量也以同一比例增加，即单位生产成本不随着生产规模的增减而变化。

☞【知识链接】

> 如果生产 X 商品时劳动和资本都增加 10%，则 X 商品产量也增加 10%，称为规模报酬不变。如果 X 商品产量的增加不到或者超过 10%，则称为规模报酬递减或规模报酬递增。

（6）不完全分工假设，即参与国际分工与贸易不会导致两国进行完全专业化生产。即使在自由贸易条件下，两国也仍然会同时生产两种产品。

（7）两国的消费偏好相同。若用社会无差异曲线反映，则两国的社会无差异曲线的位置和形状相同。

（8）商品和生产要素的市场都是完全竞争的。这是指市场上无人能够因购买或出售大量商品或生产要素而影响其市场价格。在完全竞争条件下，商品价格等于其生产成本，每个厂商获取平均利润，没有超额利润。

（9）生产要素只能在一国内部自由流动，在两国间不能自由流动。这表明：在一国内部，劳动和资本能够自由地从某些低收入地区/行业流向高收入地区/行业，直至同种要素在各地区/各行业的报酬都相同，这种流动才会停止；而在国际间却缺乏这种流动性，因而在没有贸易时，国际要素报酬差异始终存在。

（10）无运输费用，无关税或其他阻碍自由贸易的障碍。这意味着生产的专业化过程将持续到两国商品相对价格相等为止才会停止。如果存在着运输成本、关税，则当两国的价格差小于或等于每单位贸易商品的运输成本和关税时，两国的生产分工会停止。

（11）充分就业。两国的资源都得到充分利用，不存在过剩。

（12）贸易平衡。即每个国家的总进口等于其总出口。

四、要素禀赋理论的内容

（一）要素禀赋理论的推导

1. 商品价格的国际绝对差异是国际贸易产生的直接原因

各国之间为什么会彼此进行贸易呢？俄林认为，原因就在于同样的商品在各国之间的价格是不同的。在自由贸易的条件下，每一个国家都会进口比在国内生产更便宜的商品，而将自己价格低廉的商品拿到国际市场上出售。只要两国之间存在价格差异，在没有运输费用等的前提下，把商品从价格低的国家运到价格高的国家出售就有利可图，这样就必然会有人在两国之间从事进口和出口的活动，国际贸易就是不可避免的了。

既然商品价格的国际绝对差异是两国之间进行贸易的直接基础，那么为什么两国之间会存在商品价格的绝对差异呢？这种商品价格的差异只是暂时现象还是长期存在的呢？这些问题需要进一步进行探讨。

2. 商品价格的国际绝对差异来自商品成本的国际绝对差异

商品成本决定商品价格，同一种商品的价格在不同国家间的差异主要是成本的差异。这是 H-O 模型解释贸易发生原因的第一个条件。除此之外，还必须有第二个条件，即各国不同的成本比例。

3. 两国国内商品成本比例不同是国际贸易发生的必要条件

表 3.2 是英国、美国在小麦和布上的单位成本比较。

表 3.2　　　　两国两种商品不同比例的单位成本　　　　（单位：美元）

	小麦单位成本	布单位成本
英国	3	1
美国	1	2

从表 3.2 中我们看到，小麦和布的成本比例英国是 3∶1，美国是 1∶2。按照李嘉图比较优势理论，英国在布的生产上具有比较优势而美国在小麦的生产上具有比较优势，如果两国之间开展贸易，必然是英国出口布进口小麦，而美国进口布出口小麦，通过贸易两国都能获得利益。但是如果两国之间的成本比例是相同的（见表 3.3），即一国两种商品的成本都按同一比例低于另一国，则两国只能发生暂时的贸易关系。

表 3.3　　　　两国两种商品相同比例的单位成本　　　　（单位：美元）

	小麦单位成本	布单位成本
英国	2	4
美国	1	2

在表 3.3 中，美国生产小麦的单位成本是 1 美元，英国是 2 美元；美国生产布的单位成本是 2 美元，英国是 4 美元。在这种情况下开展贸易的话，只能是单方面的，即美国向英国出口小麦和布两种商品，而英国则没有任何商品出口到美国，结果是美国纯粹的出超和英国纯粹的入超。俄林认为在这种情况下，即使两国之间存在贸易，这种贸易也只能是暂时的，不可能长久进行下去。这是由于如果两国实行纸币制度，英国为了支付进口必然大量买进美元，这样外汇市场上美元的汇价就会上升，英镑的汇价就会下跌。美元汇价上升后用美元表示的英国商品的价格就会下降，英镑汇价下跌后以英镑表示的美国商品的价格就会上升。如果在正常情况下，两国货币汇率的变化会对它们之间的贸易状况进行调整，当两国进出口实现彼此平衡时汇率也就达到了稳定的状态。但在表 3.3 中就不同了，汇率变动的结果最终只能是使两国的商品价格变得完全相等，如当美元对英镑升值一倍时，两国的生产成本就一样了，这样两国之间就不可能再有贸易发生了。所以不同的成本比例是两国贸易的一个重要前提，这是要素禀赋理论的核心内容。

到现在为止，我们的分析实际上还属于比较优势理论的范畴，至于两国之间为什么会有不同的成本比例存在，李嘉图并没有就此进行继续探究，而俄林则在此基础上进一步进行了思考，他认为成本比例差异的原因就在于生产要素的不同价格比例。

4. 生产要素的价格比例不同决定各国商品成本比例不同

为什么不同国家有不同的成本比例呢？俄林认为是因为各国国内的生产诸要素的价格比例不同。不同的商品是由不同的生产要素组合生产出来的。在每一国内，商品的成本比例反映了该国的生产诸要素的价格比例关系，也就是工资、地租、利息之间的比例关系。由于各国的生产要素价格不同，就产生了成本比例的不同。

假设生产每单位布需要 3 单位资本和 6 单位劳动，在技术上美国和中国是相同的。但是，中国每单位资本的价格是 6 美元，每单位劳动的价格是 1 美元，而美国单位资本的价格是 3 美元，单位劳动的价格是 5 美元，结果中国每单位布的成本（价格）是 6×3 +1×6，即 24 美元，而美国每单位布的成本是 3×3+5×6，即 39 美元。可见，各国生产同一产品的价格差异，在这里是由生产要素的价格差异造成的。

既然生产要素价格的差异是造成各国生产各种商品时成本比例差异的原因，那么为什么各国之间的要素价格会不同呢？我们知道，生产要素价格是由生产要素的供给和需求共同决定的，要探讨要素价格的差异就必须从要素的供给、需求状况着手。

5. 要素供给比例不同是决定要素价格比例不同的因素

各国在要素的供给方面是存在着巨大差异的，不同的国家所拥有的土地、劳动、资本以及企业家才能等各种生产要素的数量、质量和种类是各不相同的，这就构成了各国生产要素价格差异的基础。如果不考虑需求因素，各国生产要素的供给丰裕程度就决定了其要素的价格。一般来说，供给丰富的要素的价格要低些，而供给稀缺的要素的价格就会较高。

所以，各国的生产要素的禀赋程度不同决定了各国要素价格的差异，要素价格的差异又使各国的商品成本和价格不同，进而导致了国际贸易的产生，这就是要素禀赋理论的主要内容。这一点可以用大量的事实来验证，像澳大利亚、新西兰、阿根廷等国，土地资源丰富而资本、劳动要素较少，这就使得这些国家的地租较低而工资、利息较高，反映在贸易结构上，这些国家出口的多是较多使用土地而较少使用资本、劳动的产品，如小麦、羊毛、肉类等，而进口的多是大量使用资本、劳动的产品；像中国、印度等人口众多的国家，劳动密集型产品的出口就占较大比重；此外，北欧各国出口森林制品、中东国家出口石油制品等也说明了这一道理。

　　图3.1为要素禀赋理论的简要推理过程。我们看到，俄林从商品价格的国际差异出发，分析了商品成本的国际差异，又从成本的国际差异进而探讨了各国不同的成本比例，由此又推导出各国生产要素的价格差异，最后将要素的价格差异归结到生产要素的供给和需求的不同，这样他的整个推理过程就形成了一个环环相扣的链条。在这一链条中，俄林认为最重要的一环就是要素的不同供给比例，即各国不同的资源赋予程度。但是，没有一个单一的环节是国际贸易的最终基础，各个环节之间的相互依赖关系决定了每一个国家的价格结构，而各个国家的价格结构决定了其在国际分工和国际贸易体系中的比较优势，同时这也就构成了国际分工和国际贸易的基础。

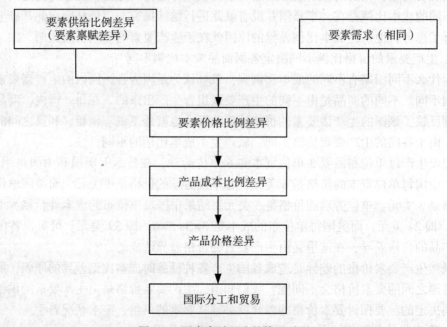

图 3.1　要素禀赋理论的推理过程

小·提·示

　　一国的要素禀赋若能与某种产品的要素密集度配合起来，便会在该产品上具有比较优势。这便是一国比较优势的来源。

（二）要素禀赋理论的核心内容

根据要素禀赋理论的假设和推导过程，我们可以得出以下结论，也就是要素禀赋理论的核心内容：一国应当大量生产并出口那些密集使用本国充裕的生产要素生产的商品，进口那些密集使用本国稀缺的生产要素生产的商品。简而言之，一个国家在国际分工中应该遵循"靠山吃山、靠水吃水"的原则，劳动相对丰裕的国家拥有生产劳动密集型产品的比较优势，应该出口劳动密集型商品，进口资本密集型商品；资本相对丰裕的国家拥有生产资本密集型产品的比较优势，应该出口资本密集型商品，进口劳动密集型商品。

五、对要素禀赋理论的评价

（一）积极方面

要素禀赋理论从生产要素禀赋的差异来解释国际贸易的原因，这对于古典贸易理论来讲是一大创新，它从以下几个方面推动了国际贸易理论的发展。

1. 引入多种生产要素分析贸易

俄林抛弃了古典学派的单一要素论，将其理论建立在三要素论的基础上，认为劳动、资本和土地是一切社会生产中不可缺少的三个要素。这种不同种类生产要素组合起来进行生产的分析方法使国际贸易理论的分析更加符合现实。

2. 排除了各国技术水平差异的假设

李嘉图的比较优势理论是建立在各国生产者在生产同一商品时具有不同劳动生产率的基础上，而俄林认为国际贸易发生的根本原因是各国资源的赋予程度不同。和李嘉图相比，俄林不仅承认比较优势是国际贸易发生的基本原因，更重要的是找到了比较优势形成的源泉，即贸易双方要素禀赋的差异。

3. 采用一般均衡分析方法

俄林继承了瓦尔拉斯·卡塞尔的一般均衡理论，并开创性地把它运用到国际贸易理论的研究中来，强调国际贸易的原因和结果不是孤立和偶然的现象，而是存在于各国之间的各种商品与生产要素价格的相互依赖和作用的环节当中，将贸易理论向客观现实推进了一大步，也为国际贸易理论研究提供了一个新的方向和角度。

李嘉图和穆勒都假设两国交换是物物交换，而赫克歇尔和俄林是用等量产品不同货币价格（成本）比较两国商品的价格比例，即假设两国的交换是货币交换，用生产要素禀赋的差异寻求解释国际贸易产生的原因和国际贸易商品结构以及国际贸易对要素价格的影响，研究更深入、更全面了。

（二）不足之处

当然，要素禀赋理论还存在许多不完善的地方，主要有以下几点。

1. 主要从供给方面进行研究，忽视了需求的作用

要素禀赋理论与古典学派的比较优势理论一样，也是从供给的角度来探讨国际贸易的原因，而忽略了需求在国际贸易中的重要性。国际贸易结构除了受到资源赋予状况影响，各国不同的需求偏好也是一个重要原因，如东南亚各国在稻米的生产上具有比较优势，产量很高，但当地人民喜食大米而很少出口，而美国的大米产量按国际标准衡量并

不算高，但由于国民对大米没有特别偏好而成为主要的大米出口国。这就是需求影响贸易的明显实例。

2. 掩盖了国际分工和国际贸易发生的最重要原因

要素禀赋理论认为，生产要素禀赋的差异是决定国际分工和国际贸易的重要原因，这就忽视了社会生产力，尤其是科学技术对国际分工和国际贸易产生发展的决定性作用。事实上，自然禀赋条件只提供了国际分工和贸易产生的可能性，只有社会生产力的发展才是国际贸易产生的根本原因。

3. 是一种静态的理论，没有考虑发展问题

要素禀赋理论把各国的资源赋予程度看成是一个不变的量，从静态的角度出发来分析各国应当出口什么商品、进口什么商品，没有考虑到各国经济的发展变化。实际上，各国的资源水平是一个不断变化的量，进而各国的比较优势也是会发生变化的，一开始出口劳动密集型商品的国家，可能会变成出口资本密集型商品的国家，要素禀赋理论对这一点没有进行分析。

小·提·示

H-O 模型并没有推翻比较优势的结论，只是对其前提——比较优势的来源做了补充。

六、要素禀赋理论的拓展

要素禀赋理论的问世，给关注国际贸易的经济学家以巨大的思想启迪，关于要素禀赋理论的研究成果纷纷出现。在所有对要素禀赋理论的拓展中，最有意义同时也是影响较大的，是与要素禀赋基本理论本身联系密切的三个定理。其中两个是关于商品价格变动与要素价格变动之间关系的定理，即斯托尔帕-萨缪尔森定理和要素价格均等化定理，一个是关于要素禀赋变化及其影响的定理，即雷布津斯基定理。

（一）斯托尔帕-萨缪尔森定理

假设：一个国家以两种生产要素（如土地和劳动）生产两种商品（如小麦和布）；这两种商品各自都不是另一种商品的投入品；竞争普遍存在；要素供给既定；两要素被充分利用；无论有无贸易，一种商品（小麦）是土地密集型产品，而另一种商品（布）则是劳动密集型产品；两种要素均可在一国部门间流动，而不能在国家间流动；对外贸易提高了该国小麦的价格，降低了布的价格。

斯托尔帕-萨缪尔森定理：在上述假设条件下，从没有贸易到自由贸易的转变毫无疑问地提高了价格上升产业（小麦）所密集使用的要素（土地）的价格，降低了价格下降产业（布）所密集使用的要素（劳动）的价格。

小·提·示

国际贸易对收入分配的影响表现在：国际贸易会使一国丰富要素获益，但会使一国的稀缺要素受损。

（二）要素价格均等化定理

斯托尔帕-萨缪尔森定理的进一步发展，便是要素价格均等化定理。赫克歇尔与俄林不仅认为不同国家的不同要素禀赋是国际贸易产生的根本原因，而且进一步论述了国际贸易不仅会使各国产品的价格趋于均等，还会导致各国生产要素的相对价格和绝对价格趋于均等，由此提出了要素价格均等化定理。从逻辑上，该定理被看作要素禀赋理论的推论。美国经济学家保罗·萨缪尔森发展了这个观点，因此该定理又被称为赫克歇尔-俄林-萨缪尔森定理，简称 H-O-S 定理。

要素价格均等化的逻辑过程，可以借助一张简单的表格予以描述，见表3.4。

表3.4　　　　　　　　　　　要素价格均等化的过程

	A 国	B 国
生产要素禀赋状况	资本相对丰裕、劳动相对稀缺	劳动相对丰裕、资本相对稀缺
贸易前生产要素价格	资本相对便宜、劳动相对昂贵	劳动相对便宜、资本相对昂贵
两种产品 X 和 Y	X 是资本密集型产品	Y 是劳动密集型产品
贸易前两种产品价格	X 产品在 A 国相对便宜	Y 产品在 B 国相对便宜
贸易	出口 X 产品、进口 Y 产品	出口 Y 产品、进口 X 产品
贸易对商品价格的影响	X 产品的价格相对上升、Y 产品的价格相对下降	Y 产品的价格相对上升、X 产品的价格相对下降
	两国 X 产品及 Y 产品的价格达到一致	
贸易与两国生产结构	X 产品的产量增加、Y 产品的产量减少	Y 产品的产量增加、X 产品的产量减少
贸易与两国生产要素需求	资本密集型的 X 产品产量增加，导致资本需求增加快于劳动需求增加；劳动密集型的 Y 产品产量减少，导致资本量需求减少较少，而劳动量需求减少较多。结果：资本需求量增加，劳动需求量减少	劳动密集型的 Y 产品产量增加，导致劳动需求增加较多，资本需求增加较少；资本密集型的 X 产品产量减少，导致资本需求量减少较多，而劳动量需求减少较少。结果：劳动需求量增加，资本需求量减少
贸易与两国要素价格	资本的价格相对上升，劳动的价格相对下降	劳动的价格相对上升，资本的价格相对下降
	在一定条件下，两国资本及劳动的价格达到一致	

需要指出的是，要素价格均化定理是在一系列的假设条件下推导出来的。观察一下现实世界，就会发现满足这些条件十分困难，甚至是不可能的。例如，各国并非使用同样的生产技术，各国间的运输费用和贸易壁垒也阻碍各国商品相对价格均等化。此外，许多企业处于不完全竞争市场上，其运作也不是规模报酬不变的，因此国际贸易并没有使各国的工资和利率实现相对的均等化。但是，这些并不能推翻要素价格均等化定理，因为如果没有国际贸易，这些国际差异要比现在大得多。所以说，要素价格均等化定理是适用的。国际贸易缩小了要素价格的国际差异，而不是将其完全消除，还是比较符合实际的。

（三）雷布津斯基定理

英籍波兰经济学家塔德乌什·雷布津斯基（Tadeusz Rybczynski）于 1955 年提出了雷布津斯基定理，该定理认为，在商品的相对价格保持不变的前提下，某种要素的增加会导致密集使用该要素的产品生产产量增加，而使密集使用其他生产要素的产品产量减少。

例如，一国资本的增加会使该国资本密集型产业的生产增加，同时会减少该国劳动密集型产业的生产。这是因为资本的增加使资本的成本降低，资本密集型产业使用资本的比例大，因而该国资本密集型产品成本降低的程度大于劳动密集型产品，资本密集型产品价格下降明显，同时利润的增加又使资本密集型产业生产扩张。此外，由于资本密集型产业生产的增加需要增量劳动要素的配合，因此劳动密集型产业不得不缩小生产规模，以便释放出一定的劳动转移到资本密集型产业。劳动密集型产业在释放出劳动的同时，还会释放出一定的资本，这部分资本也需要资本密集型产业来吸收。

雷布津斯基定理还认为，如果密集使用增加要素的产品属于这个国家的原有比较优势产品，随着这种要素供给量的增加，该产品的出口量也将随之增加。如果密集使用增加要素的产品不属于这个国家的原有比较优势产品，随着这种要素供给量的增加会逐步增强该国进口替代产品的生产能力，从而减少从国外进口竞争性产品；同时由于要素使用发生转移，在这种条件下该国原有比较优势产品的出口将会减少。

该案例验证了中国的一句老话："靠山吃山，靠水吃水。"意思是说，一个地区应根据自己的资源特点来安排生产。比如，在中国，大兴安岭的木材加工业比较发达，而胶东半岛沿海地区的水产养殖业在全国领先等。如果劳动力是唯一的生产要素，则比较优势就只能像李嘉图所假设的，来自国家间劳动生产率的差异。但现实世界中，贸易可能并不仅仅是由于国家间劳动生产率的差异引起的。国家间资源上的差异也可能导致贸易。例如，加拿大向美国出口木材并不是因为加拿大的伐木工人比加拿大其他行业的劳动生产率高，而是由于加拿大人口少，人均森林面积比美国大。对一个国家来说，也应该根据自己拥有资源的情况来发展生产，集中生产并出口密集使用本国丰裕资源生产的产品。

第二节　里昂惕夫之谜及其解释

自从 20 世纪初赫克歇尔、俄林提出要素禀赋理论以来，在很长的一段时间里该理论逐渐为西方经济学界所普遍接受，并成为解释国际贸易产生原因的主要理论。由于要素禀赋理论所揭示的道理同人们的常识一致，许多西方学者对其深信不疑，一些学者试图通过经验数据对其进行检验，企图进一步从实证的角度证明这一理论的实用性和正确性。但是，实证检验的结果使得这一理论在第二次世界大战后遭遇到了重大挑战。里昂惕夫对要素禀赋理论所进行的检验，既是第一次也是最具代表性的一次。他的研究工作对要素禀赋理论的后续发展产生了重大影响，也成为第二次世界大战后新的国际贸易理论产生的一个契机。由于里昂惕夫的检验结果与要素禀赋理论并不相符，因此被称为里昂惕夫悖论或里昂惕夫之谜（Leontief Paradox）。

一、里昂惕夫之谜的提出

里昂惕夫深信要素禀赋理论，并想通过美国的数据来检验要素禀赋理论的正确性。在第二次世界大战结束之初，人们普遍认为美国是个资本丰富而劳动力稀缺的国家。根据要素禀赋理论，里昂惕夫期望能够得出美国出口资本密集型产品、进口劳动密集型产品的结论。

里昂惕夫利用投入产出表来进行验证。1953 年，他对 1947 年美国 200 个行业进行了分析，把生产要素分为资本和劳动两种，然后选出具有代表性的一揽子出口品和一揽子进口替代品，计算出每百万美元的出口品和每百万美元的进口替代品所需国内资本和劳动量及其比例。所谓进口替代品是指可替代国外进口商品的本国产品。例如，由于生产上的不完全分工，美国不仅从西欧、日本进口汽车，本国也制造汽车供人消费，美国本土产汽车即是其进口汽车的进口替代品。

里昂惕夫被迫使用美国进口替代品的数据，是因为美国进口的外国商品数据不全。即使这样，里昂惕夫仍能正确得出以下结论：如果要素禀赋理论成立，尽管美国进口替代品比美国实际进口产品更加资本密集（因为美国的资本比其他国家便宜），但其密集程度仍应低于美国的出口商品。里昂惕夫的实证研究结果如表 3.5 所示。

表 3.5　　每百万美元的美国出口品和进口替代品对国内资本和劳动力的需求①

	1947 年		1951 年	
	出口品	进口替代品	出口品	进口替代品
资本（美元）	2550780	3091339	2256800	2303400
劳动（人/年）	181.31	170.00	173.91	167.81
人均资本量（美元）	14015	18184	12977	13726

根据表 3.5，在 1947 年，美国每生产 100 万美元的出口商品，使用资本 2550780 美

---

① 本表数据来源：Wassily W. Leontief. Domestic production and foreign trade：The American capital position re-examined ［J］. Proceedings of the American Philosophical Society，1953，97（4）：332-349；Wassily W. Leontief. Factor proportions and the structure of American trade：Further theoretical and empirical analysis：Comment ［J］. The Review of Economics and Statistics，1958，40（1）：111-116.

元，劳动力约 182 个，即每个工人耗用的资本量为 14015 美元。同时，美国每生产 100 万美元的进口替代品，则耗用 3091339 美元资本和 170 个劳动力，即每个工人耗用的资本量为 18184 美元。这样，美国进口替代品与出口商品的人均资本量比值约为 1.30（18184÷14015）。里昂惕夫的计算结果令人震惊。美国进口替代品的资本密集程度竟然比美国出口商品的资本密集程度高约 30%，这意味着美国进口以资本密集型产品为主，出口以劳动密集型产品为主。其结果正好与要素禀赋理论的预测相反，这就是著名的里昂惕夫之谜。

里昂惕夫的惊人发现引起了经济学界的极大关注，一些人试图对要素禀赋理论进行重新评价，另一些人则怀疑里昂惕夫在数据的计算上存在问题。在这种情况下，里昂惕夫仍然对要素票赋理论深信不疑。为此，里昂惕夫在 1956 年又利用投入产出法对美国 1951 年的贸易结构进行第二次检验，结果发现美国进口替代品占有的资本仍高于美国出口商品约 6%（13726÷12977-1），如把投入-产出系数中的资本替代也考虑在内，则高出 17.57%，里昂惕夫之谜仍然存在。

二、对里昂惕夫之谜的各种解释

"里昂惕夫之谜"的出现引起国际贸易理论界的很大震动。一些学者采用投入产出法对其他一些国家进行验证，得出了互相矛盾的研究结果。

斯托尔帕和劳斯坎普（1961）对民主德国的研究表明，民主德国出口资本密集型商品和进口劳动密集型商品，而民主德国与其东欧的主要贸易伙伴相比是资本相对丰裕的国家，因此该实证研究支持了 H-O 定理。建元正弘和市村真一（1959）对日本研究的结果表明，日本向欠发达国家出口资本密集型产品并进口劳动密集型商品，因为与这些贸易伙伴相比，日本被认为是资本相对丰裕的国家；同时在与美国的双边贸易中，日本出口劳动密集型商品并进口资本密集型商品，因为在一定的时期内，相对美国而言，日本是劳动力相对充裕的国家。这些结论都支持了 H-O 定理。

巴哈德瓦奇（1962）发现，印度的贸易总体上正如人们所预料的，出口劳动密集型商品而进口资本密集型商品，可印度却向美国出口资本密集型商品，进口劳动密集型商品。沃尔（1961）的分析表明加拿大出口的产品为相对资本密集型，由于加拿大的大部分贸易是与美国进行的，而美国相对于加拿大是资本丰裕的国家，所得结论与 H-O 定理相悖。可见，里昂惕夫之谜有一定的普遍性。

里昂惕夫之谜产生后，有些学者致力于 H-O 定理的进一步检验，有些学者致力于破解该谜，有些学者认识到 H-O 定理的局限性，开始研究新的国际贸易理论，并提出了许多有价值的观点。

1. 劳动效率的差异

这个观点最早由里昂惕夫本人提出。里昂惕夫认为，"谜"产生的根本原因是各国的劳动生产率不同，美国的劳动熟练程度或劳动效率比其他国家高。里昂惕夫认为，1947 年美国工人的劳动生产率大约是外国工人的 3 倍，运用同样数量的资本，美国工人的产出比较多；虽然从表面上看，美国资本丰富、劳动力短缺，但由于美国工人可以以一当三，经过换算以后，实际上美国劳动力相对丰富、资本相对短缺。但是，里昂惕夫本人对

"谜"的解释非常笼统，仅停留在提出观点的层面，而且提出的劳动力系数"3"也完全是由其本人主观经验来确定的。一些实证研究也否定了里昂惕夫的观点。例如，美国经济学家克雷宁（1965）经过验证，认为美国工人的劳动效率与欧洲工人相比，仅高出20%～25%，不足以解释里昂惕夫之谜。里昂惕夫本人后来也否定了这种解释。

后来，美国经济学家基辛（1965）对这个问题做了进一步的研究①。他按技术熟练、复杂程度，将企业人员划分为8个等级，并以此为基础，将他们从事的劳动分为熟练劳动与非熟练劳动两大类。熟练劳动包括前7个等级，即科学家和工程师、技术员和制图员、其他专业人员、厂长和经理、机械工人和电工、熟练的手工操作工人、办事员和销售员等的劳动；非熟练劳动指第8个等级，即不熟练和半熟练工人的劳动。基辛（1966）②将这种分类应用到包括美国在内的14个国家和地区的1962年进出口情况的分析中，结果发现，美国出口产品所使用的熟练劳动占全部劳动的比重大约为55%，比美国进口替代产品使用的熟练劳动占全部劳动的比重43%要高，且与其他国家相比，美国所使用的熟练劳动比例最高。基辛据此推断，美国本质上是一个劳动力要素相对密集的国家，美国拥有大量技术熟练工人，这是它真正的优势所在，因此根据H-O理论，美国理应出口高技能劳动密集型产品，进口资本密集型产品。

2. 人力资本的差异

美国经济学家凯能（1965）等将基辛的观点做了进一步发展，提出用人力资本的差异来解释"谜"的产生。他们认为，在国际贸易中使用的资本既包括物质资本（physical capital），也包括人力资本（human capital）。所谓人力资本，是指所有能够提高劳动生产者技能的教育投资、工作培训、保健费用等开支，其作用是提高劳动者的技能，进而提高劳动生产率。里昂惕夫计量的资本只包括机器、设备、厂房等物资资本，而忽略了人力资本。由于劳动不可能是同质的，熟练劳动是投资的结果，也是资本支出的产物。美国出口产业相对于其进口替代产业，劳动力因为接受了更多的教育、培训投资，因而比国外劳动包含更多的人力资本。简单地用美国的资本和劳动人数或劳动时间来计算美国出口产品的资本劳动比率（K/L），可能没有反映美国人力资本和其他国家人力资本的区别。如果把前期投资形成的当期人力资本分离出来，再将其加到实物资本中，重新计算的结果是美国出口产品的K/L高于美国进口替代品的K/L，从而很明显地得出美国出口资本密集型产品、进口劳动密集型产品这一结论。但这种解释的困难在于，人们很难准确地获得人力资本的真正价值以及相关的数据。

3. 要素密集度逆转

琼斯（1956）③认为要素密集度逆转可能是昂惕夫之谜出现的原因。要素密集度

① Donald B. Keesing. Labor skills and international trade：Evaluating many trade flows with a single measuring device［J］. The Review of Economics and Statistics，1965，47（3）：287-294.

② Donald B. Keesing. Labor skills and comparative advantage［J］. The American Economic Review，1966，56（1～2）：249-258.

③ R. Jones. Factor proportions and the Heckscher-Ohlin theorem［J］. The Review of Economic Studies，1956，24（1）：1-10.

逆转（factor intensity reversal）是指同一种产品在劳动丰裕的国家是劳动密集型产品，在资本丰裕的国家又是资本密集型产品的情形。当所生产产品的投入要素之间的替代弹性较大时，生产要素之间的价格变动就会影响商品的要素密集度。例如，X 商品属于劳动密集型商品，但是由于工资上涨，资本就会替代一部分劳动，随着替代比例逐渐提高，X 商品就有可能由原来的劳动密集型商品转变为资本密集型商品。由于每一个国家生产要素价格不同，就有可能出现这样的情况：资本丰裕而劳动稀缺的国家（如美国）由于劳动力价格昂贵而资本便宜，往往会在劳动密集型商品（如玩具）的生产中使用更多的资本而非劳动，玩具在美国就变成了资本密集型商品；而在劳动密集型国家（其他国家）由于劳动丰裕而资本相对稀缺，劳动力便宜而资本昂贵，玩具生产中仍然使用大量的劳动，属劳动密集型商品。这样一来，要素密集度就发生了逆转。一旦要素密集度发生逆转，一种商品究竟是劳动密集型商品还是资本密集型商品，就没有一个绝对的标准。

如果存在要素密集度逆转，美国的进口商品在国外来说是劳动密集型产品，但在美国就有可能是资本密集型产品。由于里昂惕夫在计算美国出口商品的资本劳动比率时，用的是美国的投入产出数据，对于美国的进口商品，用的是美国国内进口替代品的资本劳动比率，而不是美国进口商品的资本劳动比率，这就有可能导致出现美国进口资本密集型商品，出口劳动密集型商品的结论，从而使得美国要素禀赋与比较优势的联系发生颠倒。

生产要素密集度的逆转在现实世界里确实存在，问题是它出现的概率有多大。检验表明，在现实生活中，要素密集度逆转的发生概率极小。里昂惕夫（1966）[①] 在对明纳斯（1963）[②] 实证研究资料进行定量分析的基础上指出，要素密集度逆转的发生率只有1%。因此，用要素密集度逆转来解释里昂惕夫之谜虽然在理论上可行，但在实证上并无多大意义。

4. 贸易壁垒说

克拉维斯（1956）[③] 的研究发现，美国受贸易保护最严重的产业就是劳动密集型产业，这影响了美国的贸易模式，降低了美国进口替代品的劳动密集度。这对解释里昂惕夫之谜有一些帮助。

在要素禀赋理论中，贸易被假定是自由的。事实上，包括美国在内的绝大多数国家都或多或少对进口产品实行了限制措施，国际间商品流通因受到限制，所以不完全符合要素禀赋理论揭示的规律。里昂惕夫在研究中如实地引用了原始的统计资料，没有剔除关税及其他贸易壁垒对美国贸易结构的影响。事实上，美国政府为了解决国内就业，会迫于工会的压力，在制定对外贸易政策时有严重保护本国劳动密集型产业的倾向，致使

---

① Perry Shaprio. International factor costs and factor use：Comment［J］. The American Economic Review, 1966, 56（3）：546-549.

② B. S. Minhas. An international comparison of costs and factor use［M］. Amsterdam：North-Holland Publishing Co., 1963.

③ Irving B. Kravis. Wages and foreign trade［J］. The Review of Economics and Statistics, 1956, 38（1）：14-30.

美国劳动密集型产品的进口关税和非关税壁垒比较高。这种对劳动密集型产品的进口限制，导致了里昂惕夫之谜。如果实行自由贸易或美国政府不实行这种限制的话，美国进口商品的劳动密集程度一定比实际高。鲍德温（1971）[①] 的研究表明，如果美国进口商品不受限制的话，其进口商品的资本-劳动比率将比实际高5%。

另外，别的国家也可能对自己的资本密集型产业进行较高的保护，这样会使美国资本密集型产品的出口受到一定限制。因此，有人预测，如果美国及其贸易伙伴之间相互开展自由贸易，则美国会更多地进口劳动密集型商品，出口资本密集型商品，这样一来，里昂惕夫之谜就不存在了。这一研究可以说在部分程度上对里昂惕夫之谜做出了解释。

5. 自然资源说

美国经济学家瓦尼克（1963）[②] 认为，里昂惕夫在计算时只考虑了劳动和资本两种生产要素，未考虑其他生产要素，如自然资源。事实上，一些商品既不是劳动密集型产品，也不是资本密集型产品，而是自然资源密集型产品。美国进口的许多商品属于自然资源密集型商品，在两要素模型中将其划分为资本或劳动密集型商品，显然是不正确的。此外，各国自然资源禀赋不同，会直接影响到产品中的资本劳动比率。瓦尼克认为，美国进口商品中的60%~70%是工业原料和初级产品，其中大部分是木材和矿产品，是美国相对稀缺的资源，美国国内生产这些商品是高度资本密集的，但在其他国家则是依赖大量劳动投入生产出来的，而里昂惕夫在分析时，是使用美国本土生产的进口替代品的数据来替代美国进口商品的数据，这就可能导致里昂惕夫之谜。

三、对里昂惕夫之谜的评价

综上所述，里昂惕夫对要素禀赋理论的验证，不仅开创了用投入-产出法一类经验手段检验理论假说的先河，大大推动了国际贸易的实证研究，而且第一个指明该理论学说与事实相悖，从而促进了战后各种各样贸易理论和见解的涌现。可见，里昂惕夫之谜已成为第二次世界大战后国际贸易理论发展的基石。对该谜的种种解释也没有从根本上否定要素禀赋理论，而只是试图改变该学说的某些理论前提以适用实际情况。

小·提·示

里昂惕夫之谜并未推翻H-O模型，它只是在H-O模型中的诸多假设与现实并不完全相符时而出现的悖论。因此我们需要对模型的假设进行修正，并引入更多的理论来解释国际贸易现象。

---

① R. E. Baldwin. Determinants of the commodity structure of U. S. trade：Reply［J］. The American Economic Review，1972，62（3）：465.

② Jaroslav Vanek. The natural resource content of the United States foreign trade 1870—1955［M］. Cambridge, MA：MIT Press, 1963.

❧ 本章小结 ❧

本章主要介绍以赫克歇尔和俄林的要素禀赋理论为发端的新古典国际贸易理论，其内容主要包括要素禀赋理论、要素禀赋理论的拓展定理、里昂惕夫之谜以及对"谜"的各种解释。

要素禀赋理论认为一国应当大量生产并出口那些密集使用本国充裕的生产要素生产的商品，进口那些密集使用本国稀缺的生产要素生产的商品。该理论不仅承认比较优势是国际贸易发生的基本原因，更重要的是找到了比较优势形成的源泉，即贸易双方要素禀赋的差异。

要素禀赋理论被提出后，有经济学家在此基础上对该理论进行了拓展，其中影响较大的是斯托尔帕-萨缪尔森定理、要素价格均等化定理和雷布津斯基定理。

斯托尔帕-萨缪尔森定理认为从没有贸易到自由贸易的转变将提高价格上升产业所密集使用的要素的价格，降低价格下降产业所密集使用的要素的价格，并由此推导出贸易带来的商品价格的变动和收入分配之间的关系，即随着国际贸易的进行，本国商品价格会发生变化，这种变化也将影响本国国内要素价格和收入分配；贸易总是有利于相对丰裕的生产要素所有者，不利于相对稀缺的生产要素所有者。

要素价格均等化定理认为，国际贸易不仅使各国产品的价格趋于均等，还会导致各国生产要素的相对价格和绝对价格趋于均等化。

雷布津斯基定理则认为，在商品的相对价格保持不变的前提下，某种要素的增加会导致密集使用该要素的产品产量增加，而使密集使用其他生产要素的产品产量减少。如果密集使用增加要素的产品属于这个国家的原有比较优势产品，随着这种要素供给量的增加，其产品的出口量也将随之增加；如果密集使用增加要素的产品不属于这个国家的原有比较优势产品，这种要素供给量的增加会逐步增强该国进口替代品的生产能力，从而减少从国外进口竞争性产品，同时由于要素使用发生转移，在这种条件下该国原有比较优势产品的出口将会减少。

要素禀赋理论被提出之后，里昂惕夫首次运用投入产出法对该理论进行了检验，首创用数据对理论进行检验的先河，结果发现美国的情况与要素禀赋理论的结论不符。按照要素禀赋理论的观点，美国是资本充裕而劳动相对稀缺的国家，因此应该出口资本密集型产品而进口劳动密集型产品，但是根据美国 1947 年和 1951 年的数据，美国出口的反而是劳动密集型产品，进口的却是资本密集型产品，由此提出轰动一时的里昂惕夫之谜。之后，许多经济学家纷纷对此提出了各种解释，如劳动效率的差异、人力资本的差异、要素密集度逆转、贸易壁垒说、自然资源说等，从不同角度对里昂惕夫之谜进行了一定程度的解释，并促进了战后各种各样的贸易理论的涌现。

❋　练习题　❋

一、名词解释

要素禀赋　要素密集度　要素丰裕度　要素禀赋理论　里昂惕夫之谜

二、单选题

1. 要素禀赋理论认为产生国际贸易的根源是（　　）。

　　A. 劳动生产率的绝对差异　　　　　　B. 劳动生产率的绝对差异

　　C. 商品价格的国际差异　　　　　　　D. 生产要素禀赋的国际差异

2. 一国拥有的劳动要素相对充裕，故它应专门生产劳动密集型产品对外进行交换，这种说法来自（　　）。

　　A. 李嘉图的比较优势理论　　　　　　B. 亚当·斯密的绝对优势理论

　　C. 赫克歇尔和俄林的要素禀赋理论　　D. 克鲁格曼的产业内贸易理论

3. 根据生产要素禀赋进行国际分工的理论是由（　　）提出的。

　　A. 赫克歇尔和俄林　　　　　　　　　B. 大卫·李嘉图

　　C. 亚当·斯密　　　　　　　　　　　D. 克鲁格曼

三、多选题

1. 生产一单位 X 商品需投入资本 10 单位，劳动力 2 单位，生产一单位 Y 商品需投入资本 1 单位，劳动力 5 单位，按要素禀赋理论（　　）。

　　A. X 是劳动密集型产品　　　　　B. X 是资本密集型产品

　　C. Y 是劳动密集型产品　　　　　D. Y 是资本密集型产品

2. （　　）是对里昂惕夫之谜的解释。

　　A. 劳动效率的差异　　　B. 人力资本的差异　　C. 贸易壁垒的存在

　　D. 自然资源因素被忽略　　E. 要素密集度发生逆转

3. 以下（　　）属于要素禀赋理论的假设。

　　A. 国家间技术水平相同　　B. 不会发生生产要素密集度逆转

　　C. 生产规模报酬不变　　　D. 无运输费用　　　　E. 贸易平衡

四、判断题

1. 根据要素禀赋理论的推论，贸易在一国内部形成贸易的既得利益者和利益受损者，更密集使用相对稀缺要素的产品行业将受损。（　　）

2. 要素禀赋理论是从需求方面来解释国际贸易的起因的。（　　）

3. 要素密集型是一个相对的概念。（　　）

4. 要素丰裕度是一个绝对的概念。（　　）

五、简答题

1. 衡量要素丰裕度有哪两种方法？

2. 简述要素禀赋理论的推导过程。

❦　课外思考实践题　❦

1. 中国的土地面积比澳大利亚大得多，但为什么澳大利亚的农产品比中国的更有竞争力？

2. 日本和澳大利亚相比，日本土地资源相对稀缺而劳动力相对充裕，澳大利亚则土地资源相对充裕而劳动力相对稀缺，两国都能生产纺织品和小麦，纺织品属于劳动密集型产品，小麦属于土地密集型产品，按照要素禀赋理论的观点，日本和澳大利亚分别应该出口哪种产品？

第四章　当代国际贸易理论

☞【学习目标】

学习完本章后，你应该能清楚地知道：

(1) 技术差距理论和产品生命周期理论的主要内容；

(2) 波特的国家竞争优势理论的主要内容；

(3) 产业内贸易的测量方法及主要理论模型；

(4) 新贸易理论的主要观点。

第一节　产品生命周期理论

☞【案例导入】

1973 年，全球首部移动电话诞生，之后移动电话经历了 1G、2G、3G 时代，并正在向 4G、5G 时代迈进。

1G 手机作为第一代模拟移动电话，俗称"大哥大"，是 1973 年由美国摩托罗拉公司库伯博士发明，并在 1983 年首次面向市场推出。由于手机去掉了将电话连接到网络的用户线，用户第一次能够在移动状态下无线接收和拨打电话。"大哥大"采用模拟信号，只能进行语音通话，通话质量不稳定，外表笨重厚实，只能称得上可移动而谈不上便携。"大哥大"在 20 世纪 80 年代席卷全球，技术基本垄断于摩托罗拉公司，摩托罗拉也凭此成为全球手机产业的霸主。

"大哥大"有很多缺点，如频率资源不足，网络容量小，用户数量有瓶颈，欧洲各国不同的蜂窝标准使得手机无法漫游通信。为了实现手机在全欧洲范围内的漫游，欧洲电信联盟开发出了一种数字蜂窝移动通信系统——GSM。GSM 具备了对频谱的利用率高、容量大、信号好、可漫游等特点，还有业务种类多、可发短信、易于加密、抗干扰能力强等优点。1991 年，GSM 系统正式投入使用，标志着移动通信 2G 时代的到来。GSM 系统在欧洲推出不久，美国高通公司推出了一种更为先进的商用蜂窝电信技术——CDMA。CDMA 有通话质量好、掉话少、低辐射、健康环保等显著优势。基于 CDMA 比 GSM 先进，而且忽视了欧洲与美国地缘状况的差异，摩托罗拉便没有重视 GSM 手机的商业开发。不久，GSM 系统十分完美地解决了欧洲各国间的漫游通话难题，而且 GSM 手机一经推出便受到从事欧洲贸易的广大商务人士的欢迎，这使得芬兰的诺基亚和瑞典的爱立信两大手机厂商异军突起。2G 时代 CDMA 与 GSM 齐头并进，手机也走向纤小轻薄，除了诺基亚和爱立信，德国的西门子、日本的索尼和韩国的三星等厂商也风光无限，中国也逐步出现了联想、华为、中兴等厂商。而摩托罗拉公司因为不肯舍弃已有的 1G 手机地盘，不肯放弃模拟网络，以至于没能及时调整市场战略，其手机霸主地位一去不返，拱手让给了诺基亚。

1999 年，诺基亚 7110 系列智能手机诞生，标志着手机上网时代的开始。智能手机开拓了移动电话与个人电脑相结合的时代，商务人士可以通过智能手机随时接发邮件和传真，浏览客户资料，十分方便。伴随着智能手机的是 3G 技术，即第三代移动通信系统网络的应用。现在世界上 3G 技术的 3 大标准，即美国的 CDMA2000，欧洲的 WCDMA 和中国的 TD-SCDMA 都是在 CDMA 的技术基础上开发出来的。3G 是一种真正的宽带移动多媒体通信系统，它能提供高质量宽带多媒体综合业务，能够处理图像、音乐、视频流等多种媒体形式，提供包括网页浏览、电话会议、电子商务等多种信息服务，并实现全球无缝覆盖和全球漫游，数据传输速率可高达 10Mb/s。日本是最先采用 3G 技术的国家，其提供 3G 业务的时间是在 2001 年。

引领 2G 手机时代的诺基亚却在 3G 时代没落了。诺基亚在 2007 年 6 月 iPhone 上市时还占有全球智能手机市场份额的 50%，却不得不在 2013 年将其手机业务卖给美国微软公司。究其原因，诺基亚在 2G 时代稳固的地位使其丧失了创新的勇气，在智能手机开发上犹豫不决，而 2007 年横空出世的苹果公司在其 iPhone 手机中成功打造出一个开放的移动手机操作系统，并提供人性化、个性化的增值服务，使其从 2008 年开始席卷全球。韩国的三星也成功实现从 2G 手机向 3G 手机的转型，近年来一直稳居智能手机市场占有率冠军的地位。随着智能手机生产技术的成熟和发达国家市场趋于饱和，发展中国家廉价智能手机市场的重要性显现出来，这为发展中国家尤其是中国的智能手机制造商提供了大好机遇。

根据美国市场研究公司高德纳 2014 年发布的报告，2013 全年全球智能手机销量超越功能机，达到手机总销量的 53.6%；三星稳居智能手机市场占有率冠军，坐拥 31% 的市场份额，苹果位列次席，市场占有率为 15.6%；中国的华为和联想的市场占用率则跃升至世界第 3 位和第 5 位。2013 年，华为、联想、酷派、中兴、小米等中国手机厂商占了全球市场份额的近 20%。

随着 5G 手机的上市，世界手机生产商还将迎来新一轮的行业洗牌。

☞ 思考：
是什么促使了手机产品在 20 世纪 70 年代后的 40 年里升级换代？中国手机厂商又为何能在智能手机生产领域占据一席之地呢？

产品生命周期理论最早是由美国经济学家弗农提出来的，后经威尔斯等人不断予以发展和完善。该理论是对技术差距理论的进一步的扩展。作为对比较优势理论的动态发展，产品生命周期理论对发展中国家的对外贸易具有现实意义。

产品生命周期理论的出发点主要有以下两点：

（1）现实中各国技术是有差异的。H-O定理假设各国都使用相同的生产技术，但在实践中，各国通常使用不同的技术；而且，由于技术的差异，技术可以作为一种生产要素，成为一国在贸易中的比较优势。

（2）技术本身具有可变性和扩散性的特点。以前所讨论的贸易理论都是静态分析的，在假定各国劳动、资本、自然资源等要素不变的情况下，各国的比较优势就固定不变，根据比较优势所确定的贸易模式也不变。但在实践中，我们会发现，进出口国在一定时期后位置会互换，即贸易模式发生了变化，这是因为技术的动态变化使拥有不同技术的国家在生产某种产品上随时间变化先后具有优势。

因此，理论上需要对H-O定理进行动态扩展。

一、技术差距理论

技术差距理论（theory of technological gap）是产品生命周期理论的基础，是以科学发明、技术创新的推广过程来解释国际贸易的发生和发展，由美国经济学家波斯纳（1961）[1] 首先提出。

工业化国家之间的工业品贸易，有很大一部分实际上是以技术差距的存在为基础进行的。技术差距理论是把技术作为独立于劳动和资本的第三种生产要素，探讨技术差距或技术变动对国际贸易的影响。由于技术变动包含时间因素，因此技术差距理论被看成是对H-O定理的动态扩展。

虽然实际的科技水平一直在提高，但是各个国家的发展水平不一样。新产品总是在工业发达国家最早产生，然后进入世界市场。这时其他国家虽然想对新产品进行模仿，但由于同先进国家之间存在着技术差距，需要经过一段时间的努力才能实现，因而先进国家可以凭技术上的比较优势在一段时间内垄断这一产品的国际市场，在国际贸易中获得比较利益。但是随着新技术向国外转移，其他国家开始模仿生产并不断加以扩大，创新国的比较优势逐渐丧失，出口下降，以致可能从其他国家进口该产品。

技术差距理论通过引入模仿滞后（imitation lag）的概念来解释国家之间发生贸易的可能性。在创新国（innovation country）和模仿国（imitation country）的两国模型中（见图4.1），创新国在一种新产品成功推出后，在模仿国掌握该产品技术之前，具有技术领先优势，可以向模仿国出口该产品。随着专利权的转让、技术合作、对外投资或国际贸易的发展，创新国的领先技术流传到国外，模仿国开始利用自己的低劳动成本优势，自行生产这种商品并减少进口。创新国逐渐失去该产品的出口市场，因技术差距而产生的国际贸易量逐渐缩小。最终该技术被模仿国完全掌握，两国间技术差距消失，以技术差距为基础的贸易也随之消失。

这里有必要向大家解释一下模仿时滞及其相关概念。

需求时滞（demand lag）指创新国出现新产品后，其他国家消费者从没有产生需求到逐步认识到新产品的价值而开始进口的时间间隔。

---

① M. V. Posner. International trade and technical change [J]. Oxford Economic Papers，1961，13（3）：323-341.

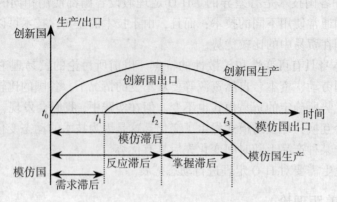

图 4.1　技术差距与模仿滞后

模仿时滞（imitation lag）指从创新国制造出新产品到模仿国能完全仿制这种产品的时间间隔。模仿滞后由反应时滞和掌握时滞所构成。

反应时滞（response lag）指从创新国生产到模仿国决定自行生产的时间间隔。

掌握时滞（mastery lag）指模仿国从开始生产到达到创新国的同一技术水平并停止进口的时间间隔。

图 4.1 中，横轴表示时间，纵轴上方表示创新国生产和出口数量，下方表示模仿国生产和出口数量。t_0 为创新国开始生产的时间，t_1 为模仿国开始进口的时间，t_2 为模仿国开始生产的时间，t_3 为模仿国开始出口的时间，$t_0 - t_1$ 为需求时滞，$t_0 - t_2$ 为反应时滞，$t_2 - t_3$ 为掌握时滞，$t_0 - t_3$ 为模仿时滞。

胡佛鲍尔（1966）[①] 用模仿时滞和市场规模来解释一个国家在合成材料出口市场的份额。胡佛鲍尔按照各国的模仿时滞对国家进行排序时发现，模仿时滞短的国家最先引进新合成材料技术开始生产，并向模仿时滞长的国家出口；随着技术的传播，模仿时滞长的国家也逐步开始生产这种合成材料，并逐步取代模仿时滞短的国家的出口地位。这些对技术差距理论的经验研究，支持了技术差距理论的观点，即技术是解释国家间贸易模式的最重要因素。

技术差距理论论述了技术差异如何作为贸易开展的基础，解释了贸易中存在的现象，但是，它本身也有缺点——它并不能确定技术差距的大小，也没有给出技术差距产生与随时间推移而消失的原因。

二、产品生命周期理论

产品生命周期（product life cycle）本身是市场营销术语。第二次世界大战后，世界经济形势发生了深刻变化，世界贸易增长速度加快，竞争的多元化与激烈化促使工业发达国家为保持市场优势而着手于对新产品开发趋势和销售规律进行研究。1957 年，

---

① Gary Clyde Hufbauer. Synthetic materials and the theory of international trade ［M］. Cambridge：Harvard University Press，1966.

一名为美国全球顶尖咨询管理公司博思艾伦工作的经理琼斯，通过对公司 300 多家客户资料的分析，提出大多数产品都具有生命周期现象，依产品进入市场后不同时期销售的变化，产品的生命周期可分为导入期、成长期、成熟期、饱和期和衰退期。

1966 年，美国哈佛大学教授弗农（R. Vernon）在其《产品周期中的国际投资和国际贸易》① 一文中，以美国对外直接投资为研究对象，首次提出了产品生命周期理论（product life cycle theory）。

弗农认为，产品生命周期指产品的市场寿命或经济寿命，即一种新产品从开始进入市场到被市场淘汰的全过程。产品的市场寿命是相对于产品的物质寿命或使用寿命而言的。物质寿命反映产品物质形态消耗的变化过程，市场寿命则反映产品的经济价值在市场上的变化过程。产品要经历一个开发、引进、成长、成熟、衰退的周期，而这个周期在不同技术水平的国家里，发生的时间和过程是不一样的，存在一个较大的时间差距。正是这一时差，表现为不同国家在技术上的差距，它反映了同一产品在不同国家市场上的竞争地位的差异，从而决定了国际贸易和国际投资的变化。为了便于区分，弗农把这些国家依次分成创新国（一般为最发达国家，如美国）、一般发达国家、发展中国家。在此基础上，弗农以产品生命周期中各阶段生产区位的变化来解释国际产业转移现象，认为美国企业对外投资活动与产品生命周期有关，企业的对外直接投资是企业在产品生命周期运动中，由于生产条件和竞争条件变动而作出的决策。弗农把产品生命周期分为产品创新阶段、产品成熟阶段、产品标准化阶段。每一阶段都有许多不同的特点，这些特点可以从技术特性、产品要素特性、产品成本特性、进出口特性、生产地特性和产品价格特性进行考察。

1. 产品创新阶段

产品创新阶段（the phase of introduction）也称创始阶段，或新产品阶段。这一阶段的特点是：从技术特性看，创新国企业发明并垄断着制造新产品的技术，但技术尚需改进，工艺流程尚未定型；从生产地特性看，由于新产品的设计和设计的改进要求靠近市场和供应者，因此新产品生产地确定在创新国；从产品要素特性看，这一阶段的产品设计尚需逐步改进，工艺流程尚未定型，需要科学家、工程师和其他技术高度熟练的工人的大量劳动，因此产品是技术密集型的；从成本特性看，由于这时没有竞争者，所以成本对于企业来说不是最重要的问题，成本差异对企业生产区位选择的影响不大；从产品的价格特性看，这一阶段，生产厂商数目很少，产品没有相近的替代品，因此产品价格比较高；从产品的进出口特性看，制造新产品的企业垄断着世界市场，国外的富有者和在创新国的外国人开始购买这种产品，出口量从涓涓细流开始。

2. 产品成熟阶段

产品成熟阶段（the phase of maturation）的特点是：从技术特性看，生产技术已经定型，且到达优势极限，由于出口增大，技术诀窍扩散到国外，仿制开始，创新国技术垄断的优势开始丧失；从生产地特性看，创新国从事新产品制造的公司开始在东道国设

---

① 　R. Vernon. International investment and international trade in the product cycle ［J］. Quarterly Journal of Economics, 1966, 80（2）: 190-207.

立子公司进行生产；从产品要素特性看，由于产品大致已定型，转入正常生产，这时只需扩大生产规模，使用半熟练劳动力即可，因此生产的产品由技术密集型转变为资本密集型；从价格特性看，由于这一阶段是产品销量增长时期，产品有了广泛的市场，参加竞争的厂商数量较多，消费需求的价格弹性加大，厂商只有降低价格才能扩大自己的销路；从产品成本特性看，随着出口增加及技术的扩散，其他发达国家也开始制造创新国企业制造的新产品，由于其他发达国家不需支付国际运费和缴纳关税，也不需要像创新国在创始阶段花费大量的科技发明费用，因而成本要比创新国的进口产品低；从进出口特性看，东道国的厂商在本国生产新产品的成本虽然能够和创新国进口货相竞争，但在第三国的市场上就不一定能和创新国企业的产品竞争，因为这些厂商和创新国企业一样要支付国际运费和关税，而在开始生产时，却无法获得创新国企业已获得的规模经济效益。因此，在成熟阶段，创新国虽然可能对东道国的出口有所下降，但对其他绝大多数市场的出口仍可继续，当然出口增长率要减慢。

3. 产品标准化阶段

产品标准化阶段（the phase of standardization）的特点是：从技术特性看，产品已完全标准化，不仅一般发达国家已掌握产品生产技术，就是一些发展中国家也开始掌握这种产品技术；从产品生产地的特性看，产品生产地已逐渐开始向一般发达国家，甚至发展中国家转移，范围在不断扩大；从产品要素特性看，由于劳动熟练程度已经不是重要因素（产品标准化造成的），因而产品更具有资本密集型的特点；从成本特性上看，由于其他国家的厂商产量不断增加，生产经验不断积累，加之工资水平也低，所以产品成本开始下降；从产品进出口特性看，其他国家的产品开始在一些第三国市场上和创新国产品竞争，并逐渐替代了创新国产品而占领了这些市场，当这些国家成本下降的程度弥补了向创新国出口所需的运费和关税后，还能与创新国的产品在创新国市场上竞争时，创新国对该产品开始从出口转变为进口。

三、制成品生命周期理论

在弗农的产品生命周期理论基础上，赫希（1967）[①]、威尔斯（1968）[②] 等人进一步分析了制成品国际贸易流向，认为新产品的创新一般首先发生在美国。这是因为：美国较高的单位劳动力成本引起了对复杂技术设备的需求；美国较高的收入水平决定了其对新产品的需求强度大于其他国家；美国高水平的技术、强大的研发能力和丰裕的资本使其在新产品开发与生产上占据优势地位。如图 4.2 所示，美国首先推出新产品。这样，工业制成品贸易的周期性运动便开始了。

第一阶段，导入期。产品处于研发、试制、试销阶段。发明国美国的个别厂商垄断了新产品的专利和生产，生产技术尚不确定，产量较少，没有规模经济效益，成本很

① S. Hirsch. Location of industry and international competitiveness［M］. Oxford：Clarendon Press，1967.

② Louis T. Wells. A product life cycle for international trade?［J］. Journal of Marketing，1968，32（3）：1-6.

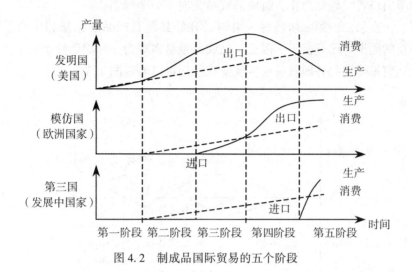

图 4.2　制成品国际贸易的五个阶段

高，消费量也很少，且局限于美国国内，用于满足美国本土高收入阶层的特殊需求。此时新产品为知识和技术密集型产品。

　　第二阶段，成长期。经过一段时间以后，新产品的生产技术确定并趋于成熟，国内消费者普遍接受新产品。尽管新产品的生产技术仍为美国所垄断，但由于产品需求量加大，个别厂家的垄断被打破，美国国内开始出现竞争，生产规模随之扩大。此时，产品为技术和资本密集型。在这个阶段，美国生产全新产品，但随着收入水平相近的欧洲国家开始模仿消费新产品和美国国内供给能力的增强，美国开始向欧洲国家出口。由于新技术尚未扩散到国外，创新国美国仍然保持其比较优势，不但拥有国内市场，而且打开了国际市场。

　　第三阶段，成熟期。国际市场打开之后，经过一段时间的发展，生产技术已成熟，创新国美国的新产品产量达到最高点。随着美国生产技术的扩散，欧洲开始模仿生产新产品，生产技术差距在美国和欧洲国家之间逐步缩小，欧洲不断扩大新产品的自给能力，国际市场竞争加剧。美国开始对外直接投资，以增强竞争力，同时向发展中国家出口新产品。

　　第四阶段，标准化阶段。产品生产完全定型，此时研究与开发要素已不重要，产品变成资本密集型，经营管理水平和销售技巧成为比较优势的重要条件，一般的发达工业国都有比较优势。创新国美国在新产品生产中的技术优势完全丧失，成为产品的净进口国，欧洲国家则成为新产品的供给者和新的出口者，发展中国家的新产品需求市场开始为欧洲国家所控制。同时，发展中国家开始仿制新产品，在高成本状态下开始自给。

　　第五阶段，衰退期。此时由于更先进的替代产品出现，产品进入销售下降期。由于产品的生产已经完全标准化，资本要素已不甚重要，低工资的非熟练劳动成为比较优势的重要条件，产品变成劳动密集型。因此，欧洲国家的竞争地位削弱了，有一定工业化基础的发展中国家则凭借资源和劳动力优势，不断降低成本，扩大生产规模，并逐渐成为产品的净出口者。到此为止，制成品贸易完成了一个周期。

事实上，在第二、第三阶段时，美国又开始其他新产品的创新和生产了。也就是说，一个新的周期早已开始了。因此，制成品贸易表现为一种周期性运动。

制成品贸易周期与各国贸易地位演变我们还可以通过图 4.3 看出来。

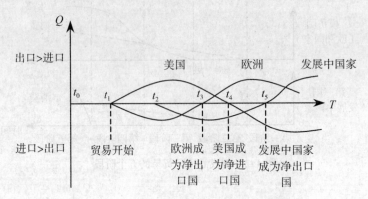

图 4.3　制成品贸易周期与各国贸易地位演变

在初始时刻 t_0，新产品刚刚由创新国（少数先进国家）研制开发出来。在初始阶段，即导入期，由于产品的技术尚未成型，生产规模较小，消费仅局限于国内市场。

到了 t_1 时刻，即进入成长期，开始有来自创新国外的需求，于是创新国开始进行出口。由于产品的品质和价格较高，进口国主要是一些收入水平与创新国较接近的其他发达国家。

随着时间的推移，进口国逐渐掌握了生产技术，能够在国内进行生产，并逐渐替代一部分进口品，于是进口开始下降。到了某一阶段（t_2 时刻）之后，由于一小部分发展中国家的需求扩大，创新国的产品也开始少量出口到一些发展中国家。这里对应的是产品的成熟期。

到了 t_3 时刻，生产技术已定型，产品达到了标准化阶段，由技术密集型转化为资本密集型。这时，来自发达国家的第二代生产者开始大量生产和出口该产品，原来的创新国随后（t_4 时刻）成为净进口国。

最后，当产品转变为非熟练劳动密集型时（t_5 时刻），发展中国家成为净出口国。

事实上，同一种产品在不同的产品生命周期阶段，不同的国家显现出不同的特点，这些不同的特点来自不同类型的国家在不同阶段上具有不同的相对优势。创新国工业先进，技术力量雄厚，国内市场广阔，资源相对丰富，在生产新产品和培育其市场成长方面具有相对优势；国土较小而工业先进的国家，由于拥有相对丰富的科学和工程实践经验，在生产某些新产品方面具有相对优势，但是由于国内市场狭小，生产成熟产品缺乏优势；发展中国家拥有相对丰富的非熟练劳动，弥补了资本存量相对缺乏的不足，因此生产标准化产品具有相对优势。相对于今天各国来说，各自都有自身优势，只要适当运用其优势，就可以获得动态的贸易效益。

小·提·示

　　各国技术水平的动态变化同样是一个引发国际贸易的重要因素。技术差距模型和产品生命周期模型都包含时间因素，因此我们可以把它们视为对 H-O 模型的动态扩展。

☞【本节导入案例解析】
　　在 20 世纪 70 年代后的 40 年里手机从第一代的模拟移动电话逐渐升级到现在的 3G、4G 手机，体现了手机产品的生命周期现象，即在每个历史时期出现的新一代手机都会有一个诞生、成长到成熟，最终走向衰亡，被新一代手机所取代的过程。根据弗农的产品生命周期理论，每一代的新手机都是在创新阶段由创新国如美国发明，并首先生产和出口的；待产品逐渐成熟后，其他发达国家如韩国，开始仿制，创新国的技术垄断优势开始丧失；到产品进入标准化阶段，随着手机生产经验的不断积累，加之手机价格竞争的加剧，手机生产地已逐渐开始向一般发达国家，甚至发展中国家如中国转移。这就是中国为什么在中低端智能手机市场上发力，并使得中国手机厂商在全球智能手机领域占据越来越多市场份额的原因。

第二节　国家竞争优势理论

　　国家竞争优势理论是由美国哈佛大学商学院教授迈克尔·波特（Michel E. Porter）于 1990 年在他的《国家竞争优势》一书中提出的①。该理论在 H-O 理论与产品生命周期理论的基础上，试图赋予国家的作用以新的生命力，提出国家具有"竞争优势"的观点。该理论既是基于国家的理论，试图解释一国如何才能造就并保持可持续的相对优势，同时它也是基于公司的理论，从企业参与国际竞争这个微观角度来解释国际贸易现象，正好弥补了比较优势理论的不足。
　　第二次世界大战后，世界经济中出现的产业全球化和企业国际化的现象，导致一些人认为企业的国际竞争已不具有国家的意义，跨国企业已成为超越国家的组织。但波特并不认同这种观点，他认为：经济发展的事实是，几十年来在某些特定的产业或行业中，竞争优胜者一直集中在少数国家并保持至今；不能离开国家谈论产业竞争力的原因在于，竞争优势通过高度的当地化过程是可以创造出来并保持下去的，国民经济结构、价值观念、文化传统、制度安排、历史遗产等种种差别都对竞争力有深刻的影响；竞

　　① Michel E. Porter. The competitive advantage of nations［M］. New York：Free Press, 1990.

争全球化并没有改变产业母国的重要作用，国家仍然是支撑企业和产业进行国际竞争的基础。20世纪80年代美国的一些传统支柱产业，如汽车制造业的竞争力被日本和西欧国家超过，一些新兴产业也受到这些国家的强有力竞争。如何提高国际竞争力是当时美国学术界、企业界和政府有关部门急需解决的一个问题。同时，经济全球化进程的加快使国际竞争日趋激烈，获取企业、产业乃至国家的竞争优势已成为一种现实的迫切需求。

波特的国家竞争优势理论内容十分丰富，既有国家获取整体竞争优势的因素分析，也有产业参与国际竞争的阶段分析，以及企业具有的创新机制分析。

一、"钻石"理论

波特认为，财富是由生产率支配的，或者取决于由每天的工作、每一美元的所投资本以及每一单位所投入的一国物质资源所创造的价值。生产率根植于一国和地区的竞争环境，而竞争环境则产生于某一框架，这一框架在结构上如同一枚由四个基本面构成的钻石，因而通常被称为"钻石"模型或"钻石"理论（如图4.4所示①）。"钻石"理论认为，生产要素、需求因素、相关和支持产业、国内竞争状态所构成的不同组合是一国在国际贸易中取得成功的关键决定因素。激烈的国内竞争对国际竞争的成功具有特别重要的意义，可助国家获取整体竞争优势。

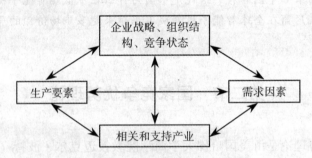

图4.4　国家竞争优势的决定因素

1. 生产要素

波特把生产要素分为基本要素（basic factors）和高级要素（advanced factors）两类。基本要素包括自然资源、气候、地理位置、非熟练劳动力、资本等一国先天拥有或不需太大代价便能得到的要素；高级要素包括现代化电信网络、高科技人才、高精尖技术等需要通过长期投资和后天开发才能创造出来的要素。对于国家竞争优势的形成而言，后者更为重要。基本要素有优势的国家如果过于依赖基本要素，反而会使国家竞争力下降，真正能够提高竞争力的是经过创造、升级或专业化了的高级要素。在特定条件下，一国某些基本要素上的劣势反而可能刺激创新，使企业在可见的瓶颈、明显的威胁面前为提高自己的竞争地位而奋发努力，最终使国家在高级要素上更具竞争力，从而创

---

① Michael E. Porter. The competitive advantage of nations［M］. New York：Free Press，1990.

造出动态竞争优势。例如，日本常常强调自己是"没有资源的狭窄岛国"，其创造的准时制生产技术却最有效地利用了昂贵的空间。但是，将要素劣势转化为优势需要具备一定的条件：一是要对要素劣势有所认知，这样才能想办法去改变这种劣势；二是要素劣势刺激创新要有一定限度，不可各方面都处于劣势，否则会被淘汰；三是企业必须有创新所必要的技能和竞争压力，如果没有这种压力，企业就可能安于劣势，而不会将这种劣势变成激励创新的动力；四是企业要面对相对有利的市场需求、国家政策及相关产业环境。

2. 需求因素

一般企业的投资、生产和市场营销首先是从本国需求来考虑的，企业从本国需求出发建立起来的生产方式、组织结构和营销策略是否有利于企业进行国际竞争，是企业是否具有国际竞争力的重要影响因素。所谓有利于国际竞争的需求，取决于本国需求与别国需求的比较。一是需求特征的比较，这包括：①本国需求是否比别国需求更具有全球性；②本国需求是否具有超前性，具有超前性的需求会使为之服务的企业能相应走在其他同行企业的前面；③本国需求是否最挑剔，往往最挑剔的购买者会迫使当地企业在产品质量和服务方面具有较高的竞争力。二是需求规模和需求拉动方式的比较。本国对某一产品需求规模大有利于提高本国该产品的国际竞争力。而在需求拉动方式中，消费偏好是很重要的，一国国民普遍特殊的消费偏好容易激发企业的创新动力。三是需求国际化的比较，一国的需求方式会随着本国人员在国际上的流动而传播到国外，反过来本国人员在异国接受的消费习惯也会被带回国并传播开来。因此，一国对外开放程度越高，其产品就越容易适应国际竞争。

3. 相关和支持产业

对一国某一行业国际竞争力有重要影响的另一因素是该国该行业的上游产业及其相关行业的国际竞争力。相关和支持产业的水平之所以对某一行业的竞争优势有重要影响，其原因有：有可能发挥群体优势；可能产生对互补产品的需求拉动；可能构成有利的外在经济和信息环境。显然，是否具有发达而完善的相关产业，不仅关系到主导产业能否降低产品成本、提高产品质量，从而建立起自己的优势，更重要的是，它们与主导产业在地域范围上的邻近，将使企业互相间频繁而迅速地传递产品信息、交流创新思路成为可能，从而极大地促进企业的技术升级，形成良性互动的既竞争又合作的环境。

4. 企业战略、组织结构、竞争状态

良好的企业管理体制的选择不仅与企业的内部条件和所处产业的性质有关，也取决于企业面临的外部环境。因此，各种竞争优势能否被恰当地匹配在企业中，很大程度上取决于国家环境的影响。国家环境对人才流向、企业战略、企业组织结构形成的影响都决定了该行业是否具有竞争力。波特强调，强大的本国竞争对手是企业竞争优势产生并得以长久保持的最强有力的刺激。正因为国内竞争对手的存在，会直接削弱企业相对于国外竞争对手所可能享有的一些优势，从而促使企业努力去苦练内功，争取更为持久、更为独特的优势地位；也正是因为国内激烈的竞争，迫使企业向外部扩张，力求达到国际水平，占领国际市场。

除了上述四个基本因素外，波特认为，一国所面临的机遇和政府所起的作用对国家整体竞争优势的形成也具有辅助作用。他主张，政府应当在经济发展中起催化和激发企业创造力的作用。政府政策和行为成功的要旨在于为企业创造一个宽松、公平的竞争环境。

二、"优势产业阶段"理论

任何国家在其发展过程中，产业的国际竞争都会表现出不同的形式和特点，因而产业国际竞争的过程会经历具有不同特征的发展阶段。波特的竞争优势理论特别重视各国生产力的动态变化，强调主观努力在赢得优势地位中所起的重要作用。他将一国优势产业参与国际竞争的过程分为四个依次递进的阶段。

1. 要素驱动阶段

要素驱动（factor-driven）阶段的竞争优势主要取决于一国在生产要素上拥有的优势，即是否拥有廉价的劳动力和丰富的资源。这种表述与传统的比较优势理论的表述是一致的，表明比较优势蕴涵在竞争优势之中。在这一阶段，企业参与国际竞争的方式，只能依靠较低的价格取胜。所以，参与国际竞争的产业对世界经济周期和汇率十分敏感，因为这会直接影响产品的需求和相对价格。虽然拥有丰富的自然资源可以在一段时间内维持较高的人均收入，但要素推动的经济缺乏生产力持续增长的基础。

按波特的标准，几乎所有的发展中国家都处于这一阶段，某些资源特别丰富的发达国家，如加拿大、澳大利亚也处于这一阶段。

2. 投资驱动阶段

投资驱动（investment-driven）阶段的竞争优势主要取决于资本要素，大量投资可更新生产设备，扩大生产规模，增强产品的竞争能力。在这一阶段，企业仍然在相对标准化的、价格敏感的市场中进行竞争。但随着就业的大量增加、工资及要素成本的大幅度提高，一些价格敏感的产业开始失去竞争优势。因此，政府能否制定并实施适当的政策是很重要的。政府可以引导稀缺的资本投入特定的产业，增强企业承担风险的能力，为企业提供短期保护以鼓励本国企业进入该产业，建设有效规模的公共设施，刺激和鼓励获取外国技术，以及鼓励出口等。

按波特的标准，只有少数发展中国家进入这一阶段。第二次世界大战后，日本和韩国成功地进入这一阶段。

3. 创新驱动阶段

创新驱动（innovation-driven）阶段的竞争优势主要来源于产业中整个价值链的创新。在这一阶段，不是说不需要要素和投资，而是要利用知识、技术、企业组织制度和商业模式等创新要素对现有的资源、劳动力、资本等进行重新组合，以创新的知识和技术改造它们，对它们进行科学的管理，以此促进生产力水平的提升。生产力的创新驱动可以相对节省物质资源、环境资源之类的物质投入，但不能节省资金投入。创新驱动本身需要足够的投入来驱动创新，因此国家会特别注重并投资于高新技术产品的研究与开发，并把将科技成果转化为商品作为努力的目标。这一阶段，民族企业能在广泛领域成功地进行竞争，并实现不断的技术升级。一国进入创新驱动阶段的一个显著特点是高水平的服务业占据越来越高的国际地位，这是该国产业竞争优势不断增强的反映。高级服务业所需的人力资源及其他要素也发展起来，不仅服务的国内需求随着收入和生活水平的提高而大大增强，而且随着该国服务业进入国际市场，该国的国际竞争力也大大增强。另一方面，在该阶段，政府直接干预程度降低，并转为鼓励创造更多的高级要素，改善国内需求质量，刺激新产业的形成，以及保持国内竞争等。

按波特的标准，英国在 19 世纪上半叶就进入了创新驱动阶段，美国、德国、瑞典在 20 世纪上半叶也进入这一阶段，随后日本、意大利在 20 世纪 70 年代进入这一阶段。

4. 财富驱动阶段

在财富驱动（wealth-driven）阶段，产业的创新、竞争意识和竞争能力都会出现明显下降的现象，经济发展缺乏强有力的推动，企业开始失去国际竞争优势。企业更注重保持地位而不是进一步增强竞争力，产业投资的动机下降，投资者的目标从资本积累转变为资本保值，有实力的企业试图通过对政府施加影响，以达到保护企业的目的。长期的产业投资不足是财富驱动阶段的突出表现。进入财富驱动阶段的国家，一方面是"富裕的"，一些资金雄厚的企业和富人享受着成功产业和过去的投资所积累的成果；另一方面又是"衰落的"，许多企业受到各种困扰，失业和潜在失业严重，平均生活水平下降。这就提醒人们要居安思危，通过促进产业结构的进一步升级来提高价值链的增值水平，避免被淘汰的厄运。按波特的标准，英国已经进入这一阶段。

进入 21 世纪后，中国已处于投资驱动阶段。随着中国人口红利的消失，中国在劳动力等生产要素上拥有的比较优势已经减弱，投资驱动是拉动中国经济最为重要和最为直接的方式。2009 年固定资产投资对中国经济增长的贡献率接近 90%，达到了最高峰。2013 年投资对中国经济增长的贡献率也达到了 50.4%。一方面，中国有大量投资主要集中于传统制造业、房地产、基础设施建设等领域，而只有少量投资投向自主创新、技术改造和升级，因此中国的产业结构升级缓慢，在产业链低端环节形成"生产过剩"的趋势。另一方面，中国的大量资本流向资本市场、房地产等领域，挤占了大量本该投向实体产业的社会财富，这种通过套利获取短期收益的行为助长了过度投机，使经济陷入"泡沫化"。这表明，我国仍未摆脱投资驱动阶段，想要进入创新驱动阶段却受到各种制约，甚至有可能落入"财富驱动"的陷阱。因此，为了提升我国的国际竞争力，政府应采取有效措施，鼓励创新，使我国经济尽快向创新驱动阶段过渡，改变我国产品附加值低、销售价格低、对国外相关产业冲击大、容易受到贸易制裁的现状。目前国内企业创新的动力不足，主要原因就是国内的知识产权保护不力，假冒、模仿产品盛行，创新产品的潜在收益难以实现。国家已经认识到这一点，正在采取相关措施，加大力度打击假冒伪劣以保护创新和知识产权，同时在税收等方面对创新企业给予大力支持。如果中国在企业层面形成大范围的创新文化和环境，中国的产业升级就能得到推动，使中国的高附加值产业也具有国际竞争优势。

第三节　产业内贸易

古典和新古典贸易理论（统称为传统贸易理论）认为，国家间技术、要素禀赋或需求的差异是国际贸易产生的动因，都假设了市场完全竞争、同类产品同质和规模报酬不变。在这些前提下，贸易应该在有一定技术差异或要素禀赋差异的国家之间发生，即发达国家和发展中国家之间进行，这与 20 世纪上半叶之前的国际贸易模式及格局是相一致的。

第二次世界大战后，随着科学技术的进步和生产力的不断发展，以及国际政治经济形势的相对稳定，国际贸易的规模越来越大，国际贸易的流动特征发生了很大改变：经济发展水平相似的发达国家之间的贸易比重大大提高，占世界贸易总额的比重高达70%以上；同类产品之间的贸易量迅速增加，产业内贸易成为国际贸易的主要形式。显然，传统贸易理论在对这一现象的解释上显得苍白无力。

一、产业内贸易的概念

国际贸易从产品内容上看，大致可分为两种基本类型：产业间贸易（inter-industry trade）和产业内贸易（intra-industry trade）。

产业间贸易是指一国进口和出口属于不同产业部门生产的产品，如出口初级产品，进口制成品；出口自行车，进口计算机等。

产业内贸易也称部门内贸易，即一国既出口同时又进口某种相同类型产品。所谓相同类型的产品，是指按国际商品标准分类法统计时，至少前三位数都相同的产品，也就是至少属于同类、同章、同组的商品，既出现在一国的进口项目中，又出现在其出口项目中。比如日本向美国出口轿车，同时又从美国进口轿车；中国向韩国出口某种品牌的衬衣，同时又从韩国进口某种 T 恤衫。

二、产业内贸易的分类

（一）水平型产业内贸易和垂直型产业内贸易

根据贸易是发生在不同生产阶段之间还是发生在同一生产过程的不同阶段之间，产业内贸易可以分为水平型产业内贸易和垂直型产业内贸易。水平型产业内贸易不包括中间产品的贸易，而垂直型产业内贸易包括中间产品的贸易。

（二）同质产品的产业内贸易和差异产品的产业内贸易

产业内贸易还可分为同质产品的产业内贸易和差异产品的产业内贸易两大类。

1. 同质产品的产业内贸易

同质产品（homogeneous products）是指：①产品可以完全相互替代；②生产区位不同；③制造时间不同。

同质产品的产业内贸易大体包括以下几种情况。

（1）大宗原材料的国际贸易。例如水泥、黄沙和砖瓦等，这些产品的运输成本占整个产品成本的比重非常大，从而使这些产品的贸易半径比较小。产品的消费者会从最近的原料生产点来获得这些产品，而自然资源的可得性决定了这些产品生产的区位。因此会出现一个国家同时进口和出口这些产品的情况。例如中国在其边境贸易中，在北部边境向某邻国出口某一产品，在南部边境从另一邻国进口这一产品，而不必花费非常大的成本在国内将此产品从北部运到南部。于是便出现了同质产品的产业内贸易。

（2）转口贸易和再出口贸易。一些国家和地区，例如中国香港和新加坡，进行着大量的转口贸易和再出口贸易。在这些贸易活动中，商品的基本形式没有发生变化，只是通过提供仓储、运输等服务来实现商品的增值，成为同质产品产业内贸易的一种形式。

（3）产量的季节性差别导致的国际贸易。一国供给和需求的不一致及其自然灾害可能会引起一个国家进口一些其他时候出口的产品。如一个南半球的国家可能在它的农产品收获之前从北半球国家进口，而在收获之后向该北半球国家出口。

（4）由于合作生产和特殊的技术条件，国家间进行一些完全同质的服务的国际贸易。如在金融全球化和服务贸易自由化中，金融部门经常同时"进口"与"出口"。

此外，还可能会由于政府干预造成国内价格扭曲，而作为以实现利润最大化为目标的企业便从事同时进口和出口同质产品的活动。

2. 差异产品的产业内贸易

差异产品（differentiated products）又叫异质产品，是指产品间具有差别性特征。产品差别可具体表现在同类产品的质量性能差别，规格型号差别，使用材料差别，色彩及商标牌号差别，包装装潢差别，广告、售前、售后服务差别，企业形象与企业信誉差别等方面，如中国国产的红旗牌轿车与丰田、大众、沃尔沃、雷诺牌轿车是不完全一样的。差异产品又可分为垂直差异产品和水平差异产品。垂直差异产品是指仅仅在质量上存在差异的产品。水平差异产品则指有着同样质量，但特征（characteristic）或特质（feature）不同的产品。比如，同为三星品牌的手机，卖价四五千元的 Galaxy S4 与只卖几百元的 S6102 即为垂直差异产品。同样质量的电视机，如在款式和外观色彩上有不同即为水平差异产品。实际上，差异产品往往既表现出垂直差异的特点，又表现出水平差异的性质。

三、产业内贸易的测量

由于产业内贸易是同类产品的贸易，因此对同类产品的界定就显得十分重要。如果同类产品的"类"界定得较为宽泛，则产业内贸易规模较大，产业内贸易占总贸易的比重较高；相反，如果同类产品的"类"定义得较狭窄，则产业内贸易规模会变小，产业内贸易占总贸易的比重就相应较低。一般我们用产业内贸易指数（index of intra-industry trade）来测量一国或地区一个产业的产业内贸易程度。

在计算产业内贸易指数时，同类产品是按联合国的国际贸易标准分类（SITC）的三位数来划分的，该标准将国际贸易中的商品分为 10 大类（section），大类以下分为63 个部（division），部以下又分为 233 个组（group），组以下又分为 786 个小组（subgroup），小组以下又分为 1924 个项目（item）。三位数的划分即在 SITC 中为同一

"组"的产品就是同类产品。但也有人采用较为宽松的划分标准，即以同一"部"的产品作为同类产品。表 4.1 为国际贸易标准分类示例。

表 4.1   国际贸易标准分类示例

节	项　　目
8	各种制成品
	……
85	鞋类
851	鞋
	……
851.01	鞋底的外层和鞋帮是橡胶或者人造塑料材料的鞋
851.02	鞋底的外层和鞋帮是皮革或者复合皮革的鞋

从某一产业的角度分析，产业内贸易指数的计算公式为：

$$A_i = 1 - \frac{|X_i - M_i|}{X_i + M_i} \qquad (4.1)$$

4.1 式中 X_i 指一国或地区 i 产品的出口额，M_i 指该国或地区 i 产品的进口额。A_i 代表该国 i 产品的产业内贸易指数，A_i 在 0~1 变动：A_i 越接近 1，说明产业内贸易的程度越高；A_i 越接近 0，则意味着产业内贸易的程度越低。

☞【示例】

某国 2010 年出口计算机 396 亿美元，进口计算机 564 亿美元，则 2010 年该国计算机产业内贸易指数为

$$A = 1 - |396 - 564| / (396 + 564) = 0.825$$

从一个国家的角度来看，产业内贸易指数由该国各种产品的产业内贸易指数加权求得，表示一国产业内贸易在对外贸易总额中的比重。其计算公式为

$$A = 1 - \frac{\sum_{i=1}^{n} |X_i - M_i|}{\sum_{i=1}^{n} X_i + \sum_{i=1}^{n} M_i} \qquad (4.2)$$

4.2 式中 A 表示某国所有产品综合产业内贸易指数，n 表示该国产品的种类，其他字符的含义与 4.1 式相同。

有人运用产业内贸易指数对发达工业国的产业内贸易指数进行了测算，发现自 20 世纪 50 年代以来，所有发达国家的产业内贸易指数不断上升，特别是 20 世纪 60 年代以后，这些国家一半以上的贸易量都来自产业内贸易。在现实生活中，比较优势和规模经济、产品差异并存，因而世界各国之间也是产业间贸易和产业内贸易并存，一种贸易

模式不可能完全取代另一种。世界上没有两个要素禀赋完全一致的国家，所以比较优势还是在不同程度上起作用，但随着全球经济一体化以及人们对于产品特性的要求越来越高，产业内贸易也越来越重要。

☞【知识链接】

表4.2给出了1988—1991年及1996—2000年工业国家在制成品贸易中的产业内贸易的份额。该表显示，1996—2000年，法国的产业内贸易比例最高（77.5%），其次是加拿大（76.2%）和奥地利（74.2%）。在7国集团的其他国家中，英国的比例为73.7%，德国为72.0%，美国为68.5%，意大利为64.7%，日本为47.6%。比例最高的是欧洲国家，最低的是太平洋国家和发展中国家。在这两个时期，比例增长最快的是匈牙利、韩国、墨西哥和日本。另一些国家，如比利时/卢森堡、希腊和爱尔兰的比例却下降了。

表4.2　　　　　　　部分国家制成品贸易中产业内贸易的比例（%）

国家	1988—1991年	1996—2000年	国家	1988—1991年	1996—2000年
法国	75.9	77.5	丹麦	61.6	64.8
加拿大	73.5	76.2	意大利	61.6	64.7
奥地利	71.8	74.2	波兰	56.4	62.6
英国	70.1	73.7	葡萄牙	52.4	61.3
墨西哥	62.5	73.4	韩国	41.4	57.5
匈牙利	54.9	72.1	爱尔兰	58.6	54.6
瑞士	69.8	72.0	芬兰	53.8	53.9
德国	67.1	72.0	日本	37.6	47.6
比利时/卢森堡	77.6	71.4	新西兰	37.2	40.6
西班牙	68.2	71.2	土耳其	36.7	40.0
荷兰	69.2	68.9	挪威	40.0	37.1
美国	63.5	68.5	希腊	42.8	36.9
瑞典	64.2	66.6	澳大利亚	28.6	29.8

资料来源：OECD. OECD economic outlook［R］. Paris：OECD, 2002：159-163.

四、产业内贸易理论模型

（一）垂直差异产品的产业内贸易

产业内贸易现象的出现，对传统的国际贸易理论，尤其是要素禀赋理论即H-O模型提出了挑战。但是，通过对H-O模型的假定做些调整，将产品特性或差异与劳动和资本等要素的不同组合之间建立一种联系，就能使H-O模型具有更广泛的解释力。这成为对垂直差异产品的产业内贸易的一种理论解释。为区别于前述的 H-O 模型，我们将其称为新 H-O 模型。

新 H-O 模型是以尽可能符合 H-O 理论的假设来解释产业内贸易，最早是由法尔维（1981）[①] 就垂直差异产品的产业内贸易进行研究而提出相关观点，后来进一步体现在法尔维和基尔茨考斯基（1987）[②] 提出的模型中。

法尔维（1981）认为，如果许多不同厂商生产质量不同的产品品种，即这些产品间存在着垂直差异，且这些产品品种都没有规模效应，那么垂直型产业内贸易就可能发生。垂直型产业内贸易与经典的以要素禀赋为基础的产业间贸易有相似之处，资本相对充裕的国家出口质量高的产品，劳动力相对充裕的国家出口质量低的产品。

法尔维和基尔茨考斯基（1987）认为，即使不存在不完全竞争和收益递增，垂直型产业内贸易也会存在。在供给方面，假设有两个国家 X 和 Y，国家 X 劳动力丰裕而国家 Y 资本丰裕，每一个国家只有两个产业部门 A 和 B，其中 A 部门生产一个同质性产品，B 部门生产同种商品中不同质量的产品，即 B 部门内的产品间存在垂直差异。每个部门都雇佣劳动力。资本的使用随着 B 部门产品质量的不同而有所不同，高质量的产品体现了相对较高的资本劳动比率。技术（劳动生产率）在两国之间的差距使得它们之间的贸易不会引致各国工资均等化，资本的租金也不会相等。因此，工资相对较低的国家 X 在生产低质量产品上有比较优势，工资相对较高的国家 Y 在生产高质量产品上有比较优势（在国家 Y，资本的价格相对较低）。在需求方面，假设两国消费者有相同的偏好，在相对价格一定的情况下，对不同质量产品的需求依消费者的收入而定：收入越高消费者就越倾向于消费更高质量的产品。由于分配不均，每一个国家都既有低收入的消费者，也有高收入的消费者，所以，每个国家都对 B 部门两种不同质量的产品有需求。那么，在典型的、没有运输成本的自由贸易条件下，必定存在 B 部门内的国际贸易，国家 Y 出口质量较高的产品品种到国家 X，并从国家 X 进口质量较低的产品品种，即出现了同一产业内部垂直差异产品间的国际贸易。

（二）水平差异产品的产业内贸易

1978 年，克鲁格曼在其博士论文中首次将迪克西特和斯蒂格利茨共同提出的将水平差异产品和内部规模经济考虑在内的垄断竞争模型推广到开放条件下，从理论上证明了规模经济和产品的水平差异是国际贸易中发生产业内贸易的原因。由于该模型是在张伯伦垄断竞争理论基础上创立的，所以被称为垄断竞争贸易模型，又称新张伯伦模型。

张伯伦认为，垄断与竞争力量的混合来源于产品的差别性。只要有任何一种明显的标准使一个销售者的产品或劳务能与其他销售者的区别开来，这类产品就是有差别的。只要有差别存在，不管这种差别是多么小，购买者与销售者之间的交易就不是随机的，而是凭他们的喜好有所选择。

① R. E. Falvey. Commercial policy and intra-industry trade [J]. Journal of International Economics, 1981, 11 (4)：495-511.

② R. E. Falvey, H Kierzkowski. Product quality, intra-industry trade and imperfect competition [M] //H. Kierzkowski. Protection and competition in international trade. Oxford：Basil Blackwell, 1987.

差别可以是具体的，也可能是想象中的。具体的差别来源于产品本身物质的或法律上的特点，还来源于进行销售的不同条件。前者包括产品的品质、设计、颜色、式样、包装等特点，还包括专利、商标和商店名称；后者包括，例如在零售交易中，销售者的地点、工作效率、经营方式、公平交易的信誉、店员对顾客的态度等。后者即销售条件还包括信贷条件、交货的及时性和可靠性等。张伯伦认为，在购买者看来，以上各种情况下的产品都或多或少地有些不同。

张伯伦认为，产品差别是造成垄断的一个决定性的因素，有差别则垄断发生，差别程度越大，垄断程度也越大。一种产品具有差别，就可以说企业对他自身的产品拥有绝对的垄断，但是却要或多或少地遭受不完全替代品的竞争。这样，每个企业都是垄断者，同时也是竞争者，因此张伯伦称他们是"垄断的竞争者"，即每个企业都有一定的垄断权，内部规模收益递增，同时生产差别化产品（产品间可以替代但不完全替代）的各个企业之间争夺市场，竞争的结果是垄断利润消失，各个企业仅获得正常利润。

克鲁格曼的新张伯伦模型运作机制如下：假设两个国家（本国和外国），两个产业（制造业和农业），本国在制造业上具有比较优势，外国在农业上具有比较优势。在完全竞争的市场结构下，本国出口制成品，进口农产品；外国出口农产品，进口制成品，两国间的贸易模式为产业间贸易，产业内贸易不会发生。现把垄断竞争引入制造业，但仍保持农业的完全竞争市场结构，即本国仍是农产品的进口国。由于规模经济的存在，制造业内的所有厂商都要尽可能扩大规模，以达到本产业所允许的最大规模，否则厂商会被淘汰。因而，厂商只能选择生产一种或几种风格或式样的产品。同理，任何一个国家也无法生产所有种类的产品。所以国内外厂商同时生产产品，只是两个国家的产品在花色、特性上有差别。从需求上看，在产品基本功能相同的前提下，消费者倾向于多样化的选择。当本国产品无法满足消费者多样化要求时，就需要从国外进口产品，从而在制造业内部出现了贸易，即产业内贸易。在产业内贸易的情况下，虽然消费者消费制成品的总数量与原来完全竞争市场结构下的情况相等，但由于制成品品种的增加，消费者得到的总效用仍然增加了。因此，对于进行贸易的两个国家来讲，由于开展了制造业内产品不同品种间的国际贸易，在生产没有受到损失的条件下（一国的厂商数目和实际工资都没有变化），双方都从中受益了。

总体来讲，新张伯伦模型揭示了在存在内部规模经济和产品水平差异的条件下，即使在两个生产相同产品的国家之间也能开展国际贸易——产业内贸易，并且这种贸易会提高两个国家总体福利水平。

（三）同质产品的产业内贸易——相互倾销模型

为解释标准化产品即同质产品的产业内贸易现象，布兰德和克鲁格曼（1983）①构造了一个"相互倾销模型"。该模型认为，寡头垄断厂商为实现企业利润最大化，将增加的产量以低于本国市场的价格销往国外。从表面上看，在国外市场上产品的销售价格是降低了，但是从全部产品所获利润最大化的角度来看，如果这种销售不影响该产品

---

① James A. Brander, Paul R. Krugman. A "reciprocal dumping" model of international trade [J]. Journal of International Economics, 1983, 15 (3-4): 313-321.

在本国的售价,那么厂商所获得的总利润水平就能提高。同理,其他国家的厂商也会采取同样的策略,将增加的产量销往对方国家市场。具体来说,寡头垄断厂商如果扩大产量,且在国内市场销售,就会造成产品价格的下降,从而引起厂商利润的下降。但如果寡头垄断厂商将扩大生产的产品销售到国外市场,在市场分割的情况下,即使产品在国外市场的售价低于在国内的售价,国内市场的利润也不会下降。由此,寡头垄断厂商在国际贸易中既获得了规模经济带来的利益,又享受了超额利润。这样,在不完全竞争市场结构中,拥有垄断厂商的国家之间即使在产品技术等各方面没有差异,也会产生产业内贸易。

由此可以看出,在相互倾销模型中,各国开展对外贸易的原因只在于垄断或寡头垄断企业的市场销售战略。国际贸易的结构既不受要素禀赋、产品成本差别的限制,也不受生产者和消费者对差异产品追求的限制。同时,相互倾销基础上国际贸易的利益来自各国企业通过倾销所获得的垄断利润和在本国市场上销售价格保持不变情况下所获得的垄断利润的和。为说明这一点,我们假设:A 国的垄断厂商甲生产和销售汽车 10 万辆,单价为 2 万美元,如果其增加了生产量 1000 辆,并在国内市场销售,则为使市场吸纳增加的供应量,企业必须将产品的市场价格降低。这是因为寡头垄断企业面临的是一条向下倾斜的需求曲线。假如降价 200 美元,即每辆车售价 1.98 万美元。在此情况下,该企业因增加生产和销售 1000 辆汽车额外获得 1980 万美元。但是,当企业降低其商品售价时,不仅要降低新增产品的价格,还要将原有 10 万辆汽车的价格降低到与新增产品价格相同的水平,即从 2 万美元降至 1.98 万美元,10 万辆汽车因降价而减少收入 2000 万美元。结果是企业增加生产后,其总收入还减少了 20 万美元。这显然是有悖于企业增加生产和销售的初衷。对此,企业的决策是将产品以低于本国市场的价格倾销到国外,而国内市场产品售价不变。此时即使该汽车在国外市场上的售价相对较低,也不致引起企业整体销售收入和利润的大幅下降。

总的来说,相互倾销模型认为:即使各国生产的商品之间不存在任何差异,垄断或寡头垄断企业仍然可以开展各国之间的贸易;现代国际贸易的原因之一是不完全竞争企业的市场战略,在这种市场战略下,贸易结构的确定仅仅取决于各国企业对利润最大限度的追求;贸易是扩大竞争的一种方式,不完全竞争的企业可以通过贸易向别国的国内市场倾销以扩大销售,即使存在运输成本,也会存在双向贸易,并由两国间需求弹性的预期差异决定贸易量。

第四节　新贸易理论

一、新贸易理论的主要内容

(一) 新贸易理论的产生

新贸易理论是指 20 世纪 80 年代初以来,以克鲁格曼为代表的一批经济学家提出的一系列关于国际贸易的原因、国际分工的决定因素、贸易保护主义的效果以及最优贸易政策的思想和观点。

在新产业组织理论发展的促进下，以克鲁格曼为代表的学者们，通过将偏好、规模经济、不完全竞争、技术变化和厂商博弈等概念引入贸易理论，论证了即使在缺少偏好、技术和资源禀赋差异的情况下，规模经济也可以引导国家开展专业化分工和贸易，彻底改变了国际贸易理论的面貌。这些理论模型虽然因不同的假设前提而有差异，但都会考虑两个重要方面：①基于产品差异性的需求设定；②与规模报酬递增相联系的非完全竞争因素。我们把这些理论模型统称为"新贸易理论（new trade theory）"。

在这些理论模型中，影响力最大的是克鲁格曼 1978 年提出的新张伯伦模型。该模型对近 30 年来国际贸易理论的发展有着深远影响。

（二）新贸易理论的发展

克鲁格曼 1980 年在其《规模经济、产品差异化与贸易模式》①一文中对新张伯伦模型进行了修正和简化，使模型具有了更强的可扩展性。经过修正的新张伯伦模型开始允许两国的规模不对称，并引入运输成本，在此基础上推出了著名的"本国市场效应"：两个国家进行贸易时，规模大的国家将会生产更多数量的产品而且会成为该差异化产品的净出口国。该想法来源于区位理论中一个普遍观点：由于规模报酬递增和运输成本的存在，生产活动倾向于在大市场附近聚集。原因很简单：一方面，通过生产的聚集，厂商可以实现规模经济；另一方面，通过聚集在大市场附近，厂商可以最小化运输成本。当引入国际贸易时，对某种差异化产品拥有相对较大市场需求的国家，将实现该产品的大规模生产，获得规模经济收益，降低成本，进而成为该产品的净出口国。对于别的国家或地区而言，最划算的做法是从生产聚集的该国进口价格低廉的产品来满足相对较小的需求。

"本国市场效应"能够帮助我们深入认识内需与外需、国内市场和国外市场之间的辩证关系。在此之前有一种看法，认为扩大内需对企业来说就必然意味着减少出口。然而，在规模经济存在的情况下，内需与外需并不一定是相互替代的关系，反而可能是相互促进的。对于存在规模经济的产业，内需大的国家往往可以在出口贸易中更具优势，成为该产业的净出口国，庞大的国内市场可能成为国际贸易优势的来源。

总的来说，"本国市场效应"从需求角度解释了为什么一国在某种产品的生产上具有优势，为国际贸易模式、贸易结构的研究提供了一个新视角，这一结论引起了国际贸易学界至今不衰的研究兴趣，成为国际贸易前沿理论新经济地理学的理论基石之一。

新贸易理论是一场对传统贸易理论的革命，但它并非完全否定及替代传统贸易理论。克鲁格曼（1981）在其文章《产业内分工与从贸易中获利》②中试图综合这两种理论，提出一个超越分歧的综合性框架。克鲁格曼分析了要素禀赋相似程度与贸易类型之间的关系，指出国家之间禀赋越相似，两国间的贸易就越具有产业内贸易的特征，相

① Paul R. Krugman. Scale economies, product differentiation, and the pattern of trade [J]. The American Economic Review, 1980, 70 (5): 950-959.

② Paul R. Krugman. Intraindustry specialization and the gains from trade [J]. Journal of Political Economy, 1981, 89 (5): 959-973.

反则产业间贸易模式将占主导地位。这表明新贸易理论与新古典贸易理论之间并不是对立的，而是互补的。

克鲁格曼与赫尔普曼 1985 年合著了《市场结构与对外贸易》① 一书。该书几乎涵盖了新贸易理论的所有分支，从外部规模经济到内部规模经济，从垄断竞争到寡头垄断，从非贸易品到中间品，从国家间贸易到跨国公司内部贸易，为分析规模报酬递增和不完全竞争市场结构下的贸易产生的原因、贸易模式以及贸易福利效应提供了一个完整而清晰的框架，可以说是重写了 20 世纪的贸易理论，从而使新贸易理论的地位从新的次级领域提升为核心的一部分。

（三）新经济地理学理论与国际贸易

20 世纪 90 年代初，以克鲁格曼为代表的经济学家们整合了经济学界在国际贸易和地理经济学有关方面的研究成果，提出了新经济地理学理论（theory of new economic geography），开始打破传统国际经济学中的国家界限，从区位的角度讨论规模收益递增、外部性、比较优势等对产业区位分布的影响，并从全球化的视角来分析经济主体的空间决策行为，要素资源在空间的流动，以及由此产生的经济集聚现象。

新经济地理学和传统的经济地理学最大的不同之处就在于规模经济的引入。因此，要理解新经济地理学，就要从规模经济和外部性开始，其中影响最深的当然要数马歇尔模型。马歇尔模型将规模经济看做是外部的，是由劳动的专业化分工引起的。马歇尔认为，厂商之所以集中，有三种不同的原因：首先，厂商的集中形成了劳动市场的集中和共享；其次，产业的集中能够降低投入品的获得成本；最后，集中还会带来技术的外溢。

克鲁格曼在发展新贸易理论时引入了运输成本的概念，并导出了"本国市场效应"。这种分析很自然地将区位地理因素纳入贸易理论的讨论中来，而规模经济与运输成本之间的权衡就成为新经济地理学的关键。

☞【知识链接】

表 4.3　　　　　新经济地理学与新古典学派国际经济学的比较

新经济地理学	新古典学派国际经济学
收入递增（规模经济）	收入递减（不变）
不完全竞争	完全竞争
自我增值的集聚力——内在的区位因素	资源禀赋的差异——外在的区位因素
运输费用	区域边界
非线性的动态研究方法	线性的静态研究方法

资料来源：赵秀忠，吕智. 国际贸易理论与政策［M］. 北京：北京大学出版社，2009：117.

① Elhanan Helpman, Paul R. Krugman. Market structure and foreign trade：Increasing returns, imperfect competition, and the international economy［M］. Cambridge, MA：MIT Press, 1985.

小·提·示

　　新经济地理的研究主题主要有两个，即经济活动和经济增长的空间集聚和区域集聚。研究方法主要采用数学定量分析，将现实中的现象高度抽象化、模型化，建立大量的数学模型，并在研究时将动态模拟引入模型中。

　　目前，新经济地理学研究的一个主要方向是以克鲁格曼和维纳布尔斯为代表的国际经济学家致力于的将新经济地理模型引入到国际贸易的研究中，分析国家间差异的形成原因、集聚对经济的影响等。

　　克鲁格曼和维纳布尔斯（1995）① 建立了一个新经济地理国际贸易模型。为了体现国家和区域间的区别，该模型取消了劳动力具有流动性的假设，而加入了中间品贸易。这样一来，导致产业活动集中分布的不再是厂商和工人之间的联系，也不是厂商和消费者之间的联系，而变成了厂商和厂商之间的联系（也称产业间关联）。这种联系又进一步被解释为成本关联和需求关联。在其他条件相同的情况下，如果一个地区拥有较大的制造业部门，该地区便能为厂商生产的中间品提供较大的市场，这就使得该地区能够吸引来更多的厂商，这是所谓的需求关联。另外，如果该地区能够生产较别地更多的中间产品，那么该地区的最终产品生产成本就要比别处低，这就是成本关联。这两种联系使得厂商越来越多地聚集于该地。当运输成本降低到一定程度，世界经济就会自发地形成以制造业为中心、非工业化地区为外围的产业分布。

　　克鲁格曼和维纳布尔斯还进一步解释道：如果制造业部门足够大，还会造成国家之间的工资差异。产业间关联会使得工业化地区的劳动力需求增大，而其他地区的工业逐渐衰落则会降低其他地区对劳动力的需求。这样一来，成为制造业中心的地区实际工资会上升，而非工业的外围地区实际工资下降，导致了全球的经济一体化不平衡的发展。但是如果运输成本继续下降，厂商会逐渐失去由于接近市场和供应商所带来的优势。同时，外围的非工业化地区，由于具有较低的工资率从而具备了较低的生产成本。当运输成本降低到足够低时，外围地区低成本的优势将足以抵消远离市场和供应商带来的不便，此时制造商将搬出中心地带，到外围地区进行生产，从而使得中心和外围地区的工资率差距逐渐缩小。所以，随着贸易自由化程度的逐渐增大，各国的工资差异经历了一个由小到大再变小的过程。

二、新贸易理论的贡献和缺陷

（一）新贸易理论的贡献
　　新贸易理论最大的贡献是提高了贸易理论解释现实的能力，克服了传统贸易理论

---

　　① Paul R. Krugman, Venables Anthony. Globalization and the inequality of nations ［J］. Quarterly Journal of Economics, 1995, 110（4）: 857-880.

所遇到的困境。最明显的就是新贸易理论能够解释产业内的国际分工，很好地吻合了现实中的贸易模式。同时，新贸易理论也说明了许多新兴产业和贸易模式的形成似乎更是一种偶然的机遇。由于工业品的多样性，任何一国都不能囊括一个行业所有产品的生产，从而使国际贸易成为必然。但是具体哪国生产哪种产品，则没有固定模式。不同国家在分工中拥有哪些优势产业，往往取决于分工发生前初始条件的细微差别，而且分工模式一旦形成，优势产业就会由于路径依存而在相当长时间内得以延续。克鲁格曼模型虽然简单，但其中已经蕴含着混沌理论中的蝴蝶效应思想。克鲁格曼的新贸易理论之所以具有强大的生命力，还在于他为其后的贸易理论发展提供了一个可扩展的分析框架，如第五章中要给大家介绍的新新贸易理论就是在新贸易理论的基础上发展起来的。

新贸易理论对重新思考经济增长也有很大的启发作用。在传统贸易理论中，比较优势的变化往往是外生的。例如 H-O 理论体系中的雷布津斯基效应，可以解释要素存量增加导致的经济增长对产业结构和贸易模式的影响。但是，反过来，贸易对经济增长的影响，传统贸易理论则少有解释力。越来越多的人认为，规模经济应该是解释贸易与增长之间关系的重要因素。埃西尔（1982）[①] 运用迪克西特和斯蒂格利茨垄断竞争模型讨论了规模经济与中间品种增加之间的两难冲突。该模型直接促成了后来罗默（1990）[②] 以及格罗斯曼和赫尔普曼（1989[③]，1990[④]）发展出内生增长理论。内生增长理论在垄断竞争框架之下，用差异化的中间投入品代替了新贸易理论中的差异化最终品。与新贸易理论中最终品的种类增多会导致更高的消费效用非常类似，差异化投入品种类的增多会导致产出的增加，促进经济的增长。遵循新贸易理论的分析范式，开放贸易后，当所有产品之间包括中间投入品都存在自由贸易，而且知识在国际自由流动时，贸易会提高增长率并使所有国家获利。所以，从新贸易理论角度看，贸易可以通过差异化中间投入品的增加影响一个国家的产品创新，从而导致经济增长，当然，条件是知识在国际存在溢出效应；而发达国家的"夕阳"工业在发展中国家低生产成本的贸易竞争中衰落是一种必然现象，因而发达国家需要不断开发新产品，而发展中国家的选择在于引进外资，加速技术进步，以提高资源利用效率和改善贸易条件，以及保持国际资本的自由流动，以利于知识技术的国际传递。格罗斯曼和赫尔普曼（1991）[⑤] 对内生增长理论在国际贸易中的应用进行过极其深入的研究。内生增长理论和克鲁格曼垄断竞争贸易理论在技术手段上一

① W. Ethier. National and international returns to scale in the modern theory of international trade [J]. The American Economic Review, 1982, 72: 389-405.

② Paul M. Romer. Endogenous technological change [J]. Journal of Political Economy, 1990, 98 (5): S71-S102.

③ G. Grossman, E. Helpman. Product development and international trade [J]. Journal of Political Economy, 1989, 97 (6): 1261-1283.

④ G. Grossman, E. Helpman. Comparative advantage and long-run growth [J]. The American Economic Review, 1990, 80 (4): 796-815.

⑤ G. Grossman, E. Helpman. Innovation and growth in the globe economy [M]. Cambridge: The MIT Press, 1991.

脉相承，而格罗斯曼和赫尔普曼（1991）的贸易与内生增长理论则可以被视为动态化的克鲁格曼贸易理论。

此外，在新贸易理论的基础上，经济学家们以规模经济和不完全竞争为前提，以产业组织理论和市场结构理论为研究工具，提出了战略性贸易政策理论。对于该理论，我们将在第五章中给大家进行详细的讲解。

（二）新贸易理论的缺陷

当然，以克鲁格曼为首的新贸易理论也存在一些缺点，其中最突出的就是理论中所有的企业都是一样的，没有考虑企业的异质性，对贸易开展之后企业之间的"竞争淘汰效应"和"规模变化效应"缺乏很好的解释，所以没有办法解释为什么有的企业规模会扩大，有的企业会被淘汰，也没有办法去解释贸易开放后由于企业优胜劣汰导致生产率提高的好处。而这些缺点正好促进了当前新新贸易理论在克鲁格曼理论基础上的进一步发展。

另外，新贸易理论不能说明国内贸易向国际贸易转变的内在机制，即既然国际贸易有这么大的好处，为什么要从国内贸易开始呢？新贸易理论提出了"贸易障碍"来解释这种现象，但是模型中没有代表这些障碍的具体变量或参数，所以消费者和生产者永远在一个统一的市场中交易，相互隔离的市场永远不会在均衡中出现，市场一体化和全球化是外生给定的。这种缺陷也使得后来杨小凯等人创立了以超边际分析为基础的内生化贸易理论模型。

❋ 本章小结 ❋

随着现代国际经济的发展，西方经济学家认为生产要素不仅包括土地、劳动和资本，还包括技术、人力技能、研究与开发、信息、规模经济与管理等新型生产要素。同时，要素的国际移动、要素密集性的变化都使要素功能增加。

产品生命周期理论以产品生命周期中各阶段生产区位的变化来解释国际产业转移现象。该理论把产品生命周期分为产品创新阶段、产品成熟阶段、产品标准化阶段。企业的对外直接投资是企业在产品周期运动中，由于生产条件和竞争条件变动而做出的决策。

波特认为，生产要素、需求因素、相关和支持产业、国内竞争状态所构成的不同组合是一国在国际贸易中取得成功的关键决定因素；一国优势产业参与国际竞争的过程可分为四个阶段，即要素驱动阶段、投资驱动阶段、创新驱动阶段和财富驱动阶段。

产业内贸易也称部门内贸易，即一国既出口同时又进口某种相同类型产品。我们可以用产业内贸易指数来测量一国或地区的产业内贸易程度。20世纪70年代末到80年代，以克鲁格曼为代表的学者们，通过将偏好、规模经济、不完全竞争等概念引入到贸易理论中，论证了即使在缺少偏好、技术和资源禀赋差异的情况下，规模经济也可以引导国家开展专业分工和贸易，彻底改变了国际贸易理论的面貌。这些理论模型统称为"新贸易理论"。

✳ 练习题 ✳

一、名词解释

需求时滞 模仿时滞 "钻石"理论 产业间贸易 产业内贸易 产业内贸易指数 新贸易理论

二、单选题

1. （　　）是导致生产商品的要素密集型特征发生变化的重要原因。

　　A. 技术进步　　　　　　　　B. 资本增加

　　C. 劳动力增长　　　　　　　D. 自然资源变化

2. 按照产品的生命周期理论，创新产品通常是（　　）。

　　A. 技术密集型产品　　　　　B. 劳动密集型产品

　　C. 资本密集型产品　　　　　D. 资源密集型产品

3. 在投资驱动阶段，竞争优势的获得主要来源是（　　）。

　　A. 自然资源要素的优势　　　B. 资本优势

　　C. 劳动力资源的优势　　　　D. 技术优势

4. 在计算产业内贸易指数时，同类产品是按联合国的国际贸易标准分类（SITC）的（　　）来划分的。

　　A. 一位数　　　　　　　　　B. 二位数

　　C. 三位数　　　　　　　　　D. 四位数

5. 新张伯伦模型研究的是（　　）的产业内贸易。

　　A. 标准化产品　　　　　　　B. 同质产品

　　C. 水平差异产品　　　　　　D. 垂直差异产品

三、多选题

1. 产品生命周期理论对国际贸易理论的发展表现在（　　）。

　　A. 生产要素密集性质的动态变化　　B. 贸易国比较利益的动态转移

　　C. 进口需求的动态变化　　　　　　D. 贸易壁垒的存在改变贸易流向

2. 钻石理论认为，（　　）所构成的不同组合是一国在国际贸易中取得成功的关键决定因素。

　　A. 生产要素　　　　　　　　B. 需求因素

　　C. 相关和支持产业　　　　　D. 税收

　　E. 企业战略、组织结构、国内竞争状态

3. 同质产品的产业内贸易大体包括（　　）。

　　A. 大宗原材料的国际贸易

　　B. 转口贸易和再出口贸易活动

　　C. 产量的季节性差别导致的国际贸易

　　D. 由于合作生产和特殊的技术条件，引起了一些完全同质的服务进行了国际贸易

  E. 政府干预造成了国内价格扭曲，而作为以实现利润最大化为目标的企业便从事同时进口和出口的活动

4. 新贸易理论模型中都会考虑的重要假设前提是（　　）。

  A. 基于产品同质性的需求设定

  B. 基于产品差异性的需求设定

  C. 与规模报酬递增相联系的非完全竞争因素

  D. 与规模报酬不变相联系的完全竞争因素

四、简答题

1. 产品生命周期各阶段特点是什么？

2. 产业内贸易与产业间贸易的理论基础有何不同？

五、计算题

给定一国某些行业的进出口数据（见表4.4），请计算该国各行业的产业内贸易指数。

表 4.4　　　　　　　　　　**国某些行业的进出口数据**　　　　　　　　（单位：万美元）

行 业 类 别	向其他国家出口额	从其他国家进口额
新鲜水果	65	54
玩具	56	680
微型面包车	700	200
电影、电视	300	97

❋　课外思考实践题　❋

  1. 根据迈克尔·波特的国家竞争优势理论说明如何提高中国企业在国际市场竞争中的竞争优势。

  2. 茶产业是我国的一个传统优势产业，但是近年来我国茶叶的国际竞争力持续下跌，比较我国与发达国家在茶叶国际竞争力上的差距，利用迈克尔·波特的"钻石"理论，从我国茶叶的要素禀赋、国内需求、相关产业和产业组织等方面，分析我国茶产业在竞争力上形成差距的原因，并提出提高我国茶叶国际竞争力的政策建议。

  3. 在查阅相关资料的基础上，比较德国西门子家电制造与苹果公司 iPhone 手机制造在进行一体化决策时有什么不同？

第五章　贸易保护主义

☞【学习目标】

学习完本章后，你应该能清楚地了解：

（1）贸易保护主义经历的几种形式及其各自的特点；

（2）重商主义的基本思想与内容及其发展阶段；

（3）李斯特幼稚产业保护理论的主要内容；

（4）对外乘数理论与超贸易保护主义的特点；

（5）新贸易保护主义出现并不断发展的原因及其主要表现形式。

现实中不同国家间的利益是有区别的，甚至在某些情况下是相互冲突的。每个经济体都需要关注经济增长、充分就业、收支平衡、国家安全等问题，因此不可能在国际贸易领域放任自流，这就导致了贸易保护主义的出现。国际贸易保护主义的理论与实践经历了重商主义、幼稚产业保护理论、超贸易保护主义和新贸易保护主义这几个阶段。

第一节　重　商　主　义

☞【案例导入】

都铎王朝的重商主义①

都铎王朝（1485—1603）是英国由封建社会向资本主义社会转型的关键时期，其实施重商主义政策，对英国社会及整个世界都产生了极大影响。

在都铎王朝以前，英国经济落后，工商业不发达，国民经济中羊毛和粮食的输出占有重要地位。当时毛纺织业作为英国的支柱工业，虽有所发展，但也远落后于佛兰德尔、尼德兰、佛罗伦萨。为改变这种状况，英国重商主义者认为必须大力发展工商业。都铎王朝的统治者也意识到"使国家富强，使自己显赫的必要条件"就是迅速发展工商业。为此，都铎王朝的历代君主都实行重商主义政策。

首先，都铎王朝扶植、鼓励呢绒制造业发展，以出口呢绒换取货币。都铎王朝的建立者亨利七世（1485—1509）三番五次通过国家法令禁止羊毛特别是优质羊

---

① 本案例改编自英国广播公司 BBC 于 2005 年摄制的纪录片《都铎时代的贡献》（*What the Tudors did for us?*）的脚本译文。

毛的出口，甚至还禁止半制成品呢绒的出口。亨利七世与尼德兰缔结了"大通商"条约，恢复了英国与尼德兰正常的贸易关系，将英国廉价的呢绒等工业品倾销至尼德兰，从而加速了尼德兰呢绒业的衰落，推动了英国呢绒业的大发展，促进了以伦敦-安特卫普为中心的外贸的加强与扩大。到17世纪上半叶，英国每年平均出口呢绒达25万匹，呢绒出口已占全国商品出口总额的90%。

其次，都铎王朝大力发展海外商业，鼓励发展造船业。亨利七世为了扩大远洋贸易，奖励船主建造大船，刺激了英国造船业的发展。到第五代君主伊丽莎白女王统治时期（1558—1603），英国海军终于战胜了西班牙"无敌舰队"，确立了英国的海上霸权，为英国从事海外贸易和殖民掠夺提供了强有力的保障。在纺织业、造船业等行业的带动下，各种金属制造、制革、制皂、染料等行业也以前所未有的速度向前发展，国内市场急剧扩大。海外贸易、殖民掠杀、走私等活动积累的财富一部分也转入工业，加强了英国工业资本的积累。圈地运动又把大量的廉价劳动力抛向工业市场。所有这些都使英国的民族工业获得了惊人的发展，并为18世纪的工业革命创造了资本、技术和劳动力的前提。可以说，都铎王朝卓有成效的重商主义政策是英国资本主义工业化的前奏。

再有，从15世纪的最后30年开始，英国发生了揭开英国农业资本主义革命的圈地运动。英国农村土地所有权发生重大变革，随之而来的还有经营方式和耕作方法的变革。都铎王朝的重商主义政策是引发圈地运动的主要原动力。重商主义政策刺激了毛纺织业突飞猛进的发展，因此对羊毛的需求量激增，造成了羊毛价格节节上扬，养羊一本万利。贵族和乡绅为了追求高额利润，便掀起了全国性的圈地养羊运动，逐渐开始瓦解英国封建农奴制。

最后，重商主义者认为，货币是财富的唯一形态，是衡量国家富裕程度的标准，而对外贸易是国民财富的源泉。在这种思想指导下，都铎王朝的统治者放眼世界，把目光从狭小的海岛移往遥远的海外，把本国经济纳入世界经济范畴，以海外市场为导向，建立起外向型经济模式，积极推动本国经济走向世界，努力开拓世界市场。到17世纪，英国商人的足迹几乎遍及世界各地，空前地突破了封建农本经济的闭塞状态，将英国经济纳入了世界经济运行的轨道。来自海外的金银财富源源不断流入英国，变成资本，极大地推动了英国经济飞速发展，使英国经济迅速壮大，成为世界首富。

其实在16、17世纪，除了英国外，还有很多西欧国家如法国、荷兰、西班牙、葡萄牙等都采取了重商主义政策，以行政立法手段严禁金银外流。外国人来本国进行贸易时，必须将其销售货物所得到的全部款项用于购买本国的货物。这些国家还限制商品进口，对进口商品课以高额关税。此外，他们鼓励商品出口以换取金银，金银一旦流入国内就绝不允许再流出，违者将被处以重罚，甚至可判处死刑。

☞ 思考：

上述的强国富邦不少由重商主义而兴起，却又因重商主义而衰落，而能够从重商主义中脱颖而出，最终成为实力持久的工业强国的只有英国，这又是为什么呢？

一、重商主义的产生及背景

重商主义（mercantilism），也称作"商业本位"，是 15 世纪至 17 世纪欧洲资本原始积累时期代表商业资本利益的经济思想和政策体系，是人类历史上一种极其重要的经济思想，是资产阶级最初的经济学说和最早的贸易保护理论，也是近代经济学的起点。历史上对国际贸易的研究和理论在最早的时候几乎都是出自重商学派的著作。

重商主义指导着当时世界上新兴的资本主义国家对外扩张，倾销产品，掠夺殖民地，为资本主义的原始积累立下了汗马功劳。

☞【知识链接】

重商主义这个名称最初是 1776 年由亚当·斯密在《国富论》中提出来的。亚当·斯密在这本著作中抨击了重商主义，提倡自由贸易和开明经济政策。直到 19 世纪中叶英国才废弃以重商主义哲学为基础的经济政策。

重商主义的产生有其历史条件。重商主义产生于 14 世纪末 15 世纪初，当时欧洲中世纪已经结束，自由主义还未盛行。那时，自给自足的欧洲封建社会慢慢被新兴商业资本主义取代，中世纪逐渐兴起的城市越来越重要。地理大发现和大量金矿的发现极大地刺激了欧洲的商业、航海业和工业，欧洲的贸易逐渐从地中海和大西洋两岸延伸至东方的印度洋、太平洋地区，出现了欧美、欧亚的跨洋贸易，逐渐形成世界市场。进出口商品的种类、数量和贸易额的迅速增加导致了欧洲商业的性质和经营方式发生深刻变革，即商业革命。欧洲商业从专为封建贵族服务转而面向广大居民，出现了商品交易所和垄断殖民地贸易的特许公司。商品经济的发展和商业革命使欧洲大大富裕起来，相应地，贵金属的需求和供应空前增加，产生了早期的银行信贷业务，出现了经过政府批准的各种股份公司和商业机构。

与此同时，欧洲产生了代表新兴政治力量的中央集权制的民族国家，君主统领一切政务，使中央政权监督贸易，设置贸易障碍的能力扩大。民族国家的庞大开支日益需要大量货币，每个国家都建立起自己统一的货币，以适应贸易和工业的需要。为了满足政府聚敛财富的需要，缓和国内货币供求矛盾，这些民族国家开始推行贸易保护，支持商业资本的发展。商业资本在经济上为民族国家服务，它们对内借助国家政权扫除封建割据、统一国内市场，对外实行殖民扩张、拓展海外市场。民族国家则运用各种力量支持商业资本的发展。所以，在商业革命后期，所有的民族国家都把商业抓在自己手里，一些大公司成为政府的特许公司，商业革命的自发自为转变成为国家、政府的中央集权的经济政策。随着政府强化干涉和管理经济事务的制度的建立，重商主义的思想产生了。

二、重商主义的基本思想与内容

重商主义的基本思想大体可以归纳为以下三点。

1. 社会财富的观念

重商主义者一致反对古代社会和中世纪思想家维护自然经济、鄙视货币财富的观点。他们坚持，一切经济活动的目的都是获取金银，一国拥有的贵金属越多，就会越富有、越强大，因为金银以外的一般商品只能满足一种欲望，金银则不然，它虽然也是一种商品，但它能直接换取任何商品。重商主义者把财富与货币混为一谈，认为金银，即货币是衡量财富的唯一标准。

2. 财富源泉的观点

重商主义者认为，生产只是创造财富的先决条件，流通才是财富的真正源泉，利润在流通中产生，是商品转手"贱买贵卖"的结果，因此只有依靠流通领域才能使财富不断增加。对于一国来说，国内贸易，只是货币财富从一部分人手里转移到另一部分人手中，是已经存在的货币积累的循环，对国家来说没有任何的财富增加。可是，国际贸易就不同了，当输出超过输入时，会引起金银的流入。所以，除了开采金银矿外，国际贸易就成了一国增加财富的唯一途径。因此，对外贸易的目的，不在于取得一般的商品，而在于取得金银货币即财富。由于世界资源有限，国与国之间的经济交往是一种零和博弈，即不可能所有贸易参加国同时实现贸易盈余，而任一时点上的金银总量是固定的，所以，一国的获利总是基于其他国家的损失。因此，在对外贸易中要做到出口大于进口，以保证实现贸易盈余。

在当时的金属本位币制度下，一国的贸易盈余意味着贵金属大量流入该国，将有助于缓解该国货币缺口，增加该国财富。

3. 强调国家的作用

重商主义者认为，中央集权国家对经济的干预是国家致富的重要保证。国家要禁止金银输出，增加金银输入。而要得到金银货币这种财富，最好是由政府采取行政措施和立法手段，管制农业、商业和制造业，竭力鼓励出口，限制进口，即"奖出限入"。例如：①国家规定个人不得从事贵金属的出口，对走私贵金属的处以重至死刑的惩处；②发展对外贸易垄断，将对外贸易经营权控制在少数企业手中；③对出口产品实行补贴，对消费品进口采取高关税或配额，保护本国市场。

三、重商主义的发展阶段

重商主义的发展经历了早期重商主义和晚期重商主义两个阶段。

1. 早期重商主义

早期重商主义也称为重金主义、货币主义，产生于15世纪初，持续至16世纪中叶，以货币差额论为中心，强调少买。早期重商主义学说以英国人威廉·斯塔福为代表。

早期重商主义阶段，国家迫切需要增加和贮藏尽量多的货币。所以早期重商主义注意货币的输入输出，规定一切金银只许流入，不许流出，采取的政策主要有：①国家禁止货币出口，由国家垄断全部货币贸易作为保留货币的一种手段；②反对商品输入，尽可能减少进口或不进口，因为一切进口都会减少本国持有的货币，而货币的减少对本国是有害的，对外应该少买或根本不买；③当外国商人来本国进行交易时，必须将其销售货物的全部款项用于购买本国货物或在本国花费掉；④鼓励扩大出口，从国外吸收大量的黄金和白银，增加货币收入，然后再努力将其保持。

2. 晚期重商主义

晚期重商主义又称重工主义，盛行于 16 世纪下半叶到 17 世纪，以贸易差额论为中心，强调多卖。晚期重商主义学说最重要的代表人物是英国的托马斯·孟。

晚期重商主义者已开始认识到必须把货币不断地投入流通，才能使货币财富不断增加。他们极力主张改变禁止货币输出的政策，要求国家允许货币输出，甚至采取有效措施鼓励货币输出，扩大对外国商品的买卖，以获取大量货币财富。为了保证对外贸易顺利进行，获取利润，他们还进一步明确，在对外贸易中，必须保持顺差。

晚期重商主义将管理金银进出口的政策变为管制货物进出口，力图通过奖出限入政策，保证贸易顺差，以达到金银流入的目的，同时支持国家对制造出口商品的工场手工业采取扶植和鼓励发展政策。总体来说，晚期重商主义者虽然认为货币是财富的唯一形态，但他们已开始用资本家的眼光来看待货币。

早期重商主义和晚期重商主义反映了商业资本在不同历史阶段的不同要求。早期重商主义反映的是资本主义发展最初阶段商业资本追求以贮藏形式来积累货币；晚期重商主义者出现在资本主义有了初步发展的时期，意识到货币只有在不断运动中才能带来更多的货币。但无论是早期还是晚期的重商主义者，都把货币看作是财富的唯一形态，都把货币看作是衡量国家富裕程度的标准。

四、对重商主义的评价

1. 重商主义的历史作用

重商主义的产生和发展对于欧洲资本原始积累有十分重要的意义，促进了欧洲商品货币关系和资本主义工场手工业的发展，为资本主义生产方式的成长与确立创造了必要的条件。

重商主义的思想取代了封建概念，提倡民族主义，克服了对商业的歧视，赋予商人尊贵的地位和重要性，用"人"的观点，即用商人的观点来独立地观察和研究经济现象，不再从《圣经》教义出发来寻找答案，从而使经济思想从宗教的枷锁下解放出来。

重商主义考察的对象是一国的财富增长，涉及广泛的社会经济问题，使经济学的研究领域拓宽到一个新的领域，是现代宏观经济学的先导。

重商主义认为财富是货币，而货币只有投入流通才能增值，这是认识到货币具有资本功能。在资本主义关系萌芽和刚产生的时期，重商主义有助于提高人们对资本主义初期的经济状况和商业资本利益的认识。此外，重商主义主张的经济政策在历史上起着一定的进步作用。

2. 重商主义的局限性

由于当时在社会经济中，还不是生产支配流通，而是流通支配生产，因此重商主义者对经济现象的考察只能从流通过程及其独立化为商业资本运动时的表象出发，不能深入探讨经济现象的本质。马克思就曾指出："现代经济的真正科学，是在理论考察由流通过程过渡到生产过程时开始的。"①

---

① 季陶达. 英国古典政治经济学 [M]. 北京：人民出版社，1978：11.

重商主义把货币与真实财富等同起来是错误的。正是基于这样一个错误认识，重商主义才轻率地把高水平的货币积累与供给等同于经济繁荣，并把贸易顺差与金银等贵金属的流入作为其唯一的政策目标。

重商主义把国际贸易看作一种零和游戏的观点显然也是错误的。当代各国认为国际贸易可以实现共赢，无论是斯密的绝对优势理论、李嘉图的比较优势理论还是要素禀赋理论，都认同贸易双方共赢的观点。

☞【本节导入案例解析】

欧洲在重商主义盛行的年代，农业和工业都被不同程度地遏制或鄙视。人们过于关注商业，使得一些国家农业凋敝，一些国家工业停滞不前。重商主义的功能是极尽所能地吸取财富，这种财富却片面地单指贵金属，所以很容易就会产生货币过剩的情况，那么过剩货币的流向就值得关注了。

在资本主义发展早期，由于物质生产部门的引力微弱，作为重商政策实施主体的国家又没有或缺乏近代产业意识，加之货币本身十分活跃的特性，因而过量的货币便会游离于工农业生产领域之外，或循环投向商品流通领域，或成为生息资本，或掷于当时无休止和大规模的战事上，或消耗在上层社会奢侈淫逸的生活上，而不论哪种情况，都只能进一步削弱物质生产部门在经济生活中的地位。

西班牙虽然累积了巨大的财富，但是奢侈淫逸的生活方式让西班牙像一张嘴，把财富吃进来，嚼了嚼，吞进了欧洲的肚子里，除了一些残渣，什么也没留下来。在德国，随着国际粮食市场价格上涨，地主的庄园经济获得很大发展，但由此却导致了17、18世纪"农奴制再版"的历史悲剧。意大利则长期呈现先进的商业与落后的农业、富裕的城市与贫困的农村并存的局面，在城市经济衰败之后，意大利才发觉自己原来还是一个十分落后的农业国家。晚期重商主义者法王路易十四的财政大臣柯尔贝，在法国推行了一整套重商主义的财政经济政策，却严重地损害了法国广大农民的利益，导致农业衰落，再加上战争的巨额开支，法国经济和财政陷入严重危机。路易十四死后，其政策便完全崩溃。

这些国家因重商主义最后走向衰败的最重要原因和根本要害就在于，始终不能把发展物质生产力摆在经济活动的中心，其后果是工业难以充分发展，农业日益落后，国内市场狭窄，工业化历史走向无法形成。

英国也是一个典型的重商主义国家，但较其他国家的区别在于，英国能够最大限度地持续发挥重商主义的积极历史作用，同时又能最大限度地克服重商主义的消极影响。在英国，与重商主义相伴出现的，首先是商品经济向广大农村的不停顿进军。除了依靠圈地运动大力发展毛纺织业外，采矿、炼铁、制皂、造船等乡村工业也都兴起，从而开始了美国学者门德尔斯所谓的"原始工业化"的进程。与此同时，粮食生产也呈现较明显增势。这是因为自14世纪英国农奴制消亡以后，自耕农成为农村基本群众。自耕农拥有一定数量的份地，且货币地租固定，农民的生产条件和生产积极性均获得改善和提高。手中有了余粮的农民成为具有市场意识和一定购买力的市场参与者，农村商品经济因而拥有了广泛的群众基础。晚期重商主义阶段，英国还破除了行会对工业发展的桎梏。所有这些，给英国工商业的发展营造了一个较为宽松的环境，从而使工商业日益繁荣，巩固了资本主义工商业的主导地位。

因此，英国重商主义的成功在于它始终充分重视发展经济，使商业、农业、工业同时并举与相互促进，并逐步形成了以市场（主要是国际市场）为导向、以农业为基础、以工业为主导的经济运行格局。随着商业革命、农业革命和工业革命的相继发生，英国经济实力也相应登上了一个历史性的新台阶。英国经济上的辉煌成就，是经济实践，尤其是大工业实践的巨大胜利。历史证明，一个国家真正富强的根基在于实现工业化。举起工业主义的旗帜，走英国的道路，这就是近代历史在经历长时间的探索后得出的结论。

第二节　幼稚产业保护理论

1760 年，英国率先开始了工业革命，资本主义迅速发展，其产品物美价廉，具有强大的国际竞争力，自由贸易对其较为有利。

然而，美国与德国在 18 世纪末、19 世纪初才开始工业革命，生产力发展落后于英国，英国出口的廉价商品严重威胁着美国与德国民族工业的生存。于是，美德这些后进国家的资产阶级要求保护本国的幼稚工业，其理论上的代表人物是美国著名政治家汉密尔顿和德国经济学家李斯特。

一、汉密尔顿的保护关税理论

汉密尔顿是美国政治家、金融家和美国独立后的首任财政部长。在美国建国初期，汉密尔顿最早洞察到英国正在发生的工业革命的深远意义。1791 年，他向美国国会呈交了《关于制造业的报告》，论证了发展制造业的重要性，提出国家扶持制造业发展的措施。

汉密尔顿认为，美国当时的工业属于幼稚工业，新建立制造业的国家与制造业成熟的国家不可能在平等的条件下竞争，而在落后农业国的生产条件下发展制造业就必须依靠政府或国家的保护扶持。因此，为了维护美国工业的发展就必须采取政府干预和贸易保护政策。汉密尔顿指出，新的工业在它早年相对来说可能效率不高，虽然劳动和管理技术有了发展，市场联系已经建立，但在这个时期糟糕的是来了更有经验的外国生产者低费用的竞争。如果能够有一段时间的关税壁垒来保护一下，把该工业效率提高到可以在免税的基础上与外国同类产品竞争的水平，那么这些幼稚工业就达到了"毕业"的标准，即使脱离政府保护，也能自主发展并逐渐壮大。

汉密尔顿提倡在这段保护时期，美国应采取如下政策：①向私营工业发放政府信用贷款，扶植私营工业的发展，为其提供资金；②以高关税来限制外国工业品的输入，以此对国内新兴工业给予适度的保护；③限制重要原材料出口的同时，免税进口国内发展经济所必需的原材料；④给国内各类工业发放奖励金，不仅要奖励发明人，而且要奖励推荐人，对必需工业品发放津贴；⑤限制改良机器的对外输出；⑥建立联邦检查制度，保证和提高产品质量，防止出售伪劣商品，增强企业竞争力；⑦吸引外国资金，以满足国内工业发展需要；⑧鼓励外国移民迁入，增加国内劳动供给。

《关于制造业的报告》体现了汉密尔顿欲使美国由农业国变成为工业国的强烈愿望。可惜，他的这一报告没有被国会采纳，因为当时美国还没有感受到发展制造业的紧迫性。在1807年禁运法案和第二次独立战争之后，美国终于走上了独立发展资本主义工业的道路，开始了工业革命，《关于制造业的报告》成为美国人热切研究的文件。1816年，美国通过了其历史上第一个真正以保护本国工业为目的而制定的关税法，将不同商品的税率从1798年的5%~15%提高到30%。此后美国又通过了1824年关税法和1828年关税法，进一步强化了对国内工业的保护。到1890年，美国的工业产值超过农业产值，并超过了英国，美国工业跃居世界首位。1900年，美国在世界对外贸易总额中仅次于英国，居世界第2位。美国的工业在高度保护的条件下迅速发展，在20世纪初，美国取代英国成为世界头号工业强国。直到20世纪30年代的经济大萧条之后，美国才放弃了关税保护政策，转向自由贸易。

二、李斯特的幼稚产业保护理论

虽然美国的汉密尔顿最早提出保护幼稚工业，但真正全面阐述并发展幼稚产业保护理论的是19世纪德国经济学家弗里德里希·李斯特。

（一）李斯特幼稚产业保护理论的背景

在李斯特生活的时代，英、法两国先后进行了资产阶级革命和产业革命，德国却仍只是一个农奴制占统治地位的封建国家，农业人口超过总人口的三分之二。当时，德国四分五裂，国内缺乏统一市场，邦国各自为政，各邦国间的贸易壁垒严重制约着德国经济的发展。

增强德国工业同发达国家的抗争力，结束封建割据，建立国内统一市场已经成为当时德国民族资产阶级的主要任务。

当时的德国和英国相比，在工农业各个方面都落后很多，此时如果继续奉行以亚当·斯密为首的经济自由主义，与英国等先进国家实行自由贸易，德国"幼稚"的工业很有可能为势头强劲的英国工业所遏制。在借鉴美国汉密尔顿工业保护思想的基础上，李斯特于1827年发表了《美国政治经济学大纲》，认为，不管是亚当·斯密的绝对优势理论还是大卫·李嘉图的比较优势理论，都显示了明显的贸易利益。可是自由贸易固然有益，但这样的贸易利益不足以作为贸易自由化的依据。因为自由贸易理论是基于静态分析方法，有一个重要的前提，即"统一的世界联盟和持久的和平已经存在"，而这一假设前提是根本错误的，统一世界市场的形成还为时尚早。亚当·斯密是从他所处的已经发达的资本主义经济现实出发，把全面的自由贸易看作是在各个国家之间合理分配劳动和资源的天然制度，显然是在为英国利益代言，完全没有考虑到当时的德国和其他分裂落后国家的利益。

（二）李斯特幼稚产业保护理论的主要内容

李斯特在其著作《政治经济学的国民体系》中，系统提出了以生产力理论和社会发展阶段论为基础，以保护关税制度为核心的幼稚产业保护理论。

1. 生产力理论

李斯特认为，一个国家的发展程度并不完全取决于它所积聚财富的多少，更要考察其生产力发展水平，财富的生产力比财富本身更重要。从短期利益来看，购买外国廉价商品是合算的，但会妨碍本国工业的发展，使之长期处于落后状态。如果采取贸易保护政策，从短期看，消费者的利益会遭受损失，然而，一旦本国生产力得以发展起来，本国生产产品的价格就会下跌，甚至低于进口商品，足以补偿短期遭受的损失，并使已有的和已增加的财富获得保障。

2. 社会发展阶段论

李斯特将一国社会发展的历程分为五个阶段：原始未开化阶段、畜牧阶段、农业阶段、农工业阶段、农工商业阶段。他认为，每个国家应根据其所处的特定发展阶段而采取不同的贸易政策，决定贸易的自由或保护。

当一国各种社会制度还没有获得充分发展时，即处于前三种阶段时，应采取自由贸易政策。如处于农业阶段的国家应实行自由贸易政策，借此来促进农业发展，为该国发展工业打下良好基础。

等到已经具备把自己建设成为工业国的条件和手段，但仍存在着更为先进的工业国的强大竞争时，即在农工业阶段，一国应采用保护主义的贸易政策。原因是，此时该国工业虽有所发展，但发展程度低，国际竞争力差，不足以与来自于农工商业阶段国家的产品相竞争，如若采用自由贸易政策，不但享受不到贸易利益，还会令经济遭受巨大冲击。对于德、美这样的当时处于农工业阶段的国家，如果与处于农工商业阶段的英国进行自由贸易，虽然表面上在短期能够获得贸易利益，但在长期将损害其生产力，制约其创造财富的能力。

当幼稚工业成长起来之后，拥有了与外国资本竞争的足够力量，即处于农工商业阶段时，一国则应采取自由贸易政策，通过与他国工业的竞争，获得最大的贸易利益。

3. 保护关税制度

李斯特认为，应采用保护关税制度来实现贸易保护。在该制度的设计上，应体现以下几点。

（1）有选择性的保护。国家并非要对所有工业都加以保护，而是主要保护"幼稚产业"，即目前尚很弱小，不成熟，经不起国外竞争，但有发展前途，采取适当保护扶植政策可以成长起来的，未来能够获得国际竞争力的产业。对于那些通过保护也不能成长起来的产业则不予保护，对于那些没有强大竞争者的产业也无须保护。

（2）差别关税。以对幼稚产业的保护为出发点，对不同的产业征收不同的关税。比如对与国内幼稚工业相竞争的进口产品征收高关税，同时以免税或低关税的方式来鼓励国内不能自行生产的机械设备的进口。

（3）适时调整。对幼稚产业的保护不是无休止的，而是有期限的，超过了规定的期限，如 10 年，幼稚产业即便没有成长起来，也要解除对它的保护。一旦生产力发展水平赶上国际先进水平，就不必再保护下去。

（三）李斯特幼稚产业保护理论在德国的实践

李斯特的学说发表后在德国引起强烈震动，很快为关税同盟以及工商人士所接受，极大地推动了德国 19 世纪下半叶关税保护运动的开展。

在德国新兴资产阶级的迫切要求下，1834 年，普鲁士政府出面联合了 18 个相邻的邦国，建立起德意志关税同盟，宣布了废除内地关税、同盟各邦国之间的贸易免税、制定统一的对外关税政策等措施，为国内统一市场的形成和德国的政治统一奠定了基础。

19 世纪 70 年代以后，德国新兴资产阶级为避免外国工业品的竞争，使民族工业能充分发展，不断要求政府实施贸易保护。1879 年，俾斯麦政府改革关税，对钢铁、纺织品、化学品、谷物等征收进口关税，并不断提高关税率。1898 年，德国议会又通过修正关税法，使德国成为当时欧洲实行高度贸易保护政策的国家之一。德国也实行了对机器和工业原料减免关税的政策，使德国的大工业和交通运输业发展起来。

三、幼稚产业的特点与选择标准

（一）幼稚产业的特点

幼稚产业（infant industry）是一国的欠发达产业，其落后地位源于在发展初期与其他国家同一产业相比，存在要素资源禀赋或生产经验积累等方面的不利因素，而且其生产具有显著的动态规模经济特征。幼稚产业的特点可以总结为：

第一，这种产业是该国尚未发展成熟的新兴产业，暂时还没有能力同国外较发达的同类产业竞争，且该产业具有发展潜力；

第二，该产业具有较大的产业关联度，即该产业和国内很多相关产业的发展息息相关，对相关产业的发展有正的外部效应，这一特征为幼稚产业的保护提供了必要性；

第三，该产业在现阶段缺乏推动其发展的资金实力。

（二）幼稚产业选择标准

在经济史上，很多学者提出了各种各样的幼稚产业选择标准，目前国际上最具有代表性的为以下三种。

1. 穆勒标准

英国经济学家穆勒于 1848 年就提出，幼稚产业是指那些具有规模经济的产业。当国内某个产业由于缺乏技术方面的经验而表现出生产效率低下、产业规模小、生产成本高等特征时，如果还任由其参与国际自由竞争，必然会导致该产业亏损。如果在政府给予一段时间的保护后，该产业能够降低其生产成本、提高其生产效率并逐步实现规模经济，在自由贸易条件下不仅能够存活下去并能取得利润，那么该产业可以作为幼稚产业来加以扶植。

2. 巴斯塔布尔标准

英国经济学家巴斯塔布尔（1903）[1] 认为，受保护的产业在一定的保护期后应能

---

① C. F. Bastable. The theory of international trade［M］. 4th ed. London：Macmillan，1903：140.

够成长自立，并且为了保护幼稚产业所需要耗费的社会成本不能超过该产业未来利润的贴现总值。根据该标准，判断一种产业是否属于幼稚产业，不光要看它将来是否具有成本优势，还要看为其所支付的保护成本是否小于该产业未来所能获得的预期利润的贴现值。如果未来预期利润的贴现值小于现期投入的保护成本，那么对该产业进行保护将得不偿失。由此可见，巴斯塔布尔标准比穆勒标准严苛。

3. 肯普标准

第二次世界大战后，美国经济学家肯普（1960）① 提出了肯普标准。与前两个标准强调内部规模经济不同，肯普认为应该将产业的外部经济效应考虑在内，因为符合前两个标准的产业，未必能被列为幼稚产业，而政府对其进行保护不见得正确。当某一产业未来各期的预期收益贴现大于目前的损失时，在没有政府保护的情况下即使会出现暂时亏损，理智的投资者或厂商为了自身的经济利益也会继续生产或投资。但如果某一新兴产业具有很强的外部性，其私人边际收益与社会边际收益之间可能出现偏离，先行企业考虑到最终无法获得超额利润来弥补学习期间付出的代价而不愿投资，产业继续发展下去也是不可能的了。如果某一产业能够产生正的外部经济效应，那么该产业的发展就会对其他产业或社会带来额外的好处。肯普认为，存在正外部性的产业即使不符合巴斯塔布尔标准，政府的保护也是必要的。

四、幼稚产业保护理论的现实意义

李斯特的贸易保护理论在当代并未失去其理论框架的有效性，这体现在以下四点。

第一，目前的世界与李斯特时代一样，仍主要为各主权国家所分割，虽然出现了超越国家层次的经济组织，如欧盟，但国家间利益的差异依然如故。

第二，对于一些落后国家来说，工业化发展依然是其致力追求却困难重重的目标。除了一些新兴工业化经济体，许多发展中国家的产业发展水平与发达国家之间的差距不仅总体上未能有明显缩小，而且在一些局部，呈现出扩大的趋势。

第三，在更加激烈的国际竞争和更加复杂的经济事务面前，国家或政府的干预作用显得更加重要。

第四，需要保护的原因并没有消失，保护主义更为系统化。原因是：幼稚工业仍需成长、国际收支仍要平衡、贸易条件仍求改善、政府收入仍望增加、国际竞争仍很激烈，而且就业维持这一因素还比以往更加突出。就目前贸易发展状况来看，李斯特的贸易保护理论尤其对经济不发达国家有重大参考价值。该理论的保护对象以将来有前途的幼稚工业为限，对国际分工和自由贸易的利益也予以承认，保护贸易为过渡时期，而以自由贸易为最后目的，其保护也是有限度的。第二次世界大战后至今，该理论仍为许多发展中国家所借鉴。世界贸易组织的规则也允许不发达国家在某些情况下采取进口配额和出口补贴等措施促进本国幼稚工业的发展。

---

① M. C. Kemp. The mill-bastable infant-industry dogma [J]. Journal of Political Economy, 1960, 68 (1): 65-67.

第三节 超贸易保护主义

一、超贸易保护主义的提出

超贸易保护主义是凯恩斯及其追随者在 20 世纪 30 年代提出的贸易保护思想。

凯恩斯生活的时代，世界经济制度发生了巨大变化。资本主义经济以垄断代替了自由竞争，科技迅速发展，竞争空前激烈，市场矛盾激化。尤其是 1929—1933 年世界爆发空前严重的经济危机，各国失业现象严重，世界市场问题进一步尖锐化，各国相继放弃自由贸易政策，改为奉行保护贸易政策，强化了国家政权对经济的干预作用。在这种背景下，凯恩斯的经济立场也发生了改变，由原来的支持自由贸易转为赞同贸易保护，并积极为其提供理论依据。1936 年，凯恩斯出版了他的代表作《就业、利息和货币通论》。在书中他对自由贸易理论展开了批评，推崇重商主义，认为重商主义的保护贸易政策确实能够保证经济繁荣，扩大就业，并以有效需求不足为基础，以边际消费倾向、边际资本效率和灵活偏好三个所谓心理规律为核心，以国家干预为政策基点，创立了保护国内就业的新学说。因此，凯恩斯主义也被称为"新重商主义"。

凯恩斯的追随者们对凯恩斯的理论加以充实和扩展，形成了凯恩斯主义的贸易保护思想，即超贸易保护主义。

二、超贸易保护主义的理论基础——对外贸易乘数理论

超贸易保护主义思想的核心是对外贸易乘数理论。

凯恩斯最早在 1924 年提出了乘数思想。乘数概念则是由凯恩斯的学生卡恩（1931）① 在《国内投资与失业的关系》一文中首先提出来的。按照卡恩的就业乘数，当净投资增加时，总就业增量将是初始就业增量的一个倍数。凯恩斯（1936）接受了卡恩的乘数概念，提出了投资乘数。凯恩斯认为投资的增加对国民收入的影响有乘数作用，即增加投资所导致的国民收入的增加是投资增加的若干倍。之所以会这样，是因为新增投资引起对生产资料的需求增加，从而引起从事生产资料生产的人们的收入增加。收入增加又引起消费品需求的增加，从而导致从事消费品生产的人们收入的增加。如此推演下去，结果是国民收入的增加等于投资增加的若干倍。

凯恩斯的追随者哈罗德（1933）② 等人把乘数理论引入对外贸易领域，分析了对外贸易与增加就业、提高国民收入的倍数关系，提出了对外贸易乘数理论。该理论认为，一国的出口和国内投资一样，属于"注入"，对就业和国民收入有倍增作用；而一国的进口，则与国内储蓄一样，属于"漏出"，对就业和国民收入有倍减效应。当商品劳务输出时，

---

① R. F. Kahn. The relation of home investment to unemployment［J］. The Economic Journal，1931，41（162）：173-198.

② R. Harrod. International economics［M］. Cambridge：Cambridge University Press，1933.

从国外获得货币收入，会使出口产业部门收入增加，消费也随之增加，从而引起其他产业部门生产增加、就业增多、收入增加。如此反复下去，收入增加将为出口增加的若干倍。当商品劳务输入时，向国外支付货币，使收入减少，消费随之下降，国内生产缩减。因此，只有当对外贸易为顺差时，才能增加一国就业量，提高国民收入。

三、超贸易保护主义的主要思想与政策主张

超贸易保护主义的主要思想及其政策主张可以归结为以下三点。

1. 认为古典学派的国际贸易理论已经过时，反对自由贸易

古典自由贸易理论假定国内是充分就业的，国家间贸易以出口抵偿进口，进出口能够平衡。偶尔出现差额，也会由于黄金的移动和由此产生的物价变动而得到调整，进出口复位于平衡。

凯恩斯主义认为，古典学派的贸易理论已经过时了。首先，他们的理论前提条件之一充分就业事实上并不存在，现实社会存在着大量的失业现象。其次，传统理论只用国际收支自动调节机制来证明贸易顺差、逆差的最终均衡过程，忽视了其在调节过程中对一国国民收入和就业的影响，这是不对的。

2. 贸易顺差有益，贸易逆差有害

凯恩斯主义认为，总投资包括国内投资和国外投资，国内投资额由资本边际收益和利息率决定，国外投资量则由贸易顺差大小决定。贸易顺差可为一国带来黄金，也可扩大支付手段、压低利息率、刺激物价上涨、扩大投资，这有利于缓和国内危机与扩大就业。贸易逆差则会造成黄金外流，使物价下降，导致国内经济趋于萧条，失业人数增加。

3. 国家要干预外贸活动，以扩大有效需求和就业

凯恩斯主义的拥护者们以提高有效需求为借口，极力提倡国家干预对外贸易活动，大力推动出口，抑制进口，保持外贸顺差，采用包括财政政策、货币金融政策、收入分配政策以及对外经济政策在内的一系列宏观经济管理和调节措施来干预经济，以增加有效需求，扩大就业。

四、超贸易保护主义的特点

19世纪末至第二次世界大战前，发达资本主义国家为了帮助垄断资本扩大国际市场份额，输出过剩产能，转嫁经济危机，实施了超贸易保护政策。这种政策具有如下特点。

（1）保护的对象扩大了。超贸易保护政策不但保护幼稚工业，更多的是保护国内高度发展或出现衰落的垄断工业。

（2）保护的目的变了。超贸易保护政策不再是培养自由竞争的能力，而是巩固和加强对国内外市场的垄断。

（3）保护具有侵略性和扩张性。以前的贸易保护主义是防御性地限制进口以保护国内市场，超贸易保护政策是要在垄断国内市场的基础上进攻性地夺取国外市场以实现经济扩张。

（4）保护的阶级利益从一般的工业资产阶级转向大垄断资产阶级。

（5）保护措施多样化。保护的措施不仅有提高关税壁垒，还有各种各样"奖出限入"的非关税措施，如增加课税种类，对进出口贸易实行更严厉的许可证制度及外汇管制，禁止或限制外国产品进口，对本国商品出口采取退税、补贴、低息贷款、出口担保、关税减免等措施。

（6）组成货币集团，划分世界市场。1931年，英国放弃了金本位，引起了统一的世界货币体系的瓦解，主要帝国主义国家各自组成了排他性的相互对立的货币集团。1931年之后，资本主义世界存在英镑集团、美元集团、法郎集团、德国双边清算集团和日元集团等货币集团。

五、对超贸易保护主义的评价

超贸易保护主义的思想，尤其是其中的对外贸易乘数理论，是对传统自由贸易理论假定各国总处于贸易平衡状态的修正，在一定程度上揭示了对外贸易与国民经济发展之间的内在规律性，因而具有重要的现实意义，对于认清国民经济体系的运行规律，制定切实有效的宏观经济政策也有一定的理论指导意义。

超贸易保护主义也存在很大的局限性。

首先，对外贸易乘数要在一国发挥作用是有前提条件的，即该国存在闲置资源和非充分就业。该国如果资源稀缺，则会限制其国民收入的下一轮增长。此外，如果该国国内已经处在充分就业状态，这时出口继续增加意味着总需求的进一步增加，将出现过度需求，引起通货膨胀。其次，对外贸易乘数的作用只有在世界总进口值增加的条件下才能发挥出来，即只有世界总进口值增加，一国才能连续扩大出口，并通过出口来增加本国国民收入和国内就业。最后，不可否认的是，对外贸易顺差在一定条件下可以增加国民收入、增加就业。但如果为了追求贸易顺差，不加节制地实行"奖出限入"政策，势必导致关税、非关税壁垒盛行，使贸易障碍增多，引发各种贸易战，从而阻碍整个国际贸易的发展，对各国和世界经济都有害无益。

第四节　新贸易保护主义

第二次世界大战结束以来，在世界贸易组织（WTO）等国际组织的努力推动下，国际贸易自由化的大趋势已经形成。但在各国经济交往日益频繁、国际贸易规模不断扩大的同时，贸易保护主义却没有失去市场，且花样翻新。以技术性贸易壁垒、知识产权壁垒、反倾销、反补贴、特别保障措施等为主要表现形式的新贸易保护主义在20世纪七八十年代开始出现并快速发展，并在90年代和新千年有了进一步演变，在2008年国际金融危机爆发后则加速发展，愈演愈烈。

一、新贸易保护主义出现与发展的原因

新贸易保护主义一般是指第二次世界大战以来产生于西方发达国家并延续至今的各种贸易保护思想、理论及政策措施。新贸易保护主义的出现并不断发展既有多边贸易体制的原因，也有国际贸易理论发展和社会理念变化的推动，而各国经济发展不平衡是其

出现和发展的深层原因。

（一）多边贸易自由化体制的约束是其出现的诱因和催化剂

第二次世界大战结束后，关贸总协定（GATT）和世界贸易组织（WTO）建立多边贸易自由化体制，使各种贸易壁垒尤其是关税壁垒有了很大程度的下降，国际贸易的自由化程度不断提高。与此同时，新贸易保护主义也从无到有，并随着贸易自由化的深入而不断发展。这个过程恰好与贸易自由化体制建立和不断完善的过程相重合。可以说，不断加强的多边贸易自由化体制约束成为新贸易保护主义出现并发展的诱因之一。为了促进多边贸易自由化体制的建立，关贸总协定和世界贸易组织要求各成员国必须大幅度削减关税和非关税壁垒，明确提出国际贸易中禁止使用数量限制，并且要求在降低关税和削减非关税壁垒后，一般情况下不能单方面再提高或重新设置。由于关贸总协定和世界贸易组织的协议具有强制性，各成员国都必须遵守，用于保护国内市场的传统手段受到了限制。但是各国并没有放弃对国内市场的保护，为了能在日益严格的体制约束下保护国内市场，各国尤其是发达国家开始寻求新的贸易保护措施和手段，从而使得新贸易保护主义开始出现。

由于在经济利益上存在较大差异，各成员国针对多边贸易自由化体制设计方面有着不同的诉求，世界贸易组织的各项协议都是各国利益相互妥协的产物，因此多边贸易自由化体制并非十分严格，存在一些缺陷，而这些缺陷为新贸易保护主义提供了发展空间。为了获得更多成员国的支持，世界贸易组织的很多协议都设有例外条款，如为了防止国际收支出现较大困难，各成员国可以临时进行数量限制或者进口义务豁免等。这些条款只是为了起到缓冲器的作用，却常被用作贸易保护的法律依据。由于成员国间存在较大差异，世界贸易组织并没有要求对等开放，还给予发展中国家一定的优惠安排。但在协议的签订和执行过程中，发达国家却常常打着"公平贸易"的幌子，频繁地使用反倾销、反补贴和保障措施对发展中国家的出口进行打击，世界贸易组织设计出的缓冲性措施被滥用成了新贸易保护主义的进攻工具。世界贸易组织规则允许各国根据自身特点制定不同技术标准，从而为发达国家通过构筑技术性贸易壁垒限制进口提供了便利。

（二）理论的创新为其出现和发展提供了思想基础

第二次世界大战结束以来，国际贸易理论取得了新发展，经济学家们从不完全竞争、规模经济、区域集团化等新的角度来分析国际贸易保护的必要性，从而推出了战略性贸易政策、地区经济主义等一批新的贸易理论。另外，随着人们对经济增长、环境、资源等因素之间关系的重视，一些新的思想观念开始形成。这些都为新贸易保护主义的出现和发展提供了一定的思想基础。

1. 战略性贸易政策理论

战略性贸易政策是指一国政府在不完全竞争和规模经济的条件下，利用生产补贴、出口补贴以及保护国内市场的各种措施来扶植本国战略性产业的成长，增强其在国际市场的竞争力，占领他国市场，获取规模报酬和垄断利润的贸易政策。战略性贸易政策理论是新贸易理论的延伸，之所以冠上"战略"二字，是因为政府在制定贸易政策时会把对手国的反应考虑在内。

战略性贸易政策理论提出的背景是 20 世纪 80 年代的美国。一方面，当时美国的国际经济地位出现了变化。1960—1980 年，美国制造业中进出口的份额增加了一倍以上。在 1960 年，美国制造业厂商基本上是面对本国消费者销售并与本国厂商竞争，出口通常是次要的活动，并且面临外国竞争的压力很小。而到了 80 年代，大多数厂商要么严重依赖出口销售，要么在国内市场上遇到外国竞争者的有力竞争，贸易的重要性日益提高。为维护本国企业的利益，美国政府着手干预贸易。另一方面，当时在美国以克鲁格曼为首的经济学家们将产业组织理论应用于国际贸易分析，产生了以规模经济和不完全竞争为前提的新贸易理论。他们一致认为：在不完全竞争条件下，通过限制进口促进出口，可以提高国内企业的赢利能力，获得超额利润，从而增加本国的国民收入，而战略性贸易政策就是使本国尽可能地获得这个超额利润，因此自由贸易并不是最优的。实行贸易保护由此在经济理论上得到了支持。战略性贸易政策理论主要包括以下内容。

第一，确定最优补贴，帮助本国厂商夺取市场份额。这种论点认为，向在第三国市场上同外国竞争者进行古诺双头博弈的本国厂商提供补贴，可以帮助本国厂商扩大国际市场份额，提高本国国民福利。这是因为，补贴可以降低本国厂商的边际成本和平均成本，使厂商有更高的反应曲线，获得更大的国际市场份额。

第二，帮助企业形成规模经济。在国际竞争的行业中存在规模经济，因此，政府可帮助本国企业首先得到低成本所需要的规模，从而就能以低成本优势去占领更多市场，在竞争中赢得主动，并最终增加本国的国民收入和国民福利。存在规模经济的行业会随着时间的推移提高进入门槛，因此国家的保护或补贴就会使本国企业"先行一步"，其成本方面的优势是后进入者所不能比拟的。

第三，谋求外部效应。在一些高科技行业，正的外部经济效应显著，私人厂商不完全占有其研究与开发成果的收益，会造成这些行业的私人投资不足、实际产出低于社会最优产出水平。但这些行业一旦成长为战略性支柱产业，其创造的知识、技术和创新产品将对全社会的科技进步与经济增长起到不可估量的推动作用。另外，高技术先行企业在创建新兴产业的过程中，面临巨额研发支出，承担巨大投资风险，而其知识贡献无偿地外溢到别的厂商，这些企业的私人成本与社会成本、私人效益与社会效益相偏离，知识产权法并不能完全克服这种偏离，这就需要政府出面矫正市场失灵。针对以上情况，政府产业政策和贸易干预的要旨就在于将那些颇具潜在竞争优势且有深远外部影响的高技术产业列为目标产业，进行适当的扶持和保护，以便从国家战略利益出发，在宏观范围内追寻和谋求可观的外部经济利益。

2. 地区经济主义新贸易保护论

该理论由英国学者蒂姆和科林（1994）① 提出。两人声称，他们主张的地区经济主义旨在减少国际贸易和对整个经济的重新定位及使其多样化，让它朝着地区或国家内生产的最大化方面发展，然后以周边地区为依赖对象，并且只把全球贸易作为最后的选择。

该理论认为，自由贸易存在着固有缺陷，实行自由贸易政策只会带来过度的竞争、失业的增加和资源的过度开采。因此，要实现经济公平和环境的持续协调发展，就必须

---

① Lang Tim, Hines Colin. The new protectionism ［M］. London：Earthscan Publication Ltd., 1994.

加强地区间的经济合作,实行地区性贸易保护。地区间的经济合作应优先于全球范围的自由贸易。为使地区经济优先发展,实现贸易平衡和保护世界环境,一国需要根据预期的出口量控制进口量并使两者严格平衡,制定高标准的进出口规则,同时将一国的贸易保护演变为区域性贸易保护。在区域范围内,国家之间仍实行自由贸易,而对区域外的国家则实行共同的关税壁垒。

3. 环境优先新贸易保护论

近20年来全球工业化加速,致使生态平衡遭到破坏,人类生存环境日趋恶化。国际社会对环境问题以及全球经济可持续发展问题的关注和重视导致诸多国际公约的产生。各国政府也相继制定了一系列法律、法规和政策措施,希望通过对自由贸易政策的干预,实现保护自然、改善生态环境的目的。在此背景下,环境优先新贸易保护论产生了,它主要表现为借保护环境之名来限制商品进口。其主要论点是:由于生态系统面临巨大威胁,在国际贸易中应该优先考虑环境保护,减少污染产品的生产与销售;为了保护环境,任何国家都可以采取保护措施,限制对环境产生威胁的产品的进口;企业要将保护环境所耗费的成本计入产品价格,即环境成本内在化。实践中,进口国主要采用以技术壁垒和环境壁垒为核心的非关税壁垒措施,以保护环境,保护人类、动植物的生命健康安全为名,行贸易保护之实。

除了上述的理论,新福利经济学、国际劳动力价格均等化理论分别从保护本国福利增加和减少劳动力价格下降等角度阐述了实行贸易保护的必要性。

(三) 各国经济发展不平衡是其出现并发展的深层原因

新贸易保护主义的出现和发展与各国间经济发展不平衡密切相关。第二次世界大战结束后的70年间,世界经济的发展既有20世纪五六十年代的黄金时期,也有七八十年代的低谷时期。由于各国经济发展速度存在较大差异,各国经济实力对比发生了很大变化。

首先,发达国家之间的经济发展不平衡。从20世纪70年代开始,日本、德国经济崛起改变了美国经济独霸世界的格局。在与欧洲、日本的竞争中,美国日益处于不利地位。为了应对日、德等国的竞争,新贸易保护主义开始在美国出现。鉴于国家间经济相互依存度的不断提高,一国贸易保护政策的实施势必产生连锁反应,引起其他国家毅然决然的效仿和报复,致使新贸易保护主义得以迅速蔓延,形成普遍的贸易保护倾向。

其次,从20世纪90年代开始,由于新兴工业化国家及一些发展中国家经济持续增长,出口贸易发展迅速,对西方国家的同类产品形成竞争压力。尽管这些发展中大国出口的高速增长并未彻底改变国际贸易不平衡增长的局面,但其出口实力的增强对国际贸易格局产生了不可忽视的影响。发展中大国大量低价工业品进入欧美市场,对发达国家国内的相关产业造成了冲击。为缓解由此形成的贸易逆差和各种国内矛盾,发达国家利用其政治经济强权,加强了对这些发展中出口国的贸易制裁。同时,由于这些发展中大国的产品结构和市场结构相近,彼此之间竞争十分激烈。近年来,这些发展中出口大国之间的贸易纠纷已成为国际贸易摩擦的重要内容。

二、新贸易保护主义的特征

与传统的贸易保护主义相比，新贸易保护主义具有以下特征。

1. 具有新的保护动机

以往的贸易保护主义，贸易保护的动机往往是防守性的，国家设置各种贸易壁垒限制进口，为本国幼稚产业提供发展空间，从而提高本国产业的竞争力。新贸易保护主义的贸易保护的动机是进攻性的，国家设置各种保护措施主要是为了削弱对方产品的竞争力或者限制对方企业的进入。

2. 具有更大的保护范围

以往的贸易保护主义重点保护的是农业、幼稚产业，或者是已经处于衰退期但与国内就业密切相关的行业，如发达国家的钢铁业、纺织业等。新贸易保护主义除了坚持对以上产业的保护，还扩大到了新兴服务业、高科技产业以及知识产权等领域。

3. 具有更大的隐蔽性和欺骗性

新贸易保护主义主要采用非关税壁垒。20 世纪七八十年代的新贸易保护主义还带有"以邻为壑"的特点，但到了 20 世纪 90 年代，明显性的非关税措施如进口许可证制、自动出口配额、出口补贴和进口配额等受到世贸组织越来越严的规则约束，隐蔽性的壁垒措施如技术标准、质量认证、检验程序、环境保护与国民健康标准等成为最佳选择。

4. 实施主体具有全球性和区域性

区域经济一体化的发展是对多边贸易体系的补充，使区域内贸易伙伴间的贸易壁垒大幅降低，同时也在一定程度上削弱了多边贸易体系的作用，导致区域外的贸易伙伴面临新的贸易壁垒，这实际上也是一种贸易保护。

5. 从单边保护转向多边贸易体系下的合法性保护

世贸组织成立后，传统的贸易保护做法如关税、配额、许可证等手段已受到世贸组织规则的限制，作用日益弱化。发达国家在单方面保护自身利益的同时，为了不丧失国际多边体系带来的利益，在政策手段上不得不考虑国际影响。从世贸组织规则中寻求保护措施成为新贸易保护主义的新策略，因此，反倾销、反补贴和保障措施等世贸组织允许的贸易救济方式成为当今各国主要的贸易保护措施。世贸组织允许其成员对遭受的"不公平贸易"实施救济，上述措施符合世贸组织规则，对方国家难以找到报复借口，不易引起大规模贸易摩擦，因而成为当今某些国家频繁使用乃至滥用的重要手段。

❋　本章小结　❋

国际贸易保护的理论与实践主要经历了重商主义、幼稚产业保护理论、超贸易保护主义和新贸易保护主义这几个阶段。

重商主义是 15 世纪至 17 世纪欧洲资本原始积累时期代表商业资本利益的经济思想和政策体系。重商主义经历了早期重商主义和晚期重商主义两个阶段。无论早期还是晚期的重商主义都把货币看作是财富的唯一形态和衡量国家富裕程度的标准。重商主义认为国与国之间的经济交往是一种零和博弈，一国的获利总是基于其他国家的损失，因此在对外贸易中要做到出口大于进口。

美国的汉密尔顿在 18 世纪末提出了保护关税理论，在此基础上，德国的李斯特提出了幼稚产业保护理论。李斯特认为，一个国家的发展程度并不完全取决于它所积聚财富的多少，更要考察其生产力发展水平。李斯特将一国社会发展的历程分为五个阶段：原始未开化阶段、畜牧阶段、农业阶段、农工业阶段、农工商业阶段，每个国家应根据其所处的特定发展阶段而采取不同的贸易政策，决定贸易的自由或保护。

超贸易保护主义是凯恩斯及其追随者在 20 世纪 30 年代提出的贸易保护思想，其核心是对外贸易乘数理论。超贸易保护主义反对自由贸易，认为贸易顺差有益，贸易逆差有害，国家要干预外贸活动，以扩大有效需求和就业。

新贸易保护主义是指第二次世界大战以来产生于西方发达国家并延续至今的各种贸易保护理论及其政策措施。新贸易保护主义出现并不断发展既有多边贸易体制的原因，也有国际贸易理论发展和社会理念变化的推动，而各国经济发展不平衡是其出现和发展的深层原因。

❋ 练 习 题 ❋

一、名词解释

重商主义　保护关税理论　生产力理论　幼稚产业　对外贸易乘数理论　战略性贸易政策

二、单选题

1.（　　）是 15 世纪至 17 世纪欧洲资本原始积累时期代表商业资本利益的经济思想和政策体系。

　　A. 新贸易保护主义　　　　　　　B. 重商主义
　　C. 幼稚产业保护理论　　　　　　D. 超贸易保护主义

2. 重商主义分为早期和晚期，早期以（　　）论为中心，其代表人物是（　　）。

　　A. 贸易差额　斯塔福　　　　　　B. 贸易差额　托马斯·孟
　　C. 货币差额　托马斯·孟　　　　D. 货币差额　斯塔福

3. 晚期重商主义又称为（　　）。

　　A. 重金主义　　B. 货币主义　　C. 重工主义　　D. 货币差额论

4. 李斯特认为，当一国幼稚工业成长起来，拥有与外国资本竞争的足够力量时，即处于（　　）阶段时，应采取自由贸易政策，通过与他国工业的竞争，获得最大的贸易利益。

　　A. 农工商业　　B. 农业　　　C. 农工业　　D. 畜牧

5. 凯恩斯主义认为，（　　）可为一国带来黄金，也可扩大支付手段，压低利息率，刺激物价上涨，扩大投资，这有利于缓和国内危机与扩大就业率。

　　A. 贸易平衡　　B. 贸易逆差　　C. 贸易顺差　　D. 贸易赤字

6. 超贸易保护主义思想的核心是（　　）。

  A. 投资乘数理论   B. 对外贸易乘数理论

  C. 战略性贸易政策理论   D. 幼稚产业保护理论

7. ( ) 是新贸易保护主义出现并发展的深层原因。

  A. 贸易理论的创新   B. 多边贸易自由化体制的约束

  C. 各国经济发展不平衡   D. 环境保护的要求

三、简答题

1. 简述重商主义的基本思想。

2. 早期重商主义和晚期重商主义有哪些异同？

3. 重商主义有哪些局限性？

4. 简述李斯特的社会发展阶段论。

5. 李斯特认为保护关税制度设计应体现哪几点？

6. 简述超贸易保护主义的主要思想及其政策主张。

7. 超贸易保护政策的特点是什么？

8. 新贸易保护主义有哪些特征？

❈　课外思考实践题　❈

  1. 你认为战略性贸易政策在中国适用吗？中国应该选取哪些产业来实践战略性贸易政策？

  2. 你认为特朗普政府的贸易保护政策对世界尤其是我国产生了什么影响？你认为我们应采取哪些措施应对这些挑战？

第六章　国际贸易政策

☞【学习目标】

学习完本章后，你应该能清楚地知道：

（1）国际贸易政策的含义、构成、类型和影响因素；

（2）不同历史阶段国际贸易政策的特点；

（3）关税的含义、特征、作用和种类；

（4）关税水平的计算方法及关税保护程度的衡量方法；

（5）非关税措施的含义、特征与作用，并掌握联合国贸易与发展会议对非关税措施的分类；

（6）三类技术性措施——技术性贸易壁垒、卫生与植物卫生措施、装船前检验和其他手续的含义；

（7）各种非技术性措施的含义及分类；

（8）与出口有关的非关税措施的种类。

第一节　国际贸易政策概述

☞【案例导入】

"一带一路"倡议

2013年，习近平主席出访中亚和东南亚时，提出共同建设"丝绸之路经济带"和"21世纪海上丝绸之路"，简称"一带一路"（The Belt and Road）的合作倡议。

"一带一路"倡议旨在借用古代丝绸之路的历史符号，充分依靠中国与有关国家既有的双多边机制和行之有效的区域合作平台，高举和平发展的旗帜，积极发展与沿线国家的经济合作伙伴关系，共同打造政治互信、经济融合、文化包容的利益共同体、命运共同体和责任共同体。

2015年3月28日，国家发展改革委、外交部、商务部联合发布的《推动共建丝绸之路经济带和21世纪海上丝绸之路的愿景与行动》指出："一带一路"建设是一项系统工程，要坚持共商、共建、共享原则，积极推进与沿线国家发展战略的相互对接；共建"一带一路"致力于亚欧非大陆及附近海洋的互联互通，建立和加强沿线各国互联互通伙伴关系，构建全方位、多层次、复合型的互联互通网络，实现沿线各国多元、自主、平衡、可持续的发展；"一带一路"的互联互通项目将推动沿线各国发展战略的对接与耦合，发掘区域内市场的潜力，促进投资和消费，创造需求和就业，增进沿线各国人民的人文交流与文明互鉴。因此，"一带一路"的合作重点是"五通"，即政策沟通，设施联通，贸易畅通，资金融通，民心相通。加强政策沟通是"一带一路"建设的重要保障；基础设施互联互通是"一带一路"建设的优先领域；投资贸易合作是"一带一路"建设的重点内容；资金融通是"一带一路"建设的重要支撑；民心相通是"一带一路"建设的社会根基。

"一带一路"倡议被提出五年来，得到了全球的积极响应和参与。经过五年的实践，"一带一路"建设从理念、愿景转化为现实行动，取得了重大进展。

一是增进战略互信，凝聚国际共识。共建"一带一路"倡议和共商共建共享的核心理念已经写入联合国等重要国际机制成果文件，已有103个国家和国际组织同中国签署118份"一带一路"方面的合作协议。2017年，首届"一带一路"国际合作高峰论坛在北京成功举办，29个国家的元首和政府首脑出席，140多个国家和80多个国际组织的1600多名代表参会。

二是狠抓合作项目，形成示范效应。中国聚焦"六廊六路多国多港"主骨架，推动了一批合作项目取得实质性进展。中巴经济走廊建设进展顺利，中老铁路、中泰铁路、匈塞铁路建设稳步推进，雅万高铁部分路段已经开工建设，瓜达尔港已具备全作业能力。截至2018年8月26日，中欧班列累计开行数量突破1万列，到达欧洲15个国家43个城市，已达到"去三回二"，重箱率达85%。

三是促进合作共赢，实现共同发展。截至2018年6月，中国与沿线国家货物贸易累计超过5万亿美元，对外直接投资超过700亿美元，在沿线国家建设的境外经贸合作区总投资200多亿美元，创造就业数十万个，给当地创造税收几十亿美元。目前，中国企业已经与发达国家的企业，包括一些大型跨国公司，探索开展"一带一路"建设领域第三方市场合作。

四是完善服务体系，强化金融支撑。中国与17个国家核准《"一带一路"融资指导原则》，加快推进金融机构海外布局。11家中资银行设立71家一级机构。中国与非洲开发银行、泛美开发银行、欧洲复兴开发银行等多边开发银行开展联合融资合作，还加强法律风险防控，启动建立"一带一路"国际商事争端解决机制和机构。

五是秉持开放包容，密切文化交流。中国积极对外开展教育、科技、文化等领域合作，制定印发了教育、科技、金融、能源、农业、检验检疫、标准联通等多个领域的专项合作规划。通过实施"丝绸之路"奖学金计划，在境外设立办学机构等，中国为沿线国家培育技术管理人才。2017年，来自沿线国家留学生达30多万人，中国赴沿线国家留学的人数达6万多人。预计到2020年，中国与沿线国家双向旅游人数将超过8500万人次，旅游消费约1100亿美元。

五年来的实践表明，共建"一带一路"顺应时代潮流和发展方向，国际认同日益增强，合作伙伴越来越多，影响力持续扩大。同时应当看到，当前世界经济发展中面临诸多不确定、不稳定因素，国际环境风云变幻，共建"一带一路"也面临不少风险。个别国家个别方面对共建"一带一路"倡议仍有质疑，中国企业在海外投资经营也面临一些困难问题，要客观、理性地看待前进道路上取得的成绩和遇到的困难，既不回避矛盾，也不夸大问题，要保持定力，用发展、合作的办法，解决发展合作中的问题，不断完善保障体系和国际合作机制，推进共建"一带一路"走深走实，行稳致远。

"一带一路"倡议已经成为当今最为重要和最具影响力的全球基础设施建设规划，也将成为新型全球贸易的蓝图。2017年，中国与"一带一路"国家的进出口额实现较快增长，占中国进出口贸易总额的36.2%，其中出口额较2016年增长8.5%，进口额较2016年增长19.8%。

☞ 思考：

中国领导人与政府为什么要提出"一带一路"倡议？"一带一路"倡议在我国对外贸易政策构成中，属于哪一方面的政策？

一、国际贸易政策的含义

国际贸易政策是世界各国或地区在其社会经济发展战略总目标下，运用经济、法律和行政等手段，对贸易活动进行管理与调节的原则、依据和措施体系。在当今世界，国际贸易政策在各国经济增长和经济发展中起着重要的作用，已成为国际贸易环境的重要组成部分。

国际贸易政策的基本要素包括政策主体、政策客体、政策目标、政策内容和政策手段这五个方面。

1. 政策主体

政策主体是指贸易政策的制定者和实施者。按政策主体范围的不同，国际贸易政策可以分为单边贸易政策、诸边贸易政策和多边贸易政策。

单边贸易政策是指一国单方面实施的有关商品和服务交换的贸易政策，例如美国政府为了施压某些国家改变其行为而单独实施的贸易制裁。诸边贸易政策是在两个或两个以上的国家或国家集团间实施的有关商品和服务交换的贸易政策，如区域内国家间实施的区域经济一体化政策，以及世贸组织框架内成员方自愿加入的诸边贸易协议。多边贸易政策是在全球范围内实施的有关商品和服务交换的贸易政策，如世贸组织推行的一系列贸易自由化政策。

2. 政策客体

政策客体是指贸易政策所规划、指导和调整的贸易活动以及从事贸易活动的企业、机构或个人。

3. 政策目标

政策目标是贸易政策所要达到的目的。各国的对外贸易政策会因为各自政治经济体制、经济发展水平及其产品在国际市场上的竞争力的差异而不同，并且随其经济实力的变化而不断调整，但各国制定对外贸易政策的目的大体上是一致的。

（1）运用国际贸易政策促进本国经济的发展与稳定。一国运用国际贸易政策的主要目的是优化本国的资源配置和产业结构，以此来提高本国企业竞争力，促进生产力的发展和本国经济增长；其次，一国通过国际贸易政策的调整可以增加国家财政收入，提高国家的经济福利；再次，国际贸易政策的调整可以帮助维持一国的国际收支平衡；最后，通过调整与外部经济的互补关系，一国可以利用国际贸易政策来保持国内经济稳定，并加强本国在国际市场上的适应能力。

（2）运用国际贸易政策加强和完善经济体制。经济体制不同，贸易政策随之不同。实践表明，虽然发展程度不同，但市场经济体制逐渐为世界各国所认同。科学的国际贸易政策能促进一国积极参与经济全球化，同时又能加强和完善本国的市场经济体制。

（3）运用国际贸易政策改善国际经济与政治环境。贸易政策在调整、改善、巩固国与国之间经济与政治关系方面起着重要作用。一国贸易政策的选择必须考虑是否有助于改善本国所面临的国际政治经济环境，为本国的对外政策服务。

4. 政策内容

政策内容是贸易政策的具体指向，反映了贸易政策的倾向、性质、种类和结构等。

5. 政策手段

政策手段是指为了实现政策目标而采取的具体措施。一般来说，国际贸易政策手段主要可以分为关税措施与非关税措施两大类。

二、对外贸易政策的构成

一国对外贸易政策一般由对外贸易总政策、进出口商品政策、利用外资和对外投资政策以及国别政策四个方面构成。

1. 对外贸易总政策

对外贸易总政策是一国根据本国的经济实力和发展阶段，结合本国在世界政治经济格局中的地位，从有利于本国国民经济的总体发展出发，在较长时期内实行的对外贸活动具有方向性指导意义的原则、方针和策略。一国制定对外贸易总政策不仅要考虑本国整体经济情况，还要结合本国的资源禀赋、产业结构和经济发展水平，并合理地预测本国经济发展的潜力和远景。对外贸易总政策在决策的层面上属于长期的、稳定的政策，需要由一国的最高权力机关或行政机关做出。

在实践中，一国的对外贸易总政策通常反映该国内部各个集团之间的矛盾和政治、经济政策实力对比的变化，同时也反映各国之间的矛盾，并展示各国在世界市场上实力地位的变化。英国在19世纪上半叶积极倡导实行"自由贸易政策"，而当时的美国、德国表示反对，主张实行"保护贸易政策"。第二次世界大战后，英国失去了原先的霸主地位，改为主张实行"保护贸易政策"，美国则转而实行"自由贸易政策"。

2. 进出口商品政策

进出口商品政策是一国在本国对外贸易总政策的基础上，根据本国经济结构、国内外市场供求状况和国内产业政策而制定的贸易政策。其基本原则是对不同的进出口商品实行不同的待遇。例如，国家对某类商品的进口，有时采用较高关税税率和数量限制手段等来阻挡其进口，有时则对其实施较宽松的做法，允许较多的进口；或者国家为扶植某个出口部门，对其实施补贴以扩大该部门的出口，占领国外市场。一个国家选定了怎样的对外贸易总政策，就会有相应具体的进出口商品政策。例如，保护贸易政策就要求"奖出限入"，自由贸易政策就是不干预商品的进出口。

3. 利用外资和对外投资政策

当一国国内缺乏经济发展的资金，而且技术落后或不协调时，需要引进外资和国外先进技术来加速国内产业结构的优化调整。当一国国内外汇储备充足，本土企业国际竞争力强大时，国家则可能鼓励企业对外投资，以绕过国外贸易壁垒来更有效地利用国外资源。出于上述目的，各国在对外贸易政策中都会专门制定利用外贸政策和对外投资政策。

4. 国别政策

国别政策是各国根据对外贸易总政策，依据对外政治经济关系的需要，针对不同国家或不同类别国家采取不同的外贸策略和措施。从一国对外贸易政策的具体内容来看，国别政策一般包括关税制度、非关税壁垒的种类和做法、鼓励出口的政策和手段、管制出口的政策和手段等。

在现实经济中，一国对外贸易政策四个方面的内容是相互交织、不可分割、相辅相成的。进出口商品政策和国别贸易政策离不开对外贸易总政策的指导，而对外贸易总政策也必须通过具体的进出口商品政策和国别贸易政策才能得以体现。

三、对外贸易政策的类型

各国政府制定的对外贸易政策，一般会根据不同历史时期国内和国际政治经济形势的变化而调整。从一国对外贸易政策的内容、结果和实施情况看，各国对外贸易政策可以分为三种类型：自由贸易政策、保护贸易政策和协调管理贸易政策。

1. 自由贸易政策

自由贸易政策（free trade policy）主要是指国家对国际贸易活动采取不干预或尽可能不干预的基本立场，政府取消对进出口贸易的限制和障碍，取消对本国产品和服务以及进出口商的各种特权和优待，让货物和服务自由进出本国，在国内外市场上形成自由竞争的一种政策体制。第二次世界大战后，《联合国宪章》规定了自由贸易原则，关贸总协定和世贸组织积极推行自由贸易，要求降低关税和消除非关税壁垒。自由贸易现已成为各国贸易政策的主流。

2. 保护贸易政策

保护贸易政策（protective trade policy）与自由贸易政策相对立，是指政府利用其权力，通过各种法规与措施对本国的贸易活动进行干预和管制，通过高额关税或非关税壁垒来限制外国产品和服务的进入，以此来保护本国产业免遭外国货物和服务的竞争，同时采用各种优惠措施，鼓励本国产品和服务的出口，刺激本国工业发展的贸易政策体制。

自由贸易政策和保护贸易政策虽然在内容上、措施上是截然相反的，但二者绝不是对立的。事实上，一个国家实行自由贸易政策，并不意味着完全放任自流，或国家完全不干预；同样，实行保护贸易政策，也不是完全禁止进口。在现实经济生活中，二者的主要区别在于政策中自由的成分多一些还是保护的成分多一些。

3. 协调管理贸易政策

协调管理贸易政策（managed trade policy）是指政府通过对内制定一系列贸易政策、法规，加强对国内进出口商的管理，同时通过对外谈判签订双边、区域及多边贸易条约或协定，协调与其他贸易伙伴在经济贸易方面的权利与义务的一种国际贸易政策体制。在实践中，协调管理贸易政策是政府在协调的基础上，以政府干预为主导，以磋商谈判为手段，对本国进出口贸易关系进行干预、协调和管理的政策体制。

协调管理贸易政策是介于自由贸易政策和保护贸易政策之间的一种新型贸易政策体制，其实质是通过各国间的协调，既达到保护本国利益的目的，又遵从不断开放自由的原则，实施"协调性的保护"和"管理性的自由"。

协调管理贸易政策与前两种贸易政策的主要区别在于：第一，自由贸易政策是国家对进出口不进行干预，凭借企业自身的竞争优势在国内外市场上与他国商品展开自由竞争；而协调管理贸易政策是在考虑双方贸易利益、通过协商达成协议的基础上，进行自由竞争。第二，保护贸易政策是国家通过立法干预进出口贸易，阻碍商品的进口与出口，保护本国市场；而协调管理贸易政策是通过贸易各方的协商，允许贸易各国采取必要的保护措施，允许例外，保护措施生效后，仍要向自由贸易原则靠拢与回归。第三，自由贸易政策和保护贸易政策制定的主要依据是本国企业竞争力的强弱；而协调管理贸易政策则是贸易各国在透明的基础上，通过谈判，在权利与义务平衡的原则下制定的，受到双边或多边贸易利益的约束。

四、影响对外贸易政策选择的因素

各种类型的对外贸易政策既不是完美无缺的，也非一无是处。它们在不同的时代背景，不同的国际贸易环境下所发挥的作用是不同的。在实践中，不能简单地对其中任意一种政策笼统地加以肯定或否定。一个国家究竟应该选择何种类型的对外贸易政策，主要取决于下列因素。

1. 国家规模和经济发展阶段

从历史和现实来看，国家规模和经济发展阶段是一国对外贸易政策选择和演进的两大重要因素。

一般而言，外贸对一个国家的经济越重要，该国就越倾向于制定一种比较开放和自由的对外贸易政策。外贸对小国的作用大于大国。小国由于国内资源和市场有限，必须依赖外部市场，因此其贸易依存度往往高于大国。小国实行自由贸易，可以摆脱本国狭窄市场的限制，形成规模经济。所以，小国由于国家规模和要素禀赋所限，在经济发展的任何阶段都更倾向于自由主义的贸易政策。如果纳入政治因素，受利益集团的影响，小国在特定领域也会采取贸易保护主义措施。但总体上看，小国贸易保护主义倾向明显弱于大国，即使采取保护贸易政策，政策实施的时间也明显短于大国。

只有能够影响贸易条件并从中获利的大国有足够的动力实施贸易保护措施。大国有条件形成自给自足，而自给自足中的薄弱环节如果实行自由贸易，容易被击垮，在一定程度上成为大国经济独立性的威胁，因为大国在关键产业上的自给自足能力往往关系到国家安全。因此，大国在经济崛起之前通常执行保护贸易政策，以保护传统产业和促进

"幼稚产业"的成长；在经济崛起之后，由于经济发展水平高，本国产品竞争力较强，为了占据更多的世界市场份额，会倾向于实行自由贸易政策。

2. 本国的国内经济状况

若一国国内经济出现严重萧条和失业、外贸逆差、国际收支赤字、劳动生产率和产品竞争力下降，其国际贸易政策会趋向保护主义；反之，如果一国国内经济高度繁荣，其国际贸易政策中自由贸易色彩将会更加浓重。

3. 本国各种利益集团力量的对比

在许多国家，尤其是发达国家，对外贸易政策是利益集团之间矛盾斗争的产物。不同贸易政策会对本国不同利益集团产生不同甚至是相反的影响。因此，各国的利益集团往往会在对外贸易政策的选择上产生尖锐的矛盾和冲突，往往是某一利益集团占上风的时候，政府在制定政策的过程中就会充分考虑该集团的需要，就会采取促进或阻碍某些商品的进口或出口的政策来谋求该集团的最大利益。

一般来说，那些同进口产品竞争的行业及其外围力量，是推行贸易保护主义的中坚，与这类行业有生产联系的其他各种力量也具有保护主义倾向。相反，以出口商品生产部门为中心，参与许多国际竞争活动的各种经济力量，则是自由贸易的推崇者。这两种力量都力图影响对外贸易政策的制定和实行，以维护和扩大自己的利益。它们之间力量对比的此消彼长，直接影响对外贸易政策的变动。

4. 政府领导人的经济贸易思想

对外贸易政策的总方针和原则一般由各国最高立法机关制定，但政府机构，特别是政府领导人往往被授予部分制定政策的权利。例如，美国国会往往授予美国总统在一定范围内制定某些对外贸易法令、进行对外贸易谈判、签订贸易协定、增减关税、确定数量限额等权力。而政府领导人在制定政策时，会受其本人对整个经济和国际贸易认识的影响。

5. 本国与他国的政治经济关系

通常情况下，各国会向与其政治外交关系友好、经济上不会构成威胁的国家开放其国内市场，并扩大对这些国家商品和技术的出口，对于那些政治或经济上的所谓"有威胁的国家"，则倾向于采取贸易保护政策。

因此，一国的对外贸易政策和外交政策关系密切，两者之间存在着互相服务、互相促进的关系。在某些情况下，对外贸易政策要服从外交需要，如为了在外交上孤立某国而采取的贸易制裁措施。而在一些情况下，则是外交政策服务于外贸政策，为本国的外贸活动打通道路、提供保护。当今世界许多国家都在奉行"经济外交"，把经贸交往作为达到政治目的的一种手段，通过发展经贸关系来促进国家间的政治合作。

五、对外贸易政策的制定与执行

1. 对外贸易政策的制定

各国对外贸易政策的制定与修改是由国家立法机关进行的。立法机关制定和修改对外贸易政策及有关规则制度，需征求企业、社会集团的意见。

各国最高立法机关所颁布的对外贸易政策，既包括一国较长时期内对外贸易政策的总方针和基本原则，也有对某些重要措施的规定及给予行政机构的特定权限。例如，美国宪法第一条第八款明确规定，国会拥有征税以及管理对外贸易的权力。因此，缔结自由贸易协定、实施并修订关税措施及有关贸易措施，均需依据国会的具体立法或在国会的特别授权范围内实施。国会参议院和众议院涉及对外贸易管理事务的专门委员会有十余个，其中众议院的筹款委员会和参议院的财经委员会作用显著。美国贸易代表办公室也是贸易政策制定的主要机构之一。

2. 对外贸易政策的执行

（1）通过海关对进出口贸易进行直接管理。海关是设置在对外开放口岸的进出口监管机关，其主要职能是：对进出关境的货物、物品和运输工具进行实际的监督管理，征稽关税和代征法定的其他税费，查禁走私。

（2）设立负责促进出口和管理进口的机构。例如，日本全面负责贯彻执行国家对外贸易政策的是经济产业省，具体制定进出口对策和方案的是其下设的通商振兴局，日本外贸政策协调机构则是日本贸易会议。美国全面负责贯彻执行国家贸易政策和对外贸易协定的是商务部，下设国际贸易局专司促进贸易与投资。美国国际贸易委员会则会同商务部共同负责美对外反倾销和反补贴调查工作，其中商务部负责判定被控的倾销或补贴是否存在及程度如何，国际贸易委员会则负责判定美国国内行业部门是否因外国倾销或补贴行为受到损害。

（3）各国政府还出面参与各种有关国际经济贸易的国际机构与组织，进行国际经贸方面的协调，如加入世贸组织并执行其相关规则，参加区域经济一体化组织并执行区域贸易协定等。

☞【本节导入案例解析】

　　当前，贸易保护主义、单边主义、孤立主义等一些思潮正在泛起，开放型世界经济和多边贸易体系受到巨大冲击。在此背景下，中国倡导的"一带一路"建设，具有多方面的世界意义和时代价值，体现了中国作为一个负责任大国的国际担当。中国倡导"一带一路"建设，主要有以下四方面的动因。

　　第一，从世界经济走势看，世界经济进入平庸增长期，整体复苏缓慢曲折，全球经济增长缺乏动力，新一轮科技和产业革命尚处于孕育阶段，关键技术和商业模式创新缺乏实质性突破，短期内还难以形成强有力的新经济增长点。"一带一路"可以带动亚欧非大陆新一轮生产力革命，推动世界经济发展。现今世界经济全球化与逆全球化两种现象同时存在，为推动本国经济复苏，很多国家趋于内顾，实行贸易保护主义，国际贸易摩擦明显增多。上一轮经济全球化没能实现普惠、均衡、包容发展，导致贫富差距拉大，社会阶层结构变化。"一带一路"沿线很多国家，多年来被许多发达国家政府和跨国企业忽视和冷落，它们视"一带一路"为摆脱贫困、实现发展的历史性机遇。随着中国倡导的基础设施项目和产业投资向这些发展中国家延伸，这些国家和民众将从中受益。"一带一路"将有助于实现亚欧非大陆一体化和共同发展，推动全球基础设施现代化，为建设可持续的全球经济打下基础。

第二，从国际机制的角度看，全球治理存在严重赤字，"一带一路"是中国为改善全球治理提供的可行方案。当前，经济弱全球化、区域合作碎片化、气候变化、移民问题、恐怖主义等方面的全球性问题治理日益紧迫，一些国家国内问题国际化，现有国际机制难以适应，应对乏力，国际体制变革艰难推进，动力衰减。G20 在克服国际金融危机中发挥了重要作用，但毕竟是应对危机的权宜安排。国际汇率协商机制、国际资本流动和金融衍生品的监管机制、多边贸易规则受到挑战等全球和地区治理问题，均需破题。中国通过"一带一路"扛起推动新型全球化的大旗，在亚太乃至全球范围推动全球化 2.0 版本，成为自由贸易的推动者、国际规则的维护者。作为世界第二大经济体、最大的工业品出口国、120 多国最大贸易伙伴，中国通过"一带一路"为推动新型全球化和全球治理转型注入新动力。

第三，从国内发展来看，中国经济进入新常态，"一带一路"可以帮助我国跨越"中等收入陷阱"。对过去几十年世界经济发展状况的研究表明，对很多发展中国家来说，从中等收入经济体向高收入经济体的转变，是非常难以跨越的门槛，很多经济体在中等收入阶段很容易掉入发展停滞不前、贫富差距加大、社会不稳定因素增多的"陷阱"。近年来，经济发展的"新常态"凸显了中国经济转型的复杂性，中国经济正处于新旧动能转换的过渡阶段。中国要想成功跨越"中等收入陷阱"，需要克服发展方式亟待转变、区域发展不协调、人口红利不如以前等多种挑战。通过"一带一路"，可以与沿线国家分享中国的优势产能和基础设施建设能力，可以带动沿线国家经济增长和民众就业，不仅有助于供给侧改革的实施，使我国经济提质增效、转型升级，对沿线国家和世界经济"再平衡"也是一个贡献。

第四，从参与主体看，"一带一路"具有开放性，有助于推动不同地区和国家之间协调联动发展。与传统的自由贸易区、关税同盟等合作机制不同，"一带一路"具有包容性，注重与现有国际机制、各国发展战略的有机对接，不预设前提条件，不追求统一的制度性安排，不寻求排他性的利益，倡导合作主体多样性和互补性，照顾各方舒适度和参与度。在国际层面，联合国开发计划署、联合国工业发展组织、联合国人类住区规划署、国际民航组织、国际海事组织、世界卫生组织等均从各自功能定位出发，积极寻找与"一带一路"的契合点，联合国大会和安理会均将"一带一路"写入相关决议和发展议程。在区域层面，亚太经合组织、欧亚经济联盟、上海合作组织、东盟、欧盟等都将其互联互通蓝图和投资计划与"一带一路"进行对接。在国别层面，哈萨克斯坦"光明之路"、蒙古国"草原之路"、越南"两廊一圈"发展计划、印尼"全球海洋支点"构想、土耳其"中间走廊"倡议等与"一带一路"倡议高度契合，很多国家主动将自己国家的发展规划与"一带一路"进行衔接。"一带一路"强调合作主体的平等性、合作产品的公益性，注重在不同地区、不同国家、不同领域的经济合作中架设桥梁，以合作促发展，以互通促共赢。

总之，"一带一路"建设有"三好"：一是对中国自己有好处。"一带一路"是我国深度融入世界的新努力。改革开放以来，我们对外开放的重心主要在东部，相比而言，中西部地区发展比较缓慢，要实现小康社会，必须改变地区发展不平衡状态。推动"一带一路"，就是要加快中西部地区发展步伐，提高我国整体的对外开放水平。我国在沿边地区设立跨境经济合作区、跨境旅游示范区等举措，就是为了推动中国深度向世界开放。二是对沿线国家有好处。"一带一路"沿线很多国家发展相对落后，基础设施建设比较差，工业化水平比较低，"一带一路"就是带动其发展的新举措。三是对整个世界有好处。以前国外总有人说，中国只知道闷声发展，对国际事务的参与度和贡献率不够。"一带一路"就是中国回应国际社会期待提出的国际公共产品理念，并且不遗余力地在进行实践。"一带一路"倡议提出的世界意义，主要是为了改变世界经济发展不平衡的状态，缩小国家间的发展差距。

在我国对外贸易政策构成中，"一带一路"倡议属于对外贸易总政策的一部分。

第二节　各主要历史阶段的国际贸易政策

在人类社会发展不同时期，由于生产力水平不同，国际分工和经济发展的方式和形式也不同。在资本主义生产方式确立以前，由于生产力水平低下，产品缺乏，各国经济基本上都以自给自足的自然经济为主。国际分工和国际贸易在当时的经济活动中并不占主要地位。因此，对于影响国际贸易发展至关重要的国际贸易政策和措施也不占有很重要的位置。

到了资本主义阶段，随着科技的发展和生产力水平的提高，商品极大丰富，各国经济也由自给自足的自然经济过渡到商品经济。此时，国际贸易成为各国经济生活中必不可少的重要组成部分。国际贸易政策对一国及世界政治经济的影响和作用越来越大。

从纵向来看，国际贸易政策随着时代的变化而发展演变。封建社会与资本主义社会的国际贸易政策不同，而在资本主义时代的各个发展时期，资本主义国家的对外贸易政策也有变化。从横向来看，在同一发展时期，各国由于情况不同，也会实行不同的对外贸易政策。

一、资本主义生产方式准备时期的国际贸易政策

15—17世纪资本主义生产方式准备时期，西方各国主要实行的是重商主义下的强制性保护贸易政策。重商主义政策加速了欧洲资本的原始积累，推动了资本主义生产方式的发展。因此，重商主义在历史上曾起到一定的积极作用。

二、资本主义自由竞争时期的国际贸易政策

18世纪中叶至19世纪末，资本主义进入自由竞争时期。这一时期，自由贸易政策和保护贸易政策并存。国际贸易政策的基调是自由贸易，但由于各国工业发展水平不同，一些经济发展起步较晚的国家采取了保护贸易政策。

1. 英国的自由贸易政策

这一时期以英国为首的欧洲工业国家，已取得工业革命的胜利，建立起了大机器工业。英国尤其在工业生产上具有了绝对优势，其工业产品在国际市场上拥有绝对的竞争力。另一方面，大规模的工业生产，也使得这些国家必须拥有广阔的原料供应地和产品销售地，以避免原料供应不足和产品过剩的问题。因此，当时以英国为首的工业化国家极力鼓吹自由贸易政策。而且由于当时这些国家占据世界政治经济的主导地位，自由贸易政策成为主流。在自由贸易政策的影响下，国际贸易有了巨大的增长。

2. 美国和德国的保护贸易政策

当工业革命在英、法等国深入发展时，欧洲其他国家和美洲的经济并不发达。在资本主义工业尚处萌芽状态的一些国家，工业资产阶级要求政府保护其幼稚工业，减少外国商品进口。美国和德国在这一时期的贸易政策尤为典型。当时美国和德国正处在由农业向工业过渡阶段，他们认为，当一国工业尚无力与外国竞争时，如果实行自由贸易政策，则该国必然会因工业被挤垮而导致灭亡。因此，美国和德国在这一时期大量采用高关税和禁止进口的办法来限制外国商品的进入，以保护本国成长中的资本主义工业的发展；对于复杂机器则采取免税或征收轻微进口税的方式鼓励进口。保护幼稚产业政策的主要目的是保护国内正在成长的工业免受来自国外产品的强大竞争。因此，在鼓励出口和限制进口的政策取向上，两国更倾于限制进口方面。

三、前资本主义垄断时期的国际贸易政策

从 19 世纪末到 20 世纪初，自由竞争的资本主义完成了向垄断资本主义的过渡。垄断资本主义国家为了争夺原料产地和销售市场，在 20 世纪上半叶发动了两次世界大战。从第一次世界大战爆发到第二次世界大战结束的 32 年间，垄断资本主义国家采取了超贸易保护政策。

在这一时期，垄断代替了自由竞争，成为一切社会经济生活的基础。此时，各国普遍完成了工业革命，工业得到迅速发展，世界市场的竞争开始变得激烈。尤其是1929—1933 年的世界性经济危机，使资本主义国家的商品销路发生严重困难，市场矛盾进一步尖锐化。于是，各国垄断资产阶级为了垄断国内市场和争夺国外市场，纷纷要求实行超贸易保护政策。

由于超贸易保护政策的主要目标是要转嫁危机，瓜分世界市场，因此在其政策取向上，在限制进口的同时，更强调鼓励出口。超贸易保护政策是一种侵略性的贸易保护政策，不再是防御性地保护国内幼稚工业，而是保护国内高度发达或出现衰落的垄断工业，以巩固对国内外市场的垄断；不再是保护一般工业资产阶级的利益，而是保护垄断资产阶级的利益；保护手段也不再是简单地以高关税限制进口，还有其他各种"奖出限入"措施。

四、后资本主义垄断时期的国际贸易政策

由于战争对国内经济的破坏，垄断资本主义前期的超贸易保护政策一直延续到第二次世界大战后初期。此后，随着经济的迅速恢复和发展，发达资本主义国家都不同程度

地放宽了对进口的限制，并开始提倡贸易自由化。但进入 20 世纪 70 年代后，以 1973 年末爆发的世界经济危机为转折点，资本主义国家的贸易保护主义重新抬头，致使贸易国之间报复与反报复现象不断出现。为了避免持续的贸易摩擦导致两败俱伤，在自由贸易原则基础上建立起来的协调管理贸易政策应运而生，以协调贸易国之间的相互关系，均分贸易利益，促进相互发展。

1. 20 世纪 50—70 年代初的贸易自由化政策

从第二次世界大战结束至 20 世纪 70 年代初，世界政治经济力量重新分化组合。第二次世界大战后美国实力空前提高，使其既有需要又有能力冲破当时发达国家所流行的高关税政策。日本和西欧在第二次世界大战后经济出现恢复和发展，也愿意放松贸易壁垒，扩大出口。此外，国际分工进一步深化，推动了生产和资本的国际化，跨国公司迅速兴起，迫切需要一个自由的贸易环境来推动商品和资本流动。于是，这一时期发达资本主义国家的对外贸易政策先后出现了自由化倾向。这种倾向主要表现为相对于两次世界大战期间所实行的超贸易保护政策，世界各国特别是发达资本主义国家大幅度消减了关税，各种非关税壁垒也大大减少。

在这一时期，第二次世界大战后走上独立的发展中国家，由于经济上的落后和不稳定，普遍实行贸易保护主义。新生的社会主义国家为了发展民族经济，也实行了国家统治下的贸易保护主义。当时，在国际市场上，发展中国家生产的农、矿初级产品价格不断下跌而发达国家生产的消费品价格不断上升，不平等贸易关系日益突出。为了克服发达国家与发展中国家之间的不平等贸易，20 世纪五六十年代亚非拉许多发展中国家在不同程度上实行了进口替代战略。所谓的进口替代战略，是指通过建立和发展本国的制造业和其他工业，替代过去的制成品进口，以带动经济增长，实现工业化，纠正贸易逆差，平衡国际收支。进口替代战略是一种内向型经济发展战略，其实施伴随着贸易保护政策的落实，这主要包括三个方面：①关税保护，即对最终消费品的进口征收高关税，对生产最终消费品所需的资本品和中间产品征收低关税或免征关税；②进口配额，即限制各类商品的进口数量，以减少非必需品的进口，并保证国家扶植的工业企业能够得到进口的资本品和中间产品，降低企业的生产成本；③升值本币，以降低进口商品的成本，减轻外汇不足的压力。

进口替代战略限制外国工业品进口，以使国内工业在少竞争、无竞争的条件下发育成长。这必然是以牺牲国内消费者为代价，而且由于其降低了一国与世界市场的联系程度，造成国内市场相对狭小，生产成本高，经济效益低，产品质量差，竞争能力不够。因此，当时实行进口替代政策的发展中国家，虽然在一定程度上促进了国内轻工业的发展，工业增长速度有所加快，但这只是短期现象，并不能长期保持。这就迫使它们不得不进行调整，甚至加以放弃，转而实行出口替代战略。所谓出口替代战略，也叫出口导向型发展战略，是指一国采取各种措施扩大出口，发展出口工业，逐步用轻工业产品出口替代初级产品出口，用重、化工业产品出口替代轻工业产品出口，以带动经济发展，实现工业化的战略。一般来说，出口替代是进口替代发展的必然趋势。发展中国家进口替代发展到一定程度，就需要寻找国外市场。但是，要从进口替代成功地转向出口替代，需要一些先决条件。除了国内某些工业部门已具备较高的技术水平和生产管理经验，有较充足的管理人才和熟练劳动力，广阔的国外市场以及产品有一定的竞争能力外，在政策上还要制订一套鼓励出口的措施。

虽然发展中国家数量众多，但发达资本主义国家在国际贸易中始终占据着主导权，因此发达国家的贸易政策决定着国际贸易政策的主流和走向。

2. 20 世纪 70—80 年代的新贸易保护主义政策

1973 年和 1979 年的两次石油危机，使发展中国家真切体会到自身在国际贸易中的存在感和影响力，而发达国家则深深感受到来自发展中国家的压力和风险。因此，20 世纪 70 年代的国际贸易对发达国家和发展中国家来说都具有特别的意义。

1973 年中东战争爆发前，主要石油输出国的原油价格一直受发达国家控制，且价格变动很小。中东战争爆发后，石油输出国组织（OPEC）收回原油定价权，大幅度提高油价，使原油主要消费国的经济备受打击。从 1973 年年末开始，主要资本主义国家出现了经济危机，经济增长停滞、失业率增高与严重通货膨胀并存，并持续了 10 年之久。在经济危机的冲击下，资本主义国家的贸易保护主义重新抬头。

这一时期的贸易保护主义与以前的贸易保护主义有所不同，我们称之为新贸易保护主义，其主要表现为：限制进口措施的重点从关税壁垒转向非关税壁垒，基本上以配额、补贴、许可证等非关税手段为主；对工业产品保护程度降低，但对农产品的保护程度提高；"奖出限入"的重点从限制进口转向鼓励出口，竭力推动本国产品进入外国市场；贸易壁垒从国家壁垒转向区域性贸易壁垒。

在发达国家贸易保护主义不断抬头的同时，发展中国家则在继续奉行其进口替代战略，并更积极地实施出口替代战略。

在上述背景下，各国愈演愈烈的贸易保护严重阻碍了国际贸易的正常发展，并有悖于关贸总协定的宗旨，破坏了国际贸易秩序，使各国之间的贸易摩擦与冲突不断加剧。于是，新的贸易政策类型——协调管理贸易政策应运而生。

3. 20 世纪 90 年代以来的协调管理贸易政策和演变中的新贸易保护主义政策

进入 20 世纪 90 年代后，各国争夺国际市场的竞争越来越激烈，对世界经济体系形成强烈的冲击，各国开始认识到加强国际经济协调的重要性，从而使协调管理贸易政策在 90 年代得到迅速发展。与此相适应，新贸易保护主义不得不转变其政策形式，使其原有的特征发生了一些改变。

协调管理贸易政策的出现与兴起有其原因。传统自由贸易理论是建立在一系列假设条件基础上的，而这些条件往往与国际贸易竞争的现实不符，因此各国都不可能实行纯粹意义上的自由贸易，不可能通过无任何限制的自由进出口来获得比国内封闭市场更多的贸易利益。自由贸易在人类漫长的经济发展过程中，只能是人们的理想与追求。而传统的贸易保护主义则具有很大的歧视性，在鼓励出口和占领别国市场的同时，却采取各种措施限制其他国家的货物或服务进入本国市场，形成以邻为壑、损人利己的贸易政策。尽管这种政策在短期内可以起到保护本国利益的作用，但在相对较长的时期内，必然会导致国与国之间的贸易摩擦、冲突甚至战争，所以过度的贸易保护主义也不可取。因此，一种新型的国际贸易政策应运而生，这就是协调管理贸易政策，也称管理贸易政策。

协调管理贸易政策通常是通过国际会议、经贸集团、政府间贸易协定与组织、商品协定和生产国组织、双边贸易协定等形式来实现的，其中世贸组织在世界经贸管理中发挥着最重要的作用。协调管理贸易政策在实施过程中主要表现为：

（1）通过国际会议对贸易进行意向性的管理。迄今为止，对贸易管理有较大作用的国际会议有联合国贸易与发展会议、西方20国集团首脑会议、亚太经合组织领导人非正式会议等。这些会议调整发达国家与发展中国家、区域内各国之间的经贸关系，对贸易的管理主要起导向和意向性作用，不带有强制性，但其作用不可低估。

（2）通过经贸集团对地区贸易进行管理，以维护成员之间的贸易关系。地区经贸集团主要通过签订条约，建立超国家的管理机构，来协调和统一成员国之间的贸易政策，规范成员国的贸易行为和做法，促进经贸集团内部货物和服务贸易的自由化，提高针对集团外国家的谈判地位，为集团内成员国争取良好的经贸环境。

（3）通过多边的政府间贸易协定与组织，对成员方之间的贸易关系进行有效管理。第二次世界大战后，关贸总协定为管理成员方之间的贸易关系达成了共同准则、例外待遇、约束和争端解决程序等条款，对国际贸易管理的规范化起了不可低估的作用。在关贸总协定乌拉圭回合中达成的建立世界贸易组织的协定，又使国际管理贸易向更高层次发展。

（4）通过商品协定和生产国组织，对具体商品的生产、销售、价格等进行实际管理。迄今为止，达成的国际初级产品协定有橄榄油、谷物、咖啡、可可、糖、黄麻和芝麻制品、热带木材及天然橡胶协定。

（5）通过标准化，对国际贸易行为、商品规格、质量进行管理。随着国际分工向广度与深度发展，国际组织加强了对国际贸易的手段、商品规格和质量的管理。如于1980年、1990年、2000年、2006年，国际商会先后四次修订了《国际贸易术语解释通则》，为国际贸易中最通用的贸易条款的解释提供了更完善的国际通则；国际商会还为国际贸易单证不断推出标准格式，如《托收统一规则》和《跟单信用证统一惯例》；国际标准化组织（ISO）于1987年发布了"ISO 9000贸易管理和质量保证的系列标准"，各国生产出口商品的企业，只有贯彻ISO9000系列标准，建立起适合国际市场要求的质量体系，才能取得"国际贸易的通行证"；1993年，国际标准化组织又制定了环境管理系列国际标准ISO 14000，使国际标准化范围进一步扩大。

（6）通过双边贸易协定，协调管理国家间的贸易关系。这些协定包括通商航海条约、贸易协定、贸易议定书等。

（7）通过加强本国对外贸易管理的法制化、系统化，协调对外贸易关系。各国一方面通过制定和修改本国经贸法规与国际相关法规接轨，来协调贸易管理方式与做法，另一方面通过国内贸易立法来约束他国的贸易行为。如美国通过"超级301条款"管理协调与别国的贸易关系，以实现所谓的"公平贸易"，通过"特殊301条款"保护美国的知识产权，管理协调侵权行为。

此外，经合组织、国际货币基金组织、世界银行、世界粮农组织等对国际贸易的管理均有一定的影响。

第三节 关税概述

关税是最古老的国际贸易政策手段。早期,各国主要把关税作为政府财政收入的重要来源。随着保护贸易政策的不断出现,各国越来越多地将关税作为限制进口的重要工具。在关贸总协定和世贸组织的约束下,虽然关税限制进口的作用已大大下降,但它仍是各国管理对外贸易、调整国家间经贸关系的重要手段之一。

一、关税的含义

关税(customs duty, tariff)是指进出口货物通过一国关境时,由该国政府所设立的海关向进出口商征收的一种赋税。

关税的征收是通过海关执行的。海关是设在关境上的国家行政管理机关,其职责是依照本国政府制定的进出口政策、法令和有关规定,对进出口商品、货币、金银、行李、邮件、运输工具等进行监督管理、征收关税、查禁走私、临时保管通关货物和统计进出口商品等。

海关对进出口货物实行监督和管理,需要规定一个地域界限,货物进入这个地域时作为进口,离开这个地域时作为出口,这个地域界限称为关境。一般情况下,一国关境与国境重合,但现实中有些国家在国境内设有保税区、自由港、自由贸易区和出口加工区等经济特区,这些地区虽在国境之内,却不属于关境范围,这时关境小于国境。当几个国家结成关税同盟(如欧盟),对内取消一切贸易限制,对外建立统一的关境制度,则参加同盟的国家的领土组成统一的关境,这时关境大于国境。

☞【知识链接】

关税的一个英文表述是"customs duty"。在欧洲,古代商人进入市场交易时,要向当地领主缴纳一种例行的入市税(customary tolls),后来人们把"customs"一词作为海关和关税的专用名词。关税的另一个表述是"tariff"。据传说,在地中海西口直布罗陀附近,古时候有一海盗盘踞的港口,名叫塔利法(Tariffa),当时进出地中海的商船为了避免被抢劫,被迫向塔利法港的海盗缴纳一笔买路费,以后"tariff"就成为关税的又一个通用名称,泛指关税、关税税则或关税制度。

二、关税的特征

关税与其他税收一样,具有强制性、无偿性和预定性。强制性是指关税由海关凭借国家权力依法强制征收,而非纳税人自愿献纳,纳税人必须按照法律规定无条件地履行其义务,否则就要受到国家法律的制裁。无偿性是指海关征收的关税都是国家向纳税人无偿取得的国库收入,国家获取这部分税收不付代价,也不归还给纳税人。预定性是指国家预先规定关税征收比例或者征税额,征纳双方必须同时遵守执行,不得随意变化或减免。除此之外，关税作为一种特殊的税收，还具有如下特征。

（1）关税是一种间接税。关税是对进出口商品进行征税，进出口商事先垫付关税后，将其作为成本计入货价，在货物出售给买方时收回这笔垫款，最后关税是由消费者或买方承担。

（2）关税的税收主体和客体是进出口商人和进出口货物。税收的主体也称课税主体，即纳税人，是指负担纳税义务的自然人或法人；税收的客体也称课税客体，是指课税的对象，如消费品等。关税的税收主体是本国的进出口商，当商品进出国境或关境时，进出口商根据海关的规定向当地海关缴纳关税。关税的税收客体是进出口货物，海关根据关税法及有关规定，对各种进出口商品制定不同税目和税率，征收不同的关税。

（3）关税是各国对外贸易政策的重要手段。进出口商品不仅与国内的经济和生产有着直接关系，而且与世界其他国家或地区的政治、外交、经济、生产和流通等方面关系密切。关税措施体现一国对外贸易政策。关税的种类与税率高低直接影响国际贸易价格，继而影响着一国经济和对外贸易的发展。发达国家可以通过关税措施保护国内市场和争夺国外市场。发展中国家可以通过关税措施维持和发展本国民族经济及反对发达国家的经济侵略。

三、关税的作用

1. 维护国家主权和经济利益

对进出口货物和物品征收关税，表面上看似乎只是一个与对外贸易相联系的税收问题，但一国采取什么样的关税政策其实直接关系到国与国之间的主权和经济利益。历史发展到今天，关税已成为各国政府维护本国政治经济权益，乃至进行国际经济斗争的一个重要武器。关税是贯彻对外经济贸易政策的重要手段，在调节经济、促进改革开放方面，在保护民族企业、防止国外经济侵袭、争取关税互惠、促进对外贸易发展、增加国家财政收入方面，都具有重要作用。

2. 保护和促进本国工农业生产发展

一个国家采取什么样的关税政策，是由该国的经济发展水平、产业结构状况、国际贸易收支状况以及参与国际经济竞争的能力等多种因素决定的。发展中国家由于经济发展水平差、产业结构落后，大多重视利用关税保护本国幼稚产业；而发达国家则更重视利用关税保护本国的夕阳产业和农业。

3. 调节国民经济和对外贸易

关税是国家的重要经济杠杆，国家通过调节关税的高低和减免，来影响进出口规模，调节国民经济活动。国家可利用关税来调节进出口产品的利润水平，引导各类产品的生产，调节进出口商品数量和结构，以此促进国内市场商品的供需平衡，维护国内市场的物价稳定等。国家对于国内能大量生产或暂时不能大量生产但将来可能发展的产品，可制定较高的进口关税，以削弱进口商品的竞争能力，保护国内同类产品的生产和发展；对于非必需品或奢侈品的进口则可制定高关税，以达到限制甚至禁止进口的目的；对于本国不能生产或生产不足的原料、半成品、生活必需品或生产上的急需品，则制定较低进口税率或免税，以鼓励进口。当贸易失衡时，即逆差过大或顺差过大时，国家可通过提高或减免进口关税的措施，来促使贸易恢复平衡。

4. 筹集国家财政收入

从世界大多数国家尤其是发达国家的税收结构来看，关税收入占财政收入的比重并不大，且呈下降趋势。但是，在一些发展中国家，尤其是那些国内工业不发达、工商税源有限、国民经济主要依赖于一种或几种初级产品出口，以及国内许多消费品主要依赖于进口的国家，征收进出口关税仍然是它们取得财政收入的重要渠道。

四、关税的分类

(一) 按征收的对象和商品流向分

按照征收的对象和商品流向，关税可以分为进口关税、出口关税、过境关税和进口附加税。其中，进口关税、出口关税、过境关税统称为关税的正税。

1. 进口关税

进口关税 (import duties) 又称正常关税 (normal tariff)，是进口国的海关对进口的外国商品征收的关税。进口关税一般在外国商品直接进入关境或国境时征收，或者在外国商品从自由贸易区、自有或海关保税仓库等提出运往国内市场销售，在办理海关手续时征收。进口关税是关税中最主要的一种，是执行关税保护职能的主要工具。关贸总协定对缔约方的关税正税加以约束，不能任意提高，除非存在规定的"例外"情况，不准征收超过正税的附加税。

中国在加入世贸组织前，平均进口关税水平为 15.3%，自 2001 年年底加入世贸组织以来，我国认真履行相关关税减让承诺，逐年降低关税水平。到 2010 年 1 月 1 日，我国加入世贸组织降税承诺已经全部履行完毕。2011 年，中国平均进口关税水平为 9.6%，其中，农产品平均税率为 15.6%，工业品平均税率为 8.7%，远远低于发展中国家的平均水平[①]。

2. 出口关税

出口关税 (export duties) 是出口国的海关在本国产品输往国外时，对出口商品所征收的关税，由出口商交纳。由于征收出口关税会提高本国商品在国外市场的售价，降低商品的竞争力，不利于扩大出口，因此各国一般都少征或免征出口关税。

第二次世界大战后，只有少数国家，主要是发展中国家征收出口关税，其目的为：

(1) 增加财政收入。出于这种目的征税的税率都不高，被征收出口关税的商品一般在国际市场上具有独占或支配地位。例如，科特迪瓦是个盛产可可和咖啡的农业国，可可产量居世界第一，咖啡产量居世界第七，其政府对可可和咖啡征收出口关税作为该国主要的财政来源。

(2) 保护国内生产和保障本国市场供应。一种情况是对某些出口原料征税，以保证国内相关产业的供应。如俄罗斯为了避开"比较优势陷阱"，发展国内木材加工业而对原木出口征税，俄罗斯 2012 年 8 月加入世贸组织后，不同品种原木的出口关税税率

---

① 数据来源于 WTO 官方网站数据库 Statistics database 中的 trade profiles 栏目，http: // stat. wto. org/CountryProfile/WSDBCountryPFHome. aspx？Language＝E。

由原来的 25%降至现在的出口配额以内——13%～20%的水平①。另一种情况是为保障本国人民所需的粮食和食品的供应，尤其是在农产品减产和遭灾之年，通过征税限制出口。

（3）防止无法再生的资源枯竭。例如中国为限制稀土出口而征收较高的出口关税，2012 年，中国稀土出口关税为 25%。

（4）保证本国贸易利益。某些单一型经济国家为维护其为数不多的几种初级产品的国际市场价格而征收出口关税。中东许多产油国以及委内瑞拉、哈萨克斯坦等为了维护国际市场油价都会对石油征出口关税。

3. 过境关税

过境关税（transit duties）又称通过税，是对通过本国关境运输的货物征收的一种关税。过境关税最早产生并流行于欧洲，在重商主义时代比较盛行，其目的主要是为了增加国家财政收入。随后，由于各国交通事业的发展，且市场竞争激烈，再征收过境关税不仅妨碍国际商品流通，还会减少港口、运输、仓储等方面的收入，于是 19 世纪中期以后，各国相继取消了过境关税。目前大多数国家在外国商品通过其领土时，仅征收少量的准许费、印花税、登记费和统计费等，不再征收过境关税。

4. 进口附加税

进口附加税（import surtaxes）又称特别关税，是进口国海关对进口的外国商品在征收进口正税之外，出于某种特定目的而额外征收的关税。一般是临时性的或一次性的，其主要目的是调节贸易平衡与收支，对某些商品的进口做特别限制，在国家与地区间实行贸易歧视和贸易报复等。

现在进口附加税主要形式有紧急关税、特别紧急关税、反倾销税、反补贴税、罚款关税和报复性关税等，其中最常见的是反倾销税和反补贴税。

（1）紧急关税（emergency tariff）又称保障措施关税，是当外国某种商品在短期内的大量进口对国内同类产品生产造成了重大损害或产生重大威胁，通过正常谈判渠道又难以解决时，进口国为消除这种负面影响而征收的一种进口附加税。由于紧急关税是在紧急情况下征收的，是一种临时性关税，因此，当紧急情况缓解后，紧急关税必须撤除，否则会受到别国的关税报复。1972 年 5 月，澳大利亚受到外国涤纶和棉涤纶进口的冲击，为保护国内生产决定征收紧急关税，在每磅 20 澳分的正税基础上，另加征每磅 48 澳分的进口附加税。

（2）特别紧急关税（special emergency tariff）又称特别保障措施关税。世贸组织《农业协定》规定特别保障措施的条件与一般保障措施不同，对特别保障措施的启动采取了激发标准，只要农产品的进口量超过某一水平或进口价格降至某一水平，进口国即可采取附加关税的特别保障措施。这种标准显然要比一般的保障措施更宽泛，实施特别保障措施的一方无须证明进口激增对国内产业造成严重损害或严重损害威胁且进口增加或价格下降与严重损害或严重损害威胁存在因果关系。但是，不同于保障措施可以采取附加关税和数量限制的形式，特别保障措施只能采取附加关税的形式，而不能采取数量

---

① 周冠武. 俄罗斯加入 WTO，原木关税税率出现变化 [J]. 国际木业，2012（5）：21-22.

限制。

（3）反倾销税（anti-dumping duties）是对实行商品倾销的进口货物征收的一种临时性进口附加税，即在倾销商品进口时除征收正常进口关税外，还要征收反倾销税。反倾销税税额一般按出口国国内市场价格与倾销价格之间的差额征收，目的在于抵制外国商品倾销，保护本国市场和工业。

（4）反补贴税（countervailing duties）是进口国对于在制造、生产或输出过程中直接或间接接受出口国政府奖金或补贴的外国货物所征收的一种进口附加税，其目的是增加进口商品成本，以抵消出口国对该项商品的补贴，确保进口国市场和生产的稳定。

☞【知识链接】

在世贸组织的《补贴与反补贴措施协议》中，补贴是指一成员方政府或任何公共机关向某些企业提供的财政捐助以及其他任何形式的对收入或价格的支持，以直接或间接增加从其领土输出某种产品或者减少向其领土内输入某种产品，或者对其他成员方利益形成损害的政府性措施。

补贴会破坏国际市场的正常价格秩序，导致国际贸易的不公平和对进口国利益的损害。因此，世贸组织允许进口国对享受补贴的进口产品征收反补贴税。但为了防止进口国为达到保护本国市场的目的，滥用反补贴税，损害其他国家的利益，世贸组织对征收反补贴税的条件和额度进行了规定。

《补贴与反补贴措施协议》规定，进口国征收反补贴税必须具备以下三个条件：①须有补贴的事实，即出口成员国对进口产品直接或间接地给予补贴的事实；②须有损害的结果，即对进口国国内相关产业造成实质性损害或损害威胁，或严重阻碍进口国某相关产业的建立；③须有因果关系，即补贴与损害之间有因果关系存在。只有同时具备上述三个条件，进口国才能征收反补贴税。因此，进口国在征收反补贴税之前必须对进口产品进行充分调查，以确定是否具备征收条件。

（5）罚款关税（penalty tariff）是指当出口国某种商品的出口违反了该国与进口国之间的协议，或者未按进口国规定办理进口手续时，由进口国海关对该商品所征收一种临时性的具有罚款性质的进口附加税。例如，1988 年日本半导体元件出口商因违反了与美国达成的自动出口限制协议，被美国征收了高达 100% 的关税。

（6）报复性关税（retaliatory duties）是指对特定国家的不公平贸易行为采取报复行动而临时加征的进口附加税。报复性关税运用的范围相当广泛，对商品、船舶、企业、投资或知识产权等方面的不公正待遇，进口国都可以运用报复性关税。通常在对方取消不公正待遇后，报复性关税也会相应取消。报复性关税容易引起他国采取同样的手段，最终导致关税战。1962 年，美国与欧共体之间爆发的"冻鸡战"就是由双方都对对方采取报复性关税导致的，持续了两年之久，最后以两败俱伤而告终。

（二）按差别待遇分

按照差别待遇和特定的实施情况，进口正税可分为普通关税、最惠国关税、协定关税、特惠关税和普惠制关税。

1. 普通关税

普通关税（general tariff）又称一般关税，是对未与本国签订带有关税优惠条款的贸易条约或协定的国家或地区的商品所征收的非优惠性关税。普通关税的税率一般由进口国自主制定，只要国内外的条件不发生变化，则长期使用，税率较高，一般比最惠国税率高 1~5 倍，少数商品甚至高 10 倍、20 倍。例如，美国对进口玩具征收的最惠国关税税率为 6.8%，而普通关税税率为 70%。

普通关税并不是目前被各国普遍采用的进口关税，它是第二次世界大战前大多数国家之间还没有签订贸易协定时，被各国普遍采用的进口关税，因而被称为普通关税，名称沿用至今。第二次世界大战后，随着关贸总协定和世贸组织的建立，以及政府间双边和多边贸易协定的实施，目前普通关税只适用于少数没有签订贸易协定的国家或地区之间，征收已很少，税率很高，带有歧视性质，大多数国家只是将其作为其他优惠性关税税率减税的基础。

2. 最惠国关税

最惠国关税（most-favoured-nation tariff）是对已与本国签订带有最惠国待遇条款的贸易条约或协定的国家或地区的商品实行的进口关税。所谓最惠国待遇是指缔约的一方现在或将来给予任何第三方的所有优惠、特权和豁免，将立即无条件地给予缔约的另一方。各国政府间的贸易协定中均有最惠国待遇条款，该条款规定缔约方之间的贸易互相采用最惠国关税。

最惠国关税税率比普通关税税率低很多。由于目前绝大多数国家都签订了双边贸易协定或加入了世贸组织，相互提供最惠国待遇，因此这种关税已经成为国际贸易中普遍使用的正常关税，世贸组织和各国计算关税平均水平时使用的都是最惠国关税。但最惠国关税税率并非是最低税率。最惠国待遇往往规定有例外条款，如在缔结关税同盟、自由贸易区或有特殊关系的国家之间规定更优惠的关税待遇时，最惠国待遇并不适用。

3. 协定关税

协定关税又称约束关税（bound tariff），是两个或两个以上国家经过谈判达成协议而固定下来的关税。协定关税税率一般比最惠国税率低，在条约或协定有效期间，未经缔约国一致同意，税率不得自行更改或废除。协定关税有双边协定税率、多边协定税率和片面协定税率。双边协定税率是两个国家达成协议而相互减让的关税税率。多边协定税率，是两个以上的国家之间达成协议而相互减让的关税税率。片面协定税率是一国对他国输入的货物降低税率，为其输入提供方便，而他国并不以降低税率回报的税率。

4. 特惠关税

特惠关税（preferential duties）又称特定优惠关税或特惠税，是对来自特定国家和地区的进口商品给予特别优惠的低关税或免税待遇。使用特惠税的目的是增进与受惠国的贸易往来。特惠税有的是互惠的，有的是非互惠的，税率一般低于最惠国税率和协定税率。

☞【知识链接】

第二次世界大战后，在国际上最有影响的特惠关税是欧盟依据《洛美协定》，向参加协定的非洲、加勒比海和太平洋地区的 46 个发展中国家单方面提供的非互惠型特惠税。这些发展中国家在第二次世界大战前都是欧盟国家的殖民地和附属国。欧盟国家为了保持原有的经贸关系，维护其势力范围，通过《洛美协定》给予这些国家一定的经济援助和关税优惠。根据该协定，这些发展中国家出口的全部工业品和 94.2%的农产品可以不限量地免征关税进入欧共体，而欧共体国家的商品进入这些国家不享受反向的免税待遇，只享受最惠国待遇。

5. 普惠制关税

普惠制关税（generalized system of preference duties）又称普遍优惠制关税，简称普惠税，来源于普遍优惠制度（generalized system of preference，简称普惠制）。普惠制是发达国家对来自发展中国家或地区的商品，特别是制成品和半制成品，给予关税优惠的一种制度。

普遍性、非歧视性和非互惠性是普惠制的三个基本原则。普遍性是指发达国家或地区应对发展中国家或地区的制成品或半制成品给予普遍的优惠待遇；非歧视性是指应使所有发展中国家或地区都不受歧视、无例外地享受普惠制的待遇；非互惠性是指发达国家或地区应单方面给予发展中国家或地区关税优惠，而不要求发展中国家或地区提供反向优惠。

（三）按征税目的分

1. 财政性关税

财政性关税（revenue tariff）又称收入关税，是指以增加国家财政收入为主要目的而征收的关税。财政性关税的税率视国家财政收入需要和影响国际贸易数量的大小而制定。税率偏低达不到增加财政收入的目的；税率过高则会抑制进出口，也达不到增加财政收入的目的。财政性关税在各国历史上曾占有重要地位，在各国财政收入中占有较大比重。在现代经济中，财政性关税的地位大为削弱，关税在财政收入中的比重也大幅度下降。发达国家的全部财政收入中关税的比重很低，如美国 20 世纪末关税仅占政府全部财政收入的 1%左右。但在一些发展中国家，关税在财政收入中仍占有很重要的地位。

2. 保护性关税

保护性关税（protective tariff）是指以保护国内经济为目的而征收的关税。在现代经济社会，随着财政性关税地位的削弱，保护性关税的地位正在加强，保护性关税成为关税征收的主要目的。对进口商品征收保护性关税主要是为了限制产品进口。对于出口商品征收保护性关税主要是为了限制紧缺原材料的出口，保护国内生产。保护性关税税率同保护目的是相关的，保护性关税税率越高，越能达到保护目的。所谓关税壁垒（tariff barrier）是指对进口商品征收高额的关税，它形象地将关税比喻为高筑的城墙，以阻挡外国商品的进入。有时关税税率高达 100%以上，等于禁止进口，被称为禁止关税（prohibited duties）。

保护性关税也可分为工业保护关税和农业保护关税。工业保护关税是以保护国内工业发展为目的所征收的关税。工业保护关税原以保护本国幼稚工业为主要目的，一些经济较落后的国家，往往采用保护关税保护本国幼稚工业，使其免受更先进国家工业制成品的竞争，从而使这些产业得到平稳发展。到了帝国主义阶段，帝国主义国家的垄断资本为了垄断国内市场，对高度发展的垄断工业或处于衰退难以与国外竞争的垄断工业征收保护关税，这种关税称为超保护关税。现在由于有了世贸组织，成员国无法随心所欲地提高进口正税的税率，许多发达国家往往通过特别关税，如特别保障措施关税来实现对本国产品的临时性保护，以打击进口产品在本国市场的竞争力，从而扩大和维持本国工业品市场占有率，以保护和增加本国就业。农业保护关税是为保护国内农业发展所征收的关税。相对于对非农产品的低关税政策，一些发达国家或地区，如日本、韩国、欧盟为保护本国农业和农民利益而对进口农产品征收较高关税。同时，一些发展中国家为了保障本国粮食供应安全也对农产品进口征收较高关税。因为农产品尤其是粮食问题的敏感性，世贸组织多哈回合谈判迟迟无法就降低农产品关税问题取得有效进展，这不仅是因为发达国家与发展中国家之间存在矛盾，发达国家之间也存在很大分歧。

3. 惩罚性关税

惩罚性关税（punitive tariff）是指进口国海关对进口商品征收的具有惩罚性质的进口附加税。反倾销税、反补贴税等就属于惩罚性关税。

4. 报复性关税

对该种关税前面已有介绍，这里不再赘述。

（四）按征收方法分

1. 从量税

从量税（specific duties）是按商品的重量、数量、长度、容量和面积等计量单位为课税标准征的关税。从量税税率表示为每计量单位后的货币单位。各国实行从量征税的商品中，以重量单位计征的商品比较多。

从量税的计算公式为：

$$从量税税额＝商品计量单位数×从量税税率$$

以重量为单位征收从量税应注意，在实际应用中各国计算重量的标准各不相同，一些国家采用毛重进行计量，一些国家采用净重进行计量，或采用"以毛作净"的计量方法。

从量税有以下特点：

（1）计税方法简单，不需审定货物的规格、品质和价格，手续简便，有利于进出口货物的迅速通关。

（2）因单位税额固定，对质次价廉的进口商品抑制作用较大，保护作用较强，对质优价高的进口商品抑制作用较小，保护作用较弱。为此，有的国家大量使用从量税，尤其是在食品、饮料和动植物油脂等商品上。美国约有33%的税目适用从量关税，挪威从量关税的比例也有28%。由于一些发展中国家出口以初级产品为主，从量税就使这类产品进入他国时税负相对较重。

（3）每一种货物的单位应税额固定，不受货物价格变动影响。因此，当货物价格上涨时，税负相对下降，财政收入和保护作用相对降低。反之，当货物价格下降时，税负不会减少，财政收入和保护作用会加强。

（4）征收对象一般是谷物、棉花等大宗产品和标准产品，对某些商品如艺术品及贵重物品（古玩、字画、雕刻、宝石等）不便使用。

在工业生产还不十分发达，商品品种规格简单，税则分类也不太细的一个相当长时期内，不少国家对大多数商品使用过从量税。但第二次世界大战后，随着严重通货膨胀的出现和工业制成品贸易比重的加大，征收从量税起不到关税保护作用，各国纷纷放弃了完全按从量税计征关税的做法。目前，我国仅对冻鸡、感光材料等产品实行从量税。

2. 从价税

从价税（ad-valorem duties）是以商品价格作为征收标准的关税。从价税的税率表现为货物价格或价值的百分比。从价税的计算公式为：

$$从价税税额＝完税价格×从价税率$$

征收从价税的首要问题是确定进口商品的完税价格（dutiable value）。所谓完税价格，是指经海关审定的作为计征关税依据的货物价格，货物按此价格照章征税。各国规定了不同的海关估价来确定完税价格，目前大致有以下三种：出口国离岸价（FOB）、进口国到岸价（CIF）和进口国的官方价格。美国、加拿大等国采用离岸价格来估价，而西欧等国采用到岸价格作为完税价格，不少国家甚至故意抬高进口商品完税价格，以增加进口商品成本，把海关估价变成一种阻碍进口的非关税壁垒。

为了弥补各国确定完税价格的差异且减少其作为非关税壁垒的消极作用，关贸总协定东京回合达成了《海关估价守则》，乌拉圭回合在对《海关估价守则》进行修订和完善的基础上，达成了《海关估价协议》，确定了海关估价的通用方法，规定了 6 种应依次使用的海关估价方法，即进口货物成交价格法、相同货物成交价格法、类似货物成交价格法、倒扣价格法、计算价格法、合理方法。

从价税有以下特点：

（1）税负公平合理。同类商品质高价高，税额也高；质次价低，税额也低。加工程度高的商品和奢侈品价高，税额较高，相应的保护作用较大。

（2）物价上涨时，税款相应增加，财政收入和保护作用均不受影响。但在商品价格下跌或者别国蓄意对进口国进行低价倾销时，财政收入就会减少，保护作用也会明显减弱。

（3）容易普遍实施。任何国际贸易商品均有价格，因此能适用所有商品。

（4）从价税负明确，其税率以百分数表示，有利于各国关税水平的相互比较。

（5）完税价格不易掌握，征税手续复杂，会延缓通关，增加关税计征的成本。

3. 混合税

混合税（mixed duties）是在税则的同一税目中订有从量税和从价税两种税率。征税时混合使用两种税率计征。混合税又可分为复合税和选择税。

（1）复合税（compound duties）是征税时同时使用从量、从价两种税率计征，以两种税额之和作为该种商品的关税税额。复合税按从量、从价的主次不同又可分为两种情况：一种是以从量税为主加征从价税，即在对每单位进口商品征税的基础上，再按其价格加征一定比例的从价税；另一种是以从价税为主加征从量税，即在按进口商品的价格征税的基础上，再按其数量单位加征一定数额的从量税。目前，我国对一些录、播音电子设备实行复合税。

（2）选择税（alternative duties）是指对某种商品同时订有从量和从价两种税率，征税时由海关选择其中一种方式来确定该种商品的应征关税额。一般是选择税额较高的税种征税，在物价上涨时使用从价税，物价下跌时使用从量税。有时，为了鼓励某种商品的进口，或给予某出口国优惠待遇，也有选择税额较低的税种征收关税的。目前，我国对天然橡胶实行选择税。

4. 滑准税

滑准税（sliding duties），也称滑动税，是对进口税则中的同一种商品按其市场价格标准分别制订不同价格档次的税率而征收的一种进口关税。进口商品处于高档价格则税率低或不征税，处于低档价格则税率高。征收这种关税的目的是使该种进口商品，不论其进口价格的高低，其税后价格都能保持在一个预定的价格标准上，以稳定进口国国内该种商品的市场价格。但滑准税也有缺点，即容易导致投机行为。2005 年 5 月 1 日至今，我国对关税配额外进口的棉花实行滑准税，较好地解决了国内棉花供应不足的问题，又稳定了国内棉花价格，保障了棉农利益。

5. 差价税

当某种商品国内外都有生产，但国内产品的价格高于进口同类产品时，一国为保护国内生产和市场，按照国内价格和进口价格的差额征收关税，这种关税就是差价税（variable levy）。差价税又称为差额税或不定额税。征收差价税的目的是使该种进口商品的税后价格保持在一个预定的价格标准上，以稳定进口国国内该种商品的市场价格。

对于征收差价税的商品，有的规定按价格差额征收，还有的规定在征收一般关税以外另行征收。第二种差价税实际上属于进口附加税。欧盟对从非成员国进口的农产品征收差价税。

6. 季节税

季节税是对有季节性的鲜货、果品、蔬菜等，按其进口季节不同制定两种或两种以上的税率，在旺季采用高税率，在淡季采用低税率计征的一种关税。季节税可用于维护市场供求平衡和稳定市场。

第四节　关税水平与关税的保护程度

一、关税水平

关税水平（tariff level）是指一个国家进口关税的平均税率，用以衡量或比较一个国家进口关税对国内产业的一般保护程度。在关贸总协定及世贸组织的关税减让谈判中，关税水平是主要的谈判指标，不断降低的关税水平是一国市场开放的最重要标志。关税水平的计算方法有算术平均法和加权平均法两种。

1. 算术平均法

算术平均法是以一国税则中全部税目的税率（最惠国税率）之和除以税目总数，得到关税税率的平均值，其计算公式为：

$$关税水平 = （税则中所有税目的税率之和/税则中税目总数）×100\%$$

算术平均法的最大优点是计算简单，但它的缺点也同样明显：不能真实反映一国征收关税的目的，看不出关税结构对产业的保护程度；有的税目税率很高，是禁止性关税，实际很少进口；有些在贸易中的重要税目（如汽车）和不太重要的税目（如汽车座椅、安全带等）作为同样分量的两个税目进行计算；从量税要换算成从价税率才能相加，折算上也有困难。因此，在实践中这种方法很少使用。

2. 加权平均法

加权平均法是以一国的各种进口商品价值在进口总值中的比重作为权数，计算关税税率的平均值。具体方法有以下三种。

（1）全额加权平均法。这种方法是以一个时期内，一国征收的进口关税总额除以进口商品总价值得到的加权算术平均数作为关税水平，其公式为：

$$关税水平 = 进口关税总额/进口商品总价值×100\%$$

由于加权算术平均法把各种商品的进口值在进口总值的比重作为权数，进口值高的商品在计算中予以较多的份额，克服了简单算术平均法的弊端，使计算结果能比较真实地反映一国的关税水平。该方法不足之处主要是，如果一国税则中税率为零的税目较多，则计算出的结果数值偏低；反之，则偏高。而在各国税则中零税率的商品一般都是该国无须保护的商品。因此，这种方法仍没有把一国对国内经济的保护程度真实地反映出来。

（2）有税商品加权平均法。这种方法是把税则中税率为零的商品的进口值从进口商品总值中扣除，仅以有税税目项下商品的进口值相加作为除数的加权平均法，其公式为：

$$关税水平 = 进口关税总额/有税进口商品总价值×100\%$$

（3）取样加权平均法。由于各国税则并不相同，税则下商品数目众多，因而全额加权平均法使各国关税水平的可比性相对降低。如若各国选取同样的代表性商品进行加权平均，就可对各国的关税水平进行比较。这种方法比全额加权平均法更为简单实用，在关贸总协定肯尼迪回合的关税减让谈判中，各国就是使用联合国贸发会议选取的504种有代表性的商品来计算和比较各国关税水平的。其公式为：

$$关税水平 = 有代表性商品进口关税总额/有代表性商品进口总值×100\%$$

自1947年关贸总协定签署以来，全球的关税总水平呈逐年稳步下降趋势。发达国家的平均关税水平已由1947年的40%以上降低到现在的4%左右，但发展中国家的平均关税水平仍比较高，在12%左右。

二、关税保护程度

通常情况下，关税水平的高低能大体反映一国对国内生产和市场的保护程度，但关税水平与关税保护程度并不能完全画等号。关税保护程度是用以衡量或比较一国对进口商品征收关税，给予该国经济保护所达到的水平。关税保护程度可用名义保护率和有效保护率来表示。

1. 关税的名义保护率

关税的名义保护率（nominal rate of protection，NRP）是指对某种商品由于实行关税保护而引起的国内市场价格超过国际市场价格的部分与国际市场价格的百分比。

从理论上看，国内外商品的价格差与国际市场价格之比就等于关税税率，所以在不考虑汇率的情况下，海关根据海关税则征收的名义关税税率一般就可看作是名义保护率。名义关税税率是指某种进口商品进入一国关境时，该国海关税则所规定的税率。在其他条件相同和不变的情况下，名义关税税率愈高，对本国同类产品的保护程度也愈高。名义关税税率或名义保护率反映的是本国产业受保护的一般程度。

名义保护率考察的是关税对某些国内制成品价格的影响，适用于衡量完全采用本国原料生产的商品的保护程度，但对于使用了进口原料来生产的国内制成品则不能完全适用，因为名义关税税率并没考虑进口原料的进口关税。

2. 关税的有效保护率

关税的有效保护率（effective rate of protection，ERP）是指某种加工产品在一国关税结构作用下，国内加工增加值的增量与其在自由贸易条件下国内加工增加值的百分比。如果用 V 表示自由贸易条件下，即施加关税措施前某种产品国内加工增值，W 表示在各种关税保护措施作用下该种产品国内加工增值，则关税的有效保护率的计算公式为：

$$ERP = (W-V)/V \times 100\%$$

有效保护率的概念是由加拿大经济学家巴伯（1955）[1] 首先提出的。其主要观点是：一国对某一产业的实际保护程度不能单纯从该产业所涉及产品的进口税率高低来判断，因为该产业所投入的原材料价格也会因征收关税而上升，从而增加该产业的成本。对某产业的制成品征收进口税会对该产业起到保护作用，而对该产业所需的原材料征收关税则会对该产业起到损害作用。因此，要分析一国整个关税结构对某一产业的影响，必须综合分析该产业的产出与投入所负担的进口关税。

当某产业的最终产品名义关税率高于所用的进口原料的名义关税率时，该产业所受的有效保护率就要高于最终产品名义保护率；当某产业的最终产品名义关税率等于所用的进口原料的名义关税率时，该产业所受的有效保护率等于最终产品名义保护率；当某产业的最终产品名义关税率低于所用的进口原料的名义关税率时，该产业所受的有效保护率就要低于最终产品名义保护率。

☞【示例】

假定在自由贸易情况下，一辆汽车的国内价格为 10 万元，其中 8 万元是自由进出口的钢材、橡胶等中间投入品的金额，那么另外 2 万元就是国内生产汽车的附加值。现在假定对每辆进口汽车征收 10% 的名义关税，而对钢材仍然免税进口，同时假定进口汽车价格上涨的幅度等于名义关税率即 10%。

那么，国内汽车的价格将上涨到 $10+10 \times 10\% = 11$ 万元。保护关税使国内制造的汽车的附加价值增加到 $11-8 = 3$ 万元。这时，国内汽车的有效保护率 $= (3-2)/2 = 50\%$。

① C. L. Barber. Canadian tariff policy [J]. Canadian Journal of Economics and Political Science，1995（XXI）：513-530.

三、关税结构

关税结构又称关税税率结构，是指一国关税税则中各类商品关税税率之间高低的相互关系。世界各国因其国内经济和进出口商品的差异，关税结构也不尽相同，但通常都表现为：生产资料税率较低，消费品税率较高；生活必需品税率较低，奢侈品税率较高；本国不能生产的商品税率较低，本国能够生产的商品税率较高。其中一个突出的特征是，关税税率随产品加工程度的逐步深化而不断提高，制成品的关税税率高于中间产品的关税税率，中间产品的关税税率高于初级产品的关税税率。这种关税结构现象被称为关税升级、瀑布式关税结构或阶梯式关税结构。用有效保护率理论可以很好地解释关税升级现象。因此，尽管发达国家的平均关税水平较低，但是，由于关税具有升级现象，关税的有效保护程度一般都大于名义保护率，且对制成品的实际保护作用最强。在关税减让谈判中，发达国家对发展中国家初级产品提供的优惠远大于对制成品提供的优惠，缘由即在此。

总结来说，关税的保护作用并不依赖于高的名义进口关税税率，但这必须与有效的制度安排为基础。有效的关税结构安排与有效的产业结构安排是一国实现对本国产业有效保护的前提和基础。

第五节　非关税措施概述

一、非关税措施的含义

按照联合国贸发会议 2010 年所下的定义，非关税措施（non-tariff measure，NTM）指的是除关税以外，能够改变国际交易商品的数量或价格或这两者，从而对国际贸易产生经济影响的政策措施。

非关税措施囊括了所有能改变国际贸易状况的关税以外的措施，不仅包含限制贸易的政策措施，也包含了促进贸易的政策措施。人们经常将非关税措施等同于非关税壁垒（non-tariff barrier，NTB），其实非关税措施的范围要比非关税壁垒广，因为后者仅指那些由政府施行的对本国供应商有利，而对外来供应商进行歧视的非关税措施。之所以出现这种概念上的混淆，是因为过去大部分的非关税措施采取的是配额或自愿出口限制的形式。这些形式都是为了限制贸易而被设计出来的。现在，对贸易进行政策干预的形式更加多样，并不一定会减少贸易或整体福利，因此我们更倾向于采用"措施"一词而非"壁垒"。

二、非关税壁垒的发展演变

从历史上看，限制和禁止进口的非关税措施，即非关税壁垒，早在重商主义时期就开始盛行，但其作为限制进口的重要手段是在 20 世纪 30 年代经济大危机时才广泛发展起来的。大危机使当时的商品价格暴跌，仅仅通过大幅度提高关税的办法已无法有效地阻止外国商品涌入本国市场。西方各国为了缓和国内市场矛盾,变本加厉地对进口实行限制,一方面高筑关税壁垒,另一方面采用各种非关税壁垒阻止他国商品进口。

尽管如此,"非关税壁垒"这一术语是在关贸总协定建立以后才逐渐产生的。真正把非关税壁垒作为保护贸易政策的主要手段开始于 20 世纪 70 年代。其原因是多方面的。第一,各国经济发展不平衡是非关税壁垒迅速发展的根本原因。美国的相对衰落,日欧的崛起,特别是 20 世纪 70 年代中期爆发的经济危机,使市场问题显得比过去更为严峻,以美国为首的发达国家纷纷加强了贸易保护手段。第二,第二次世界大战后在关贸总协定的努力下,关税大幅度减让之后,各国不得不转而用非关税壁垒来限制进口。第三,20 世纪 70 年代中期以后,许多国家相继进行了产业结构调整,为了各自的经济利益,各国纷纷采用了非关税壁垒来保护国内生产和国内市场。第四,科技水平的迅速提高相应地提高了对进口商品的检验能力。各国通过检验,例如对含铅量、噪音大小的测定等,可审视各种商品对消费者健康的细微影响,从而有针对性地对进口商品实行限制。第五,非关税壁垒本身具有隐蔽性,不易被发觉,而且在实施中往往可找出一系列理由来证明它的合理性,从而使受害国无法进行报复。最后,各国在实施非关税壁垒时相互效仿,也使这些限制措施迅速传播开来。

当前,非关税壁垒呈日益加强的趋势,主要表现在:第一,非关税壁垒的项目日益增多;第二,非关税壁垒的适用范围不断扩大;第三,受到非关税壁垒限制的国家日益增多。

三、非关税措施的特征

无论非关税措施(这里主要指的是非关税壁垒)如何变化,与关税措施相比,它都具有以下几个明显的特征。

(1)有效性。关税对进口产生的效果是间接的,它主要通过提高进口商的进口成本来影响进口数量。当进口商品凭借规模经济或出口补贴取得低生产成本时,关税的保护作用不再明显。非关税壁垒则可以依靠行政机制直接限制进口数量,或直接禁止某些产品的进口,因而能更直接、严厉地且有效地保护本国生产与本国市场。

(2)隐蔽性。非关税措施往往不公开,或者规定极为烦琐复杂的标准和手续,使出口商难以应付。它既能以正常的海关检验要求之名出现,也可借用进口国的有关行政规定和法令条例,使之巧妙地隐藏在具体执行过程中而无须做出公开规定,人们往往难以清楚地辨识和有力地反对此类政策措施。

(3)歧视性。任何一个国家都只有一部关税税则,一般来说,关税壁垒像堤坝一样同等程度地限制来自所有国家的进口,这就不能很好地体现进口国的国别政策。而非关税壁垒可以针对某个国家或某种商品制定,因而更具有歧视性。比如,英国生产的糖果在法国市场上曾经长期有很好的销路,后来法国在《食品卫生法》中规定禁止进口含有红霉素的糖果,而英国糖果正是普遍使用红霉素染色的,这样一来,英国糖果失去了其在法国的市场。

（4）灵活性。关税税率制定必须通过立法程序，并要求具有一定的延续性和稳定性，所以调整或更改税率的随意性有限，需要经过较为烦琐的法律程序和手续。同时关税和税率的调整直接受到世贸组织的约束（非成员方也会受到最惠国待遇条款约束），各国海关不能随意提高关税，因此关税壁垒比较缺乏灵活性。可是，制定和实施非关税壁垒通常采用行政程序，制定手续简单，制定程序也较迅速、简便、伸缩性大，能随时针对某种进口商品采取或更换相应的限制措施，表现出更大的灵活性和时效性。正因为如此，非关税壁垒已逐步取代关税措施，成为各国所热衷采用的政策手段。

四、非关税措施的作用

从发达国家非关税措施的实际应用来看，非关税措施的作用主要表现在三个方面。第一，作为防御性武器限制外国商品进口，用以保护国内陷入结构性危机的生产部门及农业部门，或者保障国内垄断资本能获得高额利润；第二，在国际贸易谈判中作为砝码，提高本国的谈判力量，逼迫对方妥协让步；第三，可以作为对其他国家实施贸易歧视的手段，以获取经济或政治利益。目前，发展中国家也越来越广泛地使用非关税壁垒。但与发达国家不同的是，发展中国家设置非关税壁垒的目的主要是：限制非必需品进口，节省外汇；削弱外国进口产品的竞争力，保护民族工业和幼稚产业；发展民族经济，以摆脱发达资本主义国家对本国经济的控制和剥削。

总之，发达国家设置非关税壁垒是为了保持其经济优势地位，继续维护不平等交换的国际格局，具有明显的剥削性。而发展中国家的经济发展水平与发达国家相距甚远，完全不在同一条起跑线上，因而设置非关税壁垒有其合理性和正当性。

五、非关税措施的分类

由于非关税措施涉及的种类非常复杂，并且还在不断演变，所以尽管国际社会一直希望能够将它们进行系统整理和标准化，但直到2013年才由联合国贸发会议发布了一个比较完善的分类方案《非关税措施的分类：2012版本》。该分类方案将非关税措施分成了16组（见图6.1）：（A）卫生与植物卫生措施，（B）技术性贸易壁垒，（C）装船前检验和其他手续，（D）价格控制措施，（E）非自动许可、配额、进口禁令及其他数量控制措施，（F）国内税和其他国内费用等超关税措施，（G）金融措施，（H）影响竞争的措施，（I）与贸易有关的投资措施，（J）流通限制，（K）售后服务限制，（L）非出口补贴，（M）政府采购限制，（N）知识产权，（O）原产地规则，以及（P）出口相关措施，其中前15组（A—O）属于进口非关税措施。进口非关税措施又可归为技术性措施（A—C）和非技术性措施（D—O）两大类。

每组措施对贸易的影响不同。一些措施对贸易有非常明确的限制作用，另一些则作用不确定。例如A—C组的措施就与矫正市场失灵有关。一方面，A—C组的措施大部分是为了解决环境、动物福利、食品安全、消费者权益等社会关注性问题。它们并不一定会限制贸易，因为这些措施也能通过减少信息不对称来增强消费者对进口商品的信心，从而促进对进口商品的需求。另一方面，这些措施中很多都需要考虑出口商或相关机构的执行能力，很可能因此对贸易产生扭曲作用。比如，出口方实施认证和检测的能力不足可能会导致其丧失贸易机会，或即便有能力实施认证和检测，贸易成本也会大大提高。此外，由于不同出口国在基础设施和检测机构能力方面存在差异，导致贸易成本提高的幅度不一致，由此对各出口国的竞争力产生影响，并最终影响到贸易流向。

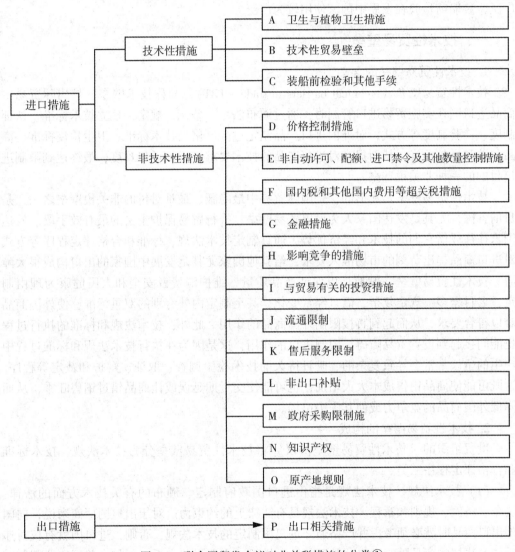

图 6.1　联合国贸发会议对非关税措施的分类①

①　原英文图出自：Alessandro Nicita，Julien Gourdon. A preliminary analysis on newly collected data on non-tariff measures［J］. United Nations Policy Issues in International Trade and Commodities Study Series No. 53，2012.

第六节 技术性措施

按联合国贸发会议的分类，国际贸易中的技术性措施包括技术性贸易壁垒、卫生与植物卫生措施以及装船前检验和其他手续。其中，在发达国家中前两种措施使用得最为广泛，装船前检验在发展中国家使用较为广泛。

一、技术性贸易壁垒

1. 技术性贸易壁垒的含义

技术性贸易壁垒（technical barriers to trade，TBT），简称技术壁垒，是国际贸易中商品进口国在实施贸易进口管制时，通过颁布法令、条例、规定，建立技术标准、认证制度、检验制度等方式，对外国进口产品制定过分严格的技术标准、卫生检疫标准、商品包装和标签标准，从而提高对进口产品的技术要求，增加进口难度，最终达到限制进口目的的一种非关税壁垒。

技术性贸易壁垒是无形的，是国际贸易中最隐蔽、最难对付的非关税壁垒之一，是目前各国，尤其是发达国家人为设置贸易壁垒、推行贸易保护主义的最有效手段。发达国家往往凭借它们的技术和经济优势，通过制定技术法规、标准和合格评定程序等方式对进口商品提出苛刻的市场准入要求，给其他国家尤其是发展中国家的出口构成很大障碍。技术性贸易壁垒一般都是以保证产品质量、维护消费者安全和人民健康为理由制定，名目繁多，规定复杂，而且经常变化，甚至制定内外有别的双重标准，使外国商品难以符合要求，从而起到直接限制外国商品的作用。此外，技术法规和标准的执行过程也能间接起到设置贸易障碍、限制进口的作用，这是因为在执行技术法规和标准过程中产生的争议常常会导致复杂的、旷日持久的技术检验调查、取证、辩护和裁定等程序。这既可能使商品销售成本大大增加，也可能使交货期延误或让商品错过销售旺季，从而降低外国商品的竞争力或使其失去市场。

2. 技术性贸易壁垒的构成

世贸组织的《技术性贸易壁垒协议》将技术性贸易壁垒分为技术法规、技术标准和合格评定程序三类。

（1）技术法规。技术法规是指由进口国政府制定、颁布的有关技术方面的法律、法令、条例、规则和章程。技术法规具有法律上的约束力。对于出口国厂商来说，向国外出口商品时就必须考虑并严格遵守进口国制定的技术法规，否则，进口国就有权对违反技术法规的商品限制进口，甚至扣留、销毁，直至提起申诉。例如，美国农业部制定了一些强制性标准，肉禽必须附有证书，证明符合美国标准方可进入美国市场。

（2）技术标准。技术标准是经公认机构批准的、非强制执行的、规定供通用或反复使用的产品或相关工艺和生产方法的规则、指南或特性的文件。

（3）合格评定程序。合格评定程序是指依据技术法规和标准，对生产、产品、质量、安全、环境等环节以及对整个保障体系进行全面监督、审查和检验，合格后由国家或国外权威机构授予合格证书或合格标志，以证明某项产品或服务符合规定的标准和技术规范。《技术性贸易壁垒协议》附录 I 对"合格评定程序"的定义为：任何用以直接或间接确定是否满足技术法规或标准有关要求的程序，包括：抽样、检测和检验程序；符合性的评价、验证和保证程序；注册、认可和批准程序以及它们的组合。合格评定程序包括产品认证和体系认证两个方面。产品认证是指确认产品是否符合技术法规或标准的规定；体系认证是指确认生产或管理体系是否符合相应规定。一般来说，许多产品没有取得认证就无法进入发达国家的市场。认证工作涉及生产、流通、消费领域，是一项复杂的系统工程，对大多数发展中国家的企业来说，要获得国际著名机构的认证是相当困难的。目前，国际上著名的认证有质量认证体系 ISO9000 系列、环境管理认证体系 IS014000 系列、IEC 电气设备安全标准认证、英国劳氏船舶等级社 LR 认证、欧盟 CE 认证和美国 UL 认证等。

3. 技术性贸易壁垒协议

技术性贸易壁垒在一定程度上阻碍了国际贸易的发展，国际社会也出现了协调和规范技术性贸易壁垒的组织与机制。目前比较有影响的是国际标准组织（International Standard Organization，ISO）与区域性技术协调组织，国际公约与双边互认协议也日益发挥重要作用。世贸组织的《技术性贸易壁垒协议》对成员方的技术性贸易措施做出了原则规范，并建立了争端解决机制，成为国际范围内协调技术性贸易措施的最重要机制。

《技术性贸易壁垒协议》（Agreement on Technical Barriers to Trade），简称 TBT 协议，是世贸组织管辖的一项多边贸易协议，是在对关贸总协定东京回合同名协议进行修改和补充的基础上达成的，由前言和 15 个条款及 3 个附件组成。其主要条款有：总则、技术法规和标准、符合技术法规和标准、信息和援助、机构、磋商和争端解决、最后条款。TBT 协议适用于所有产品，包括工业品和农产品，但如涉及卫生与植物卫生措施，由《实施卫生与植物卫生措施协议》进行规范。此外，政府采购实体制定的采购规则不受 TBT 协议的约束。

4. 绿色贸易壁垒

绿色贸易壁垒（green barriers to trade），又称绿色壁垒，主要是指一国或地区为了保护自然资源、生态环境和人类健康，通过制定一系列复杂苛刻的环保政策、法规、标准或合格评定制度，对来自其他国家和地区的产品及服务设置障碍。发达国家实施贸易保护，谋取经济利益是绿色壁垒产生的主观原因；全球自然资源匮乏、生态环境恶化和社会公众的绿色需求是绿色壁垒形成的社会基础；世界各国在技术水平、环保标准和资金投入等方面的差异是绿色壁垒存在的客观因素。从发展趋势看，绿色壁垒将成为技术性贸易壁垒的主流形式。

5. 蓝色贸易壁垒

蓝色贸易壁垒（blue barriers to trade）又称"蓝色壁垒""劳动壁垒"或"社会责任壁垒"，是指以劳动者的劳动环境和生存权利为借口采取的贸易保护措施。蓝色壁垒是一种新型技术性贸易壁垒，由社会条款而来。社会条款并不是一个单独的法律文件，而是对国际公约中有关社会保障、劳动者待遇、劳工权利、劳动标准等方面规定的总称，与公民权利和政治权利相辅相成。

☞【知识链接】

蓝色壁垒最典型的代表是 SA8000 社会责任国际标准，它是由美国经济优先权委员会（简称 SAI）于 1997 年最先制定并实施的。SAI 由来自 11 个国家的 20 个大型商业机构、非政府组织、工会、人权及儿童组织、学术团体、会计师事务所及认证机构组成。SA8000 标准在童工、强迫性劳动、组织工会的自由与集体谈判的权利、歧视、惩戒性措施、工作时间、工资、健康与安全、管理系统等领域制定了最低要求，一经产生就得到了西方发达国家的大力支持，成为最重要的认证标准之一，并成为蓝色壁垒的代名词。SA8000 标准以尊重人权、保障人类健康和安全为目的，应该说有其合理性的一面，但另一方面，由于它具有很强的操作性，容易被滥用来实施贸易保护，从而影响到贸易的正常秩序并演化为一种新形式的贸易壁垒。

蓝色壁垒主要有 6 种表现形式：①对违反国际公认劳工标准的国家的产品征收附加税；②限制或禁止严重违反基本劳工标准的产品出口；③以劳工标准为由实施贸易制裁；④跨国公司的工厂审核（客户验厂）；⑤社会责任工厂认证；⑥社会责任产品标志计划。

蓝色壁垒增加了企业成本，削弱了出口产品的国际竞争力。实施 SA8000 标准对企业成本的影响主要体现在两个方面：一是认证成本，要获取 SA8000 认证，企业需要承担一笔不菲的认证费用，与 ISO 系列相比费用更高；二是整顿成本，为了迎接认证，企业必须在改善劳工的工作条件、提高工资等方面投入更多费用。此外，按常规获取 SA8000 认证一般需要 1 年时间，证书有效期为 3 年，每 6 个月复查一次。因此，争取 SA8000 认证对出口企业而言要耗费很多时间、精力以及管理费用和成本。

二、卫生与植物检疫措施

1. 卫生与植物卫生措施的含义

根据《实施卫生与植物卫生措施协议》，卫生与植物卫生措施（sanitary and phytosanitary measures），简称 SPS 措施，是针对食品安全和动植物健康所采取的直接或间接影响国际贸易的卫生与动植物检验检疫措施，包括：

（1）保护成员领土内的动物或植物生命健康免于受到病虫害和致病生物传入、定居或传播风险的措施；

（2）保护成员领土内的人类或动物生命健康免于受到食品、饮料或饲料中的添加剂、污染物、毒素或致病生物风险的措施；

（3）保护成员领土内的人类生命健康免于受到由动植物或动植物产品携带的病虫害传入、定居或传播风险的措施；

（4）防止或限制成员领土内因虫害传入、定居或传播所产生的其他损害的措施。

从产品范围看，SPS 措施主要与农产品和食品有关。近几十年来，国际上发生的疯牛病、禽流感等食品安全和动植物健康事件造成了国际食品安全信任危机；同时，随着世贸组织谈判的逐步推进，利用关税措施调节农产品贸易的操作空间受到明显挤压，因此各国更加积极地实施和利用 SPS 措施来调节农产品贸易。

2. 实施卫生与植物卫生措施协议

《实施卫生与植物卫生措施协议》（Agreement on the Application of Sanitary and Phytosanitary Measures，简称 SPS 协议）是在关贸总协定乌拉圭回合达成的一项协议，隶属于世贸组织多边货物贸易协议项下。SPS 协议既是单独的协议，又是《农业协议》的第八部分。乌拉圭回合以前，没有独立的 SPS 协议存在，对 SPS 措施的规定在很大程度上为东京回合所达成的 TBT 协议所涵盖。但在乌拉圭回合，SPS 协议与 TBT 协议相分离，成为一个单独的附属协议。

SPS 协议明确承认每个成员制定保护人类生命与健康所必需的法律、规定和要求的主权，但是得保证这种主权不得滥用于保护主义，不能成为贸易壁垒和惩罚措施。协议规定各成员政府有权采用卫生与植物卫生措施，但只能在一个必要范围内实施以保护人类及动植物的生命及健康，而不能在两个成员之间完全一致或相似的情况下，采取不公正的差别待遇。协议还鼓励各成员根据国标标准、指导原则和规范来建立自己的卫生与植物卫生措施。世贸组织根据协议规定，设立了卫生与植物卫生措施委员会（简称 SPS 委员会），负责协议的实施。

3. SPS 贸易壁垒作用机制

SPS 措施对农产品贸易的影响主要通过控制进口产品数量和削弱进口产品价格竞争力两种方式体现。控制进口产品数量指进口国规定只有符合本国相关 SPS 措施要求和标准的农产品及食品才能进入本国市场，这样本国 SPS 措施标准的高低和实施的严格程度就起到控制进口数量的作用。削弱进口产品价格竞争力是指进口国以保护本国国民和动植物安全与健康为由，对进入本国的他国农产品和食品的质量、生产加工过程、运输环节、包装标签、检验证书等提出一系列 SPS 措施要求，出口国的生产商为达到这些要求不得不在生产、包装和运输等环节增加投入，从而导致出口成本增加，国际竞争优势被削弱。

此外，SPS 措施还可以通过其他一些途径影响农产品贸易，包括：利用冗长繁复的检验检疫程序影响进口产品的新鲜程度，以削弱其在进口国的质量竞争力；通过 SPS 措施的制定和宣传引导消费者的选择偏好，为本国产品制造竞争优势等。

三、装船前检验和其他手续

装船前检验（pre-shipment inspection，PSI），1995 年之前也被称为"全面进口监管计划"，是指由进口国政府有关部门，如中央银行、财政部、商业部、外贸部、海关等联合颁布法令，指定一家或数家跨国检验机构对本国进口货物实行强制性的装船前检验，将指定检验机构签发的清洁报告书作为银行付汇、海关放行和征税的有效凭证之一。

装船前检验是世贸组织框架下的一种法定进口贸易核查措施。进口国政府实施装船前检验的主要目的是：

（1）防止商业欺诈行为，保证进口产品质量；

（2）防止资本外流和偷逃关税、套汇等不法行为；

（3）防止走私及禁止违禁物品输入；

（4）弥补行政管理机构的不足。

现在世界上有近30个国家（地区）实行这一制度，主要是一些比较贫穷落后的亚非拉国家，其中大部分为非洲国家。

装船前检验的主要内容包括：

（1）检验货物的品质、数量、重量、包装等与检验授权文件的符合性，必要时对经检验合格的货物进行监视装载；

（2）核查货物海关编码（HS Code）；

（3）评估货物价格以便进口国准确征税；

（4）签发检验证书。

未经装船前检验的货物进入实施装船前检验的国家，到港后的后果是进口商被海关处以1~2倍货物FOB价值的罚款，或货物被退回出口国，或货物到指定港口卸货实施检验检疫。

第七节　非技术性措施

一、价格控制措施

价格控制措施（price-control measures）是指对进出口的货物或服务强制执行限定价格的措施。价格控制之所以成为非关税贸易壁垒，是因为某一限定的价格把进出口货物或服务的价格提高到足以限制或阻止其进口的水平之上。价格控制措施主要有以下几种。

（1）最低限价（minimum import prices）。指进口国对某些产品如纺织品、服装的进口预先确定一个最低进口价格。低于该价格的进口会被禁止或被要求交纳额外关税或其他额外费用。最低限价也称门槛价格。

（2）参考价（reference prices）。指进口国预先确定一个进口价格作为判定进口价格的参考。例如农产品的参考价就是基于农场交货价格，农场交货价格是农产品离开农场时扣除了营销成本的净价。

（3）自愿出口价格限制（voluntary export-price restraints）。指按照进出口方达成的协议，出口方承担遵守协议所确定的最低价格的义务，以避免与主要进口国间的贸易摩擦。

（4）价格调查（price investigation）。指进口国政府对某些产品的进口价格或出口国不正当贸易行为的指控进行调查，不管调查的结果是否对出口国有利，调查本身已经起到了壁垒作用。

（5）海关额外费用（customs surcharges）。指除关税以外，海关特设的只针对进口产品征收的费用，目的主要是为了增加财政收入或保护本土产业。

（6）与政府服务有关的其他税费（additional taxes and charges levied in connection to services provided by the government）。指除关税和海关额外费用以外，与政府提供的服务有关的对进口产品另外征收的税费，如商品处理或储存费、外币兑换税、印花税、进口许可证费、领事发票费、统计税、船舶吨税等。对国内产品没有相应的类似收费。

（7）专断的海关估价（decreed customs valuations）。是指某些国家的海关为了达到增加进口货的关税负担、阻碍商品进口或征收关税的目的，人为地高估进口货物的完税价格。用专断的海关估价来限制商品的进口，美国最为突出。长期以来，美国海关是按照进口商品的外国价格（进口货在出口国国内销售市场的批发价）和出口价格（进口货在出口国市场供出口用的售价）两者之中较高的一种进行征税。这实际上提高了缴纳关税的税额。

二、数量控制措施

一国实施数量控制措施（quantity control measures）的目的主要是限制进口产品的数量，而不论进口产品来自何处。数量控制措施可采取非自动进口许可证、配额、禁令等形式。这里的数量控制措施不包含由于卫生、检验检疫或技术标准等而采取的非自动进口许可证、禁令等措施，它们应归为上一节中的 SPS 措施或 TBT 措施。

关贸总协定在原则上是禁止采用数量控制措施的。关贸总协定规定任何缔约国除征收捐税或其他费用外，不得设立和维持配额、进出口许可证或其他措施以限制或禁止其他缔约国领土产品的输入或本国向其他缔约国领土输出产品。但关贸总协定同时又同意对农渔产品实行必要的数量限制，并对因国际收支和保护幼稚产业而实施的数量限制做了规定，允许成员国为保障其对外金融地位和维持国际收支平衡，以及由于实施旨在提高就业水平和发展本国经济的国内政策，而在外汇储备严重下降的情况下，可以采用数量限制。关贸总协定还规定实施数量限制不得采取歧视性作法，即不能只针对某一特定国家或来源的进口商品实施。

（一）非自动进口许可证

非自动进口许可证（non-automatic import-licensing），又称特种进口许可证，是指对列入特种进口许可证项下的商品，进口商必须向有关当局提出申请，经逐笔审核批准并发给许可证后，才可进口。非自动进口许可证是非关税壁垒的一种常见手段。关贸总协定鉴于这种措施的普遍性，并未明文规定予以禁止，但要求其实施应该以公正、透明和可预见的方式进行，且不得在其应发挥作用的贸易限制之外再制造额外的贸易限制或有其他扭曲贸易的作用。

（二）进口配额

进口配额（import quotas）又称进口限额，是一国政府对于某些商品的进口数量或金额加以直接限制，超过配额的商品不许进口，或者被征收较高的关税或罚款才能进口。进口配额按不同的标准，有不同的分类法。

1. 按控制的力度和调节手段分

按控制的力度和调节手段，进口配额可分为绝对配额和关税配额。

绝对配额（absolute quotas）是一定时期内对某些商品的进口数量或金额规定一个最高限额，达到这个限额后，便不准进口。

关税配额（tariff quotas）是指在一定时期内，对商品的进口数量或金额规定一个限额，对于限额之内的进口商品给予低关税或免税待遇，对于超过限额的进口商品则征收高关税或附加税或罚款后再允许进口。许多发达国家和发展中国家都对农产品实施关税配额管理。

与关税配额相比，绝对配额限制更严，也更容易招致不满和报复。

2. 按商品的进口来源分

按商品的进口来源分，进口配额可分为全球配额、国别配额和进口商配额。

全球配额（global quotas）是属于世界范围的配额，对于来自任何国家或地区的商品一律适用。全球配额对货物来自哪些国家和地区不加限制，其方法是由主管当局按照进口商申请的先后或按以往的实际进口额发放一定的额度，直到总配额发放完为止。

国别配额（country quotas）是将总配额按国别和地区来分配一定的额度。为了区分来自不同国家和地区的商品，在进口时进口商必须提交原产地证明书。与全球配额不同的是，实行国别配额可以很方便地贯彻国别政策，具有很强的选择性和歧视性，进口国可根据其与其他国家的政治经济关系分别给予不同的额度。

进口商配额（importer quotas）是进口国政府把某些商品的配额直接分配给进口商。进口国为了加强垄断资本在对外贸易中的垄断地位和进一步控制某些商品的进口，将某些商品的进口配额在少数进口商之间进行分配。

3. 按实施的时间分

按实施的时间分，进口配额可分为永久配额、季节配额和临时配额。

永久配额（permanent quotas）是常年实施的、没有确切终止日期的配额，一年中的任何时候都可以申请。

季节配额（seasonal quotas）是常年实施的、没有确切终止日期的配额，但一年中只有给定的一段时间可以申请。

临时配额（temporary quotas）是指配额的实施有明确的时间期限，往往只有 1 至 2 年的时间。

（三）进口禁令

进口禁令（import prohibition）是一国政府对贸易采取的一种极端措施。为了解决经济贸易困难或其他原因，当一国政府感到通过其他方式无法阻止进口时，往往会颁布法令，禁止进口某些商品。一般而言，在正常经贸活动中，禁止进口的极端措施不宜贸然采用，因为这极可能引别国报复，从而酿成愈演愈烈的贸易战。

进口禁令可以分为完全进口禁令、季节进口禁令和临时进口禁令。

完全进口禁令（full prohibition）是指没有任何附加条件或资格的对某种商品的进口禁令。

季节进口禁令（seasonal prohibition）是指一年中有某一时段禁止进口某种商品，通常用于农产品，因为禁止进口的这段时间本国同类产品出产丰裕。

临时进口禁令（temporary prohibition）是指由于特殊缘由在给定的时期内禁止进口某种商品，包括暂停发放进口许可证。

进口禁令还有禁止从特定来源国进口、禁止敏感产品进口、禁止旧货和返修货进口、禁止大批量进口等形式。其中，禁止大批量进口是指商品不得仅仅装入大型包装容器，而必须装入小型零售包装中才可以进口，此举能增加单位商品的进口成本。

除了经济原因引起的进口禁令，还有宗教、道德、文化和政治原因导致的进口禁令，如禁止色情书刊进口或因为报复某国的核弹试验而禁止从该国进口商品。

（四）自动出口限制

自动出口限制（voluntary export restraints），又称自动出口配额制，是指出口国在某进口国的要求和压力下，"自动"规定某一时期内（一般 3~5 年）某些商品对该进口国的出口限额，在该限额内自行控制出口，超过限额即禁止出口。

自动出口配额制有非协议的自动出口配额和协议的自动出口配额两种形式。非协议的自动出口配额是指出口国政府并未受到国家间协议的约束，自动单方面规定对有关国家的出口限额。协议的自动出口配额是指进口国与出口国通过谈判签订自动出口限制协议或有秩序销售协议，规定一定时期内某些商品的出口配额。

三、超关税措施

超关税措施（para-tariff measures）是指以类似于关税的方式来增加进口产品成本的措施，比如征收一定百分比或固定金额的税费。超关税措施中最常见的是国内税。

国内税（internal taxes）是指一国政府对进口商品征收该国国内产品在流通过程中所纳税种的税金，例如对一般产品征收的消费税、营业税、增值税，对特定产品征收的奢侈品税、烟草税、酒类消费税等。此外，一些国家还对敏感产品征收国内税或其他国内费用，如排放费、（敏感）产品税和行政费，例如对汽车产品征收的二氧化碳排放费。一些国家往往采取国内税制度增加进口商品的纳税负担，以保护本国产品的竞争力，抵制进口商品的输入。例如，美国、日本和瑞士对进口酒精饮料征收的消费税都多于本国产品。

四、金融措施

金融措施（finance measures）是指用来管制进口外汇的获取及外汇成本，或规定付款方式的措施，主要有以下几项。

1. 进口押金制

进口押金制（advance payment requirement）指一国政府要求进口商在收货前，或提交进口申请及开立信用证时，将一定金额的货款或进口关税预存至指定银行，包括：

（1）进口货款押金制（advancing import deposit），又称进口存款制，是指进口商在开立信用证前或收货前，必须预先按进口金额的一定比率，于规定的时间在指定的银行无息存储一笔现金的制度。进口国可按进口商品的种类和性质，或按进口商品所属的国别和地区，来规定押金的收取比例。这种制度无疑加重了进口商的资金负担，其作用是政府可从进口商获得一笔无息贷款，进口商则因周转资金减少并损失利息收入而减少进口，从而达到限制进口的目的。

（2）进口关税押金制（advance payment of customs duties），指政府要求进口商提前预付全部或部分的进口关税，且对这笔押金不计息。比如在货物到达进口口岸三个月前就预付估算出的全部关税税额。

（3）可返还存款（refundable deposits），指政府针对敏感商品（如冰箱）要求其进口商存一笔款项至指定银行，当已使用的商品或容器被回收时，该笔款项将被返还。

2. 多重汇率

多重汇率（multiple exchange rates），又称复汇率，是外汇管制的一种产物，指一种货币（或一个国家）有两种或两种以上汇率，不同的汇率用于不同的国际经贸活动。在不同的历史时期，多重汇率制成为少数工业国和某些发展中国家的经济政策工具。例如，德国在 20 世纪 30 年代曾对战备物资的进口给予较优惠的汇率，对其他物品的进口则以较高的汇率来兑换。中国在 1979 年至 1984 年间经历了从人民币单一汇率到复汇率再到单一汇率的变迁，1985 年至 1993 年人民币外汇官方牌价与外汇调剂价格并存，其实是一种变相的复汇率。1994 年 1 月 1 日，人民币官方汇率与外汇调剂价格正式并轨。

3. 外汇分配管制

外汇分配管制（regulation on official foreign exchange allocation）主要包括：政府禁止为某些商品，如汽车、电视、珠宝的进口提供官方外汇；进口某种商品，如汽车，除了获取进口许可证外，还必须得到进口主管部门（如中央银行）的批准；进口商在海外银行存有外汇时才能得到某种产品（如纺织原料）的进口许可等。

4. 进口支付管制

进口支付管制（regulations concerning terms of payment for imports），指规定了进口支付条件及与进口信贷有关的法规。比如政府规定在货物到达进口口岸前，不准提前支付多于 50% 的货款。

五、影响竞争的措施

影响竞争的措施（measures affecting competition）包括进口的国家垄断和强制性本国服务要求。

进口的国家垄断，是指政府对某些商品的进口实行国家垄断经营，其形式包括国家设立专门的国营贸易公司或把商品的进口委托给某些垄断组织经营。世界各国对进口商品垄断的情况不尽相同，但归纳起来，主要集中在烟、酒、农产品和武器这几类商品上。

强制性本国服务要求，是指一国政府要求本国进口商品必须由本国保险机构承保或由本国运输企业实施国际运输。

六、与贸易有关的投资措施

世贸组织《与贸易有关的投资措施协议》规定：一项投资措施，如果是针对贸易的流向即贸易本身的，引起了对贸易的限制或损害作用，且这种作用是与关贸总协定有关规定不符的，就成为与贸易有关的投资措施（trade-related investment measures，

TRIMs）。所以，TRIMs 是指对贸易有限制或扭曲作用的投资措施，并不是泛指所有与贸易有关的投资措施。

TRIMs 主要包括本地成分要求和进出口平衡措施。《与贸易有关的投资措施协议》明确将这两者列为应予禁止的措施。

（1）本地成分要求（local content measures）指东道国规定外资企业用于生产的投入品中必须有一部分由东道国本国出产。如生产汽车时，本国生产的零部件必须占到全部使用零部件价值的至少 50%。

（2）进出口平衡措施（trade-balancing measures）指一国将外资企业的进口限定在该企业出口量或出口值的一定比例内。如政府规定一家公司只能以上一年度该公司出口收入的 80% 为上限来进口原料或其他产品。

七、流通限制

流通限制（distribution restriction）是指限制进口商品在进口国国内流通，往往是通过要求额外的许可证或证书的方式来进行，包括地理限制和分销限制。

地理限制指在进口国内进口产品的销售被局限在某些区域，比如进口饮料只能在设有饮料包装回收设施的城市进行销售。

分销限制是指进口商品的销售被限制给指定的零售商，例如汽车产品的出口商需要在进口国设立自己的零售点，因为在进口国现有的汽车经销商只能经销本国生产的汽车。

八、售后服务限制

售后服务限制（restrictions on post-sales services）是指限制出口商在进口国为其生产的产品提供售后服务，例如一国规定进口电视机的售后服务只能由本国的服务商来进行。

九、非出口补贴

非出口补贴又称生产补贴，是相对于出口补贴而言的。生产补贴与出口补贴最大的区别是：政府等机构提供出口补贴时，只对生产企业用于出口部分的产品给予补贴，而企业内销部分的产品是不能享受补贴的；但生产补贴则是政府给整个生产企业予以补贴，其产品无论是用于外销还是内销，均可享受政府等机构提供的补贴。

十、政府采购限制

政府采购限制（restriction on government procurement）是指政府采购过程中一国政府限制他国供应商及货物、服务和工程进入本国政府采购市场参与竞标和竞争的各种措施的总称。

政府采购的主体是政府，是一个国家内最大的单一消费者，购买力非常大。政府采购直接关系到国内外供应商的经济利益，对本国产业发展和对外贸易会产生重大影响。

政府采购限制主要表现为歧视性政府采购政策，又称"购买国货政策"，是指一些国家通过法令或虽无法令明文规定但实际上要求本国政府机构在招标采购时必须优先购买本国产品，从而导致对国外产品歧视与限制的做法。主要发达国家都有相应的歧视性政府采购政策规定，以保护本国生产者和提高国内就业水平。

十一、知识产权措施

这里的知识产权措施指的是贸易中与知识产权有关的措施。知识产权（intellectual property）是指在智力创造性劳动取得成果的条件下，为保护创造者利益，由法律赋予知识产权所有人对其创造性的智力成果所享有的专有权利。各种智力创造，比如发明、文学和艺术作品，以及在商业中使用的标志、名称、图像以及外观设计，都可被认为是某一个人或组织所拥有的知识产权。

当知识产权的排他性应用到跨国生产经营当中时，一国的知识产权保护政策就与进出口贸易联系起来了，成为各国重要的贸易政策之一。当知识产权固有的垄断性超出了合理范畴，扭曲了正常的国际贸易时，就成为知识产权壁垒。

十二、原产地规则

随着双边、区域性协议的迅速增加，作为这些协议实行前提和基础的原产地规则的重要性日益突出。与此同时，有越来越多的国家利用原产地规则作为新的非关税壁垒。

双边、区域性贸易协议的部分标准高于世贸组织的，因此容易对协议外的国家造成贸易歧视和排斥现象。双边、区域性贸易协议的履行要求一种区分机制来辨别产品是由受惠国还是非受惠国制造。原产地规则就是这样一种区分机制，其核心内容是判定原产地的标准。

目前，国际上的原产地规则和标准主要体现在两个多边国际条约中：一个是海关合作理事会于1973年在日本京都通过并于1974年生效的《简化并协调海关手续的国际公约》（通称为《京都公约》），该公约首次列示"全部产地生产标准"和3种"产品实质性改变标准"；另一个是世贸组织成员于1994年在乌拉圭回合达成的《原产地规则协议》，该协议仅涉及"非优惠性原产地规则"。

可见，原产地标准一般分为两种：一是"完全获得产品标准"，即"全部产地生产标准"，是指完全使用本国的原材料在本国范围内生产制造的产品以此国为原产地，这个标准比较严格，但是基本被世界各国所认同，在实践中少有争议；二是"实质性改变标准"，专门用于确定国际加工产品的原产地，其中包括税则归类改变标准、增值百分比标准、生产或加工工序标准。税则归类改变标准是指在最后一个国家（地区）生产加工后的产品对比使用的原材料、配件在税则归类目录发生了变动，则认为发生了"实质性改变"，此最后国（地区）为产品的原产地。增值百分比标准是指加工产品只有在某国（地区）加工后的产品增值部分达到一定的百分比或者使用的外国原料（或本国原料）低于（或高于）某个比例，则认为发生了"实质性改变"。生产或加工工序标准是指只要在某国进行了规定的生产或加工工序，就认为发生了"实质性改变"。

在经济全球化背景下，原产地规则用作非关税壁垒的趋势日益加强。例如，美国于1996年实施纺织品及服装新原产地规则，将成衣的原产地判定标准由"裁剪地"修改为"缝制地",面料由"染色和印花地"变成了"织造地"等,致使欧盟的布料、围巾和其他平面织物不再被认为原产于欧盟,不能再像原来一样免税进入美国市场。我国输美服装中有相当比重系采取由香港裁剪、内地缝制的加工贸易方式。美国 1996 年"缝制地"原产地规则将原本应视作原产于香港的服装记到我国内地出口企业名下,占用了我国本已十分有限的对美纺织品被动出口配额。很明显,该规则的实施直接损害了加工型和转口贸易型欠发达国家及地区的利益,而美国本土的纺织成衣企业则受到了庇护。①

第八节　出口管制与出口鼓励措施

在国际贸易中,与出口有关的非关税措施主要包括出口管制和出口鼓励两大类。

一、出口管制措施

出口管制(export control)是指国家通过法令和行政措施,对本国出口贸易实行管理和控制。一般而言,世界各国都会努力扩大商品出口,积极参与国际贸易活动。然而,出于某些政治、军事和经济上的考虑,各国都有可能限制或禁止某些战略性商品和其他重要商品输往国外,于是就有了出口管制。

1. 实行出口管制的原因

实行出口管制的原因是多方面的。

(1)政治原因。一些西方发达国家经常对与自己"敌对"或"不友好"的国家实行出口管制,特别是武器、军事设备、高技术和重要战略物资的出口受到了严格的限制。有时,联合国会对实施战争侵略的国家进行制裁。例如 1990 年伊拉克入侵科威特后,联合国安理会便通过了对伊拉克的全面禁运决议。

(2)军事原因。为了保证世界的和平和安全,国际社会通过了"核不扩散条约",各国都有义务对可能用于核武器制造的技术与装置、原料的出口实行出口管制。同样,国际社会也禁止生化武器的研究与使用,有关化学武器及原料的出口也会受到限制。

(3)经济原因。许多国家为了避免本国相对稀缺商品过量流失而造成不利影响,常常会对该类商品实行出口管制,以保证国内需要。此外,当一国的某些商品在国际贸易总额中占有很大比重时,为了控制、稳定国际市场价格及改善本国贸易条件,政府也会对此类商品实行出口管制。另外,一些发达国家为了保持对其他国家的技术领先地位,往往会对高新技术及相关产品出口实行限制。最后,为了缓和与进口国在贸易上的摩擦,在进口国的压力下,出口国会实行"自动"出口限制。

(4)其他原因。有的国家为了保护地球生态环境和濒危特种,会对一些物资进行全球性的贸易禁运。有的国家为了保护历史文物,对一些特殊商品实行出口管制。还有

---

① 陈硕颖. 解读 WTO 原产地规则——其产生、影响及完善 [J]. 经济与管理,2003(9):56-57.

国家为了人权目的，禁止劳改商品的出口。

2. 出口管制的商品

需要实行出口管制的商品主要有以下几类。

（1）战略物资及有关的尖端技术和先进技术资料，如军事设备武器、军舰、军用飞机、先进的电子计算机和通信设备及有关技术等。大多数国家对这类商品及其相关技术实行严格的出口管制，甚至禁止出口。

（2）国内生产所需的原材料、半成品及国内供应明显不足的某些必需品。这些商品在国内本来就比较稀缺，倘若允许其自由流往国外，只能加剧国内的供给不足，从而导致市场供需失衡，严重阻碍经济发展。例如西方发达国家大多对稀有金属、石油和天然气、煤等物品实行出口管制，乃至禁止出口。2012年，面对日趋严厉的西方制裁，伊朗为保证必需品供给而禁止大约50种基本商品的出口，包括小麦、面粉、糖、牛羊肉、铝、钢锭等。

（3）实行自动出口限制的商品。如日本对出口美国的汽车、钢铁等实行限制，以符合自动出口限制协议的规定。

（4）为了维护正常出口价格秩序而实行主动限制的商品。例如我国为防止出口企业低价竞争，破坏正常市场价格秩序，目前对维生素C、青霉素、工业盐实行出口许可证管理。

（5）本国在国际市场上占主导地位的重要商品和出口额大的商品。对这类商品实行出口管制对发展中国家来说尤为重要。因为许多发展中国家出口商品单一，出口市场相对集中，出口价格容易出现大起大落。当出口价格下跌时，发展中国家会控制该商品的过多出口，从而促使这种商品的国际市场价格回升，提高出口收益。例如石油输出国组织（OPEC）会对其成员国的石油产量和出口量进行控制，以稳定国际市场油价。

（6）某些重要的历史文物以及艺术品、黄金、白银等特殊商品。各国出于保护本国文化艺术遗产和弘扬民族精神的需要，一般都要禁止该类商品输出，即使可以输出，也实行比较严格的管理。如英国政府规定，古董和艺术品的生产制作年代比出口日期早100年以上者，必须申领出口许可证方能出口。这类出口许可证的申领特别困难，基本上等于禁止出口。

（7）被列入制裁范围的出口商品。如2013年3月，联合国安理会一致通过对朝鲜核试验的制裁决议，除了武器及相关产品，首饰类商品（镶珍珠首饰、珠宝、宝石和半宝石、用贵金属制作或包裹的首饰）及交通类商品（游艇、豪车、箱型车、赛车）也被列入禁止向朝鲜出口的名目。

（8）为保持生态平衡而进行保护的某些珍稀动植物本身及其制品，如象牙、犀牛角、虎骨等。

3. 出口管制的形式

出口管制可分为单方面出口管制和多边出口管制两种形式。

单方面出口管制是指一个国家根据本国的出口管制法案，设立专门的执行机构，对本国某些商品的出口进行数量限制，采取的措施有出口许可证、出口配额、出口禁令。中国由商务部授权配额许可证事务局负责管理全国出口许可证发证机构及出口许可证的签发工作、并监督检查。

多边出口管制是指一些国家政府，出于共同的政治和经济目的，通过一定的方式建立国际性的多边出口管制机构，商讨和编制多边出口管制货单和出口管制国别，规定出口管制的办法等，以协调彼此的出口管制政策和措施。然后由参加国依据上述精神，自行办理出口商品的具体管制和出口申报手续。例如，过去的巴黎统筹委员会就是这样一个典型的国际性多边出口管制机构。

4. 出口管制主要措施

各国实施出口管制的措施主要有以下 5 种。

（1）出口许可证（export license）。出口许可证按出口管理的松紧程度可分为一般许可证和特殊许可证。一般许可证项下的商品，出口管理较松，出口商事先无须向有关机构申请，只要在填写出口报关单时，填明管制货单上该商品的一般许可证编号，经海关核实，就可办妥一般出口许可证手续。特种许可证项下的商品，出口管理很严，出口商必须事先向有关机构申请，还须附上有关证件，经国家有关机构批准后才能办理。

（2）出口配额（export quotas）。出口配额是指一国政府在一定时期内对某些商品的出口数量或金额规定一个最高限额，限额内商品可以出口，限额外商品不准出口或者予以处罚。一国对出口配额的分配可采取出口配额许可证或出口配额招标的方式。出口配额有主动配额和被动配额两种。主动配额指出口国根据国内市场容量和某种情况对某些商品的出口规定限额。如 2010 年俄罗斯森林火灾蔓延期间，时任俄总理普京下令对部分农林产品限制出口。被动配额指一国在某国的要求或压力下，在一定时期内自动限制本国的某些商品对该国的出口数额，超过规定的数额则禁止出口，即前面所讲的"自动出口配额制"。"自动出口配额制"既是一种出口管制措施，也是一种进口非技术性壁垒。

（3）出口禁令（export prohibition）。出口禁令即对某些产品的出口从法规上进行直接的禁止。例如，作为全球镍矿、铁矿、铝土矿等金属矿产的重要出口国，印度尼西亚自 2014 年 1 月 12 日起正式实施原矿出口禁令，原矿必须在印度尼西亚本土进行冶炼或精炼后方可出口。印度尼西亚通过该禁令是为了将更多矿产加工环节限制在本国境内以增加矿产品的出口附加值，并为本国提供更多就业岗位。中国严重依赖从印度尼西亚进口矿石生产含镍生铁，印度尼西亚的原矿出口禁令对中国相关行业产生了较大影响[1]。

（4）出口国家垄断。例如发达国家往往把对农产品的对外垄断销售作为国内农业政策的一部分。

（5）出口国检测和证书要求。出口国检测指出口国对本国出口产品进行质量等方面的监控。例如，贵州检验检疫局对茅台酒的生产实施过程监督检验，以保证茅台酒的安全和卫生质量为目的，对茅台酒从原料、生产加工、检验到产品出口实施全过程监督检验。出口国证书要求是指出口国要求某些产品的出口必须获得相应的检验证书，如出口活动物必须要获得出口兽医健康证书。

5. 出口管制的程序

---

① 印尼原矿出口禁令生效　中国企业转运澳矿备货［N］. 东方早报，2014-01-13.

一般来说，西方国家出口管制的程序是国家有关机构根据出口管制的有关法案，制定管制货单（commodity control list）和输往国别分组管制表（export control country group），然后采用出口许可证等具体办法来办理出口申报手续。

西方国家的出口管制，不仅是国家管理外贸的一种经济手段，也是对外实行差别待遇和歧视政策的政治工具。20 世纪 70 年代以来，各国的出口管制有所放松，特别是出口管制的政治倾向有所减弱，但它仍作为一种重要的经济手段和政治工具而存在。

二、出口鼓励措施

鼓励出口措施是指出口国家的政府为了促进本国商品的出口，开拓和扩大国外市场，在经济、行政和组织等方面采取的措施，主要包括以下 7 种。

1. 出口信贷

出口信贷（export credit）是出口国的官方金融机构或商业银行为了鼓励本国商品出口，提高商品的竞争能力，以优惠条件向本国出口商、外国进口商或银行提供的贷款。通常将 1 年以内的出口信贷列为短期，1~5 年期限的出口信贷列为中期，5 年以上者列为长期。短期出口信贷主要用于支持消费品、原材料、小型设备的出口；中、长期出口信贷大多用于支持金额大、生产周期长的资本货物，如机器、船舶、飞机、成套设备等的出口。

出口信贷按借贷关系分为两种。

（1）卖方信贷（supplier's credit），指出口方银行向本国出口商提供的贷款。这种贷款协议由出口商与银行签订。由于机器设备、船舶等商品出口所需的资金额大、时间长，进口商一般都要求采用延期付款的方式。出口商为加速资金周转而向银行贷款，其向银行支付的利息、费用有的通过货价外加价，有的包括在货价中从而转嫁给进口商负担。可见，卖方信贷是银行直接资助本国出口商向外国进口商提供延期付款，以促进商品出口的一种方式。

（2）买方信贷（buyer's credit）是指由出口商国家的银行向进口商或进口商国家的银行提供，用以支付进口货款的一种贷款。其中，由出口方银行直接贷给进口商的，出口方银行通常要求进口方银行提供担保；如由出口方银行贷款给进口方银行，再由进口方银行贷给进口商或使用单位的，则进口方银行要负责向出口方银行清偿贷款。买方信贷是一种约束性贷款，其附带条件是贷款必须用于购买债权国的商品，即贷款的提供与商品的出口是直接相联系的，因此成为一些国家政府推动本国出口的重要贸易策略。

2. 出口信贷国家担保制

出口信贷国家担保制（export credit guarantee system）是一国政府设立专门机构，对本国出口商和商业银行向国外进口商或银行提供的延期付款商业信用或银行信贷进行担保，当国外债务人由于政治原因（如进口国发生政变、革命、暴乱、战争以及政府实行禁运、冻结资金或限制对外支付等）或经济原因（如进口商或借款银行因破产倒闭无力偿付、货币贬值、通货膨胀等）不能付款时，由这个专门机构按承保金额给予补偿。国家通过这项措施来替出口商承担风险，以鼓励出口商扩大出口和争夺国外市场。

对出口信贷进行担保往往要承担很大的风险。由于该措施旨在为扩大出口提供服务以减轻出口商和银行的负担，收费并不高，因此，往往会因保险费收入总额不抵偿付总额而发生亏损。严重的亏损情况使得私人保险公司不愿也无力经营，所以对出口信贷进行担保只能由政府来经营和承担经济责任。

3. 出口补贴

出口补贴（export subsidy）又称出口津贴，是一国政府为了降低出口商品的价格，增加其在国际市场的竞争力，在出口某商品时给予出口商的现金补贴或财政上的优惠待遇。由于出口补贴是政府对市场的一种干预，得到补贴的出口被视为一种不公平竞争，因此在世贸组织中出口补贴受到严格限制，但对农产品的出口补贴除外。政府对出口商品提供出口补贴有以下两种基本方式。

（1）直接补贴。直接补贴（direct subsidy）是指出口某种商品时，直接付给出口商的现金补贴，主要来自财政拨款。其目的是弥补出口商品国内价格高于国际市场价格所带来的亏损，或者补偿出口商所获利润率低于国内利润率所造成的损失。有时候，补贴金额还可能大大超过实际的差价或利差，这已包含出口奖励的成分，同一般的出口补贴不可同日而语。

（2）间接补贴。间接补贴（indirect subsidy）是指政府对某些出口商品给予财政上的优惠，从而间接地推动本国商品的出口，如退还或减免出口商品的销售税、增值税和盈利税等国内税，对进口原料或半成品加工再出口给予暂时免税或退还已缴纳的进口税，对出口商品免征出口税，延期付税以减轻出口商品的税收负担，实行运费优惠以降低出口商品成本等。

对于出口国或地区，从长期、动态的角度看，出口补贴一方面由于补贴支出导致出口国福利的损失，另一方面则可以扩大生产和出口，增加外汇收入。对于进口国而言，一方面可以获得更便宜的供给来源，但另一方面对于国内的进口竞争产业则可能造成伤害，这成为反补贴的一个重要理由。

由于各国都执行"奖出限入"的政策，纷纷采取形形色色的补贴措施以促进本国产品出口，而进口国政府往往采用征收反补贴税的手段来抵制和消除补贴行为对进口国有关产业的损害，因此补贴与反补贴已成为当今国际经贸关系中的一个突出问题。

4. 商品倾销

商品倾销（dumping）是指出口商在国际市场上以低于国内市场的价格，甚至低于商品生产成本的价格抛售商品，打击竞争者以占领市场的行为。根据《反倾销协议》的规定，如果符合以下任何一条，则可以被确认是倾销行为：①低于相同产品在出口国正常情况下用于国内消费时的可比价格；②如果没有这种国内价格，则低于相同产品在正常贸易下向第三国出口的最高可比价格；③低于产品在原产国的生产成本加上合理的管理费、销售费、运输费等费用和利润。

实行商品倾销的具体目的在不同情况下有所不同。有时是为了打击或摧毁竞争对手，以扩大和垄断市场；有时是为了保护国内供求关系平衡，维持产品较高的国内市场价格，将国内市场容纳不下的产品低价出口；有时是为了建立新的销售市场；有时是为了阻碍国外同种产品或类似产品的生产和发展，以继续维持本国在国际上的垄断地位；

有时是为了推销过剩产品，转嫁经济危机；有时是为了打击发展中国家的民族经济，以达到经济上、政治上的控制目的。

按照倾销的具体目的，商品倾销可以分为三种。

（1）偶然性倾销（sporadic dumping），是指某些季节性商品销售旺季已过，或公司改营其他业务等短期原因，对在国内市场上存积的大量无法销售的剩余货物，在国际市场上以不正常低价进行抛售。这种倾销对进口国的同类生产当然会造成不利影响，但由于时间短暂，进口国通常较少采用反倾销措施。

（2）掠夺性倾销（predatory dumping），又称为间接性倾销（intermittent dumping），是指以倾销作为打垮国外竞争对手、占领国外市场的手段，在达到目的后提高价格，获得垄断高额利润的倾销。这种倾销严重地损害了进口国的利益，因而许多国家都采取反倾销税等措施进行抵制。

（3）持续性倾销（persistent dumping），又称长期性倾销（long-run dumping），是无限期地、持续地以低于国内市场的价格在国外市场销售商品。它一般由国家的出口补贴作为后盾，或者厂商具有垄断地位，倾销者往往利用规模经济来扩大生产以降低成本，有的出口厂商还可以通过获取本国政府的出口补贴来进行这种倾销。

5. 外汇倾销

外汇倾销（exchange dumping）是指一国降低本国货币对外国货币的汇价，使本国货币对外贬值，从而达到提高出口商品价格竞争力和扩大出口的目的。外汇倾销是向外倾销商品和争夺国外市场的一种特殊手段。实行外汇倾销的国家往往也是外汇管制的国家。

在本币贬值的条件下，用外国货币表示的本国出口商品的价格降低，在国外市场对本国出口商的价格弹性较高的条件下，价格的降低会引起对本国出口商品需求的大增，从而增加出口收入。同时因本币贬值，进口商品的价格上涨，削弱了进口商品的竞争力，限制了进口。因此，外汇倾销起到了促进出口和限制进口的双重作用。

6. 促进出口的组织措施

一国行政当局可以通过建立专门机构或组织特定活动来促进出口，如成立专门机构研究和制定出口战略，组织贸易中心或展览会，建立商业情报网，组织贸易代表团出访或接待来访，组织出口商的评奖活动等。

7. 经济特区

为了扩大出口，许多发达国家和发展中国家通过采取设立经济特区的方式来促进本国的出口和出口导向型产业的发展。

经济特区（special economic zone）是一国政府为了吸引外资或跨国企业入驻而设立的法律比本国更为宽松或具有优惠经济发展条件的区域，可在对外经济活动中，采取更为开放的政策。经济特区涵盖范围较广，具体可分为出口加工区（export processing zone）、自由港（free port）、自由贸易区（free trade zone）、保税区（bonded zone）、自由边境区（free perimeter）、过境区（transit zone）、工业园区（industrial park）和城市企业区（urban enterprise zone）等。

一国设立经济特区大多是为了使本国能够适应全球化并从中获益，进而改善本国经济生活水平和保护本土文化及产业不至于因受全球化影响而加速流失破坏。在冷战时期，亚洲的中国台湾地区、中国香港地区、韩国和新加坡充分运用经济特区策略而成就了"亚洲四小龙"的奇迹。苏联解体之后，许多社会主义阵营国家不是跟着崩溃，就是开始采取设立经济特区的政策。经济特区最为著名和成功的例子是中国的深圳。

中外经济特区都具有如下特点：①在国内划出一定地区，一般选择在港口附近、交通方便的地方，以有利于货物流转，节省费用，降低成本；②在对外经济活动中推行开放政策，并采用减免关税的办法以吸引外资；③为外商创造方便安全的投资环境，订立优惠条例和保障制度；④产品以外销为主；⑤集中管理，特区行政管理机构有权制定因地、因时制宜的特区管理条例；⑥区内企业享有相当的自主权。

❋　本章小结　❋

国际贸易政策是世界各国或地区在其社会经济发展战略总目标下，运用经济、法律和行政等手段，对贸易活动进行管理、调节的原则、依据和措施体系。国际贸易政策的基本要素主要包括政策主体、政策客体、政策目标、政策内容和政策手段五个方面。

各国的对外贸易政策一般由以下四个方面构成：对外贸易总政策、进出口商品政策、利用外资和对外投资政策以及国别政策。各国政府一般会根据不同历史时期国内和国际政治经济形势的变化而调整对外贸易政策。从一国对外贸易政策的内容、结果和实施情况看，各国对外贸易政策可以分为三种类型：自由贸易政策、保护贸易政策和协调管理贸易政策。

关税是各国管理对外贸易、调整国家间经贸关系的重要手段之一。按照征收的对象和商品流向，关税可以分为进口关税、出口关税、过境关税和进口附加税。其中，进口关税、出口关税、过境关税统称为关税的正税。按照差别待遇和特定的实施情况，进口正税可分为普通关税、最惠国关税、协定关税、特惠关税和普惠制关税。按征税目的分，关税可以分为财政性关税、保护性关税、惩罚性关税和报复性关税。按征收方法分，关税可分为从量税、从价税、混合税、滑准税、差价税和季节税。

关税水平是指一个国家进口关税的平均税率，用以衡量或比较一个国家进口关税对国内产业的一般保护程度。关税水平的计算方法有算术平均法和加权平均法两种。关税的保护程度是衡量或比较一个国家对进口商品征收关税给予该国经济保护所达到的水平。这种水平可以用名义保护率和有效保护率来表示。

非关税措施指的是除关税以外，能够改变国际交易商品的数量或价格或这两者，从而对国际贸易产生经济影响的政策措施。它不仅包含限制贸易的政策与法规，也包含促进贸易的政策措施。2013 年，联合国贸发会议将非关税措施分成了 16 组：（A）卫生与动植物检疫措施，（B）技术性贸易壁垒，（C）装船前的检验和其他手续，（D）价格控制措施，（E）非自动许可、配额、进口禁令及其他数量控制措施，（F）国内税和其他国内费用等超关税措施，（G）金融措施，（H）影响竞争的措施，（I）与贸易有关的投资措施，（J）流通限制，（K）售后服务限制，（L）非出口补贴，（M）政府采购限制，（N）知识产权，（O）原产地规则，以及（P）出口相关措施，其中前 15 组（A—O）

属于进口非关税措施。进口非关税措施又可归为技术性措施（A—C）和非技术性措施（D—O）两大类。

✳ 练习题 ✳

一、名词解释

国际贸易政策　对外贸易总政策　协调管理贸易政策　关税　进口附加税　反倾销税　反补贴税　最惠国关税　普惠制关税　从量税　从价税　关税的名义保护率　关税的有效保护率　关税结构　关税升级　非关税措施　技术性贸易壁垒　卫生与动植物检疫措施　装船前检验　进口许可证制度　进口配额　自动出口限制　出口管制　出口配额　出口信贷　出口信贷国家担保制　商品倾销　外汇倾销　经济特区

二、单选题

1. 15—17 世纪资本主义生产方式准备时期，英国主要实行的是（　　），18 世纪中叶至 19 世纪末，资本主义进入自由竞争时期，这一时期英国主要实行的是（　　）。

  A. 重商主义政策   B. 自由贸易政策

  C. 闭关锁国   D. 协调管理贸易政策

2. 18 世纪中叶至 19 世纪末，资本主义进入自由竞争时期，这一时期美国和德国主要实行的是（　　）。

  A. 重商主义政策   B. 幼稚产业保护政策

  C. 保护贸易政策   D. 协调管理贸易政策

3. 从第一次世界大战爆发到第二次世界大战结束的 32 年中，垄断资本主义国家采取了（　　）。

  A. 重商主义政策   B. 自由贸易政策

  C. 超贸易保护政策   D. 协调管理贸易政策

4. 贸易政策的制定者和实施者指的是贸易政策的（　　）。

  A. 政策主体   B. 政策客体

  C. 政策目标   D. 政策手段

5. （　　）不属于关税的正税。

  A. 进口关税   B. 进口附加税

  C. 出口关税   D. 过境关税

6. 下列关税中，税率平均水平最高的是（　　）。

  A. 普惠制关税   B. 普通关税

  C. 最惠国关税   D. 特惠关税

7. （　　）是对来自特定国家和地区的进口商品给予特别优惠的低关税或免税待遇。

  A. 普惠制关税   B. 最惠国关税

  C. 协定关税   D. 特惠关税

8. （　　）是按商品的重量、数量、长度、容量和面积等计量单位为课税标准计征的关税。

  A. 从量税   B. 从价税

  C. 混合税   D. 滑准税

  9. 如果一国的关税结构具有升级现象，则该国关税的有效保护程度一般（　　　）名义保护程度。

  A. 等于   B. 小于

  C. 大于   D. 说不准是大于还是小于

  10. 进口非关税措施中不能归为技术性措施的是（　　　）。

  A. 卫生与植物卫生措施   B. 技术性贸易壁垒

  C. 装船前的检验和其他手续 D. 政府采购限制

  11. 原产地标准中的实质性改变标准不包括（　　　）。

  A. 税则归类改变标准   B. 增值百分比例标准

  C. 生产或加工工序标准   D. 全部产地生产标准

  12. 长期以来，美国海关是按照进口商品的外国价格（进口货在出口国国内销售市场的批发价）或出口价格（进口货在出口国市场供出口用的售价）两者之中较高的一种进行征税，这属于进口价格控制措施中的（　　　）。

  A. 最低限价   B. 专断的海关估价

  C. 自愿出口价格限制   D. 海关额外费用

  13. 下列各种贸易限制措施中，不属于非关税壁垒措施的是（　　　）。

  A. 进口押金制   B. 普通关税

  C. 国内税   D. 政府采购限制

三、多选题

  1. 按政策主体范围的不同，国际贸易政策可以分为（　　　）。

  A. 单边贸易政策   B. 多边贸易政策

  C. 自由贸易政策   D. 诸边贸易政策

  2. 各国的对外贸易政策一般由（　　　）构成。

  A. 利用外资和对外投资政策 B. 对外贸易总政策

  C. 国别政策   D. 进出口商品政策

  3. 从一国对外贸易政策的内容、结果和实施情况看，各国对外贸易政策可以分为（　　　）。

  A. 保护贸易政策   B. 自由贸易政策

  C. 协调管理贸易政策   D. 多边贸易政策

  4. 资本主义自由竞争时期，采取保护政策来保护本国幼稚产业发展的典型国家是（　　　）。

  A. 英国   B. 美国

  C. 法国   D. 德国

  5. 以下属于关税正税的是（　　　）。

  A. 进口关税   B. 进口附加税

C. 出口关税　　　　　　　　　　　D. 过境关税

6. 以下属于进口附加税的是（　　　）。
　　A. 紧急关税　　　　　　B. 特别紧急关税
　　C. 反倾销税　　　　　　D. 反补贴税　　　　　E. 报复性关税

7. 按照差别待遇和特定的实施情况，进口正税可分为（　　　）。
　　A. 普通关税　　　　　　B. 最惠国关税
　　C. 协定关税　　　　　　D. 特惠关税　　　　　E. 普惠制关税

8. 按征税目的分，关税可以分为（　　　）。
　　A. 财政性关税　　　　　B. 保护性关税
　　C. 惩罚性关税　　　　　D. 报复性关税　　　　E. 最惠国关税

9. 以下属于按征收方法分的关税类别有（　　　）。
　　A. 从价税　　　　　　　B. 混合税
　　C. 普通关税　　　　　　D. 从量税　　　　　　E. 滑准税

10. 下列属于非关税措施特征的有（　　　）。
　　A. 有效性　　　　　　　B. 隐蔽性
　　C. 歧视性　　　　　　　D. 灵活性

11. 按商品的进口来源分，进口配额可分为（　　　）。
　　A. 关税配额　　　　　　B. 全球配额
　　C. 国别配额　　　　　　D. 进口商配额

12. 按实施的时间分，进口配额可分为（　　　）。
　　A. 永久性配额　　　　　B. 进口商配额
　　C. 季节性配额　　　　　D. 临时性配额

13. 与贸易有关的投资措施主要包括（　　　）。
　　A. 本地成分要求　　　　B. 进口的国家垄断
　　C. 进出口平衡措施　　　D. 多重汇率

14. 影响竞争的措施主要包括（　　　）。
　　A. 多重汇率　　　　　　B. 进口的国家垄断
　　C. 强制性本国服务要求　D. 进口押金制

15. 出口信贷按借贷关系可分（　　　）。
　　A. 无担保信贷　　　　　B. 担保信贷
　　C. 卖方信贷　　　　　　D. 买方信贷

16. 按照倾销的具体目的，商品倾销可以分为（　　　）。
　　A. 外汇倾销　　　　　　B. 偶然性倾销
　　C. 掠夺性倾销　　　　　D. 持续性倾销

四、简答题

1. 国际贸易政策的五个基本要素是什么？

2. 协调管理贸易政策与自由贸易政策和保护贸易政策的主要区别是什么？

3. 一个国家究竟选择何种类型的国际贸易政策主要取决于哪些因素？

4. 协调管理贸易政策在实施过程中有哪些主要表现？

5. 关税具有哪些特征？

6. 从量税有什么特点？

7. 从价税有什么特点？

8. 自动出口配额制和进口配额制的不同主要表现在哪些方面？

9. 各国实施出口管制的措施主要包括哪些种类？

❋ 课外思考实践题 ❋

1. 当今国际贸易政策的发展趋势是什么？请举例说明。

2. 当今世界主要国家的关税政策有何发展？请举例说明。

3. 为什么会出现关税升级的现象？

4. 分析西方国家为何要针对中国实行高科技产品的出口管制。

第七章　国际贸易秩序

☞【学习目标】

学习完本章后，你应该能清楚地知道：

（1）国际贸易条约与协定的含义、主要法律条款和主要类型；

（2）区域经济一体化的含义、分类及相关理论；

（3）世界上主要的区域经济一体化组织及中国参与区域经济一体化的情况；

（4）区域经济一体化对国际贸易的影响和区域经济一体化的最新发展；

（5）世界贸易组织的宗旨、目标、职能和基本原则；

（6）世界贸易组织的组织机构和运行机制。

第一节　贸易条约与协定

☞【案例导入】

约翰·比尔公司诉美国海关案

约翰·比尔公司是美国的一家生产自行车的公司。该公司指控美国政府在对德国产自行车零件的关税征收方面违反了 1925 年 10 月 25 日美国与德国之间签订的贸易条约。根据该条约的规定，缔约双方在进口方面无条件地给予对方不低于任何其他第三方的待遇。当时，美国对从其他国家进口的自行车零件征收 30% 的关税，对从德国进口的同类产品征收 50% 的关税。诉讼结果为美国法院最后判决美国政府对从德国进口产品实行不平等待遇违反了美德贸易条约的规定。

☞ 思考：

美国对从德国进口自行车零件征收高于从其他国家进口同类产品的关税，违反了美德贸易条约中的条款，请问该条款属于什么性质的条款？

为了使国家间的贸易关系能够持续稳定发展，各国通过相互签订贸易条约与协定的方式确定相互权利与义务，并以此来进行国际贸易政策方面的协调，形成并维持良好的国际贸易秩序。世贸组织是目前协调各国贸易事务的最大国际组织，为国际贸易的正常运行提供了全球化的规则保证，是现今世界多边贸易体制的基石。但是，随着世界经贸形势的变化及世贸组织成员的增多，多边贸易体制在发展中面临着诸多严峻挑战，多哈

168

回合贸易谈判困难重重，进展迟缓，于是各国开始更多地寻求通过区域性贸易安排来实现贸易自由化的目标。订立区域性贸易协定，乃至进行更高级别的区域性经济合作，成为当今世界经济发展的重要特征。

一、贸易条约与协定的含义

贸易条约与协定（commercial treaties and agreements）是两个或两个以上的国家、地区或贸易集团为了确定彼此的经济贸易关系，规定贸易双方应履行的基本权利与义务而缔结的书面协议。它体现了缔约方对外政策的要求，并为实现缔约方的对外贸易政策服务。贸易条约与协定已成为国际贸易制度的重要内容。

二、贸易条约与协定的发展历史

从历史上看，早在资本主义出现以前就有了贸易条约与协定。公元前508年，罗马与迦太基签订的条约中就有贸易方面的条款。10世纪时，俄罗斯公爵与拜占庭曾缔结过条约，条约中除一般和平条款外，也有贸易方面的条款。到了资本主义生产方式准备时期，一些欧洲国家贯彻重商主义，为了限制进口，鼓励出口，保护本国工场手工业，就用贸易条约和协定作为争夺市场和保障自己有利条件的手段。如英国在1654年与葡萄牙缔结了贸易条约，规定葡萄牙在其海上贸易中必须只能租用英国船舶。1707年，英国和葡萄牙又缔结麦图安贸易条约，规定葡萄牙许可英国毛呢进口，而英国降低葡萄牙酒类进口税。

资本主义自由竞争时期，随着国际贸易的发展，各国之间对于关税的税率、船舶往来各口岸的待遇、一国商人在另一国经营贸易的条件等都复杂到必须通过一定的法律形式来加以调整的程度，这样贸易条约的缔结就更为必要。因此在资本主义自由竞争时期，贸易条约不仅在数量上大为增加，在内容上也远较以往复杂。这时的贸易条约与协定从形式上看是平等的，但事实上，由于缔约国在条约或协定中所占的经济利益往往靠缔约国的经济实力作为后盾，不同缔约国从条约或协定中获得的好处是有差别的，强者多获利，弱者少获利。

到了帝国主义时期，帝国主义垄断组织为追求高额利润更需要利用贸易条约和协定作为实现对外经济扩张，夺取销售市场、原料来源和投资场所的重要手段。帝国主义国家与经济不发达国家间的不平等贸易条约和协定成为帝国主义国家剥削、奴役落后弱小国家的工具。1840年，英国侵略者为保护所谓的鸦片贸易，依仗其船坚炮利，发动了侵略中国的鸦片战争，并迫使清政府于1842年签订了丧权辱国的《南京条约》，中国除了割地赔款外，还开放广州、厦门、福州、宁波、上海为通商口岸，英国商人进出口货物缴纳的税款由两国商定。此外，1844年清朝与美国签订的第一个不平等条约——《望厦条约》规定，美国兵船可任意到中国各通商港口巡查贸易。

第二次世界大战后，经济全球化的趋势使得各国经济的相互依赖加深，各国间的贸易条约与协定数量成倍上升，且涉及的经贸内容更加广泛。1947年，美国联合23个国家在瑞士日内瓦签订了临时性的、用于调整和规范缔约国之间关税水平和经贸关系方面相互权利与义务的多边国际协定，即关税与贸易总协定。欧洲国家认识到战争给人类造成的破坏，为了和平，也为了在美苏争霸的夹缝中生存，1957年3月25日，法国、联邦德国、意大利、荷兰、比利时、卢森堡6国在意大利首都罗马签订了《罗马条约》，欧洲联合自强的经济一体化进程由此发端。此后，世界许多国家也效仿欧洲，开始签订各种层次的区域经济一体化协定。战后，许多发展中国家为了维护国家主权和保护民族经济的发展，在平等互利的基础上与其他国家签订了一些贸易条约与协定。社会主义国家为了发展同世界各国的经贸关系，促进社会主义经济建设和对外贸易的发展，根据独立自主的原则，在平等互利的基础上与许多国家签订了贸易条约和协定。

三、贸易条约与协定的主要法律条款

在贸易条约与协定中最常见的法律条款有两个。

（一）最惠国待遇条款

1. 最惠国待遇条款的含义与种类

最惠国待遇条款（most-favored nation treatment，MFNT）是指缔约国的一方现在或将来给予任何第三方的特权、优惠或豁免，也同样给予缔约对方。

最惠国待遇可分为无条件最惠国待遇和有条件最惠国待遇两种。前者是指缔约国现在和将来给予任何第三方的优惠和豁免应立即自动地、无条件地给予缔约对方；后者则是指如果缔约国一方给予第三方的优惠和豁免是有条件的，缔约的另一方必须提供同等条件才能享受这种优惠和豁免。目前，较为常用的是无条件最惠国待遇。

最惠国待遇应当是平等的、相互的。但历史上，帝国主义国家同殖民地半殖民地国家签订的贸易条约中最惠国待遇往往是片面的、不平等的。帝国主义国家要求殖民地给予其最惠国待遇，而殖民地国家不能享有帝国主义宗主国提供的最惠国待遇。例如，1843年中英《虎门条约》规定：中国今后如有"新恩施及各国，亦准英人一体均沾"，即为中国近代给予外国侵略者片面最惠国待遇的开始。二战后，随着民族独立和解放运动的高涨，国际形势发生了深刻变化，发达资本主义国家无法像过去那样把片面的、不平等的最惠国待遇条款强加于人，在与发展中国家签订贸易条约与协定时一般都规定相互提供最惠国待遇条款。

2. 最惠国待遇条款的适用范围

最惠国待遇条款最早出现于17世纪末的双边国际条约中，后来1947年关贸总协定突破了这一传统的双边互惠形式，采用了多边互惠形式。世贸组织的成立，又使得这一多边贸易规则的适用领域由传统的货物贸易向知识产权和服务贸易领域延伸。

最惠国待遇条款的适用范围很广，通常包括以下几个方面：

（1）一切与进出口商品有关的关税和费用；

（2）与进口商品有关的国际支付转账所征收的关税和费用，如由政府对进出口国际支付征收的一些税金或费用；

（3）征收上述税费的方法，如在征收关税过程中在对进口商品进行估价时，评估的标准、程序和方法均应在所有成员间一律平等；

（4）与进出口相关的所有规章和手续方法；

（5）与进出口商品有关的国内税或其他国内费用的征收；

（6）任何影响进口商品在进口国内销售、购买、提供、运输、分销等方面的法律、规章及要求等。

3. 最惠国待遇条款的限制和例外

在贸易条约与协定中，一般都规定有适用最惠国待遇的限制或例外条款。

最惠国待遇的限制是指将最惠国待遇的适用范围限制在若干具体的经济和贸易方面。例如，在关税上的最惠国待遇只限于某些商品，或最惠国条款只包括缔约国的某些地区等。最惠国待遇适用的限制可分为两种。一是直接限制，即在贸易条约或协定中明确规定最惠国待遇适用范围的限制，通常是从商品范围上、地区上和商品来源上加以限制；二是间接限制，即未在条约或协定中明确规定，而采用其他办法，如将税则精细分类等以达到限制缔约国的某些商品适用最惠国待遇。

最惠国待遇的例外是指某些具体的经济和贸易事项不适用于最惠国待遇。世贸组织协定中就规定有最惠国待遇的几种例外。

（1）边境贸易。一些国家往往规定边界两边 15 公里以内的小额贸易在关税、海关通关手续上的减免等优待不适用于任何缔结有正式贸易关系的享有最惠国待遇的国家。

（2）区域一体化组织内部贸易优惠。已结成自由贸易区、关税同盟等区域一体化组织的成员在关税等领域给予组织内部成员的优惠待遇应作为最惠国待遇的例外。

（3）一些国内法令和规章的规定。即一国为了维护社会秩序、国家安全、人民健康，防止动植物病害、死亡等而制定的法令和规章，在执行的过程中缔约国有权对这类商品的输入或输出加以限制或禁止，可以不履行最惠国待遇。

（4）沿海贸易和内河航行。在航行问题上，对于缔约国一方在沿海贸易和内河航行方面给予他国的优惠视为例外。

（5）对发展中国家的单方面优惠安排。如发达国家给予发展中国家出口产品的普惠制待遇不适用最惠国待遇。

（6）反倾销、反补贴及在争端解决机制下授权采取的报复措施，不受最惠国待遇的约束。

（7）政府采购不受世贸组织管辖，所以不受最惠国待遇的约束。

（8）《民用航空器贸易协定》和《政府采购协定》是世贸组织的诸边协定。参加诸边协定的世贸组织成员受其约束，没有参加的则不受其约束。诸边协定中规定的最惠国待遇条款不适用于未参加协定的世贸组织成员。

（二）国民待遇条款

1. 国民待遇条款的含义

国民待遇条款（national treatment）是指缔约国一方保证缔约另一方的公民、企业和船舶在本国境内享受与本国公民、企业和船舶同等的待遇。

20 世纪初，国民待遇以国民待遇条款的形式出现在英国与其他国家签订的双边商业条约中。后来，关贸总协定将国民待遇由双边贸易关系准则上升为多边贸易关系准则，世贸组织的成立又使得国民待遇的适用领域由货物贸易向服务贸易和知识产权领域延伸。

世贸组织规定的国民待遇是指对其他成员方的产品、服务或服务提供者及知识产权所有者和持有者所提供的待遇不低于本国同类产品、服务或服务提供者及知识产权所有者和持有者所享有的待遇。国民待遇中"不低于"是指其他成员方的产品、服务或服务提供者及知识产权所有者和持有者应与进口成员方同类产品、服务或服务提供者及知识产权所有者和持有者享有同等待遇。若一国给予前者更高的待遇，即超国民待遇，并不违背国民待遇原则。

实行国民待遇的目的是保证外国进口产品在进口国市场上获得与该进口国本国产品同等的地位、条件和待遇，防止进口国利用国内有关法律作为贸易保护的手段。

2. 国民待遇原则的适用范围

第二次世界大战前，国民待遇条款通常是以保护诉讼权和保障人身等作为其主要对象，而且往往在双边通商航海条约中出现。第二次世界大战后，国民待遇的范围扩大了，除上述事项外，还延伸到了社会保险、财产保护、经营活动、工业所有权、税收、金融证券的转移、交通运输等领域。

在关贸总协定第 3 条中，第 1 款规定了缔约国实施国民待遇义务的一般原则，即各缔约国应避免使用各种国内措施来保护国内生产；第 2 款规定了在国内税方面给进口产品以国民待遇的原则；第 4 款规定了在实施政府法令、规章方面给进口产品以国民待遇的原则。

3. 国民待遇的例外条款

国民待遇原则的例外除关贸总协定第 21 条、第 22 条规定的一般例外与安全例外，以及各项子协定有关国民待遇在特定领域的一些具体例外之外，国民待遇义务还有两项专门的例外领域：政府采购和有关电影的管制。

四、贸易条约与协定的主要类型

1. 贸易条约

贸易条约（commercial treaty）是全面规定缔约国之间经济、贸易关系的条约，往往又称为通商条约、友好通商条约、通商航海条约。贸易条约的内容涉及缔约国之间经贸关系的各个方面，包括关税的征收、海关手续、船舶航行、使用港口、一国公民与企业在对方国家所享受的待遇、知识产权的保护、进口商品征收国内税、过境、铁路、争端仲裁，甚至移民等。由于贸易条约的内容关系到国家的主权与经济权益，因此是由国家元首或他的特派全权代表以国家的名义签订的，双方代表在贸易条约上签字后，还需按有关缔约国的法律程序完成批准手续，缔约国间互相换文后方能生效。贸易条约有效期一般较长，往往为 5 年或 10 年，到期后可讨论延长。

2. 贸易协定和贸易议定书

贸易协定（trade agreement）是缔约国间为调整和发展相互间经贸关系而签订的书面协议。与通商航海条约相比，其所涉及的面比较窄，对缔约国间的贸易关系往往规定得比较具体，有效期短，签订程序也较简单，一般只需经缔约国的行政首脑或其代表签署即可生效。贸易协定的内容通常包括：贸易额、各方出口货单、作价办法、使用货币、支付方式、关税优惠等。未签订通商航海条约的国家间，在签订贸易协定时，通常把最惠国待遇条款列入。贸易协定对贸易额和各方出口货单的规定往往不是硬性的，在具体执行时还可以通过协商加以调整。

贸易议定书（trade protocol）是缔约国就发展贸易关系中某项具体问题所达成的书面协议。这种议定书往往是作为贸易协定的补充、解释或修改而签订的，内容较为简单，如用来规定有关贸易方面的专门技术问题或个别贸易协定中的某些条款，有时也用来规定延长贸易条约或协定的有效期。在签订长期贸易协定时，关于年度贸易的具体事项往往通过议定书的方式加以规定。也有在两国尚未达成贸易协定时，先签订议定书，暂时作为进行贸易的依据。贸易议定书有的是作为贸易协定的附件而存在，有的则是独立文件，具有与条约、协定相同的法律效力。贸易议定书的签订程序比贸易协定更简单，一般经缔约国有关行政部门的代表签署后即可生效。

3. 支付协定

支付协定（payment agreement），大多为双边支付协定，是规定两国间关于贸易和其他方面债权债务结算方法的书面协议。其主要内容包括：清算机构的确定、清算账户的设立、清算项目与范围、清算货币、清算办法、差额结算办法的规定等。支付协定是外汇管制的产物。在实行外汇管制的条件下，一种货币不能自由兑换另一种货币，对一国所具有的债权不能用来抵偿对第三国的债务，结算只能在双边基础上进行，因而需要通过缔结支付协定来规定两国间的债权债务结算方法。这种通过相互抵账来清算两国间的债权债务的办法，既有助于克服外汇短缺的困难，也有利于双边贸易的发展。自1958年以来，西方一些主要资本主义国家相继实行货币自由兑换，双边支付清算逐渐为多边现汇支付清算所代替。但一些目前仍实行外汇管制的发展中国家往往还签订有支付协定。

4. 国际商品协定

国际商品协定（international commodity agreement）是指某种商品的主要出口国之间，或者主要出口国与主要进口国之间为了稳定或者操纵该种商品的国际市场价格，获得足够的垄断利润，保证世界范围内的供求基本平衡而签订的多边国际协议。国际商品协定主要适用于一些初级产品，这些初级产品的出口国大多是发展中国家，主要进口国大多是发达国家。签订国际商品协定的目的主要有两种：一种是垄断某种初级产品的出口供给，联合提价，以取得垄断利润；另一种是防止初级产品国际市场价格的大幅波动，保证重要初级产品的合理分配，这不仅是发展中国家，同时也是发达国家的期望。

国际商品协定主要通过经济条款来稳定价格。这些经济条款主要采取以下形式。

（1）缓冲存货（buffer stock）规定。协定的执行机构建立缓冲库存（包括存货与现金），并规定最高、最低现价。当市场价格涨到最高限价时，就利用缓冲库存抛出存货；当市场价格跌至最低限价时，则用现金在市场上收购，以达到稳定价格的目的。这种规定要求协定成员国提供大量资金和存货，否则难以起到应有的调节作用。采用此种规定的协定主要有国际锡协定和国际天然胶协定。

（2）多边合同（multilateral contracts）规定。这种条款规定，进口国在协定规定的价格幅度内，向各出口国购买一定数量的有关商品；出口国在规定的价格幅度内，向各进口国出售一定数量的有关商品。它实际上是一种多边性的商品合同。采用这种规定的协定主要有国际小麦协定。

（3）出口配额规定。这种条款会先规定一个基本的出口配额，再根据市场需求和价格变动情况作相应的增减来确定当年平均的年度出口配额。规定了这种条款的协定有国际咖啡、糖的协定。

（4）出口配额和缓冲存货相结合的规定。协定会规定最高和最低限价，然后通过出口配额和缓冲存货来调节价格，使价格恢复到最高和最低限价之间。国际可可协定采用了此办法。除了价格的原因，采用这种条款往往是进口国为了保护国内市场，要求对某一时期某种商品的进出口数量作出安排，如国际多种纤维协定就是在多边的基础上对纺织品和服装的出口进行管理，并限制这些商品的市场准入。

5. 关税与贸易总协定

关税与贸易总协定（general agreement on tariff and trade，GATT），简称关贸总协定，是1947年10月30日由美、英、法等23国在瑞士日内瓦签订，1948年1月1日生效的关于关税与贸易政策的多边国际条约。它于1995年1月1日被新成立的世界贸易组织所取代。关贸总协定存续了47年。截至1994年年底，关贸总协定共有128个缔约方。尽管关贸总协定具有相当多的临时性特征，但作为当时国际贸易领域唯一的多边国际协定，一直是管理和协调国际贸易事务的中心，其主要原则和规定得到世界上大多数国家的认可，并在世界贸易中得到广泛运用。

关贸总协定以促进贸易自由化、发展商品生产交换、扩大世界资源和提高缔约国人民生活为宗旨，要求各成员方大幅度削减关税和其他贸易壁垒以实现贸易的自由化。关贸总协定自成立以来，47年间共主持了八轮多边贸易谈判，在国际经贸领域取得了一系列重大成果。就每轮谈判所解决的实际问题来看，关贸总协定的八轮谈判大致可分为3个阶段：第一轮至第六轮谈判主要集中解决关税减让问题；第七轮主要针对取消非关税壁垒问题；第八轮即乌拉圭回合则进一步深入探讨了多边贸易体制问题，从更广泛的角度取得了一揽子解决贸易问题的成果。乌拉圭回合取得的最突出的成果就是达成了《建立世界贸易组织协定》，1995年1月1日，世界贸易组织（WTO）正式成立关贸总协定与之共存一年至1995年12月31日。

关贸总协定对第二次世界大战后世界经济的恢复与发展起到了重要作用。它促使各国降低关税，实现国际贸易的自由化，使关税不再成为国际贸易的主要障碍，形成了一个多边贸易体制；将传统条约基础上的最惠国待遇和国民待遇原则升华为全球性贸易的多边准则，确立了一系列围绕贸易自由化、公平贸易和市场准入的新原则和新规则；建立并逐渐完善了许多部门法律制度；创建了争端解决机制，为缔约国间的经贸纠纷提供裁判。但是，关贸总协定存在一些不尽合理的地方，如传统的关税保护通过多轮关税减让的谈判，已不构成自由贸易的主要威胁，但关贸总协定对于非关税壁垒没能进行有效遏制；关贸总协定仅适用于货物贸易，不适用于在国际贸易中越来越重要的服务贸易、知识产权和跨国投资等领域；关贸总协定的争端解决机制有固有缺陷，使得大量国际经贸纠纷得不到解决。

174

统一的中央银行、单一的货币和共同的外汇储备。目前的欧盟是唯一达到该标准的区域性经济集团。

6. 完全经济一体化

完全经济一体化（complete economic integration），是区域经济一体化发展的最高阶段。在这一阶段，各成员国在经济、金融和财政等方面均实现完全统一，在经济上形成单一的经济实体；国家（或地区）的经济权力全部让渡给一体化组织的共同机构，该机构拥有全部的经济政策制定和管理权，而各成员国不再单独执行经济职能。目前，世界上尚无此类经济一体化组织，只有欧盟在为实现该目标而努力。然而，欧盟要真正实现该目标还有很多困难，随着欧盟成员国的不断增加，成员国间经济实力的差距越来越大，实现该目标的难度也将加大。

（二）按参加国经济发展水平的差异分

按参加国经济发展水平的差异，区域经济一体化可分为水平一体化和垂直一体化。水平一体化是指经济发展水平相近的国家间结成的经济一体化组织，即成员国都是发达国家或都是发展中国家的一体化组织，如欧盟、南方共同体和东南亚国家联盟等；垂直一体化则是指经济发展水平差距较大的国家间结成的经济一体化组织，即发达国家与发展中国家之间结成的一体化组织，如北美自由贸易区、亚太经济合作组织等。

（三）按区域经济一体化的范围分

按区域经济一体化的范围，区域经济一体化可分为部门经济一体化和全盘经济一体化。部门经济一体化是指区域内各成员国的一个或几个部门（或商品，或产业）达成共同的经济联合协定而产生的区域经济一体化组织。全盘经济一体化是指区域内各成员国的所有经济部门均加以一体化的形态。1952年成立的欧洲煤钢共同体就属于部门经济一体化组织，该共同体设立了一个超国家机构负责协调各成员国煤钢产品的生产、投资、价格、原料分配，并保证共同体内部的有效竞争，同时成员国无须交纳关税即可直接取得煤和钢的生产资料。

三、区域经济一体化理论

区域经济一体化的主要理论有关税同盟理论、大市场理论、协议性国际分工理论和国家需要理论。

（一）关税同盟理论

对关税同盟的理论研究中，最有影响的是美国经济学家范纳（1950）[1] 和李普西（1960）[2] 的关税同盟理论。

1. 关税同盟的特征

按照关税同盟理论，完全形态的关税同盟应具备以下三个特征：

（1）完全取消各成员国间的关税；

---

[1]　Jacob Viner. The customs union issue［M］. New York：Carnegie Endowment for International Peace，1950.

[2]　R. G. Lipsey. The theory of customs unions：A general survey［J］. The Economic Journal，1960，70（279）：496-513.

的区域经济一体化协定总计达到 259 个①。世界上绝大部分国家都从自身的现实利益和未来的区域竞争格局出发，积极参与双边或多边区域经济一体化组织。世界上主要的区域经济一体化组织有欧洲联盟、北美自由贸易区、东南亚国家联盟和亚太经济合作组织等。

（一）欧洲联盟

1951 年 4 月，法国、联邦德国、意大利、比利时、荷兰和卢森堡 6 国在巴黎签订了为期 50 年的《欧洲煤钢联营条约》，决定于 1952 年 7 月建立欧洲煤钢共同体。1957年 3 月 25 日，上述 6 国又在罗马签订了《欧洲经济共同体》和《欧洲原子能联营》两个条约，总称《罗马条约》。《罗马条约》于 1958 年 1 月 1 日生效，标志着欧洲经济共同体的正式建立。到 1967 年，欧洲经济共同体与欧洲原子能共同体、欧洲煤钢共同体的主要机构合并，统称为欧洲共同体，简称欧共体。1991 年 12 月，欧共体在马斯特里赫特首脑会议上通过了《欧洲联盟条约》，通称《马斯特里赫特条约》（简称《马约》）。1993 年 11 月 1 日，《马约》正式生效，欧共体更名为欧洲联盟（European Union，EU），简称欧盟。

欧洲经济共同体最初只有 6 个成员国。1973 年 1 月 1 日，英国、爱尔兰和丹麦正式加入。1981 年 1 月 1 日，希腊加入。1986 年 1 月 1 日，葡萄牙和西班牙加入。1995年 1 月 1 日，芬兰、奥地利和瑞典加入。2004 年 5 月 1 日，波兰、捷克、斯洛伐克、匈牙利、罗马尼亚和保加利亚等 10 个中东欧国家同时加入欧盟。2007 年 1 月 1 日，保加利亚和罗马尼亚加入。2013 年 7 月 1 日，克罗地亚正式加入欧盟。欧盟目前已成为一个拥有 28 个成员国、人口超过 5 亿的超级区域经济一体化组织。

欧共体/欧盟实行一系列经济领域的共同政策和措施。1967 年起，欧共体对外实行统一的关税税率。1968 年 7 月 1 日起，成员国之间取消商品的关税和限额，建立起关税同盟。1973 年，欧共体实现了统一的外贸政策。《马约》生效后，为进一步确立欧盟单一市场的共同贸易制度，欧盟各国外长于 1994 年 2 月 8 日一致同意取消此前由各国实行的 6400 多种进口配额，而代之以一些旨在保护低科技产业的措施。欧共体于 1962年 7 月 1 日开始实行共同农业政策，1968 年 8 月开始实行农产品统一价格，1969 年取消农产品内部关税，1971 年起对农产品贸易实施货币补贴制度。1985 年 6 月，欧共体首脑会议批准了建设内部统一大市场的白皮书。1986 年 2 月，各成员国正式签署了为建成统一大市场而对《罗马条约》进行修改的《欧洲单一文件》。统一大市场的目标是逐步取消各种非关税壁垒，包括有形障碍（海关关卡、过境手续、卫生检疫标准等）、技术障碍（法规、技术标准）和财政障碍（税别、税率差别），并于 1993 年 1 月 1 日起实现商品、人员、资本和劳务自由流通。1993 年 1 月 1 日，欧共体宣布其统一大市场基本建成。此外，1979 年欧共体还建立了欧洲货币体系，1999 年 1 月 1 日，欧元正式诞生，作为非现金交易的货币进入流通领域。2002 年 1 月 1 日，欧元现金开始正式登台，同年 7 月 1 日，欧元区 11 国（奥地利、比利时、法国、德国、芬兰、荷兰、卢

---

① 根据世界贸易组织（WTO）网站的区域贸易协定信息系统提供的"实施中的区域贸易协定清单"统计。

森堡、爱尔兰、意大利、葡萄牙和西班牙）各自原本的货币停止使用。至 2014 年 1 月 1 日，欧元区已扩大到 18 国，新增 7 国为希腊、斯洛文尼亚、塞浦路斯、马耳他、斯洛伐克、爱沙尼亚和拉脱维亚。

欧洲一体化的进程促进了欧盟国家经济的发展，1995 年至 2000 年间欧盟国家经济增速平均达到 3%。进入 2000 年以来，虽然受伊拉克战争和由美国次贷危机引发的全球金融危机的影响，欧盟经济发展时有起伏，但在 2012 年之前（包括 2012 年）欧盟 28 国 GDP 都是超过美国的，之后欧盟的 GDP 被美国超越，但仍居于世界第二。2017 年，欧盟 28 国国内生产总值为 17.3 万亿美元。欧盟相对宽容的对外技术交流与发展合作政策，对世界其他地区的经济发展特别是包括中国在内的发展中国家至关重要。

（二）北美自由贸易区

美国和加拿大于 1965 年签订了《美加汽车贸易协定》，对两国间的小汽车、卡车、公共汽车和汽车零部件贸易完全实行免税。1986 年 5 月，双方就签订《美加自由贸易协定》进行正式谈判，并于 1988 年签署了该协定。1989 年，协定正式生效。《美加自由贸易协定》不仅涉及关税减让问题，也对非关税壁垒的撤除、服务贸易自由化、投资、能源、知识产权和争端解决机制等都做了规定。自协定生效以来，两国间经贸依存关系不断加深，双边贸易额从 1987—1988 年的 1420 亿美元增加到 1989—1990 年的 1710 亿美元。

《美加自由贸易协定》的签订与顺利实施，使得美国与墨西哥产生了开展双边自由贸易的愿望，并于 1990 年正式开始就签订自由贸易协定问题进行接触，之后加拿大提出参加，三边谈判于 1991 年 6 月正式开始。1992 年 8 月，三方达成《北美自由贸易协定》，协定于 1994 年 1 月 1 日生效，北美自由贸易区（North American Free Trade Area，NAFTA），简称北美自贸区正式成立。

《北美自由贸易协定》阐述了北美自贸区成立的宗旨，即取消贸易障碍，创造公平竞争的条件，增加投资机会，对知识产权提供适当的保护，建立执行协定和解决争端的有效程序，以及促进三边的、地区的及多边的合作。三个成员国彼此必须遵守协定规定的原则和规则，如国民待遇、最惠国待遇及程序上的透明化等来实现其宗旨，借以消除贸易障碍。在权利方面，自贸区内的国家间货物可以互相流通并减免关税，但对自贸区以外的国家，仍然维持原关税及障碍。

北美自贸区取得了显著成效。根据世贸组织提供的数据，2012 年北美自贸区国内生产总值为 18.7 万亿美元，囊括了 4.7 亿人口，是世界上最大的自由贸易区。成立 20 年来，美、加、墨三国由于取消贸易壁垒和开放市场，实现了经济增长和生产力的提高，尤其是墨西哥的加入，使得北美自贸区成为南北区域经济合作的成功典范。1993—2012 年，美国与墨西哥的贸易额增长了 5.06 倍，相比之下，美国与非北美自贸区国家的贸易额仅增长了 2.79 倍。2011 年，美国与加拿大、墨西哥的贸易额之和相当于美国与金砖四国（巴西、俄罗斯、印度、中国）及日本、韩国这 6 个国家贸易额之和。在北美自贸区三成员中，加拿大的人均国内生产总值在过去 20 年里增长最快；但是，作为新兴市场，墨西哥与两个规模更大、更富裕的市场联手，成为北美自由贸易协定的最大受益者。来自进口商品的竞争提升了墨西哥制造业的生产力，外国直接投资也大幅增

（3）多层次性。次一级区域经济一体化广泛开展。

（4）渐进性。先易后难，先初期后高级，渐进长期发展。

APEC致力于推动实现成员间的贸易和投资自由化、贸易和投资便利化以及经济技术合作三个方面。

五、区域经济一体化与中国

20世纪90年代以来，中国对区域经济一体化的认识有了显著发展，积极投身参与区域一体化合作，并作出了重要贡献。近年来，中国在深化现有自贸协定合作的基础上进一步加强了与其他国家或地区自贸区的建设。截至2018年8月，中国对外商谈自由贸易协定的总体情况为：已签署自贸协定16个，涉及24个国家和地区，分别是中国与东盟、韩国、新加坡、巴基斯坦、新西兰、澳大利亚、马尔代夫、智利、秘鲁、哥斯达黎加、格鲁吉亚、冰岛和瑞士的自贸协定，内地与港澳更紧密经贸安排；正在谈判的自贸协定13个，涉及的谈判对象有斯里兰卡、以色列、挪威等国和海湾合作委员会，还包括中日韩自贸区谈判和区域全面经济伙伴关系谈判（RCEP）[1]。2017年，中国与自贸伙伴的贸易投资额占中国对外货物贸易、服务贸易、双向投资的比重分别达到25%、51%、67%。[2]

（一）中国与亚太经济合作组织

在过去的20年中，亚太经济合作组织（APEC）成为中国与亚太地区其他经济体开展互利合作和多边外交、展示中国国家形象的重要舞台。中国通过参与APEC合作，促进了自身发展，同时也为推动APEC合作、推动亚太地区经济发展作出了突出贡献。中国在APEC中扮演着日益重要的角色，尤其在推动贸易投资自由化、经济技术合作、区域互联互通以及人文交流等领域作出了重要贡献。

1991年，中国加入APEC，并参与了APEC基本原则的制定。亚太地区各成员内部情况、经济发展程度、经济实力等差异很大，所以中国和其他一些成员通过讨论推出了自愿协商的APEC方式，这一理念得到了大家的认同。所谓"APEC方式"，就是承认多样性，强调灵活性、渐进性和开放性，遵循相互尊重、平等互利，协商一致、自主自愿的原则，单边行动与集体行动相结合。

中国积极参与APEC的贸易投资自由化行动。尽管作为发展中国家，推行贸易投资自由化对于国内产业将造成较大冲击，但中国在加入APEC后还是积极参与了主要贸易投资自由化行动。1995年，在大阪会议上，中国领导人宣布了中国对APEC贸易投资自由化的"首次投入"，包括从1996年起大幅度降低进口关税等内容。1996年11月，中国与其他APEC成员一道提交了贸易投资自由化单边行动计划。该计划载明了中国在关税、非关税措施、服务、投资、标准一致化、海关程序、知识产权、竞争政策、政府采购、放松管制、原产地规则、争端调解、商业人员流动、乌拉圭回合结果执行和信息收集分析15个

---

① 商务部《中国对外商谈自由贸易协定总体情况》，见中华人民共和国商务部中国自由贸易区服务网（http://fta.mofcom.gov.cn/）首页。

② 13个自贸协定谈判正在进行，我国自贸协定战略加速推进[N].经济参考报，2018-07-30.

领域的近期（1997—2000 年）、中期（2001—2010 年）和远期的自由化计划。

中国还积极推动 APEC 的经济技术合作。在 1995 年的大阪会议上，中国领导人提出要加强 APEC 产业合作。在 1996 年的苏比克会议上，中国积极推动 APEC 经济技术合作计划的制定。中国政府还专门援款 1000 万美元，设立"中国 APEC 科技产业合作基金"，用于资助中国同其他成员在科技产业等领域的合作。为促进企业参与 APEC 活动，中国还成立了"APEC 企业联席会议"。此外，中国选定北京、合肥、苏州、西安和烟台五个高新技术开发区作为面向 APEC 开放的五个高科技工业区。

2001 年 10 月，中国成功举办了 APEC 第 9 次领导人非正式会议和第 13 届部长会议。会议通过了《上海共识》《数字 APEC 战略》《反恐声明》和《经济技术合作计划》等一系列文件，为 APEC 确立了一个面向新世纪的政策框架，成为 APEC 历史上继西雅图会议、茂物会议和大阪会议之后的又一个里程碑。

2013 年巴厘会议上，中国积极倡导区域内的互联互通。对于推进 APEC 茂物目标提出的贸易便利化和经济一体化，促进区域内贸易繁荣和经济增长，互联互通既是手段也是目的。此次巴厘会议在基础设施、制度、人员这三大互联互通领域确立了新的总体目标和任务。

（二）中国-东盟自由贸易区

中国-东盟自由贸易区，简称中国-东盟自贸区，是中国对外商谈的第一个自贸区，也是东盟作为整体对外商谈的第一个自贸区。

2000 年 11 月，时任中国国务院总理朱镕基提出建立中国-东盟自贸区构想，得到东盟各国领导人积极响应。2001 年 11 月，双方正式宣布将在十年内建成中国-东盟自贸区。2002 年 11 月，中国与东盟签署《中国-东盟全面经济合作框架协议》，中国-东盟自贸区建设正式启动。2004 年 1 月，自贸区建设先期成果"早期收获计划"开始实施。根据该计划，中国与东盟在签订货物贸易协定前，先削减近 600 种农副产品关税，以提前享受自由贸易的好处。2004 年 11 月，中国与东盟签订了《中国-东盟自由贸易区货物贸易协定》，并于 2005 年 7 月开始相互实施全面降税。2007 年 1 月，双方签署了《中国-东盟自由贸易区服务贸易协定》，并于当年 7 月开始实施。2009 年 8 月，双方就相互开放投资市场签署了《中国-东盟自由贸易区投资协定》。至此，围绕中国-东盟自贸区展开的主要谈判全部完成。2010 年 1 月 1 日，作为中国-东盟"10+1"合作的成果，中国-东盟自贸区建成，大大促进了东亚经济一体化。中国-东盟自贸区是目前世界上人口最多的自贸区及发展中国家间最大的自贸区。

中国-东盟自贸区建立以来，东亚区域融合进一步加深，经贸合作硕果累累。2010 年 1 月 1 日，中国对东盟 93%的产品的关税降为零，对东盟平均关税降至 0.1%，而同期中国对外贸易的平均关税水平为 9.8%。2015 年 11 月，中国-东盟自贸协定"升级版"签署，于 2016 年 7 月 1 日正式生效。在自贸协定的推动下，中国与东盟的贸易额不断增加。2017 年，中国与东盟进出口额达 5148 亿美元，创历史新高，占中国全年进出口总值的 12.5%。①

① 中国东盟加强合作促进区域繁荣 [N]. 国际商报，2018-05-10.

不仅在贸易上表现出色，一向被认为"短板"的投资合作也逐渐成为东亚区域发展新引擎。东盟国家是"21 世纪海上丝绸之路"的重要地区，随着"一带一路"建设的推进，东盟地区成为中国企业对外投资的热土。据国际研究机构并购市场（Mergermarket）发布的数据，2017 年中国对欧美的并购出现下降，但对东盟并购金额却同比增长 268%，达 341 亿美元，占中企在亚洲交易金额的 77%，占 2017 年宣布的中企海外并购交易总金额近 1/4。

（三）关于建立更紧密经贸关系的安排

关于建立更紧密经贸关系的安排（Closer Economic Partnership Arrangement），简称CEPA，包括中国内地与香港特别行政区 CEPA 协议和中国内地与澳门特别行政区CEPA 协议。

CEPA 是"一国两制"原则的成功实践，是内地与港澳制度性合作的新路径，也是内地与港澳经贸交流与合作的重要里程碑。CEPA 是中国国家主体与香港特别行政区、澳门特别行政区单独关税区之间签署的自由贸易协议性质的经贸安排，带有明显的自由贸易区特征。

1. 内地与香港 CEPA 协议

为促进中国内地与香港经济共同繁荣与发展，2003 年 6 月 29 日，中央政府与香港特别行政区签署《内地与香港关于建立更紧密经贸关系的安排》，主要内容包括三方面。

（1）两地实现货物贸易零关税。从 2004 年 1 月 1 日起，273 个内地税目涵盖的香港产品（涉及食品、药品、纺织品、电子产品等），符合原产地规则进入内地时，可享受零关税优惠。

（2）扩大服务贸易市场准入。内地对香港扩大服务贸易市场准入，涉及的行业包括管理咨询服务、会展服务、广告服务、会计服务、建筑及房地产、医疗及牙医、分销服务、物流等部门。

（3）实行贸易投资便利化。规定内地将在通关及电子商务等 7 个领域简化手续以便香港资金更加自由地进入内地。

2003 年内地与香港签订 CEPA 协议后，2004—2013 年，双方以每年一个的速度签署相关补充协议。通过不断补充和完善，内地与香港 CEPA 协议及其 10 个补充协议已形成对香港较为系统的开放体系。2015 年 11 月 27 日内地与香港《CEPA 服务贸易协议》签署，于 2016 年 6 月 1 日起正式实施。2017 年 6 月 28 日内地与香港签署了《CEPA 投资协议》和《CEPA 经济技术合作协议》并生效，其中《CEPA 投资协议》于 2018 年 1 月 1 日起实施。

内地自 2006 年 1 月 1 日起对原产于香港的产品全部实行零关税。按世贸组织的标准，内地与香港在货物贸易领域已全面实现自由化。2017 年，内地与香港货物贸易额达 2866.6 亿美元，占内地对外货物贸易总额 7%。香港是内地第四大贸易伙伴和第三大出口市场。截至 2017 年 5 月 31 日，内地累计受惠进口货物 750.4 亿元，涉及 21 个大类港产货物，港方共计签发 15 万份香港 CEPA 优惠原产地证书。内地进口的香港CEPA 项下货物受惠货值由实施首年的 8.6 亿元增至 2016 年的 59.1 亿元，大幅增长了近7倍。

中国内地与香港 CEPA 协议是一个高标准的自由贸易协议，是内地迄今为止商签的内容最全面、开放幅度最大的自由贸易协议，也是香港实际参与的唯一的自由贸易协议。中国内地与香港 CEPA 协议内容质量高，覆盖面广，在短时间内结束谈判并付诸实施，为内地参与其他双边自贸区谈判积累了丰富的经验，起到了开创性的作用。CEPA 在货物贸易和服务贸易中实行的开放措施完全符合世贸组织规则。CEPA 签署后，香港特别行政区仍维持其自由港的地位，也完全遵循了"一国两制"的方针。同时，CEPA 通过各项开放措施，逐步减少和消除两地经贸交流中的制度性障碍，促进了内地与香港之间经济要素的自由流动和经济的融合，也符合内地与香港经贸发展的实际情况。此外，CEPA 并没有限制资金来源，在香港经营的海外公司也可享受 CEPA 优惠。据香港特别行政区的香港投资推广署介绍，约有 1/4 外国投资企业表示，CEPA 是它们决定到香港发展的重要因素①。

2. 内地与澳门 CEPA 协议

2003 年 10 月 17 日，中国中央政府和澳门特别行政区在澳门签署了《内地与澳门关于建立更紧密经贸关系的安排》。

内地与澳门 CEPA 协议在原则和内容上与内地与香港 CEPA 协议基本一致。同时，考虑到澳门与香港经济的差异，内地与澳门 CEPA 协议在部分领域按照澳门的实际情况做了不同规定。如在货物贸易中，2004 年 1 月 1 日澳门出口内地的第一批实行零关税的 273 种产品中，有 150 种与香港不同。由于澳门没有深水港，许多货品须经香港转运，不给澳门产品转运权澳门享受 CEPA 的权利会打折扣，所以内地给予澳门产品特殊的宽容，澳门的原产货物除直接运输到内地外，可经香港向内地转运。但是，内地与香港 CEPA 协议则规定，香港的原产货物必须直接运往内地。在服务贸易领域，法律服务、医疗服务、证券服务、运输服务的有关内容也根据澳门的实际情况，有针对性地做了调整。此外，澳门作为葡萄牙的前殖民地，在投资贸易便利化的部分有通过澳门加强中国与葡语国家经贸关系的内容，这是澳门的独特作用。

随着 CEPA 零关税措施的不断拓宽拓深，可以享受零关税待遇的澳门产品由 2004 年的 274 个 8 位级税号扩大到 2013 年的 1283 个 8 位级税号，几乎涵盖了所有澳门原产产品，为澳门经济结构的转型升级和产业结构的多元化提供了机遇和动力。十几年来，内地与澳门 CEPA 协议的主体文件、10 个补充协议、服务贸易协议、投资协议和经济技术合作协议，促进了内地与澳门经贸合作全方位、多层次、宽领域的开展，为两地贸易自由化开辟了新的篇章。

2017 年，内地与澳门间贸易总额达到 32.7 亿美元，较 CEPA 实施前一年的 2003 年增长了 123%。内地已是澳门的最大贸易伙伴和进口来源地，内地也仅次于香港成为澳门的第二大出口市场。

---

① 内地与香港增设联络小组以解决 CEPA 落实难题，http://www.chinanews.com/ga/2013/09-03/5237303.shtml。

六、区域经济一体化对国际贸易的影响

1. 促进区域内部贸易迅速增长

区域经济一体化组织成立后，通过消除关税和非关税壁垒，形成区域性的统一市场，加强了地区内商品、劳务、技术、资本和劳动力的自由流动，从而大大加深了区内成员国的相互依赖程度。这就使成员国之间的内部贸易往来迅速增长。一体化组织内部的优惠并不提供给区域外国家，从而使贸易表现出排他性的特征。在一体化组织内部贸易迅速增加的同时，成员国减少了与区外国家间的贸易，因此区域经济一体化改变了国际贸易的地区分布。

从表 7.2 中我们可以看出，世界主要一体化组织的内部贸易增长迅速，发展势头强劲，且各一体化组织内部贸易占其全部贸易的比重都呈现上升趋势，尤其是在欧盟和北美自贸区，内部贸易的比重在 1995 年时就已超过了 85%。

表 7.2　　　　　　　　　　　世界主要经济一体化组织的内部贸易

贸易集团	集团内部出口（百万美元）				集团内部出口占集团各国总出口的比重（%）			
	1980	1995	2000	2005	1980	1995	2000	2005
欧盟	483141	1412159	1607617	2725265	85.1	91.0	92.4	91.0
北美自由贸易区	102218	392902	681263	824515	79	87.2	90.8	90.4
安第斯共同体	1161	1804	2039	4574	5.7	14.5	11.2	12.5
南美共同市场	3424	14451	17724	21118	31.8	42.9	38.4	26.6
南部非洲发展共同体	108	4124	6428	9484	54.9	82	83.6	75.0
东盟	12413	80081	98189	165401	29	41.9	39.1	39.4

数据来源：联合国贸易与发展会议《2005 年统计手册》表 1.4 和《2012 年统计手册》表 1.4。

2. 促进区域内部的国际分工和技术合作

区域经济一体化内部贸易的迅速增长，一方面得益于内部贸易自由化的加强和扩大，另一方面又是一体化内部各成员方生产专业化和国际分工深化的表现。一体化组织取消关税和非关税壁垒，使内部市场得以扩大，于是各成员国的资源配置发生变化，各自生产在一体化区域内具有优势的产品，促进生产格局以至国际分工的格局发生变化，使国际分工更为密切和精细。此外，区域经济一体化还推动了区域内部的技术合作，例如在欧共体共同机构的推动和组织下，成员国在许多单纯依靠本国力量难以胜任的重大科研项目中，如原子能利用、航空航天技术、大型电子计算机等高精尖技术领域进行合作。

区域内生产专业化和国际分工必然影响到世界范围国际分工的格局。例如，如果按照国际分工的原则，欧共体应该向外出口工业制成品，而从国际市场进口低廉的农产品。可实际上，欧共体在实行共同农业政策后，不顾其农产品高昂的生产成本，仍用补贴的办法到世界各地争夺市场，致使以农产品为主的发展中国家蒙受损失。

3. 有利于区域内各成员整体贸易地位的提高

区域经济一体化使得原来一些经济力量比较薄弱的国家以整体集团形象出现在国际经济舞台上，其经济地位明显提高。整体地位的上升和竞争能力的增强加强了这些国家在国际贸易谈判中的话语权，在一定程度上维护了各成员的贸易利益。以欧共体为例，1958 年 6 个成员国工业生产不及美国的一半，出口贸易额与美国相近。但到 1979 年时，欧共体 9 国国内生产总值已达 23800 亿美元，超过了美国的 23480 亿美元，出口贸易额更是美国的 2 倍以上。同时，在关贸总协定多边谈判中，欧共体以统一的声音同其他缔约方谈判，不仅大大增强了自己的谈判实力，也敢于同任何一个大国或贸易集团抗衡，达到维护自己贸易利益的目的。

4. 增强以发达国家为中心的区域经济的影响力

在贸易自由化进程中，以发达国家为中心的区域经济组织的贸易自由化在深度和广度上都大大超过了以发展中国家为主的区域经济组织，使得发达国家区域经济组织对多边贸易体制影响加大，在一定程度上决定了多边贸易谈判的进程。在关贸总协定乌拉圭回合中，欧盟和美国在农产品贸易谈判中的抵制，将回合结束期从 1990 年一直拖到 1993 年。

5. 对多边贸易体制的影响

虽然区域经济一体化组织不可避免地会影响到区域外国家的利益，在一定程度上偏离作为世贸组织基石的最惠国待遇和非歧视原则，但到现在为止还不至于对世贸组织多边体系构成非常严重的威胁。这是因为关贸总协定和服务贸易总协定对区域自由贸易协定有一些约束，其中最重要的一点就是自由贸易区的建立不能降低区域外成员的待遇。也就是说，对区域外世贸组织成员征收的关税或施加的条件不能比建立自由贸易区之前更高或更严格。所以，总体而言，区域经济一体化组织的存在对全球经济是有益的，虽然它会使国际市场上的区域色彩越来越浓。

第三节　世界贸易组织

世界贸易组织（World Trade Organization），简称世贸组织或 WTO，是一个独立于联合国的永久性国际组织，其前身是 1947 年订立的关贸总协定（GATT）。1994 年 4 月 15 日，在摩洛哥的马拉喀什举行的关贸总协定乌拉圭回合部长会议上，各参加方通过了《建立 WTO 的协定》。1995 年 1 月 1 日，世贸组织正式开始运作，负责管理世界经济和贸易秩序，总部设在瑞士日内瓦。与关贸总协定并行一年后，1996 年 1 月 1 日，世贸组织正式取代关贸总协定临时机构。与关贸总协定相比，世贸组织管辖的范围除传统的货物贸易外，还包括长期游离于关贸总协定之外的知识产权、投资措施和服务贸易等。世贸组织具有法人地位，它在调解成员争端方面具有更高的权威性和有效性。世贸组织与世界银行、国际货币基金组织一起，并称为当今世界经济体制的"三大支柱"。2001 年 11 月 10 日，世贸组织第四届部长级会议在卡塔尔首都多哈以全体协商一致的方式，审议并通过了中国加入世界贸易组织的决定。2001 年 12 月 11 日，中国正式加入世贸组织，成为其第 143 个成员。在这之前，中国香港与中国澳门已经作为单独关税区成为世贸组织成员。2002 年 1 月 1 日，中国台湾以 "台、澎、金、马单独关税区"（简称 "中国台北"）的名义加入世贸组织。截至 2016 年 7 月底，世贸组织共拥有 164 个成员。

一、世界贸易组织的宗旨、目标和职能

世贸组织的宗旨是：在提高生活水平和保证充分就业的前提下，扩大货物和服务的生产与贸易，按照可持续发展的原则实现全球资源的最佳配置；努力确保发展中国家，尤其是最不发达国家在国际贸易增长中的份额与其经济需要相称；保护和维护环境。

世贸组织的目标是建立一个完整的、更具有活力的和永久性的多边贸易体制。

世贸组织主要肩负五种职能：

（1）管理和监督职能。管理和监督各成员方所达成的协议与安排的贯彻实施，为各项协议提供统一体制框架，以保证世贸组织宗旨和目标的实现。

（2）谈判职能。作为多边谈判的场所和论坛，并作为多边谈判成果的执行机构。

（3）解决贸易争端职能。通过争端解决机制来解决各成员方间的贸易争端。

（4）监督和审议职能。监督和审议成员的贸易政策和规章，促进贸易体制一体化。

（5）协调职能。协调与其他世界组织如世界银行和国际货币基金组织的关系，并与它们合作，保证全球经济决策的一致性。

二、世界贸易组织的基本原则

世贸组织的基本原则是对关贸总协定基本原则的继承与发展，主要包括以下内容。

1. 非歧视原则

非歧视原则也称无差别待遇原则，是指在世贸组织管辖的领域内，各成员在实施某种限制或禁止措施时，不得实施歧视待遇，应公平公正，平等地、一视同仁地对待其他成员的与贸易有关的主体和客体，包括货物、服务、服务提供者或企业、知识产权所有者或持有者等。非歧视原则是世贸组织的首要原则，主要由最惠国待遇条款和国民待遇条款来体现。非歧视原则主要来自关贸总协定、服务贸易总协定以及历次多边贸易谈判，特别是 "乌拉圭回合" 谈判达成的一系列协议。

2. 贸易自由化原则

世贸组织的贸易自由化原则是指各成员方通过多边贸易谈判，进行实质性关税减让和减少非关税壁垒，扩大成员方之间的货物和服务贸易。贸易自由化以共同规则为基础，以多边谈判为手段，以争端解决机制为保障，以贸易救济措施为 "安全阀"，以过渡期方式体现差别待遇。世贸组织承认不同成员间经济发展水平的差异，通常允许发展中成员履行义务有更长的过渡期。

贸易自由化原则在货物贸易方面主要体现为关税减让和取消数量限制，在服务贸易方面则更多地体现为不断增加开放的服务部门，减少对服务提供方式的限制。

（1）关税减让。关税减让是指各成员通过多边谈判，相互让步，承担减少和降低关税的任务。关税减让以互惠互利为基础，旨在降低进出口关税的总体水平，尤其是降

低阻碍商品进口的高关税，由此促进国际贸易的发展。

（2）一般取消数量限制。数量限制是指一国政府通过法令规定在特定时期内（通常为 1 年）对某类产品只能进口一定的数量或价值，主要表现形式有配额、许可证、自动出口限制、进口禁令等。

3. 公平贸易原则

公平贸易原则直接体现世贸组织反对不正当竞争，主张市场公平交易与公平竞争的精神。公平贸易原则具体体现为互惠原则和公平竞争原则。

互惠原则是指成员方在互惠互利的基础上达成关税减让，相互给予特权和利益等开放市场的承诺。该原则的基本目的就是维持成员方之间权利与义务的综合平衡，谋求贸易自由化的实现。互惠包括双边互惠和多边互惠。

公平竞争原则是指各成员方的出口贸易经营者不得采取不公正的贸易手段，进行或扭曲国际贸易竞争，尤其不能采取倾销和补贴的方式在他国销售产品，要在货物贸易、服务贸易和与贸易有关的知识产权领域，创造和维护公开、公平、公正的市场环境。世贸组织强调，以倾销或补贴方式出口本国产品，给进口方国内工业造成实质性损害或有实质性损害威胁时，进口方可根据受损的国内工业的指控，采取反倾销和反补贴措施。同时，世贸组织也反对成员滥用反倾销和反补贴措施以达到贸易保护的目的。

4. 透明度原则

透明度原则要求各成员正式实施的有关进出口贸易的所有法律、法规、条例以及与其他成员方达成的所有影响贸易政策的条约与协定等，都必须事先以统一、公正和合理的方式正式公布，不公布就不得实施。以上措施和协定的变化情况，如修改、增补或废除等，也应及时公布。透明度原则的目的在于保证各成员方在货物贸易、服务贸易、投资、知识产权领域的贸易政策实现最大限度的透明。但是，透明度原则不要求成员方公布那些可能会妨碍法令的贯彻执行，或违反公共利益，或会损害某一公私企业正当商业利益的机密资料。世贸组织有一个贸易政策的定期审议机制，以确保透明度原则的实施。

5. 鼓励发展和经济改革原则

世贸组织认为，发达成员方有必要认识到促进发展中成员方的出口贸易和经济发展，从而带动整个世界贸易和经济的健康发展。因此，在各项协议中允许发展中成员方在相关的贸易领域，在非对等的基础上承担义务。

超过 3/4 的世贸组织成员是发展中国家或正处于对非市场经济体系进行改革的国家。世贸组织给予了这些国家实施世贸组织协议的灵活性，以适应其较不熟悉和较为困难的世贸组织条款，允许发展中成员方用较长的时间履行义务，或有较长的过渡期。如在农产品关税消减上，发达国家在 6 年内使关税降低 36%，而发展中成员方在 10 年内使关税降低 24% 即可，最不发达国家被免除降税义务。

三、世界贸易组织的组织机构与运行机制

（一）世界贸易组织的组织机构

不同于关贸总协定，世贸组织是一个世界性的法人组织。根据《建立 WTO 的协

定》，世贸组织建立了一整套组织机构（见图7.1），以协调和管理全球贸易事务。

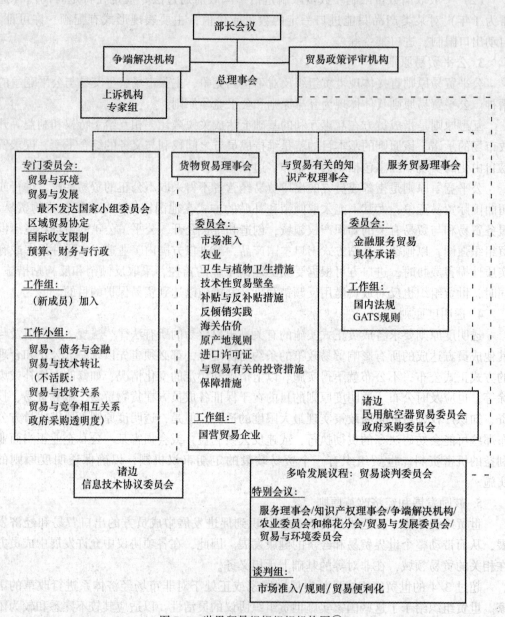

图 7.1　世界贸易组织组织机构图①

（1）部长会议。部长会议是由各成员方的部长参加的联席会议，确切来说，是由各成员方主管经济、贸易事务的最高官员组成。部长会议是世贸组织最高权力机构和决策机构。部长会议至少每两年召开一次。

---

①　本图英文原图网址为 http://www.wto.org/english/thewto_e/whatis_e/tif_e/org2_e.htm。

（2）总理事会。总理事会是部长会议下设机构，由各成员方政府委派的代表或长驻世贸组织总部的大使组成，在部长会议休会期间代行部长会议的职能，负责世贸组织的日常事务，监督和指导下设机构的各项工作，处理世贸组织的重要、紧急事务，可视具体情况召开会议。总理事会还兼任争端解决机构和贸易政策审议机构。

（3）理事会。总理事会下设三个理事会，即货物贸易理事会、服务贸易理事会、与贸易有关的知识产权理事会，分别负责监督相应协议的实施，行使协议规定的职能，以及总理事会赋予的其他职能。货物贸易理事会负责监督货物贸易多边协议的实施。货物贸易理事会下设有 11 个委员会，分别处理市场准入、农业、卫生与动植物检疫、技术性贸易壁垒、补贴与反补贴、反倾销、海关估价、原产地和进口许可证等领域和相关协议事务。服务贸易理事会负责监督实施《服务贸易总协定》，由于服务贸易涉及面广，因此下设了金融服务贸易委员会和具体承诺委员会，分别负责处理金融服务和具体承诺事务。与贸易有关的知识产权理事会负责监督实施《与贸易有关的知识产权协定》，目前还没有下设机构。

（4）专门委员会。根据《建立 WTO 的协定》，部长会议设立各专门委员会，负责处理三大理事会的共性事务以及三大理事会管辖范围以外的事务。各专门委员会向总理事会直接负责。世贸组织现有的专门委员会包括：贸易与环境委员会、贸易与发展委员会、区域贸易协定委员会、国际收支限制委员会，以及预算、财务与行政委员会。

（5）秘书处。秘书处为世贸组织日常办事机构，设在瑞士日内瓦的世贸组织总部。秘书处不具有决策权力，主要职责是给部长会议、各理事会以及各专门委员会提供专业性服务。秘书处由部长会议任命的总干事领导。总干事按照部长会议通过的有关规定，任命秘书处其他官员并规定其职责。2013 年 9 月，巴西人罗伯托·阿泽维多接替法国人帕斯卡尔·拉米，成为世贸组织第二位总干事。

（6）工作组。工作组是世贸组织建立的一些临时性的机构，任务是研究和报告有关事项，并最终提交理事会做决策，有些工作组还承担贸易谈判的组织工作。

（7）贸易谈判委员会。2001 年 11 月在卡塔尔首都多哈召开的世贸组织第四届部长会议上通过了《多哈宣言》，正式发起新一轮的全球贸易谈判，称为多哈回合谈判。部长会议授权总理事会于 2002 年 2 月建立贸易谈判委员会这个专门机构，负责多哈回合谈判工作的执行，并向总理事会报告。

（8）诸边协议委员会。世贸组织框架内的协议按成员方接受程度可分为两类，一类是世贸组织成员必须全部参加并接受的多边贸易协议，另一类是由世贸组织成员选择性参加的诸边贸易协议。现今世贸组织框架内有 3 个诸边贸易协议，分别是民用航空器贸易协议、政府采购协议和信息技术协议。其中，中国自愿加入了信息技术协议。

（二）世界贸易组织的主要运行机制

1. 决策机制

世贸组织的决策机制采取"协商一致"优先、"诉诸表决"其次的程序。

协商一致是指出席会议的成员方对拟通过的决议不表示反对，就视为同意。保持沉默、弃权或进行一般的评论等都不构成反对意见。除非世贸组织管辖的协定、协议另有规定，所有规则的制定应采取协商一致通过的方法。对于一个有 160 个成员的国际组织来说，要通过协商一致来达成一项决定的做法是很困难的，但以这样的方式形成的决定往往比较好地考虑了各方的利益，一旦形成一项决定，容易为成员方所接受。事实上，世贸组织的决定通常是经协商一致后做出的。

当协商一致不能做出决定时，该议题应由所有成员方投票表决。部长会议和总理事会的表决实行一个成员方一票的办法，其中欧盟的表决权数与其成员中已经是世贸组织成员的数目相同。一般情况下，部长会议和总理事会依据各成员方所投的简单多数做出决定。对于某些重大问题，则须按绝对多数原则表决，如关于世贸组织多边贸易协定条款解释的表决，以及关于义务豁免权的表决须获 3/4 以上的多数方能通过。

此外，世贸组织对于某些重要协定条款的修正，还奉行一致赞同方式，即必须获得全体成员的一致同意方为有效。例如，世贸组织规定对《1994 年 GATT》第一条"最惠国待遇"和第二条"减让表"条款的修正须获一致赞同方可实施。

2. 争端解决机制

世贸组织争端解决机制的目的主要是使争端得到积极有效的解决，避免引发贸易战。世贸组织争端解决机制是从《1947 年关税与贸易总协定》有关条款及其 40 多年争端解决的实践发展而来的。世贸组织总理事会作为负责争端解决的机构，履行成员间争端解决的职责。

世贸组织争端解决机制的基本原则是平等、迅速、有效、双方接受，这些原则是经全体世贸组织的成员同意的。如果有成员认为其他成员正在违反贸易规则，受到贸易侵害的成员将使用多边争端解决机制，而不是采取单边行动。这意味着所有世贸组织的成员将遵守议定的程序和尊重裁决，不管是申诉方还是被诉方。

世贸组织争端解决机制鼓励各方首先通过外交途径的友好磋商解决争议，寻求均可接受并与世贸组织有关协定或协议相一致的解决办法。如果通过磋商未能达成各方满意的解决办法，在适用司法手段解决争端时，也保证是在政治和外交的框架内进行。

世贸组织争端解决机制建立了争端解决机构（dispute settlement body，DSB）来负责监督争端解决机制的有效顺利运行。这是世贸组织的一个创新，可以说是争端解决机制的基石。争端解决机构由所有成员方参加，与总理事会组成人员一致。应争端一方的请求，争端解决机构可以成立专家组，对成员方的某一违法行为进行裁决，任务完成后即解散。专家组一般由 3 名或 5 名独立人员组成，秘书处负责任命专家组成员。专家组根据被授予的职权范围，在规定时间内，形成专家组报告，提交争端解决机构会议批准。争端解决机构还建立了常设的上诉机构。世贸组织争端解决机制基本程序如下。

（1）磋商。世贸组织的《关于争端解决规则与程序的谅解协定》规定，一成员方向另一成员方提出磋商要求后，被要求方应在接到请求后的 10 天内做出答复。如同意举行磋商，则磋商应在接到请求后 30 天内开始；如果被要求方在接到请求后 10 天内没有做出反应，或在 30 天内或相互同意的其他时间内未进行磋商，则要求进行磋商的成员方可直接向争端解决机构要求成立专家组；如果在接到磋商请求之日后 60 天内磋商未能解决争端，要求方（申诉方）可以请求成立专家组。在紧急情况下，如涉及容易变质的货物，各成员方应在接到请求之日后 10 天内进行磋商，如在接到请求之日后 20 天内磋商未能解决争端，则申诉方可以请求成立专家组。

(2) 专家组审理争端。专家组通常由 3 人组成，除非争端当事方在专家组设立之日起 10 天内同意设立 5 人专家组。在案件的审理过程中，专家组要调查案件的相关事实，对引起争议的措施是否违反相关协定或协议做出客观评价，就争端的解决办法提出建议。专家组一旦设立，一般应在 6 个月内（紧急情况下 3 个月内）完成全部工作，并提交最终报告。

(3) 专家组报告的通过。为使各成员有足够时间审议专家组最终报告，只有在报告散发给各成员方 20 天后，争端解决机构方可考虑审议通过。对报告有反对意见的成员方，应至少在召开审议报告会议 10 天前，提交供散发的书面反对理由。在最终报告散发给各成员方的 60 天内，除非争端当事方正式通知争端解决机构他们的上诉决定，或争端解决机构经协商一致决定不通过该报告，否则该报告应在争端解决机构会议上予以通过。

(4) 上诉机构审理。上诉机构受理对专家组最终报告的上诉。上诉机构对案件的审议，自争端一方提起上诉之日起到上诉机构散发其报告之日为止，一般不得超过 60 天。争端解决机构应在上诉机构报告散发后的 30 天内通过该报告，除非争端解决机构经过协商一致决定不予通过。

此外，争端也可以通过仲裁、斡旋、调解或调停的方式解决。如果争端当事方同意以仲裁方式解决，则可在共同指定仲裁员并议定相应的程序后，由仲裁员审理当事方提出的争端。斡旋是指第三方促成争端当事方开始谈判或重开谈判的行为。在整个过程中，进行斡旋的一方可以提出建议或转达争端一方的建议，但不直接参加当事方的谈判。调解是指争端当事方将争端提交一个由若干人组成的委员会，该委员会通过查明事实，提出解决争端的建议，促成当事方达成和解。调停是指第三方以调停者的身份主持或参加谈判，提出谈判的基础方案，调和、折中争端当事方的分歧，促使争端当事方达成协议。在世贸组织争端解决中，斡旋、调解或调停是争端当事方经协商自愿采用的方式。争端的任何一方均可随时请求进行斡旋、调解或调停。斡旋、调解或调停程序可以随时开始，随时终止。世贸组织总干事可以以他所任职务身份进行斡旋、调解或调停，以协助成员方解决争端。

❈ 本章小结 ❈

贸易条约与协定是两个或两个以上的国家、地区或贸易集团为了确定彼此经济贸易关系，规定贸易双方应履行的基本权利与义务，而缔结的书面协议。其主要形式有贸易条约、贸易协定、贸易议定书、国际商品协定、关税与贸易总协定。在贸易条约与协定中最常见的法律条款有最惠国待遇条款和国民待遇条款。

区域经济一体化是指两个或两个以上的国家或地区，通过协商并缔结经济条约或协定，实施统一的经济政策和措施，消除商品、要素、金融等市场的人为分割和限制，以国际分工为基础来提高经济效率和获得更大经济效果，把区域内各国或各地区的经济融合起来形成一个区域性经济联合体的过程。按成员间经济结合程度的不同，我们可以将区域经济一体化划分为 6 个层次：优惠贸易安排、自由贸易区、关税同盟、共同市场、经济联盟、完全经济一体化。区域经济一体化的主要理论有关税同盟理论、大市场理论、协议性国际分工理论和国家需要理论。世界上主要的区域经济一体化组织有欧洲联盟、北美自由贸易区、东南亚国家联盟和亚太经济与合作组织等。

世界贸易组织的基本原则有非歧视原则、贸易自由化原则、公平贸易原则、透明度原则、鼓励发展和经济改革原则。世界贸易组织主要的组织机构包括部长会议、总理事会、理事会、专门委员会、秘书处、工作组、贸易谈判委员会和诸边协议委员会。世界贸易组织的决策机制采取"协商一致"优先、"诉诸表决"其次的程序，对于某些重要协定条款的修正，还奉行一致赞同方式。世界贸易组织建立了争端解决机构来负责监督争端解决机制的有效顺利运行，由所有成员方参加，与总理事会组成人员一致。应争端一方的请求，争端解决机构可以成立专家组，对成员的某一违法行为进行裁决。争端解决机构还建立了常设的上诉机构，负责处理争端各方对专家组报告的上诉。

✳ 练 习 题 ✳

一、名词解释

贸易条约与协定　最惠国待遇条款　国民待遇条款　贸易条约　贸易协定　贸易议定书　支付协定　国际商品协定　关税与贸易总协定　区域经济一体化　优惠贸易安排　自由贸易区　关税同盟　共同市场　经济联盟　完全经济一体化　水平一体化　垂直一体化　部门经济一体化　全盘经济一体化　贸易创造效应　贸易转移效应　世界贸易组织　非歧视原则　贸易自由化原则　公平贸易原则　互惠原则　透明度原则　鼓励发展和经济改革原则　公平竞争原则

二、单选题

1. （　　）是指某种商品的主要出口国之间，或者主要出口国与主要进口国之间为了稳定或者操纵该种商品的世界市场价格，获得足够的垄断利润，保证世界范围内的供求基本平衡而签订的多边国际协议。

　　A. 支付协定　　　　　　　　　B. 贸易条约
　　C. 国际商品协定　　　　　　　D. 贸易议定书

2. （　　）是我国与周边国家和地区建成的第一个自由贸易区。

　　A. 中国-东盟自由贸易区　　　B. 中国-智利自由贸易区
　　C. 中国-新加坡自由贸易区　　D. 中国-秘鲁自由贸易区

3. 《亚太贸易协定》属于（　　）。

　　A. 共同市场　　　　　　　　　B. 优惠贸易安排
　　C. 自由贸易区　　　　　　　　D. 关税同盟

4. （　　）是部长会议下设机构，由各成员国政策委派的代表或长驻WTO总部的大使组成，在部长会议休会期间代行其职能，负责WTO的日常事务，监督和指导下设机构的各项工作，处理WTO的重要、紧急事务。

　　A. 部长会议　　　　　　　　　B. 总理事会
　　C. 专门委员会　　　　　　　　D. 秘书处

5. （　　）兼任争端解决机构和贸易政策审议机构。
    A. 部长会议   B. 贸易谈判委员会
    C. 总理事会   D. 货物贸易理事会

三、多选题

1. 实现了对外统一关税税率的区域经济一体化组织形式有（　　）。
    A. 优惠贸易安排   B. 自由贸易区   C. 关税同盟
    D. 共同市场   E. 经济联盟

2. 非歧视原则主要由（　　）体现出来。
    A. 一般取消数量限制   B. 最惠国待遇条款   C. 关税减让
    D. 反倾销条款   E. 国民待遇

3. 以下属于世界贸易组织的职能有（　　）。
    A. 管理和监督职能   B. 解决贸易争端职能   C. 协调职能
    D. 谈判职能   E. 监督和审议职能

4. 以下对世界贸易组织决策机制说明正确的有（　　）。
    A. "协商一致"优先、"诉诸表决"其次
    B. "诉诸表决"优先、"协商一致"其次
    C. 对于某些重要协定条款的修正，奉行一致赞同方式
    D. 只能协商一致
    E. 全部都诉诸表决

5. WTO争端解决机制的基本原则是（　　）。
    A. 平等   B. 迅速   C. 有效
    D. 双方接受   E. 可以只有一方接受

6. 以下属于世界贸易组织常设机构的是（　　）。
    A. 部长会议   B. 总理事会   C. 专门委员会
    D. 秘书处   E. 工作组

四、简答题

1. 最惠国待遇的种类有哪些？
2. 区域经济一体化有几种形式？
3. 亚太经济合作组织的特点有哪些？
4. 区域经济一体化对国际贸易有什么影响？
5. 世界贸易组织的宗旨和目标分别是什么？
6. 世界贸易组织的基本原则有哪些？

❋ 课外思考实践题 ❋

中国如何应对区域经济一体化的最新发展？

下　编

国际贸易实务

下 篇

国际贸易实务

第八章 国际贸易方式

☞【学习目标】

学习完本章后，你应该能清楚地知道：

（1）传统国际贸易方式种类及其特点；

（2）新型跨境电子商务的概念、特点、模式。

国际贸易方式是指营业地在不同国家或地区的当事人之间进行货物买卖所采取的做法和商品流通渠道。在我国对外贸易活动中，每一笔货物进出口交易也都是通过一定的贸易方式来进行的。

第一节 传统的国际贸易方式

☞【案例导入】

我 A 公司与台湾 B 公司签订了独家经销协议，授予该公司 W 产品的独家经销权，但该产品并非 A 公司的自产商品，而是由国内 C 公司生产、由 A 公司销往台湾 B 公司。C 公司在向 A 公司供货的同时，也自营进出口业务，又向另一家台湾 D 公司授予了该产品的独家经销权。这样，在台湾就有了同种产品的两个独家经销商，这两家经销商得知该情况后，都向 A 公司和 C 公司提出索赔的要求。

☞ 思考：

这起案件应如何处理？

一、经销与代理

（一）经销

经销（distribution）是指进口商（经销商）与出口商（供货商）达成协议，承担在规定的期限和地域内购销指定商品义务的贸易方式。与通常的单边逐笔进出口贸易不同，经销商与供货商通过签订经销协议来确定一种长期稳定的购销关系，其经销的一般过程如图 8.1 所示。

1. 经销的性质和特点

经销关系实际上是一种买卖关系，供货商是出口商，经销商是进口商。经销商承担

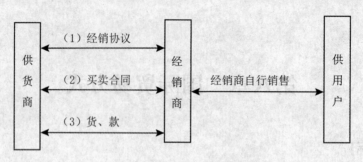

图 8.1　经销的一般过程

在规定的期限和地域内购销指定商品的义务，且自筹资金、自负盈亏、自担风险。从法律上讲，供货商与经销商之间是本人对本人的关系，经销商以个人的名义购进货物并转售。购买商品的当地用户与供货商之间不存在合同关系。

2. 经销的方式

通常经销有一般经销和独家经销两种方式。

一般经销也称定销，指经销商不享有独家专营权，供货商可在同一时间、同一地区内确定几家经销商经销同类商品。

独家经销（sole distribution），也称包销（exclusive sale），指经销商在协议规定的期限和地域内对指定的商品享有独家专营权的经销方式。

（二）代理

国际市场上存在名目繁多的代理商，如采购代理、销售代理、运输代理、保险代理、广告代理等，本书重点介绍销售代理。

国际贸易中的销售代理（agency）是指出口商即委托人（principal）通过协议授权国外代理人（agent），在约定的时间和地区内代表出口商向第三方招揽生意、签订合同或办理与交易相关的各项事宜，并由委托人直接负责由此产生的权利与义务。委托人与代理人通过签订代理协议建立委托代理关系，代理的一般过程如图 8.2 所示。

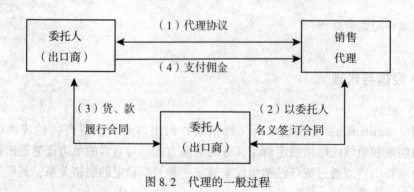

图 8.2　代理的一般过程

1. 代理的性质和特点

相对经销，代理有明显的不同，其性质和特点体现在以下几个方面。

（1）在代理业务中只是代表委托人行为，二者是委托代理关系。

（2）代理人只能在委托人的授权范围内代表委托人从事商业活动。

（3）代理人通常运用委托人的资金从事业务活动，并且不担风险、不负盈亏，只居间介绍生意、招揽订单，从而获得佣金。

（4）代理人一般不以自己的名义与第三方签订合同。

2. 代理的方式

通常，代理有总代理、独家代理和一般代理三种方式。

总代理（general agent）是指在指定地区和时间内，代理人不仅有权独家代销指定的商品，而且有权代表委托人从事商务活动和处理其他的事务。

独家代理（sole agent or exclusive agent）是指在指定地区和时间内，代理人具有独家代销专营权。因此独家代理人有义务承担最低销售定额，并且不得经营有竞争性的商品。

一般代理（agent），又称佣金代理（commission agent），是指不具有独家代销专营权的代理。

3. 包销与独家代理的区别

包销与独家代理相比较，其区别主要体现在以下几个方面。

（1）性质不同：代理人与委托人之间是委托代理关系，包销商与出口人之间是买卖关系；

（2）风险不同：独家代理不承担经营风险；包销人自担风险，自负盈亏；

（3）目的不同：独家代理人赚取的是佣金，而包销商赚取的是商业利润；

（4）专营权不同：独家代理人在特定地区和期限内，享受代销指定商品的专营权；包销商拥有包销的专营权包括专买权和专卖权。

二、寄售

寄售（consignment）是指寄售人（consignor）即货主先将货物运往国外寄售地，委托国外一个代销人（consignee）即受托人，按照寄售协议规定的条件，由代销人代替货主进行销售，在货物售出后，由代销人向货主结算货款的一种贸易方式。寄售人和代销人通过签订寄售协议确定双方的法律关系，寄售的一般过程如图 8.3 所示。

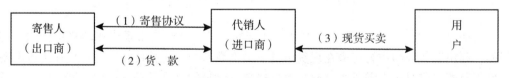

图 8.3　寄售的一般过程

寄售人与代销人之间是委托代售关系，而非买卖关系。寄售协议属于信托合同性质。代销人只能根据寄售人的指示处置货物。货物所有权在售出之前仍属于寄售人。它是凭实物进行的现货交易，代销人介于委托人与实际买主之间，他有权以自己的名义与实际买主签订购销合同，如果实际买主不履行合同，代销人有权以自己的名义起诉。寄售货物在售出之前的一切风险和费用，均由寄售人承担。

三、期货交易

期货交易是指在商品交易所或期货交易所内，按照一定的规章制度进行的期货合同的买卖。

目前国际上比较有名的交易所有美国芝加哥商品交易所（CBOT）、美国纽约商品交易所（COMEX）、英国伦敦金属交易所（LME）、日本东京工业品交易所、中国香港期货交易所、新加坡国际金融交易所等。

（一）期货交易与现货交易的区别

期货交易与现货交易有明显的不同，主要体现在以下几方面。

（1）从交易的标的物看：现货交易买卖的是实际货物；期货交易买卖的是期货交易所制订的标准期货合同。

（2）从成交时间和地点看：现货交易中交易双方可以在任何时间和任何地点来达成交易；期货交易必须在期货交易所内，按照规定的开市时间进行交易。

（3）从成交的形式看：现货交易是在封闭或半封闭的双边市场上私下达成的，按照"契约自主"的原则签订买卖合同；期货交易是在公开、多边的市场上，由特定人员通过喊价或叫价的方式达成。

（4）从履约方式看：现货交易中，无论是即期的还是远期的，双方都要履行买卖合同所规定的义务，即卖方交付实际货物，买方支付货款；期货交易多数不实际交割货物，而是进行对冲或平仓和货币交割。

（5）从交易双方的法律关系看：在现货交易中，买卖双方产生直接的货物买卖的法律关系；期货交易的双方没有直接的合同关系，而是由清算所对交易双方负责。

（6）从交易的目的看：现货交易转移的是货物的所有权；期货交易主要是套期保值或投机。

（7）从交易商品的范围看：现货交易的品种是一切进入流通的商品；而期货交易的品种是有限的，主要是农产品、石油、金属商品以及一些初级原材料和金融产品。

（二）期货交易的种类

一般而言，期货交易主要有套期保值和投机交易两种类型。

1. 套期保值

套期保值（hedging），又称海琴或对冲交易，是指把期货市场当作转移价格风险的场所，利用期货合约作为将来在现货市场上买卖商品的临时替代物，对其现在买进准备以后售出商品或对将来需要买进商品的价格进行保险的交易活动。

套期保值的基本特征是，在现货市场和期货市场对同一种类的商品同时进行数量相等但方向相反的买卖活动，即在买进或卖出实货的同时，在期货市场上卖出或买进同等数量的期货，经过一段时间，当价格变动使现货买卖出现盈亏时，可由期货交易上的亏盈得到抵消或弥补。从而在"现"与"期"之间、近期和远期之间建立一种对冲机制，以使价格风险降低到最低限度。期货市场毕竟是不同于现货市场的独立市场，它还会受一些其他因素的影响，因而期货价格的波动时间与波动幅度不一定与现货价格完全一致；加之期货市场上有规定的交易单位，两个市场操作的数量往往不尽相等，这些就意味着套期保值者在冲销盈亏时，有可能获得额外的利润或亏损。

2. 投机交易

投机交易（speculation），是指在期货市场上以获取价差收益为目的的期货交易行为。投机者根据自己对期货价格走势的判断，做出买进或卖出的决定，如果这种判断与市场价格走势相同，则投机者平仓出局后可获取投机利润；如果判断与价格走势相反，则投机者平仓出局后承担投机损失。

四、拍卖

拍卖是指由经营拍卖业务的拍卖行接受货主的委托，在规定的时间和场所，按照一定的规章和规则，以公开叫价的方法，把货物卖给出价最高的买主的一种贸易方式。

（一）拍卖的特点

（1）拍卖是在一定的机构内有组织进行的，一般是在拍卖中心，在拍卖行的统一组织下进行。拍卖有自己遵循的独特的法律和规章。

（2）拍卖是一种公开竞买的现货交易，采用事先看货、当场叫价、落槌成交的做法。

（3）适于拍卖的商品：通过拍卖成交的商品通常是品质难以标准化或难以久存、或按传统习惯以拍卖方式出售的商品，如裘皮、茶叶、烟草、羊毛、木材、水果以及古玩和艺术品等。

（二）拍卖的方式

1. 增价拍卖

增价拍卖，也称买方叫价拍卖。这是最常用的一种拍卖方式。拍卖时，由拍卖人（auctioner）提出一批货物，宣布预定的最低价格，估价后由竞买者（bidder）相继叫价，竞相加价，有时规定每次加价的金额额度，直到拍卖人认为无人再出更高的人。

2. 减价拍卖

减价拍卖，也称卖方叫价拍卖，或称荷兰式拍卖，是指拍卖标的的竞价由高到低依次递减直到第一个竞买人应价（达到或超过底价）时击槌成交的一种拍卖。

3. 密封递价拍卖

密封递价拍卖，也称招标式拍卖。采用这种方法时，先由拍卖人公布每批商品的具体情况和拍卖条件等，然后由各方在规定时间内将自己的出价密封递交拍卖人，以供拍卖人进行审查比较，决定将该货物卖给哪一个竞买者。这种方法不是公开竞买，拍卖人有时要考虑除价格以外的其他因素。有些国家的政府或海关在处理库存物资或没收货物时往往采用这种拍卖方法。

五、招标投标

招标与投标是一种传统的贸易方式，常用于政府机构、国有企业或公用事业单位采购物资、器材或设备的交易中，更多地用于国际承包工程。招标和投标是一种贸易方式的两个方面。货物买卖中的招标是指招标人（买方）在规定时间和地点发出招标公告或招标单，提出准备买进商品的品种、数量和有关买卖条件，邀请卖方投标的行为；投标是指投标人（卖方）应招标人的邀请，根据招标公告或招标单的规定条件，在规定投标时间内向招标人递盘的行为。

（一）招标投标特点

投标是针对招标而来的，与其他贸易方式相比，招标与投标的特点表现在：

（1）招标的方式下，投标人是按照招标人规定的时间、地点和条件进行的一次性报盘，这种报盘是对投标人有约束力的法律行为，一旦投标人违约，招标人可要求得到补偿。

（2）招标与投标属于竞卖方式，即一个买方面对多个卖方，卖方之间的竞争是买方在价格及其他条件上有较多的比较和选择，从而在一定程度上保证了采购商品的最佳质量。

（二）招标投标的一般程序

1. 招标

招标，需要编制招标文件，编制文件里应该有对投标人的资质、要求以及投标文件的要求、开标时间、地点、投标保证金，等等。招标又分公开招标、邀请招标和定向招标（议标）。公开招标通过国家指定的报刊、信息网络或者其他媒介公开发布。邀请招标一般适用于项目技术复杂或者有特殊要求，只有少量几家潜在投标人可供选择以及涉及国家安全、国家秘密或者抢险救灾，不适宜公开招标的项目。定向招标（议标）是一种非竞争性招标，适用于两种情况，一是适用于工期较紧、资金有限的项目，或是专业性与保密性要求较强的项目。二是适用于某个国家的双边贷款项目且规定只能向贷款方采购的项目。这种采购受到一定的限制，所以一般招标的价格较高。中国的隔河岩水电站项目利用了加拿大的贷款，故采用了定向招标，向加拿大制造厂商采购了项目所需的机组。

此招标方式的特点在于谈判容易达成协议，利于按时开工。缺点是缺乏竞争，丧失了更多的比较选择余地。因此，为使招标对己方更为有利，至少应邀请两家投标商进行谈判。

2. 投标

投标文件应当对招标文件的实质性要求做出响应。招标文件的内容应当包括拟派出的项目负责人与主要技术人员的简历、业绩和拟用于完成招标项目的机械设备等。

（1）招标人可以在招标文件中要求投标人提交投标保证金。投标保证金一般不超过投标总价的2%，但最高不得超过80万元人民币。投标保证金应当超出投标有效期30天。

（2）投标人应当在招标文件要求提交投标文件的截止时间前，将投标文件送达投标地点，在截止时间送达的投标文件，招标人应当拒收。

（3）投标人在招标文件要求投标文件的截止时间前，可以补充、修改或者撤回已提交的投标文件，并书面通知招标人。在提交投标文件截止时间后到招标文件规定的投标有效期终止之前，投标人不得补充、修改、替代或者撤回投标文件。投标人撤回投标文件的，其投标保证金将被没收。

（4）投标人可以组成联合体共同投标，两个以上法人或者其他组织组成一个联合体，以一个投标人的身份共同投标。同一专业单位组成的联合体，按照资质较低的单位确定资质等级。

3. 开标与评标

开标应当在招标文件中确定的提交投标文件截止时间的同一时间公开进行，地点应为招标文件预先确定的地点。由招标人主持，邀请所有投标人参加。开标时，由投标人或者其推荐的代表检查投标文件的密封情况，也可以由招标人委托公证机构检查并公证。

评标委员会由招标人的代表和有关技术、经济等方面的专家组成，成员为 5 人以上的单数，其中技术、经济方面的专家不得少于成员总数的 2/3。评标委员会成员的名单在中标结果确定前应当保密。评标委员会成员对所有的投标文件进行评审和比较，选取最符合而且最合理的投标文件推荐给招标人。

4. 签约

评标委员会提出评标报告后，招标人一般在 15 日内确定中标人，但最迟应当在投标有效期结束日 30 个工作日前确定。招标人和中标人应当自中标通知书发出之日起 30 日内，按照招标文件和中标人的投标文件订立书面合同。招标人和中标人不得再行订立背离合同实质性内容的其他协议。

六、对销贸易

对销贸易（counter trade）是指在互惠的前提下，由两个或两个以上的贸易方达成协议，规定一方的进口产品可以部分或者全部以相对的出口产品来支付。对销贸易是在古老的易货贸易的基础上发展起来的，它包含的各种交易形式都具有易货的基本特征，但又不是易货的简单再现，而是具有时代的烙印和新的经济内涵。

对销贸易的买卖标的除有形货物外，也可包括劳务、专有技术和工业产权等无形财产。对销贸易有多种形式，如易货贸易（barter trade）、补偿贸易（compensation trade）、反购或互购（counter purchase）、转手贸易（switch trade）和抵销（offset）。在我国对外经贸活动中采用较多的是易货贸易和补偿贸易。

（一）易货贸易

易货贸易有传统易货贸易和现代易货贸易之分。

（1）传统易货贸易又称为简单易货、直接易货或纯粹易货，是指交易双方按照各自的需要

交换价值相等或相近的商品。传统的易货贸易有以下两个特点：以货换货，一般不动用外汇；进口和出口同时成交，易货基本平衡。

（2）现代易货贸易主要有记账易货贸易和对开信用证两种方式。

易货贸易有以下两个优点：有利于外汇缺乏的国家进行贸易；有利于以进带出或以出带进。同时也有以下四个缺点：易货的货物必须是对方所需；易货强调交换等值同时

进行，实际操作中难度较大；易货的操作过程复杂；易货受双方国家的经济互补性制约。

（二）补偿贸易

补偿贸易（compensation trade），又称产品回购（product buyback）。它是指在信贷基础上进口设备，然后以回销产品或劳务所得价款，分期偿还进口设备的价款和利息。

从性质上看，补偿贸易属于商品买卖，而不是直接投资。补偿贸易是一种通过商品交易对外资进行利用的贸易方式。

1. 补偿贸易的种类

常见的补偿贸易有以下几类。

（1）直接产品补偿法。即双方在协议中约定，由设备供应方向设备进口方承诺购买一定数量或金额的由该设备直接生产出来的产品。这种做法的局限性在于，它要求生产出来的直接产品及其质量必须是对方所需要的，或者在国际市场上是可销的，否则不易为对方所接受。

（2）间接产品补偿法。当所交易的设备本身并不生产物质产品，或设备所生产的直接产品非对方所需或在国际市场上不好销时，可由双方根据需要和可能进行协商，用回购其他产品来代替。

（3）劳务补偿。这种做法常见于同来料加工或来件装配相结合的中小型补偿贸易中。具体做法是：双方根据协议，往往由对方代为购进所需的技术、设备，货款由对方垫付。我方按对方要求加工生产后，从应收的工缴费中分期扣还所欠款项。

（4）混合补偿。上述三种做法还可结合使用，即进行综合补偿。有时，根据实际情况的需要，还可以部分用直接产品或其他产品或劳务补偿，部分用现汇支付等。

2. 补偿贸易的特征

通常，补偿贸易有以下两个特征。

（1）信贷是进行补偿贸易必不可缺少的前提条件。

（2）设备供应方必须同时承诺回购设备进口方的产品或劳务，这是构成补偿贸易的必备条件。

3. 补偿贸易的作用

一般而言，补偿贸易有如下作用。

（1）对设备技术进口方的作用。企业通过补偿贸易引进设备技术，可解决其缺少资金进行设备更新和技术改造的难题，从而使产品得以升级换代、增强市场竞争能力（包括国际市场和国内市场）。设备技术进口方将产品返销，在抵偿设备技术价款的同时，也利用了设备出口方在国外的销售渠道，使产品进入国外市场、以进口设备技术来带动产品的出口，称之为"以进带出"的方法，是当代中小型补偿贸易的一大特点。以补偿贸易方式引进的设备技术，往往并不十分先进，甚至是二手设备。但如果产品能够外销且市场前景良好，设备价格合理，则对发展中国家增加产品出口、扩大国内就业机会、提高地区经济发展水平仍是有利的。

（2）对技术出口方的作用。出口方在提供信贷的基础上，扩大设备和技术的出口。出口方出于转移产业的需要，通过补偿贸易方式将产业转移至发展中国家，既获得了转让设备和技术的价款，又从返销商品的销售中获取利润，可谓是一举两得。

（三）对销贸易的其他形式

除此之外，对销贸易还有其他三种形式。

1. 互购贸易

互购贸易（counter purchase），又称互惠贸易（reciprocal）和平行贸易（parallel trade），是指出口的一方向进口一方承担购买相当于他出口货值一定比例的产品。即双方签订两份既独立又有联系的合同：一份是约定先由进口的一方用现汇购买对方的货物；另一份则由先出口的一方承诺在一定期限内购买对方的货物。

互购又称"平行贸易"或"回购"，中国又译成"反向购买"。

2. 转手贸易

转手贸易（switch trade）又称三角贸易。这是一种特殊的贸易方式。在记账贸易的条件下，人们采用转手贸易作为取得硬通货的一种手段（即现金等形式的外汇）。

3. 抵销贸易

抵销贸易（offset trade）是指一方在进口诸如国防、航空或宇航、计算机、信息交流等设备时，以先期向另一方或出口方提供的某种商品和/或劳务、资金等抵销一定比例进口价款的做法。

七、加工贸易

加工贸易是指一国的企业利用自己的设备和生产能力，对国外的原材料、零部件或者元器件进行加工、制造或装配，然后再将成品或半成品销往国外的一种贸易方式。目前，我国主要采用的加工贸易方式为对外加工装配和进料加工两种方式。

（一）对外加工装配

对外加工装配贸易是来料加工与来件装配的合称，指由国外厂商提供一定的原材料、辅助材料、零部件、元器件、包装材料和必要的机器设备及生产技术，委托我方企业按国外厂商要求进行加工、装配，成品由国外厂商负责销售，我方按合同规定收取工缴费的一种贸易方式。其中，来料加工（processing with customer's materials）是外商提供原材料、辅料及包装物料，委托国内生产企业作为承接方，用自有的厂房设备、技术和劳动力，按委托方的要求加工，成品交委托方在国外销售，承接方收取约定的工缴费。来件装配（assembling with customer's parts）指由国外委托方提供零部件、元器件等，委托国内承接方按其要求进行装配，成品交委托方处置，承接方按事先约定收取工缴费。

对外加工装配的基本做法：就承接方而言，主要有三种形式：一是外贸（工贸）企业直接对外承接业务，然后交由本企业加工装配生产；二是外贸企业对外承接来料来件加工装配业务，对内提供料、件委托工厂加工装配；三是接受加工装配的工厂参加对外谈判，同外贸公司一起对外签订合同，工厂直接承担交货责任，外贸公司收取手续费。

从用料比重看，有两种做法：全部来料来件的纯加工装配业务；部分来料来件，部分采用国产料件。在来料来件作价方面有两种做法：一种是来料来件和加工成品均不作价，只收取加工装配的工缴费；另一种是来料来件和加工成品分别作价。

（二）进料加工

进料加工（processing with imported materials），一般是指从国外购进原料，加工生产出成品再销往国外的一种贸易方式。由于进口原料的目的是扶植出口，因此进料加工又称为"以进养出"。

1. 进料加工的特点

相对其他贸易方式，进料加工有以下几个特点。

（1）进料加工属于商品交易，进口时需对外付汇，原材料的进口和成品的出口均发生了所有权的转移。

（2）进料加工的原料进口和成品出口是两笔不同的交易，原料供应者和成品购买者之间没有必然的联系。

（3）进料加工的加工方主要赚取由原材料到成品的附加值，要自筹资金、自寻销路、自担风险、自负盈亏。

2. 进料加工的具体做法

进料加工的具体做法如下：

（1）先签订进口原料的合同，加工出成品后再寻找市场和买主；

（2）先签订出口合同，再根据国外买方的订货要求从国外购进原料，加工生产后交货；

（3）对口合同方式，即与对方签订进口原料合同的同时签订出口成品合同。原料的提供者也就是成品的购买者，但两个合同相互独立，分别结算。

（三）来料加工与进料加工的区别

来料加工与进料加工的区别如下。

（1）从贸易性质上看：来料加工属于劳务贸易，不发生所有权的转移；进料加工属于商品贸易，发生所有权的转移。

（2）从原料提供和成品接受方面看：来料加工的原料提供者就是成品的接受者，二者是一笔业务；进料加工的原料提供者和成品的接受者之间没有必然的联系，二者不是同一笔业务。

（3）从加工经营目的上看：来料加工赚取工缴费；进料加工赚取从原料到成品的附加值。

（4）从加工方承担的风险上看：来料加工不负责成品的销售，风险较小；进料加工承担成品销售的风险，风险更大。

☞【本节导入案例解析】

　　　　此案中，C 公司既然向台湾 D 公司授予了该产品的独家经销权，就有义务保证其产品不会经过其他渠道进入其他地区内。因此，C 公司要么授予台湾 D 公司一般经销权，要么保证 A 公司不向该地区出口产品。

第二节　信息时代的新型国际贸易方式

伴随着现代信息技术的发展，以国际互联网为媒介进行的商务活动在全球范围逐渐兴起。在发达国家，电子商务发展尤为迅猛。电子商务的发展极大地改变了传统的国际贸易方式，对国际贸易的发展起着重要的作用。近年来，跨境电子商务快速发展，已成为国际贸易的新方式，对我国企业扩大海外营销渠道、实现外贸转型升级具有重要意义。

一、跨境电子商务兴起的原因

美国一项调查报告显示：2010 年，中国占世界制造业产出的 19.8%，高于美国的 19.4%。

中国仍然是全球最大的生产制造基地，而中小企业正是中国制造最重要的群体。据国家工信部统计的数据，全国规模以上的中小工业企业已经达到 44.9 万家，占全国规模以上工业企业总数的 99.3%。

"十二五"期间，电子商务被列入到战略性新兴产业的重要组成部分，电子商务将是下一阶段信息化建设的重心。相应地，中小企业的发展问题也得到了更多的关注，面对如此利好条件，在线外贸已然是大势所趋。

一方面，传统外贸的模式制约了国内中小企业的发展，依赖传统销售、买家需求封闭、订单周期长、汇率风险高、利润空间低等问题长期存在。

另一方面，75% 的海外采购商计划在 2010 年使用在线外贸平台进行采购，84% 的海外采购商会在未来 1—2 年内增加使用这种在线采购方式进行进口的预算，采购方式已经逐渐向在线方式转变，倾向于小单多频与定制化。

电子商务正在经历一个彻底的转型，从"黄页式"的信息平台转向交易平台。交易平台能够包括海外推广、交易支持、在线物流、在线支付、售后服务、信用体系和纠纷处理等整合服务。

二、跨境电子商务的特征

跨境电子商务是基于网络发展起来的。网络空间相对于物理空间来说是一个新空间，是一个由网址和密码组成的虚拟但客观存在的世界。网络空间独特的价值标准和行为模式深刻地影响着跨境电子商务，使其不同于传统的交易方式而呈现出自己的特点。

（一）全球性

网络是一个没有边界的媒介体，具有全球性和非中心化的特征。依附于网络发生的跨境电子商务也因此具有了全球性和非中心化的特性。电子商务与传统的交易方式相比，其一个重要特点在于电子商务是一种无边界交易，丧失了传统交易所具有的地理因素。互联网用户不需要考虑跨越国界，就可以把产品尤其是高附加值产品和服务提交到市场。网络的全球性特征带来的积极影响是信息的最大程度的共享，消极影响是用户必须面临因文化、政治和法律的不同而产生的风险。任何人只要具备了一定的技术手段，在任何时候、任何地方都可以让信息进入网络，相互联系进行交易。比如，一家很小的爱尔兰在线公司，通过一个可供世界各地的消费者点击观看的网页，就可以通过互联网销售其产品和服务，只要消费者接入了互联网。很难界定这一交易究竟是在哪个国家内发生的。

（二）无形性

网络的发展使数字化产品和服务的传输盛行。而数字化传输是通过不同类型的媒介，例如数据、声音和图像在全球化网络环境中集中而进行的。这些媒介在网络中是以计算机数据代码的形式出现的，因而是无形的。以一个电子邮件信息的传输为例，这一信息首先要被服务器分解为数以百万计的数据包，然后按照 TCP/IP 协议通过不同的网络路径传输到一个目的地服务器并重新组织转发给接收人，整个过程都是在网络中瞬间完成的。

数字化产品和服务基于数字传输活动的特性也必然具有无形性，传统交易以实物交易为主，而在电子商务中，无形产品却可以替代实物成为交易的对象。以书籍为例，传统的纸质书籍，其排版、印刷、销售和购买被看作是产品的生产、销售。然而在电子商务交易中，消费者只要购买网上的数据权便可以使用书中的知识和信息。

（三）匿名性

由于跨境电子商务的非中心化和全球性的特性，因此很难识别电子商务用户的身份和其所处的地理位置。在线交易的消费者往往不显示自己的真实身份和自己的地理位置，重要的是这丝毫不影响交易的进行，网络的匿名性也允许消费者这样做。

（四）即时性

对于网络而言，传输的速度和地理距离无关。传统交易模式，信息交流方式如信函、电报、传真等，在信息的发送与接收间，存在着长短不同的时间差。而电子商务中的信息交流，无论实际时空距离远近，一方发送信息与另一方接收信息几乎是同时的，就如同生活中面对面交谈。某些数字化产品（如音像制品、软件等）的交易，还可以即时清结，订货、付款、交货都可以在瞬间完成。

（五）无纸化

电子商务主要采取无纸化操作的方式，这是以电子商务形式进行交易的主要特征。在电子商务中，电子计算机通讯记录取代了一系列的纸面交易文件。用户发送或接收电子信息。由于电子信息以比特的形式存在和传送，整个信息发送和接收过程实现了无纸化。

（六）快速演进

互联网是一个新生事物，现阶段它尚处在幼年时期，网络设施和相应的软件协议的未来发展具有很大的不确定性。但税法制定者必须考虑的问题是网络，像其他的新生儿一样，必将以前所未有的速度和无法预知的方式不断演进。基于互联网的电子商务活动也处在瞬息万变的过程中，短短的几十年中电子交易经历了从 EDI 到电子商务零售业兴起的过程，而数字化产品和服务更是花样出新，不断地改变着人类的生活。

三、跨境电子商务的模式

跨境电子商务从进出口方向分为出口跨境电子商务和进口跨境电子商务。从交易模式分为 B2B 跨境电子商务和 B2C 跨境电子商务。2013 年提出 E 贸易的概念，跨境电子商务可分为一般跨境电子商务和 E 贸易跨境电子商务。

我国跨境电子商务主要分为企业对企业（即 B2B）和企业对消费者（即 B2C）的贸易模式。B2B 模式下，企业运用电子商务以广告和信息发布为主，成交和通关流程基本在线下完成，本质上仍属传统贸易，已纳入海关一般贸易统计。B2C 模式下，我国企业直接面对国外消费者，以销售个人消费品为主，物流方面主要采用航空小包、邮寄、快递等方式，其报关主体是邮政或快递公司，目前大多未纳入海关登记。

四、跨境电子商务发展的瓶颈

（一）通关仍是跨境电子商务交易的最大壁垒

尽管基于互联网的信息流动畅通无阻，然而货物的自由流动仍然受到国界的限制，这也是目前跨境电子商务发展的最大壁垒——海关通过。进出口货物需要通关，这是一个国家框架下的行为准则，是跨境电子商务不可逾越的关卡。即便是小额跨境电子商务也有可能因为进出口货物超过海关规定数量，而被要求进行申报。其间一系列烦琐的手续及费用的支出常常成为消费者和网上卖家严重的经济负担。此外，因申报不合格而使商品滞留在海关，消费者无法收到的现象也时有发生。

海关总署 2010 年发布的规定表明：个人邮寄进境物品，进口税税额在人民币 50 元（含 50 元）以下的，海关予以免征。超出规定限值的，应办理退运手续或者按照货物规定办理通关手续；而根据海关总署 1994 年执行的原规定，个人物品进口税免税额最高可达 500 元，相比之下，个人邮寄物品的免税额度缩小了近 10 倍。而此前，根据海关总署 1990 年原有规定，进出口货样和广告品金额在 400 元以内的，可以申请免征关税。海关总署的新近政策显然对以利用电子商务在线交易便捷性为特征的海外代购和小额外贸进出口模式带来一定的冲击，为了减少海关环节对小额跨境外贸电子商务业务的影响，很多贸易商开始选择委托通关服务，以期最大限度地降低海关环节的成本及费用。

就国际范围内通关问题来看，制约小额跨境外贸电子商务发展关键是：目前，大多数国家仍未能实现个人小额进口税制的系统化管理，即便是同一国家的通关处理也会因为现场通关人员的业务能力不同而存在不同尺度。对于各国海关而言，对小额进出口货物的管理如何考量本身就是一个复杂的问题，完全放开小额进出口，不利于海关控制，容易给国家造成损失；而对小额进出口管制过严，必然会阻碍产业的发展，也将出现更多不通过正规途径的地下交易。如何建立健全新的小额进口税制机制，并在一个国际性的框架下，真正实现小额跨境电子商务贸易商与消费者便捷的交易与购物，是小额跨境外贸电子商务发展中一个急需解决的问题。

（二）跨境电子商务物流业发展仍显滞后

电子商务较之传统商务模式的优势在于信息流、物流、资金流利用的高效性和便捷性。作为整个产业链中的上下两环，线上商品交易与线下货物配送两者发展须相辅相成，正如淘宝的产生及发展带动了境内电子商务物流的变革，圆通、申通、顺丰等一大批民营快递公司的兴起，使国内电子商务交易的便捷性得到极大的保证及提高。而相比之下，当前跨境外贸电子商务的快速发展却让准备不足的物流运输渠道措手不及，以香港邮政小包为例，这家跨境小额交易卖家最常选用的物流渠道，曾几度因为业务量过多，迅速达到吞吐上限，造成货物严重积压，很多依赖香港邮政的国内卖家被迫另外寻找价格更贵的物流公司。对于跨境电子商务物流企业来说，重点考量的内容除极具优势的价格之外，还应包括服务品质与服务内容。而在跨境电子商务交易中，物流配送的及时性和安全性是影响境外买家购买体验的重要因素，也直接关系到卖家获得的评价水平，进而关系到卖家的销售业绩。

随着小额跨境电子商务交易的急速发展，跨境电子商务物流业正在经历着一场新的变革，兼顾成本、速度、安全，甚至包含更多售后内容的物流服务产品应运而生。如以海外仓储为核心的跨境电子商务全程物流服务商已经出现，通常小额跨境物流配送需要15—30天的时间，而通过对不同卖家需求的不同货运方式组合，这一配送时间已经大大缩短；此外，海外仓储建设的逐步完善更将提升卖家在国际贸易中的竞争地位。

跨境电子商务物流业作为现代物流业领域中的新生事物，已经展现出蓬勃发展的生机，伴随着小额跨境电子商务交易市场的进一步成熟，跨境电子商务物流企业还将存在着巨大的上升空间。未来的跨境电子商务物流企业应该更加强调全球供应链集成商的角色，通过高效处理库存、仓储、订单处理、物流配送等相关环节，整合最佳资源，为小额跨境电子商务提供综合性的供应链解决方案。

（三）跨境电子商务交易信用问题凸显

电子商务是基于网络虚拟性及开放性的商务模式，由此产生的参与者信用不确定性已经成为电子商务发展中的桎梏。据《2010年中国网络购物安全报告》，2010年国内约1亿在线消费者受到虚假网络信息侵害，诈骗金额高达150亿元；相关机构的调研也显示，有能力网购而不进行网购的消费者中，80%是出于信用及安全方面的担忧。国内电子商务交易信用问题突出的同时，跨境电子商务信用问题也难于幸免：国内供应商的假冒伪劣成为跨境外贸电子商务发展的顽疾，因为侵犯知识产权而被海关扣留的仿牌产品事件时有发生，而年初国内某知名外贸电子商务网站被曝信用欺诈，更使得跨境外贸电子商务信用问题凸显。

相比国内电子商务交易，跨境电子商务更需要完善跨地区、跨文化的信用体制来支持其复杂的交易环境。在实际操作中，由于各国法律不同且存在地区差异，缺乏统一的信用标示，各国的信用管理体系尚不能很好地应用到跨境电子商务领域。相比信用体系建设及管理相对完备的美国及欧盟国家，我国的企业信用管理机制则显得滞后很多。目前，国内唯一最具权威、规模最大的面向中小企业电子商务的第三方信用管理平台就是信星计划，它利用互联网广泛发布企业基本信用信息并以指数方式表示信息的质与量，其目的是培养国内中小企业的信用意识，提高国内企业的信用透明度。跨境电子商务信用体系建设是一项系统工程，需要各国政府及相关机构的协调配合。制订行业规范、完善认证体系，以及寻求在法律框架下的信用制度安排，都将是跨境电子商务发展中急需解决的问题。

☞ 思考：

跨境电子商务方式与传统国际贸易方式的主要区别是什么？

❋ 本章小结 ❋

国际贸易方式是指营业地在不同国家或地区的当事人之间进行货物买卖所采取的做法和商品流通渠道。

传统的国际贸易方式有经销、代理、寄售、期货交易、拍卖、招标投标、对销贸易和加工贸易。

信息时代的新型国际贸易方式为跨境电子商务。

❋ 练 习 题 ❋

一、名词解释

经销　代理　寄售　期货交易　拍卖　招标投标　对销贸易　加工贸易　跨境电子商务

二、判断题

1. 招标投标是一种竞卖方式，对买方比较有利。（　　）

2. 寄售方式中代销人需承担风险。（　　）

3. 国际货物拍卖是一种公开的竞卖方式。（　　）

4. 减价拍卖在业务中又称作密封递价拍卖。（　　）

5. 拍卖最常见的方式是由低到高的增价拍卖方式。（　　）

6. 狭义的易货是纯粹的货币与货物的交换。（　　）

7. 加工贸易方式下，双方当事人之间均不存在买卖关系。（　　）

8. 开展加工贸易时，原料和成品的所有权均未发生转移。（　　）

9. 加工贸易方式下，原料来自国外，成品又销往国外。（　　）

三、选择题

1. 经销数额一般采用规定（　　）的做法，这也是卖方要保证供应的数额。
　　A. 最低承购额　　B. 最高承购额　　　C. 中间承购额　　　D. 盈利承购额

2. 在独家经销业务中的供货商和经销商之间是一种（　　）。
　　A. 买卖关系　　B. 信托关系　　　C. 互购关系　　　D. 委托代理关系

3. 包销协议与销售代理协议的主要区别之一是在包销协议中不规定（　　）。
　　A. 经销区域　　B. 经营商品范围　　C. 佣金条款　　　D. 协议期限

4. 国际贸易中，在采用（　　）方式时，卖方是先发货，后成交。
　　A. 独家经销　　B. 招标投标　　　C. 拍卖　　　D. 寄售

5. 寄售协议在性质上属于（　　）。

A. 买卖合同　　　　B. 委托合同　　　　C. 信托合同　　　　D. 承揽合同

6. 在国际招标投标业务的过程中，（　　　）相当于交易磋商中的发盘性质。

　　A. 招标　　　　　B. 投标　　　　　C. 开标　　　　　D. 评标

7. 招标投标业务的特点之一是（　　　）。

　　A. 买主之间的竞争　　　　　　　　　B. 卖主之间的竞争

　　C. 买主与卖主之间的竞争　　　　　　D. 是一种独特的拍卖

8. 加工贸易从性质上讲是一种（　　　）。

　　A. 资本输出　　　B. 商品出口　　　C. 技术出口　　　　D. 劳务出口

9. 在下列贸易方式中，发生了原材料运进和成品运出，但并未发生所有权转移的是（　　　）。

　　A. 易货贸易　　　B. 补偿贸易　　　C. 进料加工　　　　D. 来料加工

四、简答题

1. 独家经销与独家代理的区别主要表现在哪些方面？

2. 寄售与正常的出口销售相比，具有哪些特点？

3. 增价拍卖与荷兰式拍卖有什么区别？

4. 来料加工和进料加工有何联系与区别？

五、案例分析题

1. 韩国 A 公司与我国 B 公司签订了一份独家代理协议，指定由 B 公司为中国的独家代理商。在定协议时，韩国 A 公司正在试验改进该产品。不久，当新产品试验成功后，A 公司又指定我国另一家公司 C 公司为新产品的经销商。

问：A 公司的这种做法是否合法？

2. 巴基斯坦某公司公开招标购买电缆 20 公里，我方 S 公司收到招标文件后，为了争取中标，即委托招标当地的一家代理商代为投标。开标后 S 公司中标，除支付代理商佣金外，立即在国内寻找生产电缆的厂家，以便履行交货任务。几经寻找没有一家工厂能提供中标产品，因为中标产品的型号和规格在国内早已过时，要生产这种过时的产品需要重新安装生产线，涉及的费用较大，且仅生产 20 公里，势必造成极大的亏损。但是如果 S 公司撤销合同，要向招标方支付赔款。

试分析：我方 S 公司应从这笔招标业务中吸取什么教训？

3. 2012 年 12 月 19 日，海关总署在郑州召开了跨境贸易电子商务服务试点工作启动部署会，上海、重庆、杭州、宁波、郑州这 5 个试点城市成为承建单位，标志着跨境贸易电子商务服务试点工作的全面启动。

随着电子信息技术和经济全球化的深入发展，电子商务在国际贸易中的地位和作用日益重要，已成为我国对外贸易未来的发展趋势。郑州、上海、重庆、杭州、宁波这 5 个城市具有良好的经济和外贸基础，具备了开展跨境电子商务服务试点的条件。通过先行先试，实现了外贸电子商务企业与口岸管理相关部门的业务协同与数据共享，能够解决制约跨境贸易电子商务发展的瓶颈问题，优化通关监管模式，提高通关管理和服务水平。另外，通过这些城市试点工作，总结制定跨境贸易电子商务涉及的通关、结汇和退税等方面的管理办法及标准规范，有效促进了国家跨境贸易电子商务发展。

　　据了解，2011 年，国家发展改革委等八部委批准郑州市创建国家电子商务示范城市。其全年电子商务交易额实现 800 亿元，规模以上企业电子商务应用普及率达 75%，网络零售额占社会消费品零售总额的 3%。今年 5 月，又组织开展国家电子商务示范城市电子商务试点专项工作，郑州市共组织上报了郑州跨境贸易电子商务服务试点等 6 个国家电子商务试点项目，其中 2 个中央政策性试点项目、4 个地方应用性试点项目全部获批。总投资 1.7 亿元，获国家补助资金 3040 万元。其中，郑州跨境贸易电子商务服务试点项目是获批的中央政策性试点之一，是由河南省进口物资公共保税中心有限公司承担，研究制订跨境贸易电子商务通关、结汇、退税等方面的管理办法及标准规范，建设进口服务、出口服务等系统，构建郑州市跨境贸易电子服务平台。该项目是海关总署为突破现行海关监管，实现快速通关、结汇而实施的先行先试项目，对于进一步提升郑州市进出口贸易环境，促进郑州航空经济综合实验区建设具有重要的支撑作用。

　　试分析：跨境电子商务与传统的国际贸易方式相比优势在哪里？

第九章 贸易术语

☞【学习目标】

学习完本章后，你应该能清楚地知道：

(1) 贸易术语的产生和发展及其作用；

(2) 有关贸易术语的三种主要的国际惯例；

(3)《2010 年国际贸易术语解释通则》中 11 种贸易术语；

(4) 在实际业务中应如何选用贸易术语。

第一节　贸易术语的含义和作用

☞【案例导入】

某企业通过铁路运输方式向境外出售一批电子零配件产品。该出口企业按约定出货时间，将备好的货物装箱发出，并取得了铁路承运人签发的运输单据。但买方在约定车站凭单提货并验收后，却发现货物数量短少，遂以卖方违约为由，向卖方提出索赔。卖方则出具承运人签发的运输单据，表明自己是按合同规定数量发运的，并未违约。而买方则认为自己所提供的货物数量短少的证明文件是由双方认可的检验机构出具的，是合法有效的凭证。经协商不能取得一致意见后，买方向合同中约定的仲裁地提出仲裁。仲裁庭在受理该争议案时发现双方在买卖合同中对于交货地点和风险转移的界限问题均未做出明确规定，合同自始至终没有出现国际货物买卖合同中普遍采用的贸易术语。询问当事人时，其答复是"缺乏经验，做法不规范"。正是这种不合规范的做法给解决合同争议带来了很大的困难。

☞ 思考：

案例中的做法对我们学习和使用贸易术语有何启示？

一、贸易术语的产生及其含义

国际贸易的买卖双方分处两国，货物从启运地到目的地通常要经过长距离运输，通过多道关卡，交接许多手续，这就导致货物在此期间由于遭遇自然灾害或意外事故而被损坏或灭失的风险增大。为了明确买卖双方在交易过程中各自承担的责任和义务，当事人在洽谈交易、订立合同时，必然要考虑许多重要问题。例如：货物的运输、保险以及通关过境手续由哪方负责办理；货物在运输途中遭遇损坏或灭失由哪方承担；货物的检验费、包装费、装卸费、运费、保险费等其他杂项费用由哪方支付；卖方在什么地方、以什么方式交货以及需要交接哪些有关单据等等。在具体交易中，这些问题都是必须明确的。但如果每笔交易买卖双方都要花费大量的时间对上述责任、风险和费用逐项反复磋商，不仅耗费人力物力，而且可能影响交易的达成。由此，贸易术语应运而生。正是为了解决这些问题，贸易术语在长期的国际贸易实践中逐渐产生和发展起来。

贸易术语（trade terms）又称贸易条件、价格术语，它是在长期的国际贸易实践中形成的，用来表示商品的价格构成，说明交货地点，确定责任、风险和费用划分等问题的专门用语。国际贸易的买卖双方在规定价格时使用了贸易术语，既可节省交易磋商的时间和费用，又可简化交易磋商和买卖合同的内容，有利于交易的达成和贸易的发展。

二、贸易术语的作用

在国际贸易中，商品的最终成交价，不仅取决于其本身的价值，还要考虑到商品从启运地到目的地的过程中，有关的手续由谁办理、费用由谁承担以及风险如何划分等一系列问题。因此，贸易术语具有双重性：一方面它用来确定交货条件，即说明买卖双方在交接货物时各自承担的责任、风险和费用；另一方面又用来表示该商品的价格构成因素。这两者是紧密相关的。

贸易术语在国际贸易中起着积极的作用，主要表现在以下几个方面。

（1）有利于买卖双方洽商交易和订立合同。由于每种贸易术语都有其特定的含义，而且一些国际组织也对各种贸易术语作出了统一的解释与规定，这些解释与规定在国际上被广泛接受，并成为从事国际贸易的行为准则。因此，买卖双方只需要商定按何种贸易术语成交，即可明确彼此在交接货物方面所应承担的责任、风险和费用。这就大大简化了交易手续，缩短了洽商时间，节约了费用开支，从而有利于买卖双方迅速达成交易和订立合同。

（2）有利于买卖双方核算价格和成本。由于贸易术语可以表示价格构成因素，所以买卖双方确定成交价格时，必须要考虑采用的贸易术语包含哪些从属费用，如运费、保险费、装卸费、关税、增值税和其他费用，这就有利于买卖双方进行比价和加强成本核算。

（3）有利于解决履约当中的争议。买卖双方商订合同时，如对合同条款考虑得不周全，可能使某些事项规定得不明确或不完备，致使履约当中产生的争议不能依据合同的规定解决。在此情况下，可以援引有关贸易术语的一般解释来处理，因为贸易术语的一般解释已成为国际惯例，并被国际贸易界从业人员和法律界人士所理解和接受，从而成为国际贸易中公认的一种类似行为规范的准则。

综上所述，国际贸易术语是用来表示国际货物买卖的交货条件和价格构成因素的专门用语。了解国际贸易中各种现行的贸易术语，不仅有利于正确约定交货条件和合理确定成交价格，而且有利于在履约中正确运用和解释贸易术语，并按国际贸易惯例行事以维护国际贸易的正常秩序。

☞【本节导入案例解析】

案例中交易双方之所以会产生纠纷，主要是因为他们在合同中对于细节问题的规定不明确，做法不合规范。在国际货物买卖中，交易双方需通过磋商确定各自应承担的义务：卖方的主要义务是提交合格的货物和单据；买方的对等义务则是验收货物和支付货款。交接货物的过程中，有关责任、风险和费用的划分问题是交易双方在谈判和订立合同时需要明确的重要内容，因为它们不仅直接关系到商品的价格，还关系到合同履行中一旦发生争议，如何确定违约情节和责任的归咎问题。因此，学习和掌握国际贸易中现行的各种贸易术语及其有关的国际惯例，对于正确运用这些术语来明确当事人的基本义务和合理规范货物价格，以及避免或减少不必要的贸易争端，都具有十分重要的意义。

第二节 有关贸易术语的国际惯例

在漫长的国际贸易交往过程中，各国的商人们为了国际贸易交易的便利和快捷，经过长期的积累和总结，约定俗成了一系列的贸易习惯和贸易方式，后来逐渐用简洁的方式来表达这种贸易习惯，这就是贸易术语的由来。但是，在最初的相当长的时间里，国际上并没有形成对各种贸易术语的统一解释。这样一来，由于各国法律制度、贸易惯例和习惯做法不同，导致国际上对各种贸易术语的理解与运作还是有较大的差异，从而容易引起贸易纠纷，也影响了国际贸易的发展。为了避免各国在对贸易术语解释上出现分歧和引起争议，国际商会、国际法协会等国际组织以及美国一些著名商业团体经过长期的努力，分别制定了一些有关国际贸易术语的解释和规则，这些解释和规则为较多国家的法律界和工商界所熟悉、承认和接受，并且在国际上被广泛采用，因而就成为一般的国际贸易惯例。

有关贸易术语的国际贸易惯例主要有三种，即《1932年华沙-牛津规则》（*Warsaw-Oxford Rules* 1932）、《1941年美国对外贸易定义修订本》（*Revised American Foreign Trade Definitions* 1941）和《国际贸易术语解释通则》（*International Rules for the Interpretation of Trade Terms*）。

一、1932年华沙-牛津规则

《1932年华沙-牛津规则》是由国际法协会所制定的，它规定了唯一的一个贸易术语CIF。国际法协会于1928年在波兰首都华沙举行会议，制定了关于CIF买卖合同的统一规则，称之为《1928年华沙规则》，共22条。后又经过1930年的纽约会议、1931年的巴黎会议和1932年的牛津会议上修订为21条，并更名为《1932年华沙-牛津规则》。这一规则对CIF的性质、买卖双方所承担的责任、风险和费用的划分以及所有权的转移方式等问题都做了比较详细的解释。

二、1941 年美国对外贸易定义修订本

《1941 年美国对外贸易定义修订本》由美国 9 个商业团体联合制定的。它最早于 1919 年在纽约制订，原称《美国出口报价及其缩写条例》（*The U. S. Export Quotations and Abbreviations*），后来在 1941 年美国第 27 届对外贸易会议上做了修订，并于 1941 年 7 月 31 日经美国商会、美国进口商协会和美国全国对外贸易协会所组成的联合委员会通过，命名为《1941 年美国对外贸易定义修订本》，由美国全国对外贸易协会予以公布。该修订本共对 6 种贸易术语做了解释，分别是：Ex（Point of Origin）、F. O. B. （Free on Board）、F. A. S. （Free Along Side）、C & F（Cost and Freight）、C. I. F. （Cost, Insurance and Freight）和 Ex Dock（Named Port of Importation）。

三、国际贸易术语解释通则

《国际贸易术语解释通则》是国际商会为统一各种贸易术语的不同解释于 1936 年制定的。不同国家对贸易术语的多种解释引起的误解阻碍着国际贸易的发展，基于便利商人们使用，在进行涉外买卖合同所共同使用的贸易术语的不同国家，有一个准确的贸易术语解释出版物是很有必要的。

（一）《国际贸易术语解释通则》的性质

1. 非强制性

《国际贸易术语解释通则》中关于国际贸易术语的规则、定义和解释，是在国际贸易业务中长期反复实践形成的习惯做法，只是作为国际贸易惯例来使用，并不是强制性的法律法规，更不是各国的共同法律。国际货物买卖双方可自愿选择采用，并应在合同中作出明确规定。当然买卖双方也不可以不采用这一惯例，故买卖双方有权在合同中做出与某项惯例不同甚至相反的规定。

2. 指导性

虽然国际贸易惯例并不具有强制性，但对于买卖双方来说仍具有重要的指导作用。一方面，若双方都同意并在合同中明确规定采用某项国际惯例来约束某项交易，那么这项约定的惯例就具有强制性；另一方面，如果买卖双方对某一问题未作出明确规定，也未注明该合同适用于哪项惯例，则在合同执行中发生争议时，受理该争议案件的司法或仲裁机构往往就会引用某一国际惯例来做出判决或裁决。因此，国家贸易惯例虽然不像法律法规那样具有强制性，但对国际贸易实践的指导作用是不容忽视的。

（二）《国际贸易术语解释通则》的发展

在长期的国际贸易实践中形成的贸易术语大大地促进了各国之间的贸易，但由于统一价格术语在不同的国家和地区往往有不同的解释，这就给国际贸易的开展带来了障碍和纠纷，所以，对贸易术语提供统一的解释就显得非常重要。正是基于这一点，早在 1936 年，国际商会就收集了一些贸易术语并作了解释，定名为《1936 年国际贸易术语解释通则》。截至本书出版，该通则于 1953 年、1967 年、1976 年、1980 年、1989、1999 年和 2009 年先后进行了七次修订和补充。2010 年 1 月 1 日正式生效的《2010 年国际贸易术语解释通则》（以下简称《2010 通则》）是经国际商会商业惯例委员会组

织各国众多专家认真讨论、修订后公布的。修订后的《2010 通则》，更适合于当前国际贸易实际的需要，将会更广泛地为世界各国贸易界和法律界人士所接受，也将更广泛地应用于国际贸易合同和实践。

（三）《2000 年国际贸易术语解释通则》（以下简称《2000 通则》）和《2010 通则》简介与对比

虽然《2010 通则》于 2011 年 1 月 1 日正式生效，但是《2010 通则》实施之后并非《2000 通则》就自动作废。因为国际贸易惯例本身不是法律，对国际贸易当事人不产生必然的强制性约束力。国际贸易惯例在适用的时间效力上并不存在"新法取代旧法"的说法，即 2010 实施之后并非 2000 就自动废止，当事人在订立贸易合同时仍然可以选择适用《2000 通则》。

《2000 通则》包含 13 种贸易术语，具体内容见表 9.1。

表 9.1 《2000 通则》中 13 种贸易术语比较

贸易术语	中文含义	交货地点	运输手续办理	保险手续办理	风险转移界限	出口报关责任、费用承担	进口报关责任、费用承担	适用的运输方式	交货性质
EXW	工厂交货	指定商品生产或储存地	无义务	无义务	在指定商品生产或储存地交给买方处置时起	买方	买方	任何运输方式	实际性交货
FAS	装运港船边交货	买方指定装运港、指定装货地点、指定船边	买方	无义务	在买方指定装运港、指定装货地点，将货物交至买方指定船边时起	卖方	买方	海运及内河航运	实际性交货
FOB	装运港船上交货	指定装运港船上	买方	无义务	货物在指定装运港越过船舷时起	卖方	买方	海运及内河航运	象征性交货
FCA	货交承运人	指定的交货地点	买方	无义务	在指定交货地点货交买方指定承运人或其他人起	卖方	买方	任何运输方式	象征性交货
CFR	成本加运费	指定装运港船上	卖方	无义务	货物在指定装运港越过船舷时起	卖方	买方	海运及内河航运	象征性交货
CIF	成本加运费、保险费	指定装运港船上	卖方	卖方	货物在指定装运港越过船舷时起	卖方	买方	海运及内河航运	象征性交货
CPT	运费付至目的地	指定的交货地点	卖方	无义务	在指点交货地点货交承运人处置时起	卖方	买方	任何运输方式	象征性交货

贸易术语	中文含义	交货地点	运输手续办理	保险手续办理	风险转移界限	出口报关责任、费用承担	进口报关责任、费用承担	适用的运输方式	交货性质
CIP	运费、保险费付至目的地	指定的交货地点	卖方	卖方	在指点交货地点货交承运人处置时起	卖方	买方	任何运输方式	象征性交货
DAF	边境交货	两国边境指定地点	卖方	无义务	在边境指定地点将货物交给买方处置时起	卖方	买方	任何运输方式	实际性交货
DES	目的港船上交货	指定目的港船上	卖方	无义务	在指定目的港将货物于船上交给买方处置时起	卖方	买方	海运及内河航运	实际性交货
DEQ	目的港码头交货	指定的目的港码头	卖方	无义务	在指定的目的港码头上将货物交给买方处置时起	卖方	买方	海运及内河航运	实际性交货
DDU	未完税交货	指定目的地	卖方	无义务	在指定的目的地货交买方或买方指定的其他人处置时起	卖方	买方	任何运输方式	实际性交货
DDP	完税后交货	指定目的地	卖方	无义务	在指定的目的地货交买方或买方指定的其他人处置时起	卖方	卖方	任何运输方式	实际性交货

《2000 通则》与《2010 通则》的区别主要体现在以下几个方面：

（1）加入两个新的贸易术语 DAT 和 DAP，取消了 4 个：DAF、DES、DEQ 和 DDU；

（2）贸易术语的数量由原来的 13 种变为 11 种；

（3）加入了术语的使用范围，强调也适用于国内贸易；

（4）加入电子交易的内容；

（5）保险的险别引入了 ICC2009 版本；

（6）加入与反恐有关系的内容；

（7）加入终端处理费用的归属，以保证不出现真空；

（8）加入连环贸易（或称销售）条款，对 2000 通则的不足之处进行补充。

（9）术语分类调整：由原来的 EFCD 四组分为适用于两类：适用于各种运输方式和水运。

（四）《2010 通则》贸易术语分类

《2010 通则》中共有 11 种贸易术语，为了便于记忆，先根据使用的运输方式不同，责任划分不同进行分则，具体内容分别见表 9.2，表 9.3 和表 9.4。

表 9.2　　　　　　　　　　　　　　按运输方式分类

贸易术语	运输方式
FOB，CFR，CIF，FAS	水上运输（海洋和内河运输）
FCA，CPT，CIP，DAP，DAT，DDP，EXW	各种运输方式

表 9.3　　　　　　　　　　　　　　贸易术语分组

分组	贸易术语	全　称
E 组	EXW	交货地点在商品的产地或所在地，卖方承担的风险、责任和费用最小
F 组	FCA FAS FOB	卖方需要按照买方指示将货物交运，但交货之后一直到目的地的运输事项均由买方负责，相关费用也由买方承担
C 组	CFR CIF CPT CIP	这四种术语成交时，卖方按照通常条件自负风险和费用订立运输合同。对于 CIF 和 CIP 术语，卖方还要依合同办理保险。C 组术语与 F 组术语性质相同，C 组术语的销售合同属于装运合同。C 组术语有别于其他术语的地方主要在于"分界点"：一是指卖方必须安排运输并承担运费的点，二是风险划分点
D 组	DAT DAP DDP	卖方负责将货物运至买方指定的任何地点或进口国内的约定目的地，卖方必须承担货物运至买方指定地点或进口国内的地点前的全部风险和费用，因此，D 组主语属于到货合同

表 9.4　　　　　　　　　　　　　　贸易术语分组

贸易术语	交货地点	风险转移	出口清关	进口清关	运输运费	保险保费	运输方式
EXW	商品产地或所在	买方处置货物后	买方	买方	买方	卖方不办	任何方式
FAS	装运港船边	货交船边后	卖方	买方	买方	卖方不办	水上运输
FOB	装运港船上	货物装上船后	卖方	买方	买方	卖方不办	水上运输
CFR	装运港船上	货物装上船后	卖方	买方	卖方	卖方不办	水上运输
CIF	装运港船上	货物装上船后	卖方	买方	卖方	卖方	水上运输
FCA	出口国指定地点	承运人处之货物后	卖方	买方	买方	卖方不办	任何方式
CPT	出口国指定地点	承运人处之货物后	卖方	买方	卖方	卖方不办	任何方式

续表

贸易术语	交货地点	风险转移	出口清关	进口清关	运输运费	保险保费	运输方式
CIP	出口国指定地点	承运人处之货物后	卖方	买方	卖方	卖方	任何方式
DAT	进口国指定地点	买方处置货物后	卖方	卖方	卖方	买方不办	任何方式
DAP	进口国指定地点	买方在指定地点收货后	卖方	卖方	卖方	买方不办	任何方式
DDP	进口国指定地点	买方在指定地点收货后	卖方	卖方	卖方	买方不办	任何方式

第三节　《2010 通则》中常用的六种贸易术语

《2010 通则》中常用的术语有 FOB、CFR、CIF、FCA、CPT、CIP 等六种，其中适用于水运的有 FOB、CFR、CIF，适用于各种运输方式的有 FCA、CPT、CIP。

一、FOB+指定装运港

FOB 术语的全称是装运港船上交货（……指定装运港），[Free on Board（…named port of shipment），FOB]，它是指卖方必须在合同规定的装运期内在指定的装运港将货物交至买方指定的船上，并负担货物装上船为止的一切费用和风险。本术语只适用于海上运输或内河运输。

☞【示例】

中国 A 公司与新加坡 B 公司按照 FOB 条件订立了一份货物买卖合同，合同中的价格条款规定：USD 680.00 per set FOB Shanghai。这就是说，由买方负责派船到装运港上海，卖方在上海港口的船上交货。

（一）买卖双方主要义务

1. 卖方的主要义务

在 FOB 术语下，卖方的主要义务有：

（1）提供符合合同规定的货物、商业发票和证明货物已交至船上的通常单据或相等效力的电子单证；

（2）自负费用及风险办理出口许可证及其他货物出口手续，交纳出口税捐和费用；

（3）按照合同规定的时间、地点，在指定装运港，依照港口惯例将货物装上买方指定的船舶并给买方以充分的通知；

（4）承担在装运港将货物装上船以前的一切风险和费用。

2. 买方的主要义务

在 FOB 术语下，买方的主要义务有：

（1）按合同规定支付货款、收取货物并接受卖方提供的交货凭证或相等的电子凭证；

（2）自负费用及风险取得进口许可证，办理进口手续以及必要时经由另一国国境运输的一切海关手续，交纳进口的各种税捐和费用；

（3）自费租船并将船名、装船地点、时间给予卖方以充分通知；

（4）承担货物在装运港装上船后的一切风险和费用。

（二）应注意的问题

1. 风险划分

按照 FOB 术语的解释，卖方将货物在指定装运港交到船上之前的风险由卖方承担，之后的风险由买方承担。这是《2010 通则》的新规定，而之前使用的《2000 通则》风险划分是以船舷为界。

2. 船货衔接

按照 FOB 术语成交的合同属于装运合同，这类合同中卖方的一项基本义务是卖方必须负责在合同规定的装船期和装运港，将货物装上买方指定的船只。然而，由于 FOB 条件下是由买方负责安排运输工具，即租船订舱，所以，这就存在一个船货衔接的问题。如果处理不当，自然会影响到合同的顺利执行。根据有关法律和惯例，如果买方未能按时派船，这包括未经对方同意提前将船派到和延迟派到装运港，卖方都有权拒绝交货，而且由此产生的各种损失，如空舱费（dead freight）、滞期费（demurrage）及卖方增加的仓储费等，均由买方负担。反之，如果买方指派的船只按时到达装运港，而卖方却未能备妥货物，那么，由此产生的上述费用则由卖方承担。有时双方按 FOB 价格成交，而后来买方又委托卖方办理租船订舱，卖方也可酌情接受。但这属于代办性质，除非另有协议或根据行业习惯，否则其风险和费用仍由买方承担，也就是说运费和手续费由买方支付，而且卖方租不到船的风险也由买方承担，卖方不承担后果，买方也无权撤销合同或索赔。总之，按 FOB 术语成交，对于装运期和装运港要慎重规定，除了在合同中应作明确规定外，在订约后有关备货和派船事宜，也要加强联系，密切配合，保证船货衔接。

☞ 【案例与分析】

我某公司以 FOB 条件出口一批冻鸡。合同签订后接到买方来电，称租船较为困难委托我方代为租船，有关费用由买方负担。为了方便合同履行，我方接受了对方的要求。但时至装运期我方在规定装运港无法租到合适的船，且买方又不同意改变装运港。因此，到装运期满时货仍未装船，买方因销售季节即将结束便来函以我方未按期租船履行交货义务为由撤销合同。试问：我方应如何处理。

分析：我方应拒绝买方撤销合同的无理要求。按 FOB 条件成交的合同，按常规由买方负责租船订舱。卖方可以接受买方的委托代为租船订舱，但卖方不承担租不到船的责任。就本案例来讲，因卖方代为租船没有租到，买方又不同意改变装运港，因此，卖方不承担因自己未租到船而延误装运的责任，买方也不能因此要求撤销合同。

二、CFR+指定目的港

CFR 术语的全称是成本加运费（……指定目的港），［Cost and Freight（…named port of destination），CFR］，它是指卖方必须在合同规定的装运期内，在装运港将货物交至运往指定目的港的船上，负担货物装上船为止的一切风险及由于各种事件造成的任何额外费用，并负责租船订舱，支付至目的港的正常运费。该术语只适用于海洋运输和内河运输。

（一）买卖双方的主要义务

1. 卖方的主要义务

在 CFR 术语下，卖方的主要义务有：

（1）提供符合合同规定的货物、商业发票和证明货物已交至船上的通常单据或相等效力的电子单证；

（2）自行签订运输合同，并支付自装运港到目的港的运费；

（3）自负费用及风险办理出口许可证及其他货物出口手续，交纳出口税捐和费用；

（4）按照合同规定的时间、地点，在指定装运港，依照港口惯例将货物装上买方指定的船舶并给买方以充分的通知；

（5）承担货物在装运港装上船以前的一切风险和费用。

2. 买方的主要义务

在 CFR 术语下，买方的主要义务有：

（1）按合同规定支付货款、收取货物并接受卖方提供的交货凭证或相等的电子凭证；

（2）自负费用及风险取得进口许可证，办理进口手续以及必要时经由另一国国境运输的一切海关手续，交纳进口的各种税捐和费用；

（3）承担货物在装运港装上船后的一切风险和费用。

（二）应注意的问题

1. 租船订舱

租船订舱是国际贸易货物交付过程中的一个重要步骤。CFR 术语要求卖方负责安排运输并支付运费，但是必须注意的是，按规定卖方只要安排了通常的船只和惯常的行驶航线，就尽到了自己的责任。如果买方提出一些超越这一范围的要求，卖方有权拒绝，也可在不增加费用的前提下考虑接受，但这并不是卖方所必须履行的责任和义务。在实践中，买方提出的要求大多与运输的安全性和船只的适航性有关，比如运载船的国籍、船龄、型号等。

2. 装船通知

按照 CFR 条件达成的交易，卖方需要特别注意的问题是，货物装船后必须及时向买方发出装船通知，以便买方办理投保手续。因为，在 CFR 术语下，卖方负责安排在装运港将货物装上船，而买方须自行办理货物运输保险，以就货物装上船可能曾遭受灭失或损坏的风险取得保障。因此，在货物装上船前，即风险转移至买方前，买方及时向

()

保险公司办妥保险是 CFR 合同中的一个至关重要的问题。根据有关货物买卖合同的适用法律，如果货物在运输途中遭受损失或灭失，由于卖方未给予充分的通知而使买方漏保，那么卖方就不能以风险在船上转移为由免除责任。由此可见，尽管在 FOB 和 CIF 条件下，卖方装船后也应向买方发出通知，但 CFR 条件下的装船通知的及时发出具有更为重要的意义。

☞【知识链接】

　　"充分的通知"意指该装船通知在时间上是"毫不迟疑"的，在内容上是"详尽"的，可满足卖方为在目的港收取货物采取必要的措施（包括办理保险）的需要。

3. 费用划分与风险划分的界限

按照 CFR 术语成交，买卖双方风险划分的界限在装运港船上，即货物装上船时风险由卖方转移至买方，因此 CFR 术语仍然属于装运港交货的贸易术语。尽管卖方负责运输，并支付货物到达目的港的运费，但卖方支付的运费只是正常情况下的运输费用，而不包括途中出现意外而产生的其他费用。

☞【案例与分析】

　　我方以 CFR 贸易术语与 B 国的 H 公司成交一批消毒碗柜的出口合同，合同规定装运为 4 月 15 日前。我方备妥货物，并于 4 月 8 日装船完毕。由于遇星期日休息，我公司业务员未及时向买方发出装运通知，导致买方未能及时办理投保手续，而货物在 4 月 8 日因发生了火灾被火烧毁。请问货物损失由谁承担？

　　分析：货物损失的责任由我方承担。因为，在 CFR 术语成交的情况下，租船订舱和办理投保手续分别由卖方和买方办理。因此，卖方在装船完毕后应及时向买方发出装运通知以便买方办理投保手续，否则，由此而产生的风险应由卖方承担。本案中，因为我方未及发出装运通知，导致买方未能及时办理投保手续，未能将风险及时转移给保险公司，因风险应由我方承担。

三、CIF+指定目的港

CIF 术语的全称是成本、保险费加运费（……指定目的港），[Cost Insurance and Freight（…named port of destination），CIF]，它是指卖方必须在合同规定的装运期内，在装运港将货物交至运往指定目的港的船上，负责货物装上船为止的一切风险及由于各种事件造成的任何额外费用，并负责办理货运保险，支付保险费，以及租船订舱，支付从装运港到目的港的正常运费。该术语只适用于海洋运输和内河运输。

（一）买卖双方主要义务

1. 卖方的主要义务

在 CIF 术语下，卖方的主要义务有：

（1）提供符合合同规定的货物、商业发票、保险单和货物运往约定目的港的通常运输单据或相等效力的电子单证；

（2）自负费用及风险办理出口许可证及其他货物出口手续，交纳出口税捐和费用；

（3）按照合同规定的时间、地点，在装运港将货物装上运往指定目的港的船上并给买方以充分的通知；

（4）负责办理货物运输保险、租船或订舱，并支付保险费和货物运往目的港的运费；

（5）承担货物在装运港装上船以前的一切风险和费用。

2. 买方的主要义务

在 CIF 术语下，买方的主要义务有：

（1）按合同规定支付货款、收取货物并接受卖方提供的交货凭证或相等的电子凭证；

（2）自负费用及风险取得进口许可证，办理进口手续以及必要时经由另一国国境运输的一切海关手续，交纳进口的各种税捐和费用；

（3）承担货物在装运港装上船后的一切风险和费用。

（二）应注意的问题

1. CIF 术语的性质

CIF 合同属于"装运合同"，卖方将货物在装运港装上船时，即完成了交货义务。也就是说，货物在海上运输中的风险，由买方承担。但由于在 CIF 术语后所注明的是目的港，常被误解为"到货合同"。实际上，CIF 术语的风险划分点与费用划分点相分离。在 CIF 下，卖方虽然必须承担货物运至目的港的运费、保险费及其他正常费用，但货物灭失或货物装上船之后因意外事故而发生的额外费用由买方承担。

另外，当合同附有与 CIF 本质相违背的条件时，则不是 CIF 合同。例如，合同名义上以 CIF 为术语，但却附有"货物实际交付买方之前，其风险由卖方承担""货物虽已装船，但如有部分未运抵目的港，则该部分的合同无效"或"货物在受损状态运达时，必须扣减货款"等额外条件，这些都与 CIF 术语的"货物在装运港装上船时起，其风险即归买方承担"的本质相背离，因此不是真正意义上的 CIF 合同。

☞【案例与分析】

我某外贸公司向英国某公司出口一批核桃仁，以 CIF 方式成交，合同规定 10 月份装运，英国进口商强调核桃仁必须在圣诞节前向食品制造商交付，故要求合同中添加"12 月 2 日前到达伦敦港"的条款，我方估计航程约为 35 天，故同意附加此条款。我方于 10 月上旬发运货物，但船在航行途中发生抛锚，为保证按时抵达，租用大马力拖船拖带，于 12 月 3 日凌晨抵达伦敦港。时值核桃仁行情低落，对方以货物未按合同规定时间到达为由，提出退货索赔要求。请对此案加以评述。

分析：CIF 合同属于"装运合同"。一旦添加到达条款，则在买卖双方的风险责任上有了实质性的变化：卖方必须考虑将额外承担本由买方承担的运输风险中的延迟抵港的责任。

2. 租船订舱

CIF 术语与 CFR 术语一样，要求卖方负责安排运输并支付运费，同样，按规定卖方只要安排了通常的船只和惯常的行驶航线，就尽到了自己的责任。如果买方提出一些超越这一范围的要求，卖方有权拒绝，也可在不增加费用的前提下考虑接受，但这并不是卖方所必须履行的责任和义务。

3. 保险险别

在 CIF 合同中，卖方是为了买方的利益办理货运保险的，因为此项保险主要是为了保障货物装船后在运输途中的风险。办理保险须明确险别，不同险别条件下，保险人承担的责任范围不同，收取的保险费率也不同。按 CIF 术语成交，一般在签订买卖合同时，须在合同的保险条款中，明确规定保险险别、保险金额等内容。这样，卖方就应按照合同的规定办理投保。但如果合同中未能就保险险别等问题作出具体规定，那就根据有关惯例来处理。INCOTERMS 2010 对 CIF 合同卖方的保险责任规定：卖方只需按伦敦保险协会所制定的协会货物保险条款或其他类似的保险条款中最低责任的保险险别投保。最低保险金额应为合同规定的价款加 10%，并以合同约定的货币投保。若这种条款不足以保障货物在运输途中可能遭遇的风险，则买卖双方应按货物的性质、航程等，约定承保范围较大的其他险别。此外，在买方要求并由买方承担费用的情况下，卖方还应以买方名义加保战争、罢工、暴乱和民变险。有关保险责任的起讫期限必须与货物运输相符合，并必须自买方需负担货物灭失或损坏的风险时（自货物在装运港装到船上时）起对买方的保障生效。同时，该保险责任的期限必须至货物到达约定的目的港终止。

4. 象征性交货

从交货方式来看，CIF 是一种典型的象征性交货。在 CIF 术语下，卖方是以提供约定的货运单据作为履行交货的义务，买方在收到货运单据时，必须按合同规定支付货款。此时，买方的付款义务不以交运的货物是否完好为前提。卖方装运货物并取得提单后，不论货物是否存在（甚至可能在运输途中已灭失），不管买方是否知悉货物已不存在，只要卖方如期向买方提交了合同规定的全套合格单据（名称、内容和份数相符的单据），买方即有按合同支付货款的义务。反之，如果卖方提交的单据不符合要求，即使货物完好无损地运达目的地，买方仍有权拒绝付款。

☞【知识链接】

所谓象征性交货（symbolic delivery），是针对实际交货（physical delivery）而言的。前者指卖方只要按期在约定地点完成装运，并向买方提交合同规定的包括物权凭证在内的有关单证，就算完成了交货义务，而无须保证到货。后者则是指卖方要在规定的时间和地点，将符合合同规定的货物提交给买方或其指定人，而不能以交单代替交货。

但必须指出，按 CIF 术语成交，卖方履行其交单义务只是得到买方付款的前提条件，除此之外，他还必须履行交货义务。如果卖方提交的货物不符合要求，买方即使已经付款，仍然可以根据合同的规定向卖方提出索赔。

小·提·示

FOB、CIF、CFR 三种常用贸易术语的异同点

相同点：①交货地点均在装运港船上；②风险划分均在装运港船上；③运输方式均只适用于海上运输或内河运输；④交货方式均属于象征性交货。

不同点：详见表 9.5

表 9.5 **FOB、CIF、CFR 的不同**

贸易术语	运输		保险	
	手续	费用	手续	费用
FOB	卖方	买方	买方	买方
CIF	卖方	卖方	卖方	卖方
CFR	卖方	卖方	买方	买方

四、FCA+指定地点

FCA 术语的全称是货交承运人（……指定地点），[Free Carrier（…named place），FCA]，它是指卖方在指定地将经出口清关的货物交给买方指定的承运人，以履行其交货义务。卖方要承担货物被交由承运人监管为止的一切风险和费用。FCA 术语适用于各种运输方式，包括多式联运。

（一）买卖双方主要义务

1. 卖方的主要义务

在 FCA 术语下，卖方的主要义务有：

（1）提供符合合同规定的货物、商业发票、保险单和货物运往约定目的港的通常运输单据或相等效力的电子单证；

（2）自负费用及风险办理出口许可证及其他货物出口手续，交纳出口税捐和费用；

（3）按照合同规定的时间、地点，将货物交给买方指定的承运人，并及时通知买方；

（4）应卖方要求提供办理保险所必需的凭证；

（5）承担货物交承运人之前的一切风险和费用。

2. 买方的主要义务

在 FCA 术语下，买方的主要义务有：

（1）按合同规定支付货款、收取货物并接受卖方提供的交货凭证或相等的电子

凭证；

（2）自负费用及风险取得进口许可证，办理进口手续以及必要时经由另一国国境运输的一切海关手续，交纳进口的各种税捐和费用；

（3）承担货物交承运人之后的一切风险和费用；

（4）签订自指定地点承运货物的运输合同，支付货物运至目的地的运费，并将承运人的名称及有关情况及时通知卖方。

（二）应注意的问题

1. 交货地点和风险转移的问题

在国际贸易中，买卖双方费用和风险的承担都是根据某一关键点进行划分，此关键点即为交货地点。因此，任何交货地点的选定或变更，对于买卖双方风险与费用的负担均有重大的影响，明确地指明交货地点非常重要。由于 FCA 可用于各种运输方式，它的交货点须按不同的运输方式和不同的指定交货地而定。《2010 通则》将 FCA 合同的卖方如何完成交货义务进行了简要的概括：

若合同规定在卖方所在处所（工厂、仓库等）交货，则当货物被装至由买方指定的承运人提供的运输工具上时，卖方即完成了交货义务；

若合同规定在卖方所在处所以外的其他场所（铁路终点站、启运机场、货运站、集装箱码头或类似收货点）交货，则当货物被运送至指定交货点，在卖方运输工具上尚未卸载时，交给买方指定的承运人处置，卖方即完成了交货义务。如果约定的地点没有明确具体的交货点，或者有几个交货点可供选择，卖方可以从中选择为完成交货义务最适宜的交货点。

当卖方按合同规定，在卖方所在处所将货物装上承运人的收货运输工具，或者在其他指定交货地点，在卖方的送货运输工具上，将货物置于承运人处置之下时，货物灭失或损坏的风险，即转移至买方。

2. 应注意的问题

按照 FCA 术语成交，一般是由买方负责安排运输事宜，即负有订立运输合同并支付运费的义务。卖方的义务只限于把货物交给买方所指定的承运人承运。但是，如果买方提出请求，或如果按照商业惯例，在与承运人订立运输合同时，需要卖方提供协助的话，卖方也可以代替买方指定承运人并订立运输合同，但由买方承担风险和费用。但如果卖方拒绝，也应该及时通知买方，以免给对方造成额外的风险和费用。

3. FCA 与 FOB 的比较

当使用集装箱运输货物时，卖方通常将货物在集装箱码头、货栈或堆场移交给承运人，而不是交到船上，这时不宜使用 FOB 术语，而应使用 FCA 术语。

FCA 与 FOB 价格构成类似，都属于装运合同，但二者的不同点是：FOB 以货物装上船为风险分界点，FCA 则是以货物在指定地点交给承运人为风险分界点。

☞【案例与分析】

我方出口手表到印度，按 FCA Shanghai Airport 签约。交货期 8 月。出口企业 8 月 31 日将该手表运到上海虹桥机场并由航空公司收货开具航空运单。我方即电传印度发出装运通知。9月2日手表抵达孟买，将到货通知连同发票和航空运单送交孟买××银行。该银行即通知印商提货、付款，但印商以延迟交货为由拒绝。请根据案例，分析最后结果。

分析：FCA（free carrier）"货交承运人（……指定地点）"是指卖方只要将货物在指定的地点交给买方指定的承运人，并办理了出口清关手续，即完成交货。此案例中没有指明承运货物的航空公司是否为买方所指定的，但即便买方没有指定，卖方也可按惯例指定航空公司运输（费用到付，即买方承担），只要卖方在约定的时间内（8月31日前，包括8月31日）将货交承运人，卖方即完成交货，买方需按约付费，所谓的延迟交货不成立，卖方应立即支付所有款项。

五、CPT+指定目的地

CPT术语的全称是运费付至（……指定目的地），[Carriage Paid to（…named place of destination），CPT]，它是指卖方应自费订立运输合同并支付将货物运至目的地的运费，在办理货物出口结关手续后，在指定的装运地点将货物交由承运人处置，以履行其交货义务。货物灭失或损毁的风险，以及增加的任何费用，在货物交付承运人时，即由卖方转移至买方。CPT术语适用于各种运输方式，包括多式联运。

（一）买卖双方主要义务

1. 卖方的主要义务

在CPT术语下，卖方的主要义务有：

（1）提供符合合同规定的货物、商业发票、保险单和货物运往约定目的港的通常运输单据或相等效力的电子单证；

（2）订立将货物运至目的地的运输合同，并支付运费，在合同规定的时间、地点，将货物交给买方指定的承运人，并及时通知买方；

（3）自负费用及风险办理出口许可证及其他货物出口手续，交纳出口税捐和费用；

（4）应卖方要求提供办理保险所必需的凭证；

（5）承担货物交承运人之前的一切风险和费用。

2. 买方的主要义务

在CPT术语下，买方的主要义务有：

（1）按合同规定支付货款、收取货物并接受卖方提供的交货凭证或相等的电子凭证；

（2）自负费用及风险取得进口许可证，办理进口手续以及必要时经由另一国国境运输的一切海关手续，交纳进口的各种税捐和费用；

（3）承担货物交承运人之后的一切风险和费用。

（二）应注意的问题

1. 运费的负担

按照《2010通则》的解释，如果双方按CPT术语成交，卖方要负责订立从起运地到目的地的运输合同，并支付运费。但这里是指从交货地点到指定目的地的正常运费由卖方负担，非正常运费由买方负担；到目的地之后的卸货费用可以包括在运费之内，由卖方承担，也可以由买卖双方在合同中自行约定。

2. 发货通知

CPT 术语由卖方负责办理运输，买方负责办理保险。卖方在将货物交给承运人接管后，应立即向买方发出发货通知，以便买方办理保险。如果卖方未及时或者没有发出发货通知造成买方漏保，则卖方应承担由此造成的损失。

☞【案例与分析】

中某公司以 CPT 条件出口一批冬装，公司按期将货物交给指定承运人，但运输途中由于天气原因延期一个月，错过了销售季节，买方由此向该公司提出索赔。问此项损失应由谁承担？

分析：此项损失应由买方承担。按照 CPT 交货条件，风险转移以货交承运人为界。在此案例中，卖方按期交货，并交指定承运人，即完成交货义务。对于承运人在运输途中因外来原因引起的延期损失，由买方承担。

六、CIP+指定目的地

CIP 术语的全称是运费、保险费付至（……指定目的地），［Carriage and Insurance Paid to（…named place of destination），CIP］，它是指卖方应自费订立运输合同并支付将货物运至目的地的运费，负责办理保险手续并支付保险费。在办理货物出口通关手续后，在指定的目的地将货物交由承运人处置，以履行其交货义务。货物灭失或损毁的风险，以及增加的任何费用，在货物交付承运人时，即由卖方转移至买方。CPT 术语适用于各种运输方式，包括多式联运。

（一）买卖双方主要义务

1. 卖方的主要义务

在 CIP 术语下，卖方的主要义务有：

（1）提供符合合同规定的货物、商业发票、保险单和货物运往约定目的港的通常运输单据或相等效力的电子单证；

（2）订立将货物运至目的地的运输合同，并支付运费，在合同规定的时间、地点，将货物交给买方指定的承运人，并及时通知买方；

（3）按合同规定，自费办理保险；

（4）自负费用及风险办理出口许可证及其他货物出口手续，交纳出口税捐和费用；

（5）应卖方要求提供办理保险所必需的凭证；

（6）承担货物交承运人之前的一切风险和费用。

2. 买方的主要义务

在 CIP 术语下，买方的主要义务有：

（1）按合同规定支付货款、收取货物并接受卖方提供的交货凭证或相等的电子凭证；

（2）自负费用及风险取得进口许可证，办理进口手续以及必要时经由另一国国境运输的一切海关手续，交纳进口的各种税捐和费用；

（3）承担货物交承运人之后的一切风险和费用。

（二）应注意的问题

（1）CIP 术语后应写明指定目的地，以便卖方签订运输合同时将货物运至该目的地。

（2）CIP 合同项下应写明交货地点，即风险转移界限。

（3）应注意运输合同和买卖合同的协调。《2010 通则》规定，CIP 术语下，买方负责卸货费用，因此卖方签订运输合同时应注意运输费用中不包括卸货费用。

（4）根据《2010 通则》，CIP 术语只要求卖方投保最低险别，但至少要符合《协会货物运输保险条款》C 条款或类似条款的最低险别，同时应向信誉良好的承包人或保险公司投保。

☞【案例与分析】

我方按 CIP 条件进口 10 吨化肥，先经海上运输，抵达目的港后转为铁路运输，我方受领货物后，卖方要求我方支付货款和铁路运输费，请问卖方行为是否合理？

分析：按照 CIP 条件成交，卖方要承担保险费和运费。因为 CIP 条件适合于各种运输方式，风险是在承运人控制货物时转移，所以卖方要负责办理从交货地点到指定目的地的全程运输，而不仅仅是水上运输，因此卖方应支付全程运费。就本案例而言，卖方支付了海上运输的费用，但并没将货物送往指定目的地，因此还需支付铁路运输的费用。由此，我方应支付货款，但不需支付铁路运费，卖方行为不尽合理。

☞【知识链接】

FCA、CPT、CIP 三种贸易术语分别是从 FOB、CFR、CIF 三种传统贸易术语中发展起来的，它们之间有很多相似之处，例如其责任划分的基本原则是基本相同的，但也有区别，主要表现在适用的运输方式不同，交货地点和风险划分界限不同，需要提供的运输单据也不同。

FOB、CFR、CIF 三种贸易术语仅适用于海运或内河运输，其承运人一般只限于船公司，交货地点均为装运港船上，以货物在装运港装到船上为风险划分界限，卖方一般应向买方提交已装船清洁提单；而 FCA、CPT、CIP 三种贸易术语适用于各种运输方式，包括多式联运，其承运人可以是船公司、铁路局、航空公司等，交货地点根据不同的运输方式或不同的约定而不同，以货物交给第一承运人为风险划分界限，卖方需提交的单据视不同运输方式而定。

除此之外，它们在装卸费用的负担方面也不相同。

第四节　贸易术语的选用

《2010 通则》共有 11 种贸易术语。在交易磋商时，贸易双方都应该结合当时的国际贸易环境，买卖双方谈判力量的对比，以及其他各种因素，从自身的利益得失考虑，争取采用对自己有利的贸易术语。贸易术语的选用往往影响合同的性质和合同的其他条款，如价格条款、支付条款、装运条款、保险条款等，这些都直接关系到买卖双方的经济利益。

一、选用贸易术语时应考虑的因素

（一）运输条件

买卖双方采用何种贸易术语，首先要考虑运输方式。在交易方有足够的运输能力或安排运输并不困难且能获得运费优惠的情况下，争取按照由自己安排运输的贸易术语成交（如出口按 CIF、CFR、CIP，进口按 FOB、FCA、FAS）。否则，则应酌情争取按照由交易对方安排运输的贸易术语成交（如按 FCA、FAS、FOB 出口，按 CIP、CIF、CFR 进口）。《2010 通则》中 11 种贸易术语涉及的交货点/风险点示意见图 9.1。

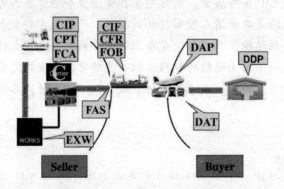

图 9.1　《2010 通则》中 11 种贸易术语涉及的交货点/风险点示意图

☞【示例】

出口一批水产品，拟采用空运，我方负责将货物运至对方机场的空运费并办理保险，根据《2010 通则》，应采用的术语是（　　）。

A. CIF　　　B. CPT　　　C. CIP　　　D. CFR

分析：C；由题意，卖方负责办理运费及保险费，排除 B、D（两者卖方均不办理保险费），又因将货物运至对方机场，排除 A（CIF+港口）。

（二）货源情况

进出口贸易的商品品种繁多，不同类别的商品具有不同的特点，对运输的条件要求也有所不同，运费支出也有差异。要视交易商品特点的不同，选用贸易术语。此外，还要考虑成交量的大小，安排运输在经济上是否合算的问题。当成交量太小，又无班轮通航的情况下，负责安排运输的一方势必会增加运输成本，故选用贸易术语时也应予以考虑。

☞【示例】

　　一批货物从北京进口，从天津走海运，如果进口商想要避免天津到北京陆运的风险，根据《2010通则》，应采用的术语是（　　）。

　　A. CIF　　　B. FAS　　　C. EXW　　　D. CFR

　　分析：C；CIF和CFR的风险划分点均为装运港，北京至天津为内陆，FAS为船边交货，进口商也不能控制内陆地段的风险，故使用EXW术语，工厂交货，从最开始就交由进口商全权负责。

（三）运费因素

运费是商品价格的构成因素之一，在选用贸易术语时，应考虑货物经由路线的运费收取情况和变动趋势。一般来说，当运费看涨时，为了避免承担运费上涨的风险，可以选用由对方安排运输的贸易术语成交，如按C组术语进口，按F组术语出口。但是如果必须按照由交易方自身安排运输的贸易术语成交，则应将运费上涨的风险考虑到商品价格中，以免遭受运费变动所带来的损失。

☞【示例】

　　根据《2010通则》，在（　　）贸易术语下，如货物在卖方仓库处交付后适用公路运输方式，则意味着卖方要负担将货物装上卡车的费用。

　　A. CIF　　　B. CFR　　　C. FCA　　　D. FAS

　　分析：C；FCA术语下卖方要承担货物被交由承运人监管为止的一切风险和费用，且适用于多种运输方式。其他三者仅适用于海洋运输或内河运输。

（四）运输途中的风险

在国际贸易中，交易的商品一般需要通过长途运输，货物在运输过程中可能遇到各种自然灾害、意外事故等风险。因此，买卖双方洽商交易时，必须根据不同时期、不同地区、不同运输路线和运输方式的风险情况，并结合购销意图来选用适当的贸易术语。

☞【示例】

　　在采用海运集装箱出口货物时，如果卖方想提前转移风险并提早取得运输单据，根据《2010通则》，以下比FOB术语更为有利的贸易术语是（　　）。

　　A. CIF　　　B. CFR　　　C. FCA　　　D. DAT

分析：C；FCA 术语的风险转移点为货交承运人，早于装运港（FOB）。

（五）办理货物进出口清关手续有无困难

在国际贸易中，关于货物进出口清关手续的办理，有些国家有特殊规定，只能由出口清关所在国的当事人安排或代为办理，有些国家则无此项限制。选用贸易术语时，要予以考虑。如果按某出口国政府规定，买方不能直接或间接办理出口清关手续，则不宜选用 EXW 成交；按进口国当局规定，卖方不能直接或间接办理进口清关手续，则不宜采用 DDP 术语成交。

☞【示例】

根据《2010 通则》，如果想由买方办理出口手续，应选择的术语是（   ）。

A. EXW   B. FOB   C. FCA   D. CPT

分析：A；EXW 为买方办理出口手续，其他三者为卖方办理出口手续。

二、贸易术语和合同的关系

（一）双方自愿选定合同中的贸易术语

需要特别注意的是，贸易惯例本身并不是法律，对贸易双方并不具有强制性，故买卖双方有权在合同中做出与某项惯例不同的规定。但是在实际中，国际贸易惯例对贸易具有重要的指导作用，交易双方采用何种贸易术语成交，应在买卖合同中具体写明。

（二）贸易术语是决定合同性质的重要因素

一般来说，如果采用某种贸易术语成交，则买卖合同的性质也相应可以确定，因此，业务中通常以贸易术语的名称来给买卖合同命名，如将采用 FOB 术语成交的合同称作 FOB 合同，将采用 CIF 术语成交的合同称作 CIF 合同等。在一般情况下，贸易术语的性质与买卖合同的性质是吻合的。

（三）贸易术语和合同条款的关系

贸易术语一般作为买卖合同单价条款的一部分，但由于贸易术语除了明确价格构成之外，还涉及运输、保险、货物交接地点、风险转移等问题，因此也就不可避免地与合同中的其他交易条款存在关联。因此，应注意贸易术语与价格条款、装运条款、保险条款、支付条款以及检验条款等之间的逻辑关系。

❈ 本章小结 ❈

贸易术语是在长期的国际贸易实践中产生和发展起来的专门用语，它用来表明商品的价格构成，说明货物交接过程中有关的风险、责任和费用的划分。贸易术语有利于买卖双方洽商交易和订立合同，有利于买卖双方核算价格和成本，有利于解决履约当中的争议。

有关贸易术语的国际惯例有三种：《1932 年华沙-牛津条约》《1941 年美国对外贸

易定义修订本》《国际贸易术语解释通则》。

《2010 通则》是目前最新的国际贸易惯例，其中的 11 中贸易术语分为两大类：一类是适用于水上运输的 FAS、FOB、CFR 和 CIF；一类是适用于任何运输方式的 EXW、FCA、DAT、DAP 和 DDP。

选择贸易术语时主要应考虑：（1）运输条件；（2）货源情况；（3）运费因素；（4）运输途中的风险；（5）办理货物进出口清关手续有无困难。

练 习 题

一、名词解释

贸易术语　国际贸易惯例　FOB　DDP　DAT　CIF

二、单选题

1. 根据《2010 通则》的规定，CFR 术语仅适用于水上运输，若卖方现将货物交到货运站或使用集装箱运输，则应采用（　　）为宜。

    A. FCA　　　　　　B. CPT　　　　　　C. CIP　　　　　　D. DDP

2. 在实际业务中，FOB 术语条件下，买方常委托卖方代为租船订舱，其费用有买方负担。如到期订不到舱，租不到船，（　　）。

    A. 卖方不承担责任，其风险也由买方承担

    B. 卖方承担责任，其风险也由卖方承担

    C. 买卖双方共同承担责任、风险

    D. 双方均不承担责任，合同停止履行

3. 按照《2010 通则》的解释，CIF 与 CFR 的主要区别在于（　　）。

    A. 办理租船订舱的责任方不同　　　　B. 办理货运保险的责任方不同

    C. 风险划分界限不同　　　　　　　　D. 办理出口手续的责任方不同

4. 以下关于国际贸易术语 CIF 的内容，说法正确的是（　　）。

    A. 卖方除承担成本加运费的义务外，还要负责办理运输保险并支付保险费

    B. 卖方在投保时应投保一切险

    C. 卖方必须将货物实际交付给买方，才算完成交货义务

    D. 货物的风险在货物实际交付时由卖方转移给买方

5. 根据《2010 通则》的解释，进口方负责办理出口清关手续的贸易术语是（　　）。

    A. DAT　　　　　B. EXW　　　　　C. FCA　　　　　D. DDP

6. 根据《2010 通则》的解释，出口商负责办理进口清关手续的贸易术语是（　　）。

    A. DAT　　　　　B. EXW　　　　　C. FCA　　　　　D. DDP

7. 负责制定《2010 通则》的组织是（　　）。

    A. 国际法协会　　B. 经合组织　　　C. 国际商会　　　D. WTO

8. 《1932 年华沙-牛津规则》主要是为了解释术语（　　）。

A. FOB   B. CIF   C. CFR   D. FAS

9. 下列价格术语中表示象征性交货的是（   ）。

A. EXW   B. DAP   C. CIF   D. DDP

10. 使用 CFR 术语成交，若卖方在货物装船后没有及时发出通知而使买方漏保，货物在运输途中遭受损失或灭失，则责任由（   ）。

A. 买方承担   B. 卖方承担

C. 保险公司承担   D. 运输公司承担

11. 下列价格术语中表示完税后交货的是（   ）。

A. DAP   B. DAT   C. CIF   D. DDP

12. 按照《2010 通则》，CIF 价格术语卖方风险转移的地点是在（   ）。

A. 装运港船上   B. 目的港船上

C. 装运港船舷   D. 目的港船舷

13. 下列价格术语中卖方不承担主运费的是（   ）。

A. DAP   B. CFR   C. FCA   D. CIF

14. 下列术语买方违约的是（   ）。

A. FOB 条件下不按合同规定租船订舱

B. CFR 条件下不按合同规定租船订舱

C. CIF 条件下不按合同办理保险

D. CIP 条件下不按合同办理保险

15. 下列价格术语表示在卖方工厂交货的是（   ）。

A. EXW   B. FOB   C. DAT   D. DDP

三、多选题

1. CIF 是一种典型的象征性交货的术语，其特征明显地表现在（   ）。

A. 卖方以函电中的明确态度表示交货

B. 卖方提供全套合格的单据履行交货义务

C. 卖方只需提供少量样品即表示交货完成

D. 只要卖方提供了合格的单据买方就应付款

E. 卖方只要按时装运货物，并不保证货物实际到达对方手中

2. 在出口国交货的贸易术语有（   ）。

A. FCA   B. CIF   C. CPT   D. DDP

3. CIF 和 DDP 两种术语的主要区别有（   ）。

A. 进口报关的责任不同   B. 风险划分的界限不同

C. 出口报关的责任不同   D. 交货地点不同

E. 适用的运输方式不同

4. 《2010 通则》规定，FCA、CPT 与 CIP 的相同之处表现在（   ）。

A. 交货地点相同   B. 风险划分界限相同

C. 适用的运输方式相同   D. 都是由买方负责订立运输合同

E. 都是由卖方负责办理出口清关手续

5. 按 EXW 术语成交时, 买卖双方责任和义务描述正确的是 (   )。

    A. 卖方承担的风险、责任以及费用都是最小的

    B. 在交单方面卖方只需提供商业发票或电子数据, 如合同有要求, 才需提供证明所交货物与合同规定相符的证件

    C. 卖方无义务办理货物出境所需的出口许可证或其他官方证件

    D. 如果买方办理出口证件有困难, 卖方应买方的要求, 并由买方承担风险和费用的情况下, 也可协助办理出口手续

    E. 在买卖双方达成的合同中必须涉及运输和保险的问题

6. CIF 和 CIP 这两个贸易术语的相同点是 (   )。

    A. 买卖双方的报关责任相同　　　　　B. 主运费的责任方相同

    C. 保险费的责任方相同　　　　　　　D. 货物风险转移界限相同

    E. 使用的运输工具可以相同

7. 《2010 通则》规定, DDP 条件下卖方负责 (   )。

    A. 将货物运抵指定目的地

    B. 办理货物的出口手续

    C. 办理货物的进口手续并支付进口关税

    D. 承担货物在目的地交买方处置前的一切风险

8. 根据《2010 通则》, 在出口国境内交货的术语有 (   )。

    A. DAT　　　B. DAP　　　C. CIF　　　D. FCA　　　E. EXW

9. 关于我国出口报价表述正确的是 (   )。

    A. 每打 50 英镑 CFR 英国　　　　　　B. 每公吨 300 美元 FOB 新港

    C. 每箱 60 美元 CIF 伦敦　　　　　　D. 每台 2000 日元 CIF 上海

    E. 每辆 30 美元 CFR 纽约

10. 按《2010 通则》的规定, 下列术语中只能适用于水上运输的是 (   )。

    A. FCA　　　B. CIF　　　C. FOB　　　D. DAT　　　E. DAP

四、简答题

1. 试写出《2010 通则》中 11 种贸易术语的英文缩写和中文意思。

2. 《2010 通则》中新增的术语 DAT 买方的主要义务有哪些?

3. 采用 EXW 术语签订合同时, 在履行合同的过程中应注意哪些事项?

五、案例分析题

1. 某出口公司按 CIF 伦敦向英商出售一批红枣, 由于商品季节性较强, 双方在合同中规定:"买方须于 9 月底前将信用证开到, 卖方保证运货船只不得迟于 12 月 2 日驶抵目的港, 如果货轮迟于 12 月 2 日抵达目的港, 买方有权取消合同, 如果货款已付, 卖方将货款退还买方。"试分析这一合同的特点。

2. 我某公司以 CFR 条件出口一批瓷器。我方按期在装运港装船后, 即将有关单据寄交买方要求买方支付货款。过后, 业务人员才发现, 忘记向买方发出装船通知。此时, 买方已来函向我方提出索赔, 因为货物在运输途中因海上风险而损毁。问:我方能否以货物运输途中的风险是由买方承担为由, 拒绝买方的索赔?

3. 某出口公司 A 同新加坡的客户因价格条款发生了一些分歧，一直争执不下。A 和这个客户做的业务是空运方式进行运输，A 认为 "CIF" 只是用于 "海运及陆运方式" 而不是用于 "空运方式"，所以坚持用 "CIP" 条款（并且银行方面也坚持按照国际惯例空运必须使用 "CIP"）。可客户坚持要用 "CIF"，他们认为 "CIP" 比 "CIF" 多一个费用。A 想问到底 "CIP" 和 "CIF" 在费用上有什么区别？A 的做法是不是正确？

第十章　商品的名称、质量、数量和包装

☞【学习目标】

　　学习完本章后，你应该能清楚地知道：

　　(1) 品名、品质的基本知识；

　　(2) 国际货物买卖中表示品名、品质的方法；

　　(3) 订立国际货物买卖合同中的品名、品质技巧和注意事项；

　　(4) 数量和包装的基本知识；

　　(5) 计量单位和计量方法、包装分类及包装标志的相关知识；

　　(6) 订立国际货物买卖合同中的数量和包装条款的技巧和注意事项。

第一节　商品的名称和质量

☞【案例导入】

　　某羊绒衫厂与国外一客商签订出口羊绒衫合同，出口羊绒衫1000件，价值10万美元，合同规定羊绒含量为100%，商标上也标明"100%羊绒"。当对方对我方生产的羊绒衫进行检验后，发现羊绒含量不符合合同约定而提出索赔，要求赔偿20万美元。最终，羊绒衫厂进行了赔偿。

☞ 思考：

　　我方为什么最终会进行双倍赔偿？品名和品质对于整个贸易买卖产生多大的影响？我们需要如何认识商品正确表示的品名和品质？

　　商品的名称（name of commodity），或称品名，是指能使某种商品区别于其他商品的一种称呼或概念。商品的名称在一定程度上体现了商品的自然属性、用途以及主要的性能特征。

一、商品的名称

（一）品名条款的基本内容

　　一般来说，品名条款并无统一的格式。品名条款也比较简单，通常是在"商品名称"或品名的标题下列明成交商品的名称，有时为了省略起见，甚至可以不加标题，只在合同的开头部分，列明交易双方同意买卖某种商品的文字。而有些商品因具有不同的品种、等级型号，因此，对于品名条款的规定，还取决于成交商品的品种和特点。通

243

常为了明确起见，会把具体品种、等级型号概括性地描述进去。还有些商品甚至会把规格型号也包括进去，这种情况，就不单单是品名条款了，而是品名条款和品质条款的综合。

（二）规定品名条款的注意事项

规定品名条款时应该注意以下问题：

（1）品名条款应订得明确具体，切实反映交易标的物的特性。

（2）实事求是：凡是做不到或没有必要的语句不要加入进去。

（3）尽可能使用国际通用名称——《联合国国际贸易标准分类》，中英文皆备。在众多皆可的名称里，考虑选用国际上较通用的名称作为品名。

（4）选用合适的品名：为降低关税、方便进出口和节省运费开支，应选择有利于我方的名称。例如，从美国进口 chain（本来是自行车的链条），如果是用于闸门开关滚轴的，进口关税只有 5%，如果用作自行车的链条（bicycle chain），进口关税则高达 30%。

（三）商品命名的方法

加工程度低的商品，其名称一般较多地反映该商品所具有的自然属性；加工程度越高，商品的名称也越多体现出该商品的性能特征。一般来说，常用的商品命名方法有以下几种。

（1）以其主要用途命名。这种方法在于突出其用途，便于消费者按其需要购买，如织布机、旅游鞋、杀虫剂、自行车等。

（2）以其所使用的主要原材料命名。这种方法通过突出所使用的主要原材料反映出商品的质量，如棉布、羊毛衫、铝锅、玻璃杯、冰糖燕窝等。

（3）以其主要成分命名。以商品所含的主要成分命名，可使消费者了解商品的有效内涵，有利于提高商品的身价。一般适用于以大众所熟知的名贵原材料制造的商品，如人参珍珠霜、西洋参蜂王浆等。

（4）以其外观造型命名。以商品的外观造型命名，有利于消费者从字义上了解该商品的特征，如绿豆、喇叭裤等。

（5）以其褒义词命名。这种命名方法能突出商品的使用效能和特性，有利于促进消费者的购买欲望，如青春宝、太阳神口服液等。

（6）以人物名字命名。即以著名的历史人物或传说中的人物命名，其目的在于引起消费者的注意和兴趣，如孔府家酒等。

（7）以制作工艺命名。这种命名方法目的在于提高商品的威望，增强消费者对该商品的信任，如熏烤火腿肠、手工编织毛衣、精制油等。

二、商品的质量

商品的品质（quality of goods）是商品的内在品质和外观形态的综合。内在品质指商品的化学成分、物理机械性能、生物学特征等内在素质，外观形态则指商品的造型、结构、颜色及味道等技术指标或要求。

品质条款是国际货物买卖合同中不可缺少的一项主要交易条件，是买卖双方交接货物的基本依据。根据《联合国国际货物销售合同公约》的规定：卖方交货必须符合约定的质量，如卖方交货不符约定的品质条件，买方有权要求损害赔偿，也可要求修理或交付替代货物，甚至拒收货物和撤销合同。

☞【案例与分析】

某年3月，我某出口A公司对外成交一批食用柠檬酸。在交货时误将工业用柠檬酸装运出口。轮船开航后数天才发现所装货物不符。为了避免造成严重事故，A公司急速通知外轮代理公司，请该公司转告香港代理，于该船抵达香港时，将货截留。虽避免了一次严重事故，但出口公司损失惨重。请对此案加以评述。

分析：本案例中，我出口公司误将工业柠檬酸当作食用柠檬酸装运出口，是严重违反了合同中有关品质的约定，根据《联合国国际货物销售合同公约》规定：卖方交货必须符合约定的质量，如卖方交货不符约定的品质条件，买方有权要求损害赔偿，甚至拒收货物和撤销合同。虽然，A公司较早发现误装，但损失仍然很大，如一旦没有及时发现，将工业柠檬酸运抵目的港后误作食用，就会造成更为严重的后果。给我们的启示是：①必须健全工作管理制度；②业务员应加强风险责任感。

（一）对商品质量的要求

1. 对出口商品的品质要求

从适应性方面看，出口商品用户需求越来越多样化。因此，出口商不仅要严把质量关，针对不同目标市场，发展适销对路的商品，而且要重视对不同时期用户需求的研究，不断开拓商品花样品种，提高出口商品品质的市场适应性和针对性。从符合性方面看，在符合进口国的有关规定和要求的同时要积极采用国际权威标准，例如ISO 9000标准等。从实际业务方面看，买方交货品质必须符合要求，以次充好容易引起纠纷。因此，需要严格对品质进行把关。

2. 对进口商品的品质要求

在进口贸易中，同样必须严格把好质量关。进口商品的质量应顺应国内经济建设、科学研究、国防建设、人民生活、安全卫生以及环境保护等方面要求。在洽购商品时，应充分了解国外卖家所提供的商品的质量等级，分析该商品与我国同类商品的质量差异，不进口质量低劣的商品。在选购时还应考虑我国的国情和国内现实的消费水平，不应盲目追求高规格、高档次、高质量而造成不必要的消费损失。在订立合同时，还应注意对商品品质要求的严密性，避免因疏忽而造成损失。在货物到达时严格把关，保证不让任何一个不合格商品进入国门。

（二）表示商品品质的方法

在国际贸易中，不同种类的商品会有不同的表现方法，概括起来主要有两种。归纳如表10.1所示。

表 10.1　　　　　　　　　　　　　　　表示商品品质的方法

大　类	细　类	适　用　商　品
用实物表示	看货买卖	只适合具有独特性质的商品，如珠宝、首饰等
	凭样品买卖	难以规格化和标准化的商品，如工艺品等
用说明表示	凭规格买卖	大多数商品，尤其是能用科学的指标说明其质量的商品
	凭等级买卖	能用科学的指标说明其质量的商品
	凭标准买卖	能用科学的指标说明其质量的商品
	凭商标或牌名买卖	品质稳定的工业制成品或经过科学加工的初级产品，拥有名优商标或品牌
	凭产地买卖	具有地方风味和特色的产品
	凭说明书和图样买卖	技术性能复杂的制成品

1. 以实物表示商品的质量

凭实物交易通常包括凭成交货物的实际品质交易和凭样品交易两种方法。前者为看货成交，后者为凭样品成交。

（1）看货成交

若买卖双方根据成交货物的实际品质进行交易，则通常是由买方或其代理人在卖方所在地看货或验货，达成交易后，卖方即应按验看过的货物交付。只要卖方交付的是验看过的货物，买方就不得对商品的品质提出异议。看货买卖多用于寄售、拍卖和展卖业务中。

（2）凭样品成交

样品（sample）是指从一批货物中抽出来的或由生产和使用设计部门设计、加工出来的，足以反映和代表整批货物质量的少量实物。凡以样品表示商品质量并以此作为交货依据的，称为凭样品成交（sale by sample）。

凭卖方样品成交。当样品由卖方提供时，称为"凭卖方样品成交"（sale by sell's sample）。凭卖方样品买卖，应注意如下问题：①提供的商品要有代表性。应在大批货物中选择中等的实物作为样品，避免由于样品与日后所交货物品质不一致，引起纠纷，造成经济损失。②应留存一份或数份同样的样品，作为复样（duplicate sample）或留样（keep sample），以备日后交货或处理争议时核对之用。③寄发样品和留存复样，要注意编号和注明日期，以便日后查找。④要留有一定余地，在合同中加列"品质与样品大致相同"条款，以利于卖方日后交货。

凭买方样品成交。当样品由买方提供时，称为"凭买方样品成交"（sale by buyer's sample），在我国也称为"来样成交"或"来样制作"。买卖合同应订明：品质以买方样品为准，卖方所交整批货的品质，必须与买方样品相符。

凭对等样品成交。卖方根据买方提供的样品，加工复制出一个类似的样品交买方确认，这种经确认后的样品，称为"对等样品"（counter sample）或"回样"（return sample），也有称之为"确认样品"（confirming sample）。实际上，对等样品改变了交易的性质，即由凭买方样品买卖变成了凭卖方样品买卖，使卖方处于较有利的地位。

小·提·示

在凭对等样品成交时，卖方要注意自己的加工能力，并且在合同中要对工业产权问题作出规定。

---

2. 凭说明表示商品质量

（1）凭规格买卖

商品规格是指一些足以反映商品质量的主要指标，如化学成分、含量、纯度、性能、容量、长短、粗细等。在国际贸易中，买卖双方洽谈交易时，对于适于规格买卖的商品，应提供具体规格来说明商品的基本品质状况，并在合同中订明。这种用商品的规格来确定商品品质的方法称为"凭规格买卖"（sale by specification）。

凭规格买卖的技巧：卖方只需在合同中列入主要指标，而对商品品质不起重大影响的次要指标不要过多罗列。

☞【案例与分析】

A 出口公司与国外买方订立一份 CIF 合同，合同规定："番茄酱罐头 200 箱，每箱 24 罐 X 100 克"，即每箱装 24 罐，每罐 100 克。但卖方在出货时，却装运了 200 箱，每箱 24 罐，每罐 200 克。国外买方见货物的重量比合同多了一倍，拒绝收货，并要求撤销合同。请问：买方是否有权这样做？为什么？

分析：本案中合同规定的商品规格为每罐 100 克，而卖方却交付的是每罐 200 克，与合同规定的规格条件明显不符，违反合同中的品质规定。尽管卖方交付给买方的罐头重量高出一倍，对于买方来说，也并非好事，因为极有可能使他原来的商业目标全部落空，如果此规格的罐头不适销，还会给买方带来损失。另外，假设进口国是实行进口贸易管制比较严格的国家，如重量比进口许可证的重量多一倍，就可能遭到行政当局质询，甚至被怀疑有逃避进口管制、偷漏关税等行为而追究责任，其后果是相当严重的。

（2）凭等级买卖

商品的等级是指同类商品按其规格上的差异，分为各不相同的若干等级。

凭等级买卖（sale by grade）时，由于不同等级的商品具有不同的规格，为了便于履行合同和避免争议，在品质条款列明等级的同时，最好一并规定每一等级的具体规格。卖方应按规定等级交货，不能以次充好，也不能以好充次。

☞【案例与分析】

　　　　某出口公司与国外成交红枣一批，合同与信用证上均列明的是三级品，但到发货装船时才发现三级红枣库存告罄。于是改以二级品交货，并在发票上加注："二级红枣仍按三级计价。"请对此种做法加以评述。

　　　　分析：根据《UCP600》第 500 号出版物 37 条 C 款规定：商业发票中的货物描述，必须与信用证规定相符。由此可见本例所述情况与《UCP600》的规定相悖，如当地市场价格疲软或下跌，买方完全可以借与原合同规定不符向卖方要挟，尽管我们给的是好货，对方也会借以拒收或索赔。所在我们在工作中千万要防止出现这种赔了夫人又折兵的做法。

（3）凭标准买卖

　　商品的标准是指将商品的规格、等级予以标准化并以一定的文件表示出来。有些商品，人们往往使用某种标准作为说明和评定商品品质的依据，这种用商品的标准来确定商品品质的方法称为"凭标准买卖"（sale by standard）。援引某个标准时，应载明采用的版本年份。

☞【案例与分析】

　　　　A 公司从国外进口一批青霉素油剂，合同规定该商品品质"以英国药局 1953 年标准为准"，但货到目的港后，发现商品有异样，于是请商检部门进行检验。经反复查明，在英国药局 1953 年版本内没有青霉素油剂的规格标准，结果商检人员无法检验，从而使 A 公司对外索赔失去了依据。请对此案加以评述。

　　　　分析：此案说明在进口贸易中，一定要认真制定商品品质条款，如需要用标准来说明商品品质时，为了便于安排生产和组织货源，通常以采用我国有关部门所规定的标准成交为宜。此外，也可根据需要和可能，酌情采用国际标准化组织或出口国规定的品质标准。但要密切各种标准修改和变动的情况，以免引起争议，造成损失。

　　在国际贸易中对于某些品质变化较大而难以规定统一标准的农副产品，往往采用良好平均品质（FAIR AVERAGE QUALITY, F. A. Q）和上好可销品质（GOOD MERCHANTABLE QUALITY, G. M. Q.）两种标准表示其品质。

　　所谓"良好平均品质"，俗称"大路货"，是指一定时期内某地出口货物的平均品质水平，一般是指中等货而言，适用于农副产品。其具体解释和确定办法是：①指农产品的每个生产年度的中等货；②指某一季度或某一装船月份在装运地发运的同一种商品的"平均品质"。"良好平均品质"是和"精选货"（SELECTED）相对而言的，而且除我们所说的大路货之外，还订有具体规格。

　　"上好可销品质"是指卖方交货品质只需保证为上好的、适合于销售的品质即可。这种标准含义不清，在国际货物贸易中很少使用，一般只适用于木材或冷冻鱼类等物品。

（4）凭说明书和图样买卖

在国际货物贸易中，有些机器、电器和仪表等技术密集型这类产品，通常以说明书附以图样、照片、设计图纸、分析表以及各种数据来说明其具体性能和结构特点。按这种凭说明书和图样买卖（sale by descriptions and illustrations）的方法成交时，卖方所交货物必须符合说明书和图样的要求。买方为了维护自身利益，往往要求在买卖合同中加订卖方品质保证条款和技术服务条款。

（5）凭商标或品牌买卖

商标（trade mark）是指生产者或商号用来说明其所生产或出售的商品的标志，它可由一个或几个具有特色的单词、字母、数字、图形或图片等组成。

品牌（brand name）是指工商企业给其制造或销售的商品所冠的名称，以便与其他企业的同类产品区别开来。

（6）凭产地名称买卖

有些产品，因产地的自然条件、传统加工工艺等因素影响，在品质上存在差异或具有自己的独特风格和特色，如"四川榨菜""长白山人参""北京烤鸭"等。这种方式称为凭产地名称买卖（sale by name of origin）。

（三）商品品质条款的规定事项

品质条款的内容及其繁简，根据表示品质的方法的不同而有所差别，并视交易商品的特性而定。规定商品品质条款需注意以下几点。

1. 品质条款必须明确、具体、切合实际

应尽量避免笼统含糊，如不能使用"大约""左右""合理误差"等含糊的字眼，也不能使用绝对化的词句。但商品的品质也不应该规定得过繁或过细，否则容易给生产和销售带来困难。从产销的角度来说，在兼顾国外市场需求与国内供应能力的基础上，合理确定品质条件，防止把品质规定得过高或过低。

2. 慎用两种不同的方法表示商品品质

大多数情况下，不能同时使用两种方法表示商品的同一品质特征。如果在合同的品质条款中已规定了表示商品品质的具体规格，同时又对买方提供了样品，则此时必须明确以什么作为买方检验货物品质的最终依据。如果以规格为准，就应在合同中注明"样品仅供参考"，否则买方可以认为这是既凭样品又凭规格的买卖。按英国《1893年货物买卖法》的规定，此时卖方所交货物的品质除与规格相符外，还应与样品相符。

在实际业务中，并不是绝对不可以用两种方法表示商品的品质。但这时一般是用一种方法表示商品某一方面的品质特征，而用另一种方法表示商品其他方面的品质特征。例如在布匹交易中，可以用样品表示其颜色，而用规格表示纱支、幅阔、含棉量等。这样，在表示商品品质时，便不会遇到标准的双重性问题了。

3. 品质条款还应注意必要的灵活性和科学性

合同中的品质条款要注意灵活性和科学性，特别是以下几个条款要加以注意。

①规定货样品质大体相同等类似条款。

②品质公差条款。品质公差（quality tolerance）是指国际上公认的产品品质误差。在工业制造品生产过程中，产品的质量指标出现一定的误差是难免的。即使合同中没有

规定，凡在品质公差范围内的货物，买方也不得拒收或要求调整价格；如果公差不明确，则在合同中具体规定公差的内容。例如，上海手表，品质允许合理差异，24 小时内最大误差不超过 10 秒。

③品质机动幅度条款。某些初级产品（如农矿产品等）的质量不甚稳定，为了交易顺利进行，在规定其品质指标的同时可订立一定的品质机动幅度，即允许卖方所交货物的品质指标在一定幅度内有灵活性。为体现按质论价，订法也有下列两种：其一是规定范围，例如 9k 黄金饰品，含金量 3.5% ~ 41.7%；其二是规定极限，例如中国芝麻，水分最高 8%，杂质最高 2%，含油量最低 52%。只要卖方交货在允许的幅度内，买方就无权拒收，一般不调整价格。但有些商品，为体现按质论价，卖方也可根据合同规定适当调整价格，所根据的合同条款往往被称为品质增减价条款。例如，大米，水分 9% ±1%，价格±1.5%。

4. 争取加入降低货物被拒收风险的条款

出口合同中要争取加入降低货物（特别是复杂货物）被拒收风险的条款，通常的做法有以下几种。

①规定禁止买方拒绝条款。即只准买方索赔，但不能拒收货物。

②规定违约后的价格调整条款。在某一百分比内的货物偏差，买方只可要求货价调整，而不能拒收；如超出这一百分比，买方有权拒收。例如，"大豆水分最高 8%，实际交货含水量每增减 1%，合同价格减增 1%。水分超过 8%，买方才可以拒收。"

③规定装运港检验为最终品质依据的条款。

☞【本节导入案例解析】

　　　此案中由于订立合同品质指标时将羊绒含量定位 100%，在商标上也有标明，但这样做很不科学，也缺乏灵活性，导致卖方交货品质违约，买方提出索赔，是合情合理的。

　　　商品的名称和质量是国际货物买卖当事人双方首先需要商定的交易条件，是买卖双方进行交易的物质基础。如果不明确交易对象，买卖双方很难开展正常的交易。因此，明确交易对象是交易双方首先考虑和商定的问题，它包括商品的品名、品质、数量和包装等。这也构成国际贸易合同中最核心、最基本的条款。

第二节　商品的数量

数量条款也是合同中的主要条款。如果说品质条款是按质交货的话，那么数量条款则要求卖方按量交货。它约定了买卖双方所交易的商品数量。而交易商品数量的多少，直接关系到商品成交总价值的大小，涉及买卖双方的利益。

可见，商品的数量是国际货物买卖合同中不可或缺的主要条件之一，正确掌握成交数量，对促进交易的达成和争取有利的价格，也具有一定的作用。

一、国际贸易中的计量单位

1. 度量衡制度

要说明交易中商品的数量，就必须采用一定的计量单位来表述，而计量单位又是与特定的度量衡制度相联系的。在不同的度量衡制度下，同一计量单位所表示的数量也有所差异。目前，世界各国所采用的度量衡制度不尽相同。在国际贸易中，通常采用的度量衡制度有公制（the metric system）、英制（the British system）、美制（the U. S. system）和国际标准计量组织在公制基础上颁布的国际单位制。

☞【知识链接】

　　四种度量衡制度中，公制广泛使用于亚洲和非洲的大多数国家，美制主要是在北美洲国家和地区使用，英制则主要是在英联邦国家使用。度量衡制度不同致使计量单位上存在差异，即同一计量单位所表示的数量不同。就表示重量的吨而言，实行公制的国家一般采用吨，每吨为1000千克；实行英制的国家一般采用长吨，每长吨为1016.05千克；实行美制的国家一般使用短吨，每短吨为907.2千克。此外，有些国家对某些商品还规定有自己习惯使用或法定使用的计量单位，以棉花为例，许多国家都习惯于以包为计量单位，但每包的含量各国不一：如美国的棉花规定每包净重为480磅，巴西的棉花每包净重为396.8磅，埃及的棉花规定每包净重730磅。

为了解决由于各国度量衡制度不一带来的弊端，促进国际科学技术交流和国际贸易的发展，国际标准计量组织在各国广为通用的公制的基础上颁布了国际单位制。根据《中华人民共和国计量法》规定：国家采用国际单位制。国际单位制计量单位和国家选定的其他计量单位，为国家法定计量单位。目前，除个别特殊领域外，一般不许再使用非法定计量单位。我国出口商品，除照顾对方国家贸易习惯，约定采用公制、英制或美制计量单位外，应该使用我国的法定计量单位。我国进口的机器设备和仪器等，应要求使用法定计量单位，否则，一般不许进口，如确有特殊需要，也必须经有关标准计量管理部门批准。

小·提·示

　　国际单位制共包括7个基本单位，2个辅助单位。它们分别是：表示长度的"米（m）"；表示质量的"千克（kg）"；表示时间的"秒（s）"；表示电流强度的"安培（A）"；表示热力学温度的"开尔文（K）"；表示物质的量的"摩尔（mol）"；表示发光强度的"坎德拉（cd）"；表示平面角的"弧度（rad）"；表示立体角的"球面度（sr）"。通过这9个单位就可以导出任何不同的科技领域的全部计量单位。而我国的法定计量单位除此之外又增加了几个非国际单位制的计量单位，如表示质量的"吨（t）"；表示航行速度的"节（knot）"及表示时间的"分（min）、时（h）、天（d）"等。

2. 计量单位

在国际贸易中，根据商品的性质和交易双方的意愿，可选用不同的计量单位，如表10.2所示。

表 10.2   计 量 单 位

计量单位分类	计量单位举例	在国际贸易中所适用的商品
按重量（weight）计量	吨、长吨、短吨、千克、磅、盎司等	大宗农副产品、矿产品以及一部分工业制成品
按数量（number）计量	个、件、套、组、台、打、箩、令、卷、张、箱、桶、包等	大多数工业制成品，尤其是日用消费品、轻工业品、机械产品以及部分土特产
按长度（length）计量	米、尺和码等	金属绳索、布匹、绸缎等
按面积（area）计量	平方米、平方尺、平方码等	玻璃板、地毯、皮革等
按体积（volume）计量	立方米、立方尺、立方码等	木材、天然气和化学气体等
按容积（capacity）计量	加仑、公升等	各种谷物和液体商品

二、国际贸易中计算重量的方法

按照重量计量是目前国际贸易中使用最多的一种计量方法。计算重量的方法，应根据货物的性质、买卖双方的意愿和商业习惯来确定，一般有以下几种。

1. 按毛重计算

毛重（gross weight）指商品自身的重量与内、外包装重量之和。在国际贸易中一般较少用毛重作为计算货物总价值的基础，它一般适用于大宗低值货物（如大米、大豆、饲料）的计价或从重计收运费等情况。有些货物因包装本身不便分别计算，如烟、胶片、卷筒报纸等，或因包装材料与货物本身价值相差不多，如粮食、饲料等，常常采用按毛重计量来计价，称为"以毛作净"（gross for net）。例如，Horse beans, packed in single gunny bags of about 100 kgs. each, gross for net.（马饲料豆，单层麻袋装，每袋100千克，以毛作净。）

2. 按净重计算

净重（net weight）指货物本身的实际重量。在国际货物贸易中，由于净重可以反映成交商品的真实数量，所以凡是按重量成交的商品，绝大多数都是按净重计价。如果在合同中没有明确规定交货的数量是按毛重还是净重计算，习惯上都是按净重计算。计算公式如下：

$$净重 = 毛重 - 皮重$$

上式中的皮重（tare）就是商品内、外包装的总重量。计算皮重的方法有：①按实际皮重（actual/real tare）：即将整批货物的包装逐一过秤，算出包装的实际重量。②按平均皮重（average tare）：有些货物的包装材料和规格比较划一，任意抽出若干件包装，求得其平均值，再乘以货物总件数即为该批货物的平均皮重。③按习惯皮重（customary tare）：对于比较规格化的包装，按市场公认的包装重量，这种已被公认的皮重，即为习惯皮重。④按约定皮重（computed tare）：即按买卖双方事先协商约定的包装重量为准，不必过秤。

3. 按公量计算

公量（conditional weight）指用科学方法抽出商品中的实际水分，然后加上买卖双方在合同中约定的标准的含水量所求得的商品重量。它是一种相对比较特殊的计算商品重量的方法，所以一般只在计量经济价值较高、但含水量极不稳定的商品的重量时使用。例如，羊毛等，可能会因为在不同国家和地区的不同气候条件下，其重量差异较大，采用这种计价方法，可以避免买卖双方因对商品重量的不同理解而产生纠纷。具体计算公式如下：

$$公量 = 实际重量（1+标准回潮率）／1+实际回潮率$$

例如，某公司进口羊毛 10 吨，假设抽取 10 千克来测量其实际回潮率，用科学方法去掉货物中的水分后，若净重 8 千克羊毛，则实际回潮率（含水量与干量之比）= 2÷8 = 25%。若这羊毛的标准回潮率为 11%，则公量 = 10×（1+11%）÷（1+25%）= 8.88（吨）。

☞【知识链接】

> 标准回潮率是交易双方商定的或国际公认的商品中的水分与干量之百分比。例如，生丝、羊毛公认的标准回潮率（公定回潮率）为 11%。

4. 按理论重量计算

理论重量（theoretical weight）指根据理论数据算出的重量。某些有固定和统一规格的货物，如马口铁、钢板等，有统一形状和尺寸，只要每件或每张规格相同、尺寸一致，其重量便大致相等，因而根据其件数或张数即可直接推算出其总重量。

5. 按法定重量计算

法定重量（legal weight）指商品本身的重量与直接接触商品的包装物料的重量之和。在进口业务中，外商有时要求在有关单据后信用证上分别列明 gross weight、net weight 和 net net weight，这里的 net net weight 才是通常意义上的商品的净重，而 net weight 就是指法定重量。有些国家的海关是以法定重量为基础对进口商品计收从量关税。

小·提·示

由于商品的数量要由计量来表示，所以货物买卖合同中的数量条款也就相应包括数量和计量单位两部分内容。大多数情况下，交易双方在磋商交易和签订合同时，都有明确的、不容增减的数量，如"1000 吨、1000 码"等，这时卖方必须承担按合同规定的确切数量对买方交货的义务。

三、订立商品数量条款时的注意事项

在我国进出口合同中，数量条款通常包括成交数量、计量单位和计量方法等内容。商品数量条款是否合理，关系到整个国际货物买卖合同是否能顺利地履行。因此，在双方签订合同时，对数量条款的规定应注意以下事项。

1. 合理约定进出口商品的数量

在交易磋商阶段，就应明确合理的进出口商品成交的数量，防止心中无数、盲目交易。具体而言，对出口商品数量的掌握，应考虑国外市场的需求量、市场趋势、国内货源的供应量、国际市场的价格变动趋势和国外客户的资信状况及经营能力。在国外市场需求量小、本国货源供应偏紧、国际市场价格看涨时，不能盲目成交。对进口商品数量的把握，则要考虑国内的实际需要和支付能力，此外，还应根据当时国际市场行情变化来灵活决定采购数量。

2. 对进出口商品数量的规定要明确、具体

尽量在商品的数量条款中对商品的数量、计量单位做出明确的规定，在按重量成交的交易中还要具体说明计算重量的具体方法。尽量不要使用"大约""左右"这样的字眼，以免事后产生纠纷。

3. 合理规定数量机动幅度

由于商品种类很多，很多交易的货物是散装商品，其性质、特点各异，加之各国度量衡制度不同，致使计量单位和计量方法也多种多样。有些大宗商品（如化肥、粮食等）的交易中，由于受商品特点、货源、船舱容量、装载技术和包装等因素的影响，有时很难准确地按约定数量交货，为了便于履行合同，在商定数量时，可增加数量增减价条款或溢短装条款（more or less clause），并注明由何方来行使此项机动幅度的选择权。同时，为了防止当事人根据其自身利益随意增加或减少交货数量，也可在数量机动幅度条款中，增加"此项机动幅度，只在适应船舶实际装载量的需要时才能适用"的文句。

☞【知识链接】

溢短装条款：即在合同中规定，允许卖方所交货物的数量有一定的机动幅度。

溢短装的选择权：一般由卖方决定（at seller's option），例如，1000 long tons，5% more or less at seller's option.（数量1000长吨，卖方在交货时可溢装或短装5%。）在FOB合同中由买方派船装运大宗货物时，卖方往往要求由买方决定多装或少装的数量。例如，100 Yds，10% more or less，at buyer's option.（100码，10%上下，由买方决定。）也可规定承运人拥有溢短装的选择权。

溢短装的计价：在约定增减幅度范围内的多装或少装部分，一般按合同价结算；为了防止有权选择多装或少装的一方当事人利用行市的变化有意多装或少装以牟利（例如，交货时，市价下跌，多装对卖方有利；市价上升，则多装对买方有利），也可以约定溢短装部分依装船时或货到时的市价计算，以体现公平合理的原则。

☞【案例与分析】

　　A公司2012年外销布匹4万米,合同中订明"红白黄蓝四种颜色各一万米,允许卖方溢短装10%。"A公司实际交货数量为红色10400米,白色8000米,黄色9100米,蓝色9000米,总计3600米。白色布匹虽超过10%的溢短装限度,但甲种颜色的总量并未超过合同数量要求。请问此种情形是否违约?

　　分析:在国际贸易实践中,若同一合同中包括若干有关联的商品,溢短装条款的适用是指若干商品的多装或少装应该方向一致,比例相同。本案中,该交易属于同一买卖合同的单一交易,因此,虽然总量符合合同的溢短装规定,但白色布匹溢装数量超过10%的规定,应视为违约行为。进口商有权向出口方索赔。

4. 正确使用或理解约数

一般来说,在进出口合同中不宜用"大约""左右"这样的字眼,但有些情况特殊,如确需采用,则应由买卖双方就这一"约量"的含义做出明确规定。如果采用信用证付款,根据2007年7月1日生效的《跟单信用证统一惯例》(《UCP600》)第30条a款规定:"'约'或'大约'用语信用证金额或信用证规定的数量或单价时,应解释为允许有关金额或数量或单价有不超过10%的增减幅度。"b款规定:"在信用证未以包装单位件数或货物自身件数的方式规定货物数量时,货物数量允许有5%的增减幅度,只要总支取金额不超过信用证金额。"c款规定:"如果信用证规定了货物数量,而该数量已全部发运,及如果信用证规定了单价,而该单价又未降低,或当第30条b款不适用时,则即使不允许部分装运,也允许支取的金额有5%的减幅。若信用证规定有特定的增减幅度或使用第30条a款提到的用语限定数量,则该减幅不适用。"

第三节　商品的包装

一、商品包装概述

1. 商品包装的重要性

在国际货物贸易中,大多数商品都需要有一定的包装,以保护商品在流通和销售过程中质量完好、数量完整,并为货物的运输、交接和保管等环节的操作提供方便。而且,在现代化的国际市场经济下,商品对包装的依赖性也越来越强,包装本身的商品性也在不断增强,成为部门间买卖的对象。精美的销售包装,不仅在销售过程中能有效地保护商品,而且能美化商品。可以说,商品包装已成为实现商品生产、流通、销售乃至消费良性循环的目标的重要因素之一,而与此相应,包装的生产部门也成为重要的工业部门之一。

2. 商品包装的基本类型

国际贸易的货物种类繁多,按是否需要包装来划分,可以分为三类,即散装货、裸装货和包装货。

散装（in bulk）是指不加任何其他包装，而直接将货物置于舱体或船体的一定部位内的做法。它通常用于一些大宗、不易碰损的商品，例如煤、油等。散装货要求商品在流转过程中有特定的运输工具、特定的港口装卸设备和特定的仓储条件。

裸装（nude packed）是指将商品用铁丝、绳索等加以捆扎或以商品自身捆扎成捆、堆，而不再添加任何额外的包装物料的包装方式。特别适用于钢材、铁丝、橡胶等品质比较稳定、可以自成件数、能抵抗外界影响、难以包装或不需要包装的商品。

包装（packed）是指针对货物的特性选择适当的物料、采用特定的方法对商品进行覆盖、包裹、捆绑等处理，以达到在流转过程中保护商品、在销售时宣传商品等目的。它是国际贸易中最常见的货物包装方式。

本节的内容主要针对国际贸易中包装这种方式进行阐述。根据包装在流通过程中所起作用的不同，又可分为运输包装（外包装）和销售包装（内包装）两种类型。

二、运输包装

（一）运输包装的概念及分类

运输包装（shipping packing）也称为大包装或外包装，是为了方便商品的运输而进行的包装。其主要是起到保护作用，有利于防止货损货差，节省货运成本，也便于储存。

运输包装可以从下列各种不同的角度来分类。

（1）按包装方式，可分为单件运输包装与集合运输包装。集装箱（container）和集装包、袋（flexible container）是常见的集合运输包装。

（2）按包装外形，可分为包（bale）、箱（case）、桶（drum）、袋（bag）、篓（basket）、笼（cage）等不同形状的包装。

（3）按包装材料，可分为纸制包装，木制包装，金属包装，塑料包装，棉麻包装，竹、柳、草制品包装，玻璃制品包装，陶瓷包装等。

（4）按包装质地，可分为软性包装、半硬性包装、硬性包装。

（5）按包装程度，可分为全部包装和局部包装。

（二）运输包装的标志

运输包装的标志（packing mark）是在进出口货物的运输、交接、仓储及商检等流转过程中，在商品外包装上印制的简单图形和文字，以便识别货物，也便于运输、检验和仓储、收货，按其用途可分为如下三种。

1. 运输标志

运输标志（shipping mark）也被称为"唛头"或"唛"，通常是由一个简单的几何图形和一些字母、数字及简单的文字组成。其主要内容包括以下几部分。

（1）收货人及发货人名称的代用简称（字母）或代号和简单的几何图形（有时仅有字母或代号，没有图形），这一部分又称为"主唛"（main mark；principal mark）。常用的几何图形有圆形、三角形、菱形、星形等。

（2）运输目的地。目的港（地）名称或代号。目的地名称一般不能使用简称。

（3）货物的件号、批号。件号、批号，是箱号（case number）、袋号（bag number）等的总称，说明该批货物的总件数与本件货物的顺序号数。例如，箱号 NO. 30/100，表示这批货物共有 100 箱，这是第 30 箱。

（4）货物的体积和重量。

（5）货物的原产地。指货物制造、生产、加工的国别（或地区）。

以下为一运输标志的示例：

ABC——收货人代号

1234——参考号

JAPAN——目的地

1/50——件数代号

书写运输标志时应注意，运输标志上的文字和图形要简明、清晰、易于辨认，文字和字母的大小也要符合运输部门的规定，在每件商品相对应的侧面都要刷上相同的标志，同时要注意不能在商品的运输包装上刷制带有广告性质的图形或文字。

2. 指示性标志

指示性标志（indicative mark）又称"注意标志"或"操作性标志"，是指示人们在装卸、运输和保管仓储过程中需要注意的事项，必须根据商品的特性提出，一般都是以简单、醒目的文字和图形在包装上标出，如表 10.3 所示。

表 10.3　　　　　　　　　　　　　　　　指示性标志

1. 易碎物品 运输包装件内装易碎品，因此搬运时应小心轻放		2. 禁用手钩 搬运运输包装时禁用手钩	
3. 向上 表明运输包装件的正确位置是竖直向上		4. 怕晒 表明运输包装件不能直接照射	

5. 怕辐射 包装物品一旦受辐射便会完全变质或损坏		6. 怕雨 包装件怕雨淋	
7. 重心 标明一个单元货物的重心		8. 禁止翻滚 不能翻滚运输包装	
9. 此面禁用手推车 搬运货物时此面禁放手推车		10. 堆码层数极限 相同包装的最大堆码层数，n 表示层数极限	
11. 堆码重量极限 表明该运输包装件所能承受的最大重量极限		12. 禁止堆码 该包装件不能堆码并且其上也不能放置其他负载	

3. 警告性标志

警告性标志（warning mark）又称"危险品标志"（如图 10.1 所示），是指在易燃、易爆、有毒、有放射性等危险品的运输包装上，用醒目的图形和文字标明的规定用于各类危险品的标志，以警告有关人员必须采取必要的防护措施，从而保证人员和货物的共同安全。

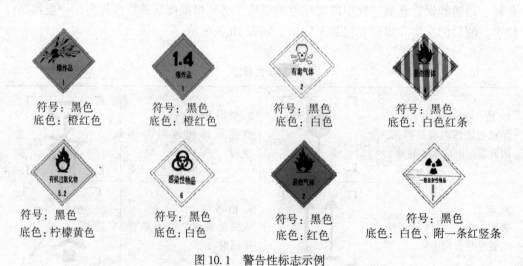

图 10.1　警告性标志示例

☞【知识链接】

　　在我国进出口贸易中主要使用的警告性标志有两套：一套是由我国有关部门制定的《危险品货物包装标志》中规定的危险品标志，这是我国政府规定危险品货物包装上必须使用的；另一套是联合国海事协商组织规定的、已为很多国家所接受和执行的《国际海运危险品标志》。如果某种警告性标志在这两套规定中有所不同，我国出口危险品的运输包装上就要同时刷制两套危险品标志，这样才能既符合我国的规定，又可防止在国外港口因标志不全而不能靠岸卸货。

三、销售包装

　　销售包装（selling packing）又称内包装（inner packing）、小包装（small packing）或直接包装（immediate packing），是直接接触商品并随商品进入零售网络和消费者直接见面的包装。销售包装主要是起到美化促销商品的作用，其次也能起到保护作用。销售包装的合理、美观有助于引起消费者的购买欲望，增加消费者的购买信心。在一些发达国家市场，商品销售包装能直接影响费者是否购买此商品。

　　1. 销售包装的分类

　　销售包装种类繁多，为满足不同的销售目标，大致分成以下几类：①带有吊带、挂孔等装置的挂式包装；②堆叠稳定性强的堆式包装；③在包装上装置提手等的携带式包装；④标有特定的开启部位，易于打开的易开包装；⑤方便流体商品销售的喷雾包装；⑥为了搭配成交的商品需要的配套包装；⑦为了商品的外表美观和显示礼品名贵的礼品包装；⑧复用包装：这种包装除了用作商品包装外，还可供消费者作为工艺品等其他用途。

　　2. 销售包装的标志

　　在销售包装上，一般都附有装潢画面和文字说明，有的还印有条形码。各种标志在设计和制作时有一定要求，具体如下。

　　（1）包装的装潢画面：应力求美观大方，富有吸引力，突出商品的特点，其图案和色彩应适应有关国家和民族的需要。

　　（2）文字说明：要与包装的装潢画面相协调，文字简明扼要。

　　（3）条形码（bar code）：商品包装上的条形码是由一组带有数字的黑白及粗细间隔不等的平行条纹所组成，它是利用光电扫描阅读设备为计算机输入数据的特殊代码语言。

☞【案例与分析】

　　某公司出口杏脯1.5公吨，合同规定用纸箱包装，每箱15公斤（内装15小盒，每小盒1公斤）。交货时，因为没有这样的小包装，该公司改用小包装交货（每箱15公斤，内装30小盒，每小盒0.5公斤）。结果外商以货物包装不符合规定为由提出索赔。请问我方是否应该承担赔偿责任？

　　分析：此案中，虽然每箱的数量及总量符合合同规定，但是每箱的盒数及每盒的重量却改变了，也就是说改变了计件单位的包装。这同样可能给进口商的销售带来影响，属于违法合同的做法，因此我方应该承担赔偿责任。值得注意的是，包装条款是合同的一部分，改变了包装方式当然就违反了合同。

☞【知识链接】

条形码是在 1949 年诞生的技术，20 世纪 70 年代以后，被美国应用于商品销售领域。只要将条形码对准光电扫描器，计算机就能自动识别条形码的信息，确定商品品名、品种、数量、生产日期、制造厂商、产地等，并据此在数据库中查询其单价，进行货价结算，打出购货清单。目前许多国家的超市都使用条形码技术，如商品上没有条形码，是不能进入超市的。有些国家还规定，没有条形码不准进口。为了适应国际市场的需要和扩大出口，中国于 1988 年建立了"中国物品编码中心"，负责推广条形码技术，并对其进行统一管理。1991 年，中国正式加入国际物品编码协会，该会预留给中国的国别号是 690 至 699，凡标有"690、691、692、…、699"条形码的商品，即表示是中国生产的商品。

四、中性包装和定牌

1. 中性包装

中性包装（neutral packing）是国际贸易中的习惯做法和特点要求，指在商品包装上和商品本身不注明生产国别、地名和厂名，也不注明原有商标和牌号，甚至没有任何文字，从而使商品来源不可识别。中性包装有助于出口商避开进口国家或地区的配额限制、关税壁垒和非关税壁垒等方面的一些歧视性、限制性乃至敌对性的贸易政策和贸易保护措施，达到扩大出口的目的。另外，这也有利于中间商的转售。

2. 定牌

根据商业秘密的程度又可以将中性包装分成定牌和无牌的中性包装。

定牌是指买方要求在出口商品和包装上使用买方指定的商标或牌名的做法。定牌主要分三种情况。

（1）对某些国外大量的、长期的、稳定的订货，为了扩大销售，可以接受买方指定的商标，不加注生产国别的标志，即定牌中性包装。

（2）接受国外买方指定的商标或牌名，但在商标或牌名下标明生产国别的名字。例如，"中华人民共和国制造"或"中国制造"字样。

（3）接受国外买方指定的商标或牌名，同时在商标或牌名下注明由买方所在国家工厂制造，即定牌定产地。

五、订立包装条款应注意的问题

合同中包装条款的内容一般包括包装材料、包装方式和每件包装中所含物品的数量或重量。规定合同中的包装条款应该注意以下问题。

（1）根据商品的性能、特点及采用的运输方式而定包装条款的内容。不同的运输方式和不同的商品，其包装条款的规定也不相同，若合同对包装事项无约定，按 1980 年《国际货物销售合同公约》第 35 条的要求，货物应按同类货物通用的方式装箱或包装；如果没有此种通用方式，则按足以保全或保护货物的方式装箱或包装。

（2）条文规定应明确具体在实际业务中。有时对包装条款做笼统的规定，如使用"海运包装"（seaworthy packing）、"习惯包装"（customary packing）或"卖方惯用包装"（seller's usual packing）之类的术语。然而，此类术语含义模糊，各国理解不同，容易引起争议，因此应尽量避免使用。

（3）明确包装费用由何方负担。包装物料和费用一般包括在货价之内，不另计价，但如果买方对于包装材料和包装方式提出特殊要求，除非事先明确包装费用包括在货价内，其超出的包装费用原则上应由买方负担，并应在合同中具体订明。经双方商定，全部或部分包装材料若由买方供应，合同中应明确规定买方提供包装材料的时间以及逾期未到的责任。进口合同中，对包装技术性能较强的商品，一般要在货物单价条款后注明"包括包装费用"（packing charge，included），以免日后发生纠纷。

（4）掌握各国对包装的具体要求。世界各国出于本国的环保和风俗习惯，对包装的材料、大小、外观有一些不同的要求，交易双方必须准确掌握。如输往伊斯兰国家的商品，必须尊重他们的宗教信仰；出口到美国、澳大利亚的商品，对木制包装必须经过熏、蒸处理。

❋ 本章小结 ❋

商品的名称，或称品名，是指能使某种商品区别于其他商品的一种称呼或概念。

商品的品质是商品的内在品质和外观形态的综合。内在品质指商品的化学成分、物理机械性能、生物学特征等内在素质，外观形态则指商品的造型、结构、颜色及味道等技术指标或要求。

品质条款的内容及其繁简，根据表示品质的方法的不同而有所差别，并视交易商品的特性而定。

数量条款约定了买卖双方所交易的商品数量。而交易商品数量的多少，直接关系到商品成交总价值的大小，涉及买卖双方的利益。在我国进出口合同中，数量条款通常包括成交数量、计量单位和计量方法等内容。

在国际货物贸易中，大多数商品都需要有一定的包装，以保护商品在流通和销售过程中质量完好、数量完整，并为货物的运输、交接和保管等环节的操作提供方便。合同中包装条款的内容一般包括包装材料、包装方式和每件包装中所含物品的数量或重量。

❋ 练 习 题 ❋

一、单项选择题

1. 我们所说的 FAQ 一般是指（　　　）。

A. 精选货　　　　B. 一级品　　　　C. 大路货　　　　D. 次品

2. 大路货是指（　　　）。

    A. 适于商销　　　B. 上好可销品质　C. 质量劣等　　　D. 良好平均品质

3. 卖方交货是因采用 GMQ 标准而发生争议，通常的解决方式是（　　　）。

    A. 根据买方所在国法律解决　　　　B. 根据卖方所在国法律解决

    C. 同业公会以仲裁的方式解决　　　D. 国际法庭解决

4. 凭商标或牌号买卖，一般只适用于（　　　）。

    A. 一些品质稳定的工业制成品　　　　B. 经过科学加工的初级产品

    C. 机器、电器和仪表等技术密集产品　D. 造型上有特殊要求的商品

    E. 精选货

5. 凭样品买卖时，如果合同中无其他规定，那么卖方所交货物（　　　）。

    A. 可以与样品大致相同　　　　B. 必须与样品完全一致

    C. 允许有合理公差　　　　　　D. 允许在包装规格上有一定幅度的差异

6. 国际贸易中最常见的计重办法是（　　　）。

    A. 毛重　　　　　B. 净重　　　　　C. 公量　　　　　D. 理论重量

7. 对于羊毛、棉花在计量其重量时通常采用（　　　）。

    A. 毛重　　　　　B. 净重　　　　　C. 公量　　　　　D. 理论重量

8. 数量机动幅度的选择权一般属（　　　）。

    A. 卖方　　　　　B. 买方　　　　　C. 船方　　　　　D. 商检机构

9. 唛头即是指（　　　）。

    A. 运输标志　　　B. 指标性标志　　C. 警告性标志　　D. 运输包装标志

10. 提示人们在运输和保管货物过程中应注意哪些事项的标志是（　　　）。

    A. 指示性标志　　B. 警告性标志　　C. 运输标志　　　D. 运输包装标志

11. 包装上既无生产地名和厂商名称又无商标、牌号，这种包装属于（　　　）。

    A. 无牌中性包装　B. 定牌中性包装　C. 定牌生产　　　D. 销售包装

12. 根据《跟单信用证统一惯例》规定，合同中使用"大约""近似"等约量字眼，可解释为交货数量的增减幅度为（　　　）。

    A. 不超过 5%　　B. 不超过 10%　　C. 不超过 15%　　D. 由卖方自行决定

13. 采用 FOB 术语成交，数量的机动幅度一般由（　　　）。

    A. 买方和船方共同协商予以确定　　B. 卖方和船方共同协商予以确定

    C. 卖方单独确定　　　　　　　　　D. 船方单独确定

14. 采用 CIF 和 CFR 术语成交，数量的机动幅度一般由（　　　）。

    A. 买方和船方共同协商予以确定　　B. 卖方和船方共同协商予以确定

    C. 卖方单独确定　　　　　　　　　D. 船方单独确定

15. 按照国际惯例，如果合同中没有相关规定，则运输标志一般由（　　　）提供。

    A. 开证行　　　　B. 卖方　　　　　C. 买方　　　　　D. 船方

16. 某外商欲购我"乘风"牌电扇，但要求改用"幸福"商标，并不得注明产地和厂商名称。外商这一要求属于（　　　）。

A. 无牌中性包装　B. 定牌中性包装　C. 运输包装　　　D. 销售包装

二、多项选择题

1. 商品的品质是下列哪两种因素的综合（　　　）。

　　A. 外形　　　　　　　B. 色泽　　　　　　　C. 化学成分

　　D. 内在质量　　　　　E. 外观形态

2. 按照《公约》的规定，若卖方交付的货物不符合约定的品质，买方拥有的权利是（　　　）。

　　A. 有权要求赔偿　　　B. 可以要求修理或交付替代物

　　C. 拒收货物　　　　　D. 撤销合同　　　　　E. 要求双倍偿还

3. 以实物表示商品品质的贸易是（　　　）。

　　A. 加工贸易　　　　　B. 展卖

　　C. 拍卖　　　　　　　D. 凭卖方样品买卖　　E. 寄售

4. 卖方根据买方来样复制样品，寄送买方并经其确认的样品，被称为（　　　）。

　　A. 复样　　　　　　　B. 回样　　　　　　　C. 原样

　　D. 确认样　　　　　　E. 对等样品

5. 若合同规定有品质公差条款，则在公差范围内，买方（　　　）。

　　A. 不得拒收货物　　　B. 可以拒收货物

　　C. 可以要求调整价格　D. 可以拒收货物也可以要求调整价格

6. 在国际上通常采用的度量衡制度有（　　　）。

　　A. 法制　　　　　　　B. 美制　　　　　　　C. 英制

　　D. 国际单位制　　　　E. 德制

7. 采用重量计量商品时主要的计算办法有（　　　）。

　　A. 毛重　　　　　　　B. 净重　　　　　　　C. 公量

　　D. 理论重量　　　　　E. 法定重量和实物净重

8. 商品的包装按其在流通领域中所起作用不同分为（　　　）。

　　A. 全部包装　　　　　B. 局部包装　　　　　C. 运输包装

　　D. 销售包装　　　　　E. 中性包装

9. 运输标志的主要内容包括（　　　）。

　　A. 指示性标志　　　　B. 目的地名称或代号

　　C. 收、发货人的代号　D. 警告性标志　　　　E. 件号、批号

10. 中性包装包括（　　　）。

　　A. 运输中性包装　　　B. 销售中性包装　　　C. 定牌中性包装

　　D. 无牌中性包装　　　E. 内外中性包装

11. 数量条款中溢短装条款的内容一般包括（　　　）。

　　A. 溢短装部分的计量方法　B. 机动数量的计量单位

　　C. 机动幅度　　　　　　　D. 机动幅度的选择权

　　E. 机动部分的计价方法

12. 包装条款的内容一般包括（　　　）。

  A. 包装材料   B. 包装方式

  C. 包装规格   D. 包装标志   E. 包装费用的负担

13. 运输标志的作用是（ ）。

  A. 便于识别货物 B. 方便运输   C. 易于计数

  D. 防止错发错运 E. 促进销售

14. 集合运输包装可以分为（ ）。

  A. 集装袋   B. 集装包

  C. 集装箱   D. 托盘   E. 桶装

三、简答题

1. 品质条款的内容是什么？在规定此项条款时应注意的事项是什么？

2. 什么是商品的品质？表示品质的方法有哪些？

3. 什么是良好平均品质？

4. 什么是上好可销品质？

5. 什么叫溢短装条款？

6. 什么是中性包装？

四、案例分析题

1. 某自行车厂向菲律宾出口自行车计 3000 辆，合同中规定黑色、墨绿色、湖蓝色各 1000 辆，不得分批装运。该厂在发货时发现湖蓝色的自行车库存仅有 950 辆，因短缺 50 辆湖蓝色，便以黑色自行车 50 辆顶替湖蓝色出口。请问：该厂这种做法会产生什么后果？

2. 大连某厂向中东出口一批门锁，合同规定 3—4 月份装船，但需要买方认可回样之后方能发运。2 月下旬买方开立信用证上亦有同样文字。该厂三次试寄回样，均未获买方认可，所以该厂迟迟未能如期装船。到 5 月份后，外商以延误船期为由提出索赔要求，问：我方应如何处理？

3. 某合同商品检验条款中规定以装船地上检报告为准。但在目的港交付货物时却发现品质与约定规格不符。买方经当地商检机构检验并凭其出具的检验证书向卖方索赔，卖方却以上述商检条款规定拒赔。卖方拒赔是否合理？

4. 我国某出口公司向俄罗斯出口一批黄豆。合同中的数量条款规定如下：每袋黄豆净重 100 千克，共 1000 袋，合计 100 吨，但货物运抵俄罗斯后，经俄罗斯海关检查发现每袋黄豆净重 94 千克，1000 袋，合计 94 吨。当时正遇市场黄豆价格下跌，俄罗斯以单货不符为由，提出降价 5% 的要求，否则拒收。

请问：俄罗斯的要求是否合理？为什么？

5. 菲律宾某公司与上海某自行车厂洽谈进口业务，打算从我国进口"永久"自行车 1000 辆。但要求我方改用"剑"牌商标，并在包装上不得注明："永久"和"Made in China"字样。

请问：我方是否可以接受？在处理此项业务时，应注意什么问题？

第十一章　国际货物运输和保险

☞【学习目标】

学习完本章后，你应该能清楚地知道：

（1）装运条款的主要内容；

（2）各种运输方式的特点；

（3）各种运输单据，作为结算凭证，是如何使用的；

（4）国际海洋货物运输保险的基本原则和承保范围；

（5）海上货物运输保险的主要险别；

（6）其他运输方式下的货运保险。

第一节　装 运 条 款

☞【案例导入】

　　某对外贸易进出口公司于5月23日接到一张国外开来信用证，信用证规定受益人为对外贸易进出口公司（卖方），申请人为E贸易有限公司（买方）。信用证对装运期和议付有效期条款规定："Shipment must be effected not prior to 31st May 20×3. The Draft must be negotiated not later than 30th June, 20×3"。

　　对外贸易进出口公司发现信用证装运期太紧，23日收到信用证，31日装运就到期。所以有关人员即于5月26日（24日和25日系双休日）按装运期5月31日通知储运部安排装运。储运部根据信用证分析单上规定的5月31日装运期即向货运代理公司配船。因装运期太紧，经多方努力才设法商洽将其他公司已配上的货退载，换上对外贸易进出口公司的货，勉强挤上有效的船期。

　　对外贸易进出口公司经各方努力，终于5月30日装运完毕，并取得5月30日签发的提单。6月2日备齐所有单据向开证行交单。6月16日开证行来电提出："提单记载5月30日装运货物，不符合信用证规定的装运期限，不同意接受单据。"

☞ 思考：

请对此案予以评述。

在国际货物买卖中，按买卖合同规定的时间和地点交付符合合同的货物是卖方的主要义务。在国际货物买卖合同中正确规定装运条款，是保证国际货物买卖合同履行的重要前提。

一、交货时间

交货时间是指卖方按买卖合同规定将合同货物交付给买方或承运人的期限，故而又称"交货期"或"装运期"。

交货时间对买卖双方的利益均有很大影响。对买方来说，关系到能否适时地取得货物，满足其销售或使用的需要；对卖方来说，关系到能否在规定时限内备妥货物，安排运输，办理各种必要手续，以交付买方。而且，交货时间的早晚又往往关系到买方支付与卖方收取货物价款的时间，直接影响企业的资金运用。所以，在国际货物买卖合同中，一般均须对交货时间做出明确具体的规定。交货时间作为国际货物买卖合同的一个要素，是买卖合同的主要交易条件。

按某些国家的法律规定，凡规定有交货时间的买卖合同，卖方必须严格按规定时间交付货物，不得任意更改，若有提前或延迟，均构成违约，买方有权拒收货物，解除合同并要求损害赔偿。

对于交货时间，在实际业务中，最常见的有以下四种：

（1）规定某月装运。在国际货物买卖合同中，通常规定一段时间装运。而使用最广的是在某月装运，例如：

20×4 年 3 月装

Shipment during March，2014

按此规定，卖方可从 20×4 年 3 月 1 日至 3 月 31 日这一段期间的任何时候装运出口。

（2）规定跨月装运。有时所规定的一段可供装运的期间，可从某月跨到下月，甚至更后的月份，例如：

20×4 年 2/3/4 月装运

Shipment during Feb./Mar./Apr. 2014

按此规定，卖方可分别从 20×4 年 2 月 1 日至 4 月 30 日期间内的任何时间装运出口。

（3）规定在某月月底或某日前装运，即在合同中规定一个最迟装运期限，这个最迟装运期限，既可以是某一月份的月底，也可以是某一天，例如：

20×4 年 5 月底或以前装运

Shipment at or before the end of May 2014

即自订立合同之日起，在 20×4 年 5 月 31 日或于此日前的任何日期装运。

（4）规定在收到信用证后若干天内装运。对某些外汇管制教研的国家或地区的出口交易，或对买方资信情况不够了解，或专为买方定制的出口商品，为了防止买方不按时履行合同而造成损失，在出口合同中可采用在收到信用证后一定时间内装运的方法规定装运时间，以保障我出口企业的利益，例如：

收到信用证后 45 天内装运

Shipment within 45 days after receipt of L/C

但是，在采用此种装运期的规定时，必须同时规定有关信用证开到的期限。

二、交货地点

交货地点是指卖方按买卖合同规定将货物交付给买方或承担人的地点。交货地点直接关系到买卖双方交接货物的具体安排，在涉及运输的合同中，还涉及租订接运船舶等运输工具或指定承运人等事宜，因此，交货地点对买卖双方均至关重要。

由于交货地点往往与在买卖合同所采用的贸易术语有密切联系，因此，正确选用贸易术语非常重要。在采用 F 组、C 组术语合同中的交货地点条款通常包括装运港或装运地和目的港或目的地两个内容。装运港或装运地和目的港或目的地不仅关系到卖方于何地履行交货义务和货物的风险何时由卖方转移至买方，还关系到运输的安排、运费、保险费以至成本核算和确定售价等问题，因此，都必须在国际货物买卖合同中作出具体规定。

（一）装运港或装运地

在国际贸易中，装运港或装运地一般由卖方提出，经买方同意后确定。在实际业务中，应根据合同使用的贸易术语和运输方式正确选择和确定装运地点，具体选择方法如下所述：

（1）出口贸易中装运港或装运地的选择。在出口贸易中，为便于履行交货义务、节省开支，原则上应选择靠近产地、交通便捷、费用低廉、储存仓库等基础设施比较完善的地方。在使用 FOB、CFR 或 CIF 贸易术语进行交易时，应选择海轮能够直接进入载运货物的港口为装运港；在采用多式运输的情况下，一般应以便于多式运输经营人收货的地方作为装运地点。

（2）进口贸易中装运港或装运地的选择。在进口业务中，卖方提出的装运港或装运地必须是我国政府允许进行贸易往来的国家和地区的港口或地方，其装载条件应当是良好的，其中包括港口设施、泊位数量、吃水深度、吞吐能力、装卸设备、工作效率、费用水平、管理水平、港口惯例等。

（二）目的港或目的地

在国际贸易中，目的港或目的地一般由买方提出，经卖方同意后确定。在实际业务中，一笔交易，通常只规定一个目的港或目的地。

1. 目的港或目的地的选择

在国际货物买卖合同中，通常均需规定目的港或目的地。在 FAS、FOB、CFR、CIF 合同中，一般应规定港口；在 FCA、CPT、CIP、DAT、DAP、DDP 合同中，则可规定内陆地点。

2. 出口企业针对目的港或目的地需要考虑的问题

在出口业务中，我方出口企业决定可否接受国外客户提出的目的港和目的地时，通常应考虑以下几个方面的问题：

（1）贯彻我国的有关政策，不得以我国政府不允许进行贸易往来的国家和地区的港口或地方作为目的港或目的地。

（2）对目的港或目的地的规定，应力求明确具体，特别是按 C 组术语达成的交易。

（3）凡以非集装箱的一般海上散货运输方式交运的交易，货物运往的目的港无直达班轮或航次较少的，合同中应规定允许转运的条款。

（4）目的港必须是船舶可以安全停泊的港口，力求避免把正在进行战争或有政治动乱的地方作为目的港或目的地。

（5）对内陆国家的出口交易，采用 CFR 或 CIF 条件通过海上运输货物的，应选择距离该国目的地最近的，我方能够安排船舶的港口为目的港。除非多式联运承运人能够接受全程运输，一般不接受以内陆城市为目的地。

（6）规定的目的港和目的地，如有重名，应明确国别与所处方位。

（7）正确使用"选择港"。

三、分批装运和转运

（一）分批装运

分批装运又称分期装运，是指一个合同项下的货物先后分若干期或若干批装运。在国际贸易中，有的交易因为数量较大，或是由于备货、运输条件、市场需要或资金的限制，有必要分期分批交货、到货者，则可在进出口合同中规定分批装运条款。

1. 规定分批装运的方法

在进出口合同中，规定分批装运的方法，主要有以下两种：

（1）只原则规定允许分批装运，对于分批的具体时间、批次和数量均不做规定。这种做法下，卖方可较为主动地根据货源和运输条件，在合同规定的装运期内灵活掌握。

（2）在规定分批装运条款时，具体订明每批装运的时间和数量。这种做法下，买方可从其使用或转售的需要出发进行安排，有利资金和仓储周转，而对卖方的限制较严。在出口业务中，卖方应予慎重对待此类条款，以免造成被动。

2. 有关分批装运的国际惯例

《UCP600》第三十一条规定："表明使用同一运输工具并经由同次航程运输的数套运输单据在同一次提交时，只要显示相同目的地，将不视为分批装运，即使运输单据上标明的发运日期不同或装卸港、接管地或发送地点不同。"

《UCP600》第三十二条规定："如信用证规定在指定的时间段内分批装运，任何一期未按信用证规定期限发运时，信用证对该期及以后各期均告失效。"

3. 国际上对分批装运的不同规定

一个合同能否分批装运，应视合同中是否规定允许分批装运而定，如合同中未明文规定允许分批，按外国合同法，视为不允许分批装运。但是，《UCP600》第三十一条规定："允许分批支款或分批装运"。

（二）转运

1. 转运的含义

按照《UCP600》第十九条的规定，转运是指在从信用证规定的发运接受监管或装运地至最后目的地的运输过程中，从一运输工具卸下，再装上另一运输工具（不论是否为不同运输方式）的行为。

按照《UCP600》的解释，采用不同的运输方式，"转运"一词可作出不同的解释。其中，在海运情况下，转运是指从信用证中规定的装货港和卸货港的运输过程中，从一艘船只卸下，再装上另一船只；在航空运输情况下，转运是指从信用证中规定的启航机场至目的地机场的运输过程中，从一架飞机卸下，再装上另一架飞机；在公路、铁路或内河运输情况下，转运是指从信用证中规定的装运、发运或运输地至目的地运输过程，在同一运输方式下，从一运输工具卸下，再装上另一运输工具。

2. 有关转运的国际惯例

《UCP600》第十九条规定："即使信用证禁止转运，银行也将接受注明转运将发生或可能发生的运输单据。"出于转运不可避免的趋势考虑，《UCP600》所指的"禁止转运"，实际上仅指禁止海运港至港除集装箱以外货物（散货）运输的转运。但在实际业务中，尤其是出口合同中，仍以明确规定允许转运条款为宜。

☞【本节导入案例解析】

信用证规定的是"装运必须不得早于20×3年5月31日（not prior to 31st May），议付有效期规定为最迟不得晚于6月30日"，即装运期与议付有效期都是在6月1日至6月30日之间，而卖方却于31日以前装运，所以不符合信用证要求。一般信用证对装运期习惯的规定为：最迟装运期某月某日，或不得晚于某月某日装（not later than）。有关审证人员没有认真地审查信用证条款，误解了信用证装运期的规定。

第二节　海洋运输

海洋运输（ocean transport），简称海运，是指利用商船在国内外港口之间通过一定的航区和航线运输货物的方式。与其他运输方式相比，海洋运输不受轨道、道路限制，具有通过能力强、运量大、投资小、运费低和适应性强的特点，因此其运量在国际贸易总量中占2/3以上，海洋运输已成为国际贸易中最重要的运输方式。然而，海洋运输也存在速度慢、易受自然条件影响和风险大的缺点。因此，对那些急需的、易受自然条件影响的、不能经受长途运输的货物，一般不宜采取海运。

海运当事人主要有承运人、托运人和货运代理。承运人是指承办运输货物事宜的人，如船公司、船方代理，他们有权签发提单。托运人是指委托他人办理货物运输事宜的人，如出口单位。货运代理是指货运代理人接受货主或者承运人委托，在授权范围内以委托人名义或以代理人身份，办理货物运输事宜的人。根据货主的委托而产生的代理人，俗称"货代"；根据承运人的委托而产生的代理人，俗称"船代"。他们熟悉运输业务，掌握各条运输路线的动态，通晓有关的规章制度，精通各种手续，因此，绝大多数出口企业都寻求货运代理帮助办理货物订舱装运事宜。

国际海洋货物运输，按船舶的营运方式来分，有班轮运输和租船运输两种。

一、班轮运输

班轮运输（liner transport）也叫定期船运输，是在一定航线上，在一定的停靠港口，定期开航的船舶运输。

（一）班轮运输的特点

相对其他海洋运输方式，班轮运输有以下四个特点。

（1）具有"四固定"的基本特点，即航线固定、港口固定、船期固定和费率相对固定。

（2）运费中包括装卸费用，承运人管装管卸，承、托双方不计装卸时间以及滞期费或速遣费。

（3）各类货物都可接受，包括冷冻、易腐、液体及危险品之类的货物，且一般在码头交接货物，方便货主。

（4）承运人和托运人双方的权利、义务和责任豁免以班轮提单上所载的条款为依据。

（二）班轮运费

1. 班轮运费的构成

班轮运费（liner freight）是承运人为承运货物而向托运人收取的费用。它由基本运费和各种附加费组成。

基本运费是指货物从装运港运到目的港的基本费用，它构成班轮运费的主体。

附加费是指对一些需要特殊处理的货物或由于突发情况使运输费用大幅增加，班轮公司为弥补损失而额外加收的费用。

附加费主要有：超重附加费（heavy lift additional）、超长附加费（long length additional）、直航附加费（direct additional）、绕航附加费（deviation surcharge）、转船附加费（transhipment surcharge）、港口附加费（port surcharge）、港口拥挤附加费（port congestion surcharge）、选择港附加费（optional fees）、变更卸货港附加费（alteration surcharge）、燃油附加费（bunker adjustment factor or bunker surcharge，BAF）、货币附加费（currency adjustment factor，CAF）等。各种附加费的计算方法主要有两种：一种是以百分比表示，即在基本费率的基础上增加一个百分比；另一种是用绝对数表示，即每运费吨增加若干金额，可以与基本费率直接相加计算。

2. 班轮运费的计收标准

根据货物的不同，班轮基本运费的计收标准有以下几种。

（1）重量法。即以重量吨（weight ton）为计量单位来计算运费。在运价表中，以字母"W"表示。所有"重量大"的货物，如重金属、建筑材料、矿产品等，均采用这种方法计算运费，一般以1吨为一计算单位。

（2）体积法。即以尺码吨（measurement ton）为计算单位来计算运费。在运价表中，以字母"M"表示。所有的轻泡货物，如纺织品、日用百货等，一般以1立方米或40立方英尺为计算单位。

以上两种计算运费的重量吨和尺码吨统称为运费吨。

（3）从价法。按货物的价格计收运费，在运价表中以"A. V."或"Ad. Val"表示。按货物在装运地 FOB 价的百分之几收费，一般不超过 5%。通常只有黄金、白银、宝石等贵重货物才按此收费。因为贵重物品一般重量小而体积也不大，但船方承担的风险却很大，要设置特殊的舱位，以防盗、防火和防潮等。船公司要付出较大的代价，同时加重了保管的责任。因此，船方按从价法对贵重货物收较高的运费也是理所当然的。

（4）选择法。选择法中较常用的是"W/M"，即在重量法和体积法中选择，在"W/M"中，凡一尺码吨货物其重量过一重量吨为重货，按重量法计算；反之，一尺码吨其重量不足一重量吨为轻货，按体积法计算；或者按货物重量、体积或价值中最高的一种计收，在运价表中以"W/M or A. V."表示；或者按货物重量或体积两者较高的一种计收，然后再加一定百分比的从价运费，在运价表中以"W/M plus A. V."表示。

☞【示例】

某 FOB 价值为 20000 美元甲地运往乙地，基本费率为每运费吨 30 美元或从价费率 1.5%。体积为 6 立方米，毛重为 5.8 吨，以 W/M or Ad. Val 选择法计费，以 1 立方米或 1 吨为一运费吨，求运费。

解析：

（1）按"W"计算的运费为：30 美元×5.8＝174 美元

（2）按"M"计算的运费为：30 美元×6＝180 美元

（3）按"Ad. Val"计算的运费为：20000×1.5%＝300 美元

因此，三者比较，按"Ad. Val"计算的运费最高，故实收运费为 300 美元。

（5）按件法。按货物的件数计收运费，对包装固定，数量、重量、体积也固定的货物，可以按货物的件数计收运费。另外，对于那些用其他方法难以计收的商品，如汽车、活牲畜等，也采用按件数计收。

（6）议价法。由船方和货主临时议价，主要是大宗低值货物，如粮食、煤炭、矿砂等。在运价表中以"open rate"（议价货）表示。

3. 班轮运费的计算方法

班轮运费的计算公式为

$$班轮运费＝基本运费＋各项附加费$$

班轮运费的计算步骤如下：

第一步：查货物分级表。先根据货物的英文名称在货物分级表中查出该货物属于什么等级和按什么标准计费。

货物名称	计费标准	等级
Agricultural Machine	W	10
Beans	W	5
Clocks	W/M	8

第二步：查航线费率表。根据货物等级和计费标准，在航线费率表中查出货物的基

本运费费率。

广州——伦敦航线费率表

货物等级	基本费率（美元/每运费吨）
1	50
5	100
10	200
…	…

第三步：查附加费率（额）表。

第四步：计算。

$$单位运费 = 基本费率 \times （1 + \Sigma 附加费率） + \Sigma 附加费额$$

$$总运费 = 单位运费 \times 总运费吨$$

☞【示例】

我方采用班轮运输出口商品 100 箱，每箱体积 30×60×50cm，毛重 40kg，查运费表知该货为 9 级，计费标准为 W/M，基本运费为每运费吨 109 美元，另加收燃油附加费 20%，货币贬值附加费 10%。请计算该批货物的总运费。

①确定计费标准　30×60×50 = 0.09 立方米 > 0.04 吨

②计算运费　　总运费 = 109 × （1 + 20% + 10%）× 0.09 × 100 = 1275.3 （美元）

二、租船运输

租船运输（charter transport）又称不定期船运输，是相对于班轮运输，即定期船运输而言的另一种远洋船舶营运方式。它和班轮运输不同，没有预先制定的船期表，没有固定的航线，停靠港口也不固定，无固定的费率。船舶的营运是根据船舶所有人与需要船舶运输的货主双方事先签订的租船合同来安排的。

（一）租船运输的方式

在国际海运业务中，租船运输主要有定程租船、定期租船和光船租船三种。

1. 定程租船

定程租船（voyage charter）简称程租，又称航次租船，是指以航次为基础的租船方式。这是最基本的一种租船经营方式，在国际租船业务中被广泛采用。当前国际现货市场上成交的绝大多数货物（主要有液体散货和干散货两大类）通常都是通过航次租船方式运输的。在该方式下，船方必须按时把船舶驶到装货港装货，再驶抵卸货港卸货，以完成合同规定的运输任务。租船人按约定支付运费。运费一般按装运货物的吨数计收，直接表现为货物的运输成本。

定程租船中，根据承租人对货物运输的需要，而采取不同的航次数来约定航次租船合同。据此，航次租船又可分为单航次租船、来回程租船、连续单航次租船、连续往返航次租船等形式。

程租的主要特点是由船东负责船舶的管理营运工作，并负担船舶航行中的一切营运费用；由托运人或承租人负责完成货物的组织，支付按货物装运数量计算的运费及相关的费用；关于装卸费用由谁承担以及货物装卸时间、滞期费和速遣费的计算标准等问题由双方在租船合同中订明。

2. 定期租船

定期租船（time charter）又称"期租船"或"期租"，是指由船舶所有人将特定的船舶，按照租船合同的约定，在约定的期限内租给承租人使用的一种租船方式。这种租船方式以约定的使用期限为船舶租期，而不以完成航次数多少来计算。租赁期限由船舶所有人和承租人根据实际需要约定，短则几个月，长则几年、十几年，甚至到船舶报废为止。在租期内，承租人利用租赁的船舶既可以进行不定期船货物运输，也可以投入班轮运输，还可以在租期内将船舶转租，以取得运费收入或谋取租金差额。

定期租船实质上是一种租赁船舶财产用于货物运输的租船形式，其主要特点有：船东负责配备船员，并负担其工资和伙食；租船人负责船舶的调度和营运工作，并负担船舶营运中的可变费用，船舶营运的固定费用由船东负担；船舶租赁以整船出租，租金按船舶的载重吨、租期及商定的租金率计收。

小·提·示

定程租船与定期租船的区别见表 11.1。

表 11.1　　　　　　　　定程租船与定期租船的区别

定程租船	定期租船
按航次租用船舶	按期限租用船舶
船方负责船舶的经营管理	租船方负责调度和运营
运费按照数量计算	租期内每月每吨若干金额
计算滞期费和速遣费	不计算滞期费和速遣费

3. 光船租船

光船租船（bare boat charter）又称船壳租船，是指在租期内船舶所有人只提供一艘空船给承租人使用；而船员配备、给养供应、船舶的营运管理以及一切固定或变动的营运费用都由承租人负担。也就是说，船舶所有人在租期内除了收取租金外，不再承担任何责任和费用。这种租船不具有承揽运输性质，它只相当于一种财产租赁。因此，一些不愿经营船舶运输业务，或者缺乏经营管理船舶经验的船舶所有人也可将自己的船舶以光船租船的方式出租。虽然这样的出租利润不高，但船舶所有人可以取得固定的租金收入，对回收投资是有保证的。

4. 包运租船

包运租船是指船东向承租人提供一定吨位的运力，在确定的港口之间，按事先约定的时间、航次周期和每航次较为均等的运量，完成合同规定的全部货运量的租船方式。以包运租船方式所签订的合同称为"运量合同"。

这种租船方式是在连续单航次租船的营运方式的基础上发展而来的，与连续单航次租船相比，包运租船一方面不要求一艘固定的船舶完成运输，另一方面也不要求船舶一个接一个航次完成运输，而是规定一个较长的时间，只要满足包运合同对航次的要求，在这个时间内，船东可以灵活的安排运输，对于两个航次之间的时间，船东可以自由安排一些其他的运输。

（二）程租船运费

程租船运费主要包括程租船运费和装卸费。此外，还有速遣费、滞期费等。

程租船运费。程租船合同中有的规定运费率（rate of freight），按货物每单位重量或体积若干金额计算；有的规定整船包价（lump-sum freight）。费率的高低要取决于租船市场的供求关系，但也与运输距离、货物种类、装卸率、装卸费用划分和佣金高低有关。运费是预付或到付，均需订明。

程租船装卸费。在程租租船合同中，应明确规定装卸费用由谁负担。一般有下列四种规定方法：① 班轮条件（gross terms or liner terms），即船方负担装卸费；② F. I. O（free in and out），即船方不负担装卸费；③ F. O（free out），即船方只负担装货费，不负责卸货费；④ F. I（free in），即船方只负担卸货费，不负责装货费。

程租船装卸时间、滞期和速遣。程租船运输情况下，装卸货时间长或短影响到船舶的使用周期和在港费用，直接涉及船方的利益，因而成为承租船合同中的重要条款。

装卸时间或称装卸期限，是指租船人承诺在一定期限内完成装卸作业，一般用若干日（或时）表示，也可用装卸率表示，即平均每天装卸若干吨。此外，还要规定哪些应该算作工作日，哪些应该除外。对装卸时间主要有以下三种规定。

（1）按日（days）或连续工作日（running or consecutive days）计算：是指时间连续满24小时就算一日或连续日。即期限一开始，不论风雪日、星期日或节假日等实际不能进行装卸的日子，均全部计算在装卸期之内。这种计算方法，通常只适用于石油、矿砂等使用油管或传送带进行装卸作业的不受昼夜和风雨影响的商品。

（2）按工作日（working days）计算：工作日是指有关港口可以进行工作的日子，因而不包括星期日和法定节假日。每个工作日的正常工作时间，如租船合同未做规定，则可按港口习惯办理。

（3）按晴天工作日（weather working days）计算：即除星期日、节假日不计入装卸时间外，由于天气不良，不能进行装卸的工作日（或工作小时）不计入装卸时间。

在规定的装卸期限内，如果租船人未能完成装卸作业，为了弥补船方的损失，对超过的时间租船人应向船方支付一定的罚款，这种罚款称为"滞期费"（demurrage）。反之，如果租船人在规定的装卸期限内，提前完成装卸作业，则所节省的时间船方要向租船人支付一定的奖金，这种奖金称为"速遣费"（dispatch money）。后者一般是前者的1/2。

（三）期租船租金

期租船租金（rent）一般是根据船舶的每月每载重吨若干货币单位计付，也可以按整船每天若干金额计算。船舶租金与船舶所载货物无关。

一般是以船舶夏季载重吨为标准并按期支付。如一艘夏季载重吨为 40000 吨的船，每 30 天每吨的租金为 6 美元，则这条船每天租金为 40000×6/30＝8000（美元）。

三、海上货物运输单据

海上货物运输单据主要为海运提单。此外，还有近年来开始使用和逐渐推广使用的海上货运单。

（一）海运提单

1. 海运提单的性质和作用

海运提单简称提单（B/L），是指用以证明海上货物运输合同和货物已经由承运人接收或装船，以及承运人保证据以交付货物的单据。它是由承运人签发的具有法律效力的单据。

海运提单具有如下三方面的性质和作用：

（1）提单是承运人签发的货物收据，证明承运人已按提单所列内容收到货物。

（2）提单是代表货物所有权的凭证。提单作为物权凭证，其持有者可凭以向承运人提货，亦可通过背书将其转让，以实现货物所有权的转让，或凭以向银行办理抵押贷款或叙做押汇。

（3）提单是海上货物运输合同的证明，是承运人和托运人处理双方在运输中的权利和义务问题的主要法律依据。

2. 海运提单的内容

目前各航运公司所制定的提单，格式上虽不完全相同，但其内容大同小异，主要包括正面内容和背面条款两部分。

（1）提单的正面内容。提单的正面内容具体包括以下各项：承运人名称及主营业所、托运人名称、收货人名称、通知人名称、船名、航次及船舶国籍、装运港、目的港、货物的品名、唛头、件数、重量或体积、运费及其他费用、提单号码、份数和签发日期和地点、承运人或船长、或其代理人签字等。正面内容主要由承运人和托运人填写。

（2）提单背面条款。提单背面条款是处理承运人和托运人（或收货人、持单人）之间所发生争议的依据。目前，大多数提单的背面条款是基于《海牙规则》制定的。一般来说，主要包括：首要条款、定义条款、承运人的责任和豁免、运费条款、转运条款、包装与唛头条款、赔偿条款、留置权条款、特殊货物条款等内容。

3. 有关提单的国际公约

为了统一提单背面条款关于托运人和承运人之间的权利义务的规定，国际上先后签署了三个国际公约。

（1）1924 年 8 月 25 日在布鲁塞尔签订的《统一提单的若干法律规则的国际公约》，

简称《海牙规则》。

（2）1968 年 2 月 23 日在布鲁塞尔签订的《修改统一提单的若干法律规则的国际公约的议定书》，简称《维斯比规则》。

（3）1978 年 3 月在汉堡通过的《联合国海上货物运输公约》，简称《汉堡规则》。

4. 海运提单的种类

海运提单形式多种多样，按货物是否已装船可分为以下两种。

（1）已装船提单。它是在货物装上船后，由承运人或其代理人签发的提单。这种提单必须注明船名、装船日期，并由船长或其代理人签字。另外，也须有"货已装船"（on board）字样。实务中，买方一般要求卖方提供已装船提单。

（2）备运提单。是指承运人在收到托运货物等待装运时所签发的提单。在货物装船后，托运人可据以向船公司换取已装船提单；也可经承运人在其上批注已装船字样，并注明船名、装船日期及签字后，变成已装船提单。

海运提单按提单收货人的抬头方式可分为以下三种。

（1）记名提单，又称"收货人抬头提单"，是指在提单收货人一栏内填写指定收货人名称的提单。这种提单只能由提单上指定的收货人提货，不可转让。一般只有在运输贵重物品或展览品是才使用该提单。银行一般不愿意接受记名提单作为议付的单证。

（2）不记名提单，又称来人抬头提单，是指提单收货人栏内不填写具体收货人名称的提单，该栏或留空白，或填写"to the bearer"。这种提单任何人持有皆可提货，而且仅凭交付即可转让，因而风险较大，实务中很少使用。

（3）指示提单，是指提单收货人一栏内只填写"凭指示"（to order）或"凭某人指示"（to the order of ×××）字样的提单。这种提单经背书后可转让。在进出口业务中使用最广。背书的方法有两种：空白背书和记名背书。前者是仅有背书人（提单转让人）在提单背面签字盖章，而不注明被背书人的名称；后者是除背书人签章外，还须列明被背书人名称。当前实务中使用最广的是"凭指示"并经空白背书的提单，习惯上称其为"空白抬头、空白背书"的提单。

海运提单按提单对货物外表状况有无不良批注可分为以下两类。

（1）清洁提单，是指货物在装船时外表状况良好，承运人未加注任何有关货物残损、包装不良或其他有碍结汇批注的提单。

（2）不清洁提单，是指承运人在提单上加注有货物表面状况不良或存在缺陷等批注的提单。国际贸易中，卖方有义务提交清洁提单，也只有清洁提单才可以转让。

海运提单按运输方式的不同划分可分为以下三类。

（1）直达提单，是指货物运输途中不转船，而是直接从装运港运至目的港的提单。

（2）转船提单，是指在货物需中途转船才能到达目的港的情况下，承运人所签发的提单。提单上注有"转运"或"在某港转运"字样。

（3）联运提单，是指货物通过海陆、海空或海海的联合运输时，由第一承运人签发的、包括全程的、在目的地可以凭以提货的提单。各承运人只对自己运程内的货物运输负责。

海运提单按提单格式可分为以下两类。

（1）全式提单，是指不但有完整的正面内容，而且有详细的背面条款的提单。国际贸易中使用的大多为全式提单。

（2）略式提单，是指仅有正面内容而无背面条款的提单。

海运提单按提单使用效力可分为以下两类。

（1）正本提单，是指提单上有承运人正式签字盖章并注明签发日期的提单。这种提单是具有法律效力的单据，上面须标明"正本"字样。一般签发一式两份或多份，凭其中任一份可提货。

（2）副本提单，是指无承运人签字盖章，仅供参考之用的提单。提单上一般标明"副本"字样。

除上述几种分类方法外，海运提单还有一些特殊的海运提单。

（1）过期提单，是指超过信用证规定的期限才交到银行的提单或者晚于货物到达目的港的提单。通常情况下，迟于单据签发日期21天才提交的提单也算过期提单。银行一般不接受过期提单。在近洋国家间的贸易合同中，一般订有"过期提单可以接受"条款。

（2）舱面提单，又称甲板提单，是指货物装在船舶甲板上时所签发的提单。由于货物在甲板上风险较大，所以买方和银行一般不接受甲板提单。

（3）倒签提单，是指承运人应托运人要求，使提单签发日期早于实际装船日期的提单。这主要是为了使提单符合信用证对装运日期的规定，以顺利结汇。

（4）预借提单，是指在信用证规定的装运日期和议付日期已到，而货物却未及时装船情况下，托运人出具保函，让承运人签发已装船提单，这就属于预借提单。

上述倒签提单和预借提单的取得均须托运人提供担保函才能获得，它们的提单日期都不是实际的装船日期。这种行为侵犯了收货人的合法权益，应尽量减少或杜绝使用。英美法等国家对保函不承认，亚欧一些国家认为只要未损害第三者利益，便不属违法，但应严加控制。

（二）海上货运单

海上货运单（sea waybill or ocean waybill）简称海运单，是证明海上货物运输合同和货物由承运人接管或装船，以及承运人保证据以将货物交付给单证所载明的收货人的一种不可流通的单证，因此又称"不可转让海运单"，主要有以下几种用途。

（1）跨国公司的总分公司或相关的子公司间的业务往来。

（2）在赊销或双方买方付款作为转移货物所有权的前提条件下，提单已失去其使用意义。

（3）往来已久、充分信任、关系密切的伙伴贸易间的业务往来。

（4）无资金风险的家用的私人物品，有商业价值的样品。

（5）在短途海运的情况下，往往是货物先到而提单未到，宜采用海运单。

第三节　铁路运输和航空运输

一、铁路运输

铁路运输（rail transport）是指利用铁路进行国际贸易货物运输的一种方式。铁路运输有许多优点，一般不受气候条件的影响，可保障全年的正常运输，而且运量较大，速度较快，有高度的连续性，运转过程中可能遭受的风险也较小。办理铁路货运手续比海洋运输简单，而且发货人和收货人可以在就近的始发站（装运站）和目的站办理托运和提货手续。因此，它是仅次于海洋运输的一种主要运输方式。

（一）我国对外贸易中的铁路运输

在我国，对外贸易运输中有国际铁路货物联运和国内铁路货物运输两种。

1. 国际铁路货物联运

国际铁路货物联运是指使用一份统一的国际联运票据，由铁路当局负责经过两国或两国以上铁路的全程运输，并在由一国铁路向另一国铁路移交货物时不需收、发货人参加，由铁路当局负连带责任的一种运输方式。

参加国际铁路联运的国家分为两个集团：一个是有 32 个国家参加并签有《国际铁路货物运送公约》的"货约"集团；另一个是曾有 12 个国家参加并签有《国际铁路货物联运协定》的"货协"集团，货协现已解体但联运业务并未终止。在我国大陆，凡可办理铁路货运的车站都可以接收国际铁路货物联运。

我国通往欧洲的国际铁路联运线有两条：一条是利用俄罗斯的西伯利亚大陆桥贯通中东、欧洲各国；另一条是由江苏连云港经新疆与哈萨克斯坦铁路连接，贯通俄罗斯、波兰、德国至荷兰的鹿特丹。后者称为新欧亚大陆桥，运程比海运缩短 9000 公里，比经由西伯利亚大陆桥缩短了 3000 公里，进一步推动了我国与欧亚各国的经贸往来，也促进了我国沿线地区的经济发展。

2. 国内货物铁路运输

我国出口货物经铁路运至港口装船、进口货物卸船后经铁路运往各地及供应我国港澳地区的货物经铁路运往我国香港、九龙、澳门地区，都属于国内铁路运输的范围。

对我国港澳地区的铁路运输按国内运输办理，但又不同于一般的国内运输。货物由内地装车至深圳中转和香港卸车交货，为两票联运，由外运公司签发"货物承运收据"。京九铁路和沪港直达通车后，内地至香港的运输更为快捷。由于香港特别行政区是自由港，货物在内地和香港间进出，需办理进出口报关手续。对澳门地区的货物运输，由于澳门目前尚未通铁路，货物是先从起运地用火车运抵广州南站，再转船运至澳门。

（二）铁路运输单据

国际铁路联运运单，是参加国际铁路货物联运的铁路与发货人、收货人之间缔结的运输合同。具体规定了参加联运的各国铁路及收、发货人的权利、义务，具有法律效力。

承运货物收据，是铁路部门承运货物的收据，构成收货人或外运公司与铁路部门的运输契约，是发货人办理对外结汇的凭证。此收据用于国内铁路运输。

二、航空运输

航空运输（air transport）是一种现代化的运输方式，它与海洋运输、铁路运输相比，具有运输速度快、货运质量高、且不受地面条件的限制等优点。因此，它最适宜运送急需物资、鲜活商品、精密仪器和贵重物品。其不足是运量小、运费高。

（一）航空运输的方式

航空运输方式主要有班机运输、包机运输、集中托运和航空快递业务。

1. 班机运输

班机运输（scheduled airline）指具有固定开航时间、航线和停靠航站的飞机。通常为客货混合型飞机，货舱容量较小，运价较贵；但由于航期固定，有利于客户安排鲜活商品或急需商品的运送。

2. 包机运输

包机运输（chartered carrier）是指航空公司按照约定的条件和费率，将整架飞机租给一个或若干个包机人（包机人指发货人或航空货运代理公司），从一个或几个航空站装运货物至指定目的地。包机运输适合于大宗货物运输，费率低于班机，但运送时间则比班机要长些。

3. 集中托运

集中托运（consolidation）可以采用班机或包机运输方式，是指航空货运代理公司将若干批单独发运的货物集中成一批向航空公司办理托运，填写一份总运单送至同一目的地，然后由其委托当地的代理人负责分发给各个实际收货人。这种托运方式可降低运费，是航空货运代理的主要业务之一。

4. 航空快递业务

航空快递业务（air express service）是由快递公司与航空公司合作向货主提供的快递服务，其业务包括：由快递公司派专人从发货人处提取货物后以最快航班将货物出运，飞抵目的地后，由专人接机提货，办妥进关手续后直接送达收货人，称为"桌到桌运输"（desk to desk service）。这是一种最为快捷的运输方式，特别适合于各种急需物品和文件资料。

（二）航空运输单据——航空运单

航空运单是托运人和承运人之间为运输货物所订立运输契约的凭证，其内容对双方都有约束力。航空运单不可转让。它通常包括有出票航空公司（ISSUE CARRIER）标志的航空货运单和无承运人任何标志的中性货运单两种。货运单正本背面印刷了有关涉及航空货物运输的条款，它们是解决航空运输中发生争议时的依据。

第四节 公路、内河、邮政和管道运输

一、国际公路货物运输

公路运输（road transport）一般是指由公路和汽车两部分组成的运输方式，也是车站、港口和机场集散进出口货物的重要手段。

公路货物运输与其他运输方式相比较，具有以下特点：机动灵活、简捷方便、应急性强，能深入到其他运输工具到达不了的地方；适应点多、面广、零星、季节性强的货物运输；运距短、单程货多；汽车投资少、收效快；港口集散可争分夺秒，突击抢运任务多，是空运班机、船舶、铁路衔接运输不可缺少的运输形式。随着公路现代化、车辆大型化，公路运输是实现集装箱在一定距离内"门到门"运输最好的运输方式。

二、内河运输

内河运输（inland waterway transport）是水上运输的一个组成部分。它是连接内陆腹地和沿海地区的纽带，也是边疆地区与邻国边境河流的连接线，在进出口货物的运输和集散中起着重要的作用。

内河运输具有投资少、运量大、成本低的优点。

我国有着广阔的内河运输网，长江、珠江等一些主要河流的内河港口已对外开放，我国同一些邻国还有国际河流相通连，这就为发展我国对外贸易内河运输提供了十分有利的条件。

三、国际邮政运输

邮政运输（parcel post transport）是一种简便的运输方式，手续简便，费用不高，适于量轻体小的货物。

国际邮件可分为函件和包裹两大类。国际上，邮政部门之间签订有协定和《万国邮政公约》，通过这些协定和公约，邮件的递送可互相以最快的方式传递，从而形成一个全球性的邮政运输网。由于国际邮政运输具有国际多式联运和"门到门"运输的性质，加之手续简单，费用不高，故其成为国际贸易中普遍采用的运输方式之一。

国际邮政运输分为普通邮包和航空邮包两种。国际邮包运输，对邮包的重量和体积均有限制，如每包裹重不超过 20 千克，长度不得超过 1 公尺。因此，邮包运输只适用于量轻、体小的货物，如精密仪器、机器零部件、药品、金银首饰、样品等零星物品。

四、管道运输

管道运输（pipeline transport）是一种特殊的运输方式，是货物在管道内借高压气泵的压力推动向目的地输送的一种运输方式。

管道运输是一种理想的运输技术，把运输途径和运输工具集中在管道中，具有许多突出的优越性。

（1）是一种连续运输技术，每天 24 小时都可连续不断地运输，效率很高。

（2）管道一般埋在地下，不受地理、气象等外界条件限制，可以穿山过河、跨漠越海，不怕炎热和冰冻。

（3）环境效益好，封闭式地下运输不排放废气粉尘，不产生噪声，减少了环境污染。

（4）投资少，管理方便，运输成本低。据计算，建设一条年运输能力为 1500 万吨煤的铁路，需投资 8.6 亿美元，而建设一条年运输能力为 4500 万吨煤的输送管道只需1.6 亿美元。通常的管理人员数量也只有铁路运输的 1/7。管道运输的成本一般只有铁路运输的 1/5，公路运输的 1/20，航空运输的 1/66。

第五节　集装箱运输

集装箱是一种有一定强度和刚度、能长期反复使用、外形像箱子、可以集装成组货物而专供周转使用、并便于机械操作和运输的大型货物容器。集装箱运输（container transport）就是以集装箱作为运输单位进行货物运输的一种先进的现代化运输方式。它具有装卸效率高、减少货损货差、提高货运质量、降低货运成本、简化手续、可进行连续运输的特点。

一、集装箱运输的特点

相对于其他运输方式，集装箱运输具有以下特点。

（1）在全程运输中，可以将集装箱从一种运输工具直接方便地换装到另一种运输工具，而无须接触或移动箱内所装货物。

（2）货物从发货人的工厂或仓库装箱后，可经由海陆空不同运输方式一直运至收货人的工厂或仓库，实现"门到门"运输而中途无须开箱倒载和检验。

（3）集装箱由专门设备的运输工具装运，装卸快，效率高，质量有保证。

（4）一般由一个承运人负责全程运输。

二、集装箱的类型

国际标准化组织（简称 ISO）为了统一集装箱的规格，于 1970 年推荐了三个系列十三种规格的集装箱，而后又于 1991 年增加了四种规格。在上述规格中，应用较多较广的是 20 英尺和 40 英尺两种箱型。20 英尺的集装箱是国际上计算集装箱的标准单位，英文称为 twenty-foot equivalent unit，简称为"TEU"。一个 40 英尺的集装箱等于两个TEU，其余类推。

为了适应运输各类货物的需要，集装箱除通用的干货集装箱外，还有罐式集装箱、冷冻集装箱、框架集装箱、平台集装箱、开盖集装箱、通风集装箱、牲畜集装箱、散货集装箱、挂式集装箱等种类。20 英尺的箱子最大毛重为 20m/t，最大容积为 31m³，一般可装 17.5m/t 或 25m³ 的货物，40 英尺的箱子的最大毛重为 30m/t，最大容积为 67m³，一般可装 25m/t 或 55m³的货物。

在国际贸易中，集装箱类型的选用、货物的装箱方法对于减少运费开支起着很大的作用。货物外包装箱的尺码、重量，货物在集装箱内的配装、排放以及堆叠都有一定的讲究。

三、集装箱的运输方式

集装箱的托运方式分为整箱托运（full container load，FCL）和拼箱托运（less container load，LCL）两种。凡装货量达到每个集装箱容积之 75%的或达到每个集装箱负荷量之 95%的即为整箱货，由货主或货代自行装箱后以箱为单位直接送到集装箱堆场（container yard，CY）向承运人进行托运；凡货量达不到上述整箱标准的，须按拼箱托运，即由货主或货代将货物送交集装箱货运站（container freight station，CFS），货运站收货后，按货物的性质、目的地分类整理，而后将去同一目的地的货物拼装成整箱后再行发运。

根据贸易合同的规定，集装箱的交接方式和交接地点可分为以下四类。

（一）整箱交/整箱收

FCL/FCL，即整箱交/整箱收。在这种交接方式下，集装箱的具体交接地点有以下四种情况。

（1）door/door，即"门到门"。指在发货人的工厂或仓库整箱交货，承运人负责运至收货人的工厂或仓库整箱交收货人。

（2）CY/CY，即"场至场"。指发货人在起运地或装箱港的集装箱堆场交货，承运人负责运至目的地或卸箱港的集装箱堆场整箱交收货人。

（3）door/CY，即"门至场"。指在发货人的工厂或仓库整箱交货，承运人负责运至目的地或卸箱港的集装箱堆场整箱交收货人。

（4）CY/door，即"场至门"。指发货人在起运地或装箱港的堆场整箱交货，承运人负责运至收货人的工厂或仓库整箱交收货人。

（二）拼箱交/拆箱收

LCL/LCL，即"拼箱交/拆箱收"。在这种交接方式下，集装箱的具体交接地点只有一种情况，为 CFS to CFS，亦即"站到站"。这是指发货人将货物送往起运地或装箱港的集装箱货运站，货运站将货物拼装后交承运人，承运人负责运至目的地或卸箱港的集装箱货运站进行拆箱，当地货运站按件拨交各个有关收货人。

（三）整箱交/拆箱收

FCL/LCL，即"整箱交/拆箱收"。在这种交接方式下，集装箱的具体交接地点有以下两种情况。

（1）door/CFS，即"门到站"。指在发货人的工厂或仓库整箱交货，承运人负责运至目的地或卸货港的货运站。货运站拆箱按件交各有关收货人。

（2）CY/CFS，即"场到站"。指发货人在起运地或装箱港的集装箱堆场整箱交货，承运人负责运至目的地或卸货港的集装箱货运站，货运站负责拆箱拨交各有关收货人。

（四）拼箱交/整箱收

LCL/FCL，即"拼箱交/整箱收"。在这种交接方式下，集装箱的具体交接地点也有以下两种情况。

（1）CFS/door，即"站到门"。指发货人在起运地或装箱港的集装箱货运站按件交货，货运站进行拼箱，然后，由承运人负责运至目的地收货人工厂或仓库，整箱交货。

（2）CFS/CY，即"站到场"。指发货人在起运地或装箱港的集装箱按件交货，货运站进行拼箱，然后，承运人负责运至目的地或卸箱港的集装箱堆场，整箱交收货人。

四、集装箱的计费方法

目前，我国货物运输集装箱运价大体上分为两类：一类是按杂货费率加收附加费；另一类是以每一集装箱为计费单位，即包箱费率。

（一）杂货费率加收附加费

杂货费率加收附加费是在航线等级费率运价基础上加收附加费。加收的办法分为两种：一种是加收集装箱附加费，实行这种收费办法的航线有美、日、中国香港、西非，但有的轮船公司不加收集装箱附加费而采取议价；另一种是加收支线船附加费，例如，需在中国香港、日本转二程船的集装箱货物。

另外，还有一些船公司为了保证营业收益，定有保底费率，即起码运费。如每箱运费收入达不到保底费率，则按保底费率收取。如超过保底费率，则按实际收取。

（二）包箱费率

包箱费率是以每一集装箱为计费单位，其规定方法有三种。

1. FAK 包箱费率（freight for all kinds）

即不分货物种类，也不计货量，只规定统一的每个集装箱收取的费率，如表 11.2 所示。

表 11.2　　　　　中国—新加坡航线集装箱费率（FAK）　　（单位：美元，USD）

装运港 Port of loading	货物 commodity	CFS/CFS W/M	CFS/CY 20'/40'	CY/CY 20'/40'
黄埔 huangpu	General cargo（普通货）	47.50	830/1510	750/1350
	Semi-hazardous cargo（半危货）	62.50	1130/2050	1050/1890
	Hazardous cargo（全危货）	77.50	1430/2590	1350/2430
	Refrigerated cargo（冷冻货）	76.50	2080/3460	2000/3300

2. FCS 包箱费率（freight for class）

即按不同货物等级制定的包箱费率，如表 11.3 所示。

3. FCB 包箱费率（freight for class & basis）

即按不同货物等级或货物类别以及计算标准制定的费率。

此外，集装箱除上述基本费率外，尚有其他服务和管理方面的费用，如运箱费、吊装费、装箱费、拼箱费、滞期费、堆存费、交接费等。

表11.3　　　　　　　　　　　中国—澳大利亚航线集装箱费率表　　　　（单位：美元，USD）

等级 class	CFS/CFS		CFS/CY 20′/40′	CY/CY 20′/40′
	W	M		
1-7	81	57	1370/2490	1250/2250
8-10	86	61	1470/2670	1350/2430
11-15	92	64	1570/2850	1450/2610
16-20	104	74	1770/3210	1650/2970
Chemical non-hazardous（化学非危品）	92	65	1570/2850	1450/2610
Semi-hazardous cargo（半危货）	98	70	1670/3030	1550/2790
Hazardous cargo（全危货）	99	71	1470/2750	1650/2910
Refrigerated cargo（冷冻货）	93	72	1370/2930	1650/2690

第六节　国际多式联运和大陆桥运输

一、国际多式联运

国际多式联运（international multimodal transport or international combined transport）是在集装箱运输的基础上产生和发展起来的一种综合性的连贯运输方式，它一般是以集装箱为媒介，把海、陆、空各种传统的单一运输方式有机地结合起来，组成一种国际间的连贯运输。

（一）国际多式联运的优点

相对其他运输方式，国际多式联运有以下优点。

1. 手续简便，责任统一

在国际多式联运方式下，货物运程不论多远，不论由几种运输方式共同完成货物运输，也不论货物在途中经过多少次转运，所有运输事项均由多式联运承运人负责办理。而货主只需办理一次托运、订立一份运输合同，支付一次运费、办理一次保险，并取得一份联运提单。与各运输方式相关的单证和手续上的麻烦被减少到最低限度，发货人只需与多式联运经营人进行交涉。由于责任统一，一旦在运输过程中发生货物灭失或损坏时，由多式联运经营人对全程运输负责，而每一运输区段的分承运人仅对自己运输区段的货物损失承担责任。

2. 减小运输过程中的时间损失，使货物运输更快捷

多式联运作为一个单独的运输过程而被安排和协调运作，能减少在运转地的时间损失和货物灭失、损坏、被盗的风险。多式联运经营人通过他的通信联络和协调，在运转地各种运输方式的交接可连续进行，使货物更快速地运输，从而弥补了与市场距离远和

资金积压的缺陷。

3. 节省了运杂费用，降低了运输成本

国际多式联运由于使用了集装箱，集装箱运输的优点都体现在多式联运中，多式联运经营人一次性收取全程运输费用，一次性保险费用。货物装箱后装上一程运输工具后即可用联运提单结汇，有利于加快货物资金周转，减少利息损失。同时，也节省了人、财、物资源，从而降低了运输成本。这有利于减少货物的出口费用，提高了商品在国际市场上的竞争能力。

4. 提高了运输组织水平，实现了门到门运输，使合理运输成为现实

国际多式联运可以提高运输的组织水平，改善了不同运输方式间的衔接工作，实现了各种运输方式的连续运输，可以把货物从发货人的工厂或仓库运到收货人的内地仓库或工厂，做到了门到门的运输。

在当前国际贸易竞争激烈的形势下，货物运输要求速度快、损失少、费用低，而国际多式联运适应了这些要求。因此，国际上越来越多地采用多式联运。可以说，国际多式联运是当前国际货物运输的发展方向。

（二）构成国际多式联运应具备的条件

集装箱运输应该具备以下条件时才能采用国际多式联运的方法：① 有一个多式联运合同，合同中明确规定多式联运经营人和托运人之间的权利、义务、责任和豁免；② 必须是国际间两种或两种以上不同运输方式的连贯运输；③ 使用一份包括全程的多式联运单据，并由多式联运经营人对全程运输负总的责任；④ 必须是全程单一运费率，其中包括全程各段运费的总和、经营管理费用和合理利润。

（三）开展国际多式联运应注意的事项

开展国际多式联运时应注意以下事项：① 要考虑货价和货物性质是否适宜装集装箱；② 要注意装运港和目的港有无集装箱航线，有无装卸及搬运集装箱的机械设备，铁路、公路、沿途桥梁、隧道、涵洞的负荷能力如何；③ 装箱点和起运点能否办理海关手续。

二、大陆桥运输

大陆桥运输（land-bridge transport）是指以集装箱为媒介，使用横贯大陆的铁路或公路运输系统作为中间桥梁，把大陆两端的海洋运输连接起来的连贯运输方式。目前，运用较广的是西伯利亚大陆桥及新欧亚大陆桥。

（1）美国大陆桥和加拿大大陆桥：横贯北美大陆，连接太平洋和大西洋，这是世界上第一个出现的大陆桥路线，现在业务已经萎缩。

（2）西伯利亚大陆桥：东端从俄罗斯的纳霍德卡港、东方港连接日本、韩国、中国香港和中国台湾；西端发展到英国、西欧、中欧、北欧、波罗的海、伊朗，横贯俄罗斯、中东、近东地区、欧洲各地，又称第一条欧亚大陆桥。

（3）第二条欧亚大陆桥：1992 年 9 月正式开通，东起连云港，经由陇海、兰新、北疆铁路与独联体土西铁路在阿拉山口和德鲁巴站相接，经哈萨克斯坦、俄罗斯、白俄罗斯、波兰、德国、荷兰等七国，辐射三十多个国家，西至荷兰的鹿特丹，全长 10800

千米。新欧亚大陆桥较之西伯利亚大陆桥，将海上运输的距离缩短更多，而且大部分途经我国大陆的中西部地区。所以，无论从方便运输、节约货运时间和费用、发展我国的对外贸易来看，还是从促进我国沿途省区的经济发展来看，均有积极作用。同时，也有利于我国西部大开发战略的实施。

第七节　海上货物运输保险的基本原则

在国际贸易中，从商品出口地到进口地，由于暴风雨、海啸、洪水等自然灾害，搁浅、触礁等意外事故以及串味、锈损等外来风险等原因，货物在装卸、运输和储存的过程中损坏或灭失，致使买卖双方受到不必要的损失。为了保证货物在运输途中的安全，减少买卖双方的损失，托运人（买方或卖方）通常投保货物运输险，使自身利益不受侵害。因此，货物运输保险是进出口实务中不可缺少的一部分。

国际货物运输保险属于财产保险的范畴，是以运输过程中的各种货物作为保险标的，被保险人（买方或卖方）向保险人（保险公司）按一定金额投保一定的险别，并缴纳保险费。保险人承保后，如果保险标的在运输过程中发生承保范围内的损失，应按照规定给予被保险人经济上的补偿。国际货物运输保险的种类很多，包括海上货物运输保险、陆上货物运输保险、航空货物运输保险和邮包运输保险。在全球国际贸易中，有80%货物的进出口是靠海运来完成的，故海上货物运输保险作为国际货物运输保险的核心，对于国民经济的发展，尤其是外向型经济的发展起着至关重要的作用。

一、可保利益原则

可保利益，也称为保险利益，是指投保人或被保险人必须对保险标的具有法律上承认的利益。就货物运输保险而言，保险利益主要是货物本身的价值，但也包括与此相关的费用，如运费、保险费、关税和预期利润等。它体现了投保人或被保险人与保险标的之间的利害关系：如果保险标的安全，投保人或被保险人可以从中获利；如果保险标的受损，被保险人必然会蒙受经济损失。例如，在运输途中，遇到海啸、整船货物全部沉入海底，使出口人、进口人、承运人等遭受巨大经济利益的损失。因此，在海洋货物运输保险中货物的出口人、进口人、承运人、佣金商等具有可保利益。

可保利益原则要求投保人对保险标的应当具有保险利益，否则保险合同无效。需要指出的是，国际贸易的特点决定了国际货运保险仅要求被保险人在保险标的发生损失时必须具有保险利益，而不是一定要在投保时便具有保险利益。例如，在国际货物买卖中，买卖双方分处两国，如以 FCA、FOB、CFR、CPT 条件达成的交易，货物风险的转移以货物在装运港越过船舷或在出口国发货地或装运地交付承运人为界。显然，在风险转移之前，仅卖方有保险利益，而买方无保险利益。如果一定要被保险人在投保时就必须有保险利益，则按这些条件达成的合同，买方便无法在货物装船或交付承运人之前及时对该货物办理保险。因此，在国际货运保险业务中，保险人可视为买方具有预期的保险利益而予以承保。

二、最大诚信原则

最大诚信是指保险合同的双方当事人都能够自愿地向对方充分而准确地告知足以影响当事人判断风险大小、确定保险费率和确定是否承保等重要事实，不隐瞒、欺诈对方，善意地、全面地履行合同规定的义务。

最大诚信原则主要包括告知、保证和弃权与禁止反言三方面内容。

1. 告知

在保险合同订立之前、订立之时及在合同有效期内，投保人对于已知或应知的与标的有关的重要事实向保险人作口头或书面的申报；保险人则应将与投保人利害相关的重要事实通告投保人。

2. 保证

英国 1906 年《海上保险法》第 33 条规定，所谓保证是指一项承诺性的保证而言，即被保险人保证履行或不履行某一特定事项，或者保证履行某项条件，或者保证某一特定事实情况的存在或不存在。

保证分为明示保证和默示保证两种。明示保证是指以书面或文字条款的形式载于保险合同中的保证。默示保证是指在保险合同中未用文字明确列出，但根据有关的法律法规、国际惯例、行业习惯，公认的、被保险人应当遵守的而且在订约时都已清楚的事项。例如，海上保险的默示保证有三项：保险的船舶必须有适航能力；要按预定的或习惯的航线航行；必须从事合法的运输业务。

3. 弃权与禁止反言

弃权与禁止反言是指如果保险人自愿或有意识地放弃其在合同中可以主张的权利，那么，日后不得再向保险人主张该种权利。例如，在海上保险中，如果保险人明知被保险轮船运送的是一批走私钢材而没有提出解除合同，则视为保险人放弃了从事合法运输业务这一要求的权利，那么，对于运送走私钢材发生的保险事故所造成的损失，保险人必须赔偿。

三、近因原则

近因是指导致损失发生的最直接、最有效、起决定性作用的原因，而不是指时间上或空间上最接近的原因。尽管导致标的损失的原因有多种多样，但只有近因的影响一直持续着，并造成最终损失。例如，雷击折断大树，大树压坏房屋，房屋倒塌致使家用电器损毁，则家用电器损毁的近因就是雷击。

所谓近因原则，是指保险人只对保险风险直接引起的损失负责赔偿，而对不是由于承保风险直接引起的损失不负责任。近因原则是对保险标的物所受损失是否进行赔偿的一项重要依据，因此，近因的判定至关重要，我们一般分成三种情况来分析。

（1）单一原因导致损失——单一原因属近因：例如，火灾造成房屋倒塌，则房屋受损的近因就是火灾。如果火灾属于除外责任，则保险人不负赔偿责任。

（2）一连串原因导致损失——第一个原因为近因：例如，一艘货轮将皮革和烟草从加尔各答运往汉堡，在途经地中海时遇到了暴风雨，使大量海水打入货舱，皮革被海水浸泡致腐烂，同时产生大量气味使烟草串味，造成损失。那么，造成烟草损失的近因就是海上的恶劣气候及暴风雨，根据保险合同规定，保险人应予赔偿。

（3）各种独立原因导致损失——各个原因为近因：例如，两艘船发生碰撞，其中一艘进港修理，为了便于修理，将船上的柠檬卸到驳船上，待修完船后再重新装船。货到目的港，发现货物有两种损失，一种是卸货和重新装货过程搬运造成的损失，另一种是由于运输迟延导致水果腐烂。经法院认定，货损的近因是水果的易腐烂性和运输延迟的共同结果。

☞【案例与分析】

国外某仓库投保了火灾保险。在保险期间因被敌机投弹击中燃烧起火，仓库受损。试问保险人是否承担赔偿责任？

分析：仓库受损的原因是敌机投弹击中和燃烧起火，前一个原因属于战争行为，是火灾保险的除外责任；后一项是保险责任。根据近因原则，在风险事故连续发生中，敌机投弹击中是造成损失的近因，故保险人不承担赔偿责任。

四、损失补偿原则

损失补偿原则是指当保险标的发生保险责任范围内的损失时，保险人的赔偿应以被保险人遭受的实际损失为限，通过保险赔偿，被保险人恢复到受灾前的经济原状，但不能以此而获得额外的利益。其中，保险人的赔偿是以实际损失、保险金额、保险利益为限，即三者之中取最小值为赔偿额。

损失补偿原则在实践中有以下两个派生原则。

（1）代位追偿原则。代位追偿原则是指当保险标的发生了保险责任范围内的，由第三责任者造成的损失时，保险人向被保险人履行损失赔偿的责任后，有权取得被保险人在该项损失中向第三责任方要求索赔的权利。保险人在取得该项权利后，即可站在被保险的立场上向第三者追偿。例如，在远洋运输过程中由于承运人管理货物上的疏忽，货物被海水浸泡致损。保险人按照合同规定赔付了货损以后，可以继续向承运人进行追偿。

（2）重复保险的分摊原则。重复保险是指投保人对同一保险标的、同一保险利益、同一保险事故分别向两个及两个以上的保险人订立保险合同，且保险金额的总和超过保险价值的保险。因此，当保险事故发生时，为了使被保险人既能得到充分补偿，又不会超过其实际损失而获得额外的利益，各保险人应采取适当的分摊方法分配赔偿责任，重复保险分摊原则应运而生，包括比例责任分摊方式、限额责任分摊方式和顺序责任分摊方式。

☞【案例与分析】

黄先生新买了一辆轿车，投保了机动车保险。该车在某健身场所停放期间，由于正在施工中的一座塔吊倒塌，致使轿车被毁。对于该项损失，一方面属于保险责任，可以从保险人那里获得赔偿；另一方面由于施工队在塔吊的安装过程中存在过失，也应承担轿车的损失责任。那么，黄先生是否能够从两方面全部获得赔偿呢？

分析：该公司有权选择究竟是向保险人索赔还是向施工队索赔。如果先向保险人索赔，保险人在支付赔款之后在保险赔偿金额内取得向施工队代位求偿的权利，该公司就丧失了就已获保险赔偿部分的损失向施工队索赔的权利，只能请求未获保险赔偿部分；如果先向施工队索赔，再向保险人索赔，保险人将在保险赔款中扣除该公司已经从施工队获得的赔偿。总之，该公司获得的赔偿不能超过其实际遭受的损失。

第八节　海上货物运输保险承保的范围

一、海上货物运输保险保障的风险

海上保险是以船舶和货物作为保险标的，把船舶在营运过程中、货物在运输途中可能遭遇的危险作为其保障范围。海上保险保障的风险可分为海上风险和外来风险。

（一）海上风险

海上风险是指在货船在海上航运过程中或随附海上运输过程中发生的灾难和事故。海上保险所承保的风险，按其发生性质可以分为自然灾害和意外事故两大类，但并不包括海上的一切危险。

1. 自然灾害

自然灾害是指客观存在的，不以人的意志为转移的自然界的力量所引起的灾害。其风险主要包括以下方面。

（1）恶劣气候（heavy weather）：海上飓风、大浪所引起的船舶颠簸、倾斜而造成的船舶的船体和机器设备的损坏，以及船上所载货物的损失。

（2）雷电（lightning）：保险标的在保险期限内，由雷电所直接造成的或由雷电引起的火灾所造成的船舶和货物的损失。

（3）海啸（tsunami）：海底地震或暴风所引起的海洋剧烈震荡而产生巨大波浪，从而导致海上航行的船舶及所载货物的损失。

（4）浪击落海（washing overboard）：存放在舱面上的货物在运输过程中受海浪冲击落海而造成的损失。

（5）洪水（flood）：江河泛滥、洪水暴发、湖水上岸及倒灌、暴雨积水导致保险货物遭受泡损、淹没、冲散等损失。

（6）地震（earthquake）：即承保海底地壳的剧烈运动造成船舶和货物的直接损失，又承保地上发生地震引起停泊在港口的船舶和货物的损失。

（7）火山爆发（volcanic eruption）：火山爆发产生的地震及喷发出的火山岩灰造成的保险货物的损失。

（8）海水、湖水或河水进入船舶、驳船、船舱、运输工具、集装箱、大型海运箱或储存处所等：由于海水、湖水和河水进入船舶等运输工具或储存处所造成的保险货物的损失。

2. 意外事故

意外事故是指外来的、突然的、非意料之中的事故，该事故不仅局限于发生在海上，也包括发生在陆上，具体包括以下几方面：

（1）火灾（fire）：在航海中因意外起火失去控制，造成船舶及其所载货物被火焚毁、烧焦、烟熏、烧裂等的经济损失，以及由于搬移货物、消防灌水等救火行为造成水渍所致的损失或其他损失。

（2）爆炸（explosion）：物体内部发生急剧的分解或燃烧，迸发出大量的气体和热量，致使物体本身及其他物体遭受猛烈破坏的现象。

（3）倾覆（over turn）：船舶由于遭受灾害事故而导致船身倾斜，处于非正常状态而不能继续航行。

（4）搁浅（grounded）：船舶在航行中，由于意外或异常的原因，船底与水下障碍物紧密接触，牢牢被搁住，并且持续一定时间失去进退自由的状态。

（5）触礁（stranded）：船舶在航行中触及海中岩礁或其他障碍物如木桩、渔栅等造成船体破漏或不能移动。

（6）沉没（sunk）：船舶全部没入水面以下，完全失去了继续航行的能力。

（7）碰撞（collision）：载货船舶同水以外的外界物体，如码头、船舶、灯塔、流冰等，发生猛力接触，所造成船上货物的损失。

（二）外来风险

外来风险是指海上风险以外的其他外来原因所造成的风险，所谓外来原因必须是意外的、非预期的。因此，货物的自然损失和本质缺陷属于必然发生的损失，不应包括在外来风险所引起的损失之列。

根据我国海洋运输货物保险条款的规定，外来风险通常包括：偷窃（theft, pilferage）、短少和提不着货（short-delivery and non-delivery）、渗漏（leakage）、短量（shortage in weight）、碰损（clashing）、破碎（breakage）、钩损（hook damage）、淡水雨淋（fresh and/or rain water damage）、生锈（rusting）、沾污（contamination）、受潮受热（sweating and/or heating）和串味（taint of odour）。

此外，海上保险还可以承保军事政治、国家政策法令以及行政措施等特殊外来原因所引起的风险和损失。常规的特殊外来风险有战争（war）、罢工（strike）、因船舶中途被扣而导致交货不到（failure of delivery），以及货物被有关当局拒绝进口或没收而导致拒收（rejection）和进口关税损失等风险。

二、海上货物运输保险保障的损失

按照国际保险市场的一般解释，保险人承担凡是与海上运输有关联的海陆连接的运输过程中发生的损害、灭失及费用等海上损失。通常按照损失程度的不同，分为全部损失和部分损失。

（一）全部损失

全部损失（total loss）是指运输中的整批货物或不可分割的一批货物全部损失，简称全损。按损失情况的不同，可分为实际全损和推定全损。

1. 实际全损

实际全损（actual total loss）：保险标的发生保险事故后灭失，或完全受损以致丧失原有的形体效用。构成实际全损的情况有以下几种。

（1）保险标的完全灭失。如船舶触礁沉入海底。

（2）保险标的的属性的毁灭，丧失了原有的用途和价值。如水泥经海水浸泡后变成块状。

（3）被保险人失去了保险标的的所有权，并无法挽回。如战时保险货物被敌方扣留并宣布为战利品。

（4）船舶失踪达一定时期（4个月或6个月）仍无音讯。如果保险人按实际全损赔付被保险人后，失踪的船舶又找到了，被保险人应退还赔款。

2. 推定全损

推定全损（constructive total loss）又称商业全损。保险标的虽然尚未达到全部灭失状态，但是完全灭失将是不可避免的，或者修复该标的或运送货物到原定目的地所耗费用将达到或超过其实际价值。如果发生了推定全损，被保险人要办理委付。

委付（notice of abandonment）是指被保险人在获悉受损情况后，以书面或口头方式向保险人发出委付通知书，声明愿意将保险标的的一切权益，包括财产权及一切由此产生的权利与义务转让给保险人，而要求保险人按全损给予赔偿的一种行为。如果被保险人决定索赔推定全损，则应在合理的时间内及时发出委付通知。委付通知可以是书面的或是口头的，并且要有明确的委付或放弃的意图。委付通知应是无条件的，并直接呈交保险人。

☞【示例】

例1：我公司出口稻谷一批，因保险事故被海水浸泡多时而丧失其原有价值，货到目的港后只能低价出售，这种损失属于实际全损。

例2：有一批出口服装，在海上运输途中，因船体触礁导致服装严重受浸，若将这批服装漂洗后运至原定目的港所花费的费用已超过服装的保险价值，这种损失属于推定全损。

（二）部分损失

部分损失是指保险标的的损失没有达到全部损失的程度的一种损失。即凡不构成全损的海损均是部分损失。部分损失按其性质可分为单独海损和共同海损。

1. 单独海损

单独海损（particular average）是指保险标的的因所保风险引起的非共同海损的一种部分损失。单独海损具有以下特点。

（1）必须是意外的、偶然的、保险责任范围内的风险所引起的损失。

（2）属于船方、货方或其他利益方单方面所遭受的损失。

（3）保险标的单独海损是否可以得到赔偿，由所属的保险条款所决定。

2. 共同海损

共同海损（general average）是指当船、货及其他利益方处于共同危险时，为了共同的利益而故意地采取合理的措施所引起的特殊的牺牲和额外费用。

共同海损的内容包括以下几项。

（1）共同海损牺牲。如船舶在海上航行时遇到大风浪，为了保证航行安全，船长不得不下令抛弃一部分货物，被抛弃的货物被称为共同海损牺牲。

（2）共同海损费用。如航船在航行中，由于意外原因触礁，为了使船舶脱险，船长只好雇佣驳船将部分货物暂时卸下，或雇佣拖轮将船舶拖带脱险，其间发生的拖船的拖带费用或驳船费用及装卸费用等，都属于共同海损的费用。

（3）共同海损分摊。由于牺牲和费用等损失都是为了保全船货的共同安全而做出的，显然完全由货主来负担不公平，所以应由得到保全利益的一切船货所有者共同分摊。

☞【案例与分析】

某轮船载货后，在航行途中不慎发生搁浅，事后反复倒船，强行起浮，但船上轮机受损并且船底划破，致使海水渗入货舱，造成货物部分损失。该船行驶至邻近的一个港口船坞修理，暂时卸下大部分货物，前后花费了 10 天，增加支出各项费用，包括员工工资。当船修复后装上原货起航后不久，A 舱起火，船长下令对该舱灌水灭火。A 舱原载文具用品、茶叶等，灭火后发现文具用品一部分被焚毁，另一部分文具用品和全部茶叶被水浸湿。试分别说明以上各项损失的性质。

分析：本案中属于单独海损的有：搁浅造成的损失；A 舱被焚毁的一部分文具用品。因为该损失是风险本身所导致的。

本案中属于共同海损的有：强行起浮造成的轮机受损以及船底划破而产生的修理费以及船员工资等费用；A 舱被水浸湿的另一部分文具用品和全部茶叶。因为该损失是为了大家的利益而采取的对抗风险的人为措施所导致的。

第九节　我国海上货物运输保险的险别

海洋运输货物保险（marine cargo insurance），是指保险人对于货物在运输途中由于海上自然灾害、意外事故或外来原因而导致的损失负赔偿责任的一种保险。为适应不同投保人对保险的不同要求，各国保险组织或保险公司将其承保的风险按范围的不同划分成不同的险别，并以条款的形式分别予以明确。

我国现行的海洋运输货物保险条款是中国人民保险公司的"中国保险条款"（China Insurance Clause, C. I. C）中的海洋运输货物保险条款，于 1981 年 1 月 1 日修订。我国海洋运输货物保险的险种分为基本险、附加险和专门险三类。基本险可以单独投保，而附加险不能单独投保，只有在投保某一种基本险的基础上才能加保附加险。

一、基本险

基本险又称为主险，分为平安险、水渍险和一切险三种。该条款共有五部分内容：责任范围、除外责任、责任起讫、被保险人的义务和索赔期限。

（一）责任范围

1. 平安险

平安险（free from particular average，F. P. A.）原意是"单独海损不赔"，即保险人只负责赔偿保险标的发生的全损，但目前平安险的责任范围远远超出了此范围。根据我国现行海运货物保险条款，平安险规定的责任范围包括以下八项。

（1）被保险货物在运输途中由于恶劣气候、雷电、海啸、地震、洪水等自然灾害造成整批货物的全部损失或推定全损。当被保险人要求赔付推定全损时，应将受损货物及其权利委付给保险公司。被保险货物用驳船运往或运离海轮的，每一驳船所装的货物可视为一个整批。

（2）由于运输工具遭受搁浅、触礁、沉没、互撞、与流水或其他物体碰撞以及失火、爆炸等意外事故造成货物的全部或部分损失。

（3）在运输工具已经发生搁浅、触礁、沉没、焚毁等意外事故的情况下，货物在此前后又在海上遭受恶劣气候、雷电、海啸等自然灾害所造成的部分损失。

（4）在装卸或转运时由于一件或数件整件货物落海造成的全部或部分损失。

（5）被保险人对遭受承保责任内危险的货物采取抢救、防止或减少货损的措施而支付的合理费用，但以不超过该批被救货物的保险金额为限。

（6）运输工具遭遇海难后，在避难港由于卸货所引起的损失，以及在中途港、避难港由于卸货、存仓以及运送货物所产生的特别费用。

（7）共同海损的牺牲、分摊和救助费用。

（8）运输契约订有"船舶互撞责任"条款，根据该条款规定应由货方偿还船方的损失。

2. 水渍险

水渍险（with average or with particular average，W. A or W. P. A.）原意是"负责单独海损责任"，其承担责任范围如下。

（1）平安险承保的全部责任。

（2）被保险货物在运输途中，由于恶劣气候、雷电、海啸、地震、洪水等自然灾害所造成的部分损失。

由此可见，水渍险包括海上风险所造成的全部损失和部分损失，并不是只对货物遭受海水水渍的损失负责，也不是仅对单独海损负责。

3. 一切险

一切险（all risks）除了承保水渍险的所有责任之外，还包括被保险货物在运输途中由于外来原因所造成的全部损失或部分损失。即一切险是水渍险和一般附加险的总和。

虽然一切险较平安险和水渍险为广，但保险人并非对任何风险所致的损失都负责。如货物的内在缺陷和自然损耗等一些不可避免的、必然发生的危险所致的损失，保险人均不负赔偿责任。同时，一切险的承保责任属列明风险式，被保险人有证明损失是由承保风险造成的举证责任。

（二）除外责任

我国《海洋运输货物保险条款》规定，保险人对下列损失不负赔偿责任。

（1）被保险人的故意行为或过失所造成的损失。如被保险人参与海运欺诈，故意装运走私货物；或被保险人不及时提货而造成的货损或损失扩大。

（2）属于发货人责任所引起的损失。如货物包装不足、不当，标志不清或错误。

（3）在保险责任开始前，被保险货物已存在的品质不良或数量短差所造成的损失。如货物的"原残"，如易生锈的钢材、二手机械设备等货物常存在严重的原残。

（4）被保险货物的自然损耗、本质缺陷、特性以及市价跌落、运输迟延所引起的损失或费用。如豆类含水量减少而导致货物自然短重；某些粮谷在装船前已有虫卵，遇到适当温度而孵化，货物被虫蛀受损；水果发霉、煤炭自燃等。

（5）海洋运输货物战争险条款和货物运输罢工险条款规定的责任范围和除外责任。

（三）责任起讫

责任起讫亦称保险期间或保险期限，是指保险人承担保险责任的起讫期限。由于海运货物保险航程的特殊性，保险期限一般没有具体的起讫日期，所以我国海运货物基本险保险期限按国际惯例，采取"仓至仓"条款（warehouse to warehouse clause，W/W clause）的原则。

保险责任的开始。保险人对于被保险货物所承担的保险责任，从货物运离保险单所载明的起讫地仓库或储存处所开始运输时生效，包括正常运输中的海上、陆上、内河和驳船运输在内，保险责任持续有效。正常运输过程包括正常的运输路线、正常运输方式（运输工具）和正常的速遣。

正常运输情况下，保险责任在下列情况发生之时终止，并以先发生者为准。

（1）货物运达保险单载明目的地收货人的最后仓库或储存处所。

（2）货物运达保险单所载明目的地或中途的任何其他仓库或储存处所，被保险人将这些仓库或储存处所用作正常运送过程以外的储存或分配、分派。

（3）被保险货物在最后卸载港全部卸离海轮后起满 60 天。如果货物在上述 60 天之内需要被转运到非保险单载明的目的地时，保险责任则于货物开始转运时终止。

保险责任的终止。如果发生了被保险人无法控制的意外情况，由于被保险人无法控制的运输迟延、绕道、被迫卸货、重新装载、转载或承运人行使运输契约所赋予的权利所做的任何航海上的变更或终止运输契约，致使货物被运到非保险单载明的目的地时，在被保险人及时将所获知的情况通知保险人并在必要时加缴保险费的情况下，保险责任可以继续有效。保险责任在下列情况下终止，并以先发生者为准：

（1）被保险货物在非保险单载明的目的地出售，保险责任至交货时为止；

（2）被保险货物在卸载港全部卸离海轮后满 60 天；

（3）在上述 60 天期限内，被保险货物被续运至原定目的地或其他目的地，保险责任在该目的地的终止同"正常运送情况下"保险责任终止的规定。

海运货物保险人的责任除了受上述"仓至仓"条款的制约外，在海船无法靠岸货物需要驳运的情况下，双方还可以在保险单中声明采用"驳船条款"（craft clause）。驳船条款规定保险人对货物在驳运过程中因承保风险造成的损失予以赔偿，并且被保险人的权益并不因为他与驳运人订有任何免责协议而受到影响。

为了配合进口货物在提单载明的卸货港卸货后要转运至国内其他地区的需要，中国人民保险公司还订有"海运进口货物国内转运期间保险责任扩展条款"。该条款规定，在下述情况下，保险公司按海洋运输货物保险条款规定的险别（战争险除外）继续负责转运期间的保险责任。直至货物运至转运单据上载明的国内最后目的地，保险责任在下述情况下终止，并以先发生者为止：① 经收货单位提货后运抵其仓库时；② 自货物进入承运人仓库或堆场当日午夜起算满 30 天。

（四）被保险人的义务

如果被保险人未履行其义务从而影响保险人利益，那么保险人有权对有关损失拒绝赔偿。我国现行《海洋运输货物保险条款》第 4 条规定的被保险人的义务如下：① 及时提货义务；② 施救义务；③ 更正保单内容的义务；④ 提供索赔单证的义务；⑤ 保险人在获悉有关运输契约中"船舶互撞责任"条款的实际责任时，须及时通知保险人。

（五）索赔期限

索赔期限也称索赔时效，是指被保险货物发生保险责任范围内的损失时，被保险人向保险人提出索赔的有效期限。我国《海洋运输货物保险条款》规定索赔期限为两年，自被保险货物运到目的港全部卸离海轮之日起计算。

二、附加险

为了满足投保人的需要，保险人在基本险条款的基础上又制定了各种附加险条款。这些附加险是基本险的扩大和补充，不能单独投保，只能在投保基本险之后才能加保。为了易于区分，我国海洋运输货物保险的附加险可以分为一般附加险、特别附加险和专门险三类。

（一）一般附加险

一般附加险（general additional risks）又称为普通附加险，承保一般外来原因所造成的全部和部分损失。我国承保的一般附加险有以下 11 种。

（1）偷窃、提货不着险（theft pilferage and non-delivery risk）：主要承保在保险有效期内，被保险货物被偷走或窃取，以及货物抵达目的地后整件未交的损失。"偷"一般指货物整件被偷走，"窃"一般是指货物中的一部分被窃取，偷窃不包括使用暴力手段的公开劫夺。提货不着是指货物的全部或整件未能在目的地交付给收货人。

（2）淡水雨淋险（fresh water and/or rain damage risk）：主要承保被保险货物在运输途中，由于淡水、雨淋以及冰雪融化所造成的损失。

（3）短量险（risk of shortage）：承保货物在运输过程中货物数量短缺或重量短少的损失。对于有包装货物的短少，必须有外包装发生异常的现象，如外包装破裂、破口、扯缝等。对于散装货物不包括正常的途耗。

(4) 混杂、沾污险 (risk of intermixture and contamination): 承保货物在运输途中,混进了杂质或被沾污所造成的损失。如矿砂中混进了泥土、草屑、布匹、食物被油类或带色的物质污染而引起的损失。

(5) 渗漏险 (risk of leakage): 主要承保流质、半流质、油类等货物在运输过程中因为容器损坏而引起的渗漏损失,或用液体储藏的货物因液体的渗漏而引起的货物腐败等损失。

(6) 碰损和破碎险 (risk of clash and breakage): 承保货物在运输途中由于震动、碰撞、挤压等造成货物本身碰损或破碎的损失。如金属机器、木家具的凹瘪、划痕、脱漆等损失。

(7) 串味险 (risk of odour): 承保在保险期间货物受其他物品影响串味造成的损失。如食品、中药材、化妆品在运输途中与樟脑堆放在一起,樟脑串味对上述货物造成的损失。

(8) 受潮受热险 (sweat and heating risk): 承保被保险货物在运输途中因气温突然变化或由于船上通风设备失灵致使船舱内水汽凝结、发潮或发热所造成的损失。

(9) 钩损险 (hook damage risk): 承保袋装、捆装货物在装卸或搬运过程中,由于装卸或搬运人员操作不当、使用钩子将包装钩坏而造成货物的损失,以及对包装进行修补或调换所支付的费用。

(10) 包装破裂险 (breakage of packing risk): 承保装卸、搬运货物过程中因包装破裂造成货物的短少或沾污等损失,以及为继续运输需要对包装进行修补或调换所支付的费用。

(11) 锈损险 (risk of rust): 承保金属或金属制品一类的货物在运输过程中发生的锈损。

当投保险别为平安险或水渍险时,可加保上述 11 种一般附加险中的一种或多种险别。但如已投保了一切险,就不需要再加保一般附加险,因为保险公司对于承保一般附加险的责任已包含在一切险的责任范围内。

(二) 特别附加险

特别附加险 (special additional risk) 所承保的风险大多与国家行政管理、政策措施、航运贸易习惯等因素有关。我国承保的特别附加险有以下六种。

(1) 交货不到险 (failure to delivery risk): 承保从被保险货物装上船开始,如果在预定抵达日期起满 6 个月仍不能运到原定目的地交货,则不论何种原因,保险人均按全部损失赔付。

(2) 进口关税险 (import duty risk): 针对有些国家和地区对某些货物征收很高的进口关税,而且不论货物抵达时是否完好,一律按发票上载明的价值征收这一情况而设立的特别险别。如果货物发生保险责任范围内的损失,而被保险人仍须按完好货物完税时,保险人对受损货物所缴纳的关税负赔偿责任。

(3) 舱面险 (on deck risk): 承保装载于舱面的货物因被抛弃或被风浪冲击落水所造成的损失。

（4）拒收险（rejection risk）：承保货物在进口时，不论何种原因在进口港被进口国的政府或有关当局拒绝进口或没收所造成的损失。保险人一般按货物的保险价值进行赔偿。

（5）黄曲霉毒素险（aflatoxin risk）：黄曲霉素是一种致癌的物质，如果被保险货物在进口港或进口地经当地卫生当局检验证明，因含黄曲霉素超标，而被拒绝进口、没收或强制改变用途时，保险人按照被拒绝进口或被没收部分货物的价值或改变用途所造成的损失负责赔偿。

（6）出口货物到中国香港（包括九龙在内）或中国澳门存仓火险责任扩展条款（fire risk extension clause for storage of cargo at destination Hong Kong, including Kowloon, or Macao）：承保我国内地出口到我国港澳地区的货物，如果直接卸到保险单载明的过户银行所指定的仓库时，则延长存仓期间的火险责任。这是因为我国内地出口到我国港澳地区的货物，有些是向我国在我国港澳地区的银行办理押汇。在货主向银行清还货款之前，货物的权益属于银行，因而在这些货物的保险单上注明过户给放款银行。如保险货物抵达目的地后，货物尚未还款，往往将其存放在过户银行指定的仓库中。为使货物在存仓期间发生火灾能够得到赔偿，特设立这一险别。

（三）特殊附加险

根据我国现行海运货物保险条款规定，海运货物战争险、战争附加费用险和海运货物罢工险是海上运输货物保险的三个特殊附加险（specific additional risk）。

1. 海运货物战争险

海运货物战争险（ocean marine cargo war risk）承保被保险货物由于战争、类似战争行为、武装冲突或海盗行为所造成的直接损失，以及由此而引起的捕获、拘留、扣留、禁止、扣押所造成的损失。还负责各种常规武器（包括鱼雷、水雷、炸弹）所致的损失以及由于上述责任范围而引起的共同海损的牺牲、分摊和救助费用。但对使用原子或热核武器所造成的损失和费用不负赔偿责任。

战争险的保险责任起讫是以水上危险为限，即自货物在起运港装上海轮或驳船时开始，直到目的港卸离海轮或驳船时为止。不卸离海轮或驳船，则从海轮到达目的港的当日午夜起算满15天，保险责任自行终止；如在中途港转船，不论货物是否在当地卸货，保险责任以海轮到达该港或卸货地点的当日午夜起算满15天为止，俟再装上续运海轮时恢复有效。

2. 战争附加费用险

战争附加费用险承保由于战争风险引起航行中断或挫折，以及由于承运人在契约权限内，把货物卸在保险单载明的目的港以外的港口或地点所产生的附加的、合理的费用。如保险人对上岸、卸货、存仓、转运费和关税及保险费等提供保障。

3. 海运货物罢工险

海运货物罢工险（cargo strikes risk）承保被保险货物由于罢工者、被迫停工工人以及参加工潮、暴动、民众斗争的人员的行为，或任何人的恶意行为所造成的保险货物的直接损失，以及由于上述行为所引起的共同海损牺牲、分摊和救助费用。但对在罢工期间由于劳动力短缺或不能使用劳动力所造成的被保险货物的损失，包括因罢工而引起的动力或燃料缺乏，使冷藏机停止工作所致的冷藏货物的损失，以及无劳动力搬运货物，使货物堆积在码头淋湿受损，不负赔偿责任。

罢工险对保险责任的起讫的规定，与其他海运货物保险险别一样，采取"仓至仓"条款。按国际保险业惯例，已投保战争险后另加保罢工险，不另增收保险费。如仅要求加保罢工险，按战争险费率收费。

三、专门险

专门险条款又称为特种货物保险条款，可以单独投保，属于基本险性质。我国海上保险市场上目前常用的特种货物海运保险条款主要有海洋运输冷藏货物保险条款和海洋运输散装桐油保险条款。

（一）海洋运输冷藏货物保险条款

海洋运输冷藏货物保险条款包括冷藏险（risks for frozen products）和冷藏一切险（all risks for frozen products）。

冷藏险与海运货物水渍险的责任范围相同，除了承保冷藏货物在运输途中由于海上自然灾害或意外事故造成的腐败或损失外，还对由于冷藏机器停止工作连续达 24 小时以上所造成的腐败和损失负责。

冷藏一切险的责任范围是在冷藏险的责任范围基础上，增加承保"一般外来原因所致的腐败和损失"。

海运冷藏货物保险的除外责任包括海洋运输货物保险条款的除外责任外，还对以下两种情况不负赔偿责任。

（1）被保险货物在运输过程中的任何阶段因未放在有冷藏设备的仓库或运输工具中，或辅助工具没有隔温设备所造成的货物腐败。

（2）被保险货物在保险责任开始时未保持良好状态，包括整理加工和包扎不妥、冷冻不合乎规定及骨头变质所引起的货物腐败和损失。

海洋运输冷藏货物保险的责任起讫与海洋运输货物三种基本险的责任起讫基本相同。但是，货物到达保险单所载明的最后目的港，如在 30 天内卸离海轮，并将货物存入岸上冷藏仓库后，保险责任继续有效，但以货物全部卸离海轮时起算满 10 天为限。如果在上述期限内货物一经移出冷藏仓库，保险责任即告终止。如果货物卸离海轮后不存入冷藏仓库，保险责任至卸离海轮时终止。

（二）海洋运输散装桐油保险条款

海洋运输散装桐油保险除了承保海运货物保险条款的保险责任以外，还承保由任何原因所致保险桐油的短量、渗漏超过免赔率部分损失，以及被保险桐油的沾污、变质的损失、共同海损、分摊和救助费用、施救费用。

海洋运输散装桐油保险的责任起讫也按"仓至仓"条款负责，但是，如果被保险散装桐油运抵目的港不及时卸载，则自海轮抵达目的港时起满 15 天，保险责任即行终止。

第十节　伦敦保险协会海运货物保险条款

一、伦敦保险协会海运货物保险条款的种类

英国伦敦保险业协会的《协会货物保险条款》最早制定于 1912 年。为了适应新的发展需要，伦敦保险业协会多次对条款进行修改。最近一次修改完成于 1982 年 1 月 1 日，并于 1983 年 4 月 1 日开始在伦敦保险市场使用"伦敦协会货物保险新条款"（以下简称 ICC 条款）。

现行的 ICC 条款主要有六套，代表六个险种：协会货物（A）险条款［Institute Cargo Clause A，简称 I. C. C（A）］；协会货物（B）险条款［Institute Cargo Clause B，简称 I. C. C（B）］；协会货物（C）险条款［Institute Cargo Clause C，简称 I. C. C（C）］；协会战争险条款（货物）（Institute War Clauses-Cargo）；协会罢工险条款（货物）（Institute Strikes Clauses-Cargo）；恶意损害险条款（Malicious Damage Clauses）。

在上述六种险别条款中，除恶意损害险外，其余五种险别均按条文的性质统一划分为八个部分，内容是：承保风险（risks covered）；除外责任（exclusion）；保险期间（duration）；索赔（claims）；保险的利益（benefit of insurance）；减少损失（minimizing losses）；防止迟延（avoidance of delay）；法律和惯例（law practice）。

以上 8 项内容中，除了前 3 项外，其他 5 项在 ICC（A）、ICC（B）、ICC（C）以及 ICC 战争险和 ICC 罢工险中都完全相同。各个险别条款的结构统一，体系完整。因此，除 ICC（A）、ICC（B）、ICC（C）可以单独投保外，战争险和罢工险在需要时也可作为独立的险别进行投保。

二、伦敦协会货物保险新条款的承保范围

ICC（A）、ICC（B）、ICC（C）的承包责任范围是由 3 个条款构成的，它们是承保风险条款、共同海损条款和船舶互撞责任条款。这 3 种险别的区别，主要反映在风险条款中。

（一）承保风险条款

1. ICC（C）的承保风险

ICC（C）对承保风险的规定，采用的是列明风险方式。ICC（C）只承担重大意外事故，而不承担自然灾害及非重大意外事故所造成的货损。

ICC（C）承包的具体风险如下。灭失或损害合理归因于下列原因者：a. 火灾、爆炸；b. 船舶、驳船的搁浅、触礁、沉没或倾覆；c. 陆上运输工具倾覆或出轨；d. 船舶、驳船或运输工具同水以外的任何外界物体碰撞；e. 在避难港卸货。以及灭失或损害由于以下原因造成者：a. 共同海损牺牲；b. 抛货。

2. ICC（B）的承保风险

ICC（B）对承保风险的规定也采用列明风险方式。ICC（B）承保的具体风险如

下。灭失或损害合理归因于下列原因者：a. 火灾或爆炸；b. 船舶或驳船遭受搁浅、触礁、沉没或倾覆；c. 陆上运输工具的倾覆或出轨；d. 船舶、驳船或运输工具同水以外的任何外界物体碰撞；e. 在避难港卸货；f. 地震、火山爆发或雷电。以及灭失或损害由于下列原因造成者：a. 共同海损牺牲；b. 抛货或浪击落海；c. 海水、湖水或河水进入船舶、驳船、运输工具、集装箱、大型海运箱或储存处所；d. 货物在船舶或驳船装卸时落海或跌落造成任何整件的全损。

3. ICC（A）的承保风险

ICC（A）关于承保风险的规定采用"一切险减除外责任"的概括说明方式。ICC（A）承保的风险具体包括以下几项：①ICC（B）承保的所有风险；②海盗行为；③恶意损害行为；④外来风险造成的货物损失。

由于ICC（A）对于承保风险的规定采用"一切险减除外责任"的概括说明方式，因此对ICC（A）的全面理解有赖于对它的"除外责任"的理解。

为了便于理解，将ICC（A）、ICC（B）及ICC（C）中保险人承保的风险列表进行比较，如表11.4所示。

表11.4 　　ICC（A）、ICC（B）及ICC（C）中保险人承保的风险列表

承保风险	ICC（A）	ICC（B）	ICC（C）
（1）火灾、爆炸	✓	✓	✓
（2）船舶、驳船的触礁、搁浅、沉没、倾覆	✓	✓	✓
（3）陆上运输工具的倾覆或出轨	✓	✓	✓
（4）船舶、驳船或运输工具同出水以外的任何外界物体碰撞	✓	✓	✓
（5）在避难港卸货	✓	✓	✓
（6）地震、火山爆炸或雷电	✓	✓	✓
（7）共同海损牺牲	✓	✓	✓
（8）共同海损分摊和救助费用	✓	✓	✓
（9）运输合同订有"船舶互撞责任"条款，根据该条款的规定应由货方偿还船方的损失	✓	✓	✓
（10）投弃	✓	✓	✓
（11）浪击落海	✓	✓	✕
（12）海水、湖水或河水进入船舶、驳船、运输工具、集装箱、大型海运箱或储存处所	✓	✓	✕
（13）货物在船舶或驳船装卸时落海或跌落，造成任何整体的全损	✓	✓	✕
（14）由于被保险人以外的其他人（如船长、船员等）的故意违法行为所造成的损失或费用	✓	✕	✕

承保风险	ICC（A）	ICC（B）	ICC（C）
（15）海盗行为	✓	×	×
（16）由于一般外来原因造成的损失	✓	×	×

注：（1）"✓"代表承保风险；"×"代表免责风险或不承保风险。

（2）第13项即"吊索损害"，第14项即"恶意损害"。

（二）共同海损条款

共同海损条款（general average clause）的具体内容是："本保险承保共同海损和救助费用，其理算与确定应依据海上货物运输合同和/或准据法及习惯。该项共同海损和救助费用的产生，应为避免任何原因所造成的或与之有关的损失所引起的，但本保险规定的不保风险和除外责任引起的除外"。

（三）船舶互撞责任条款

船舶互撞责任条款（both to blame collision clause）的具体内容是："本保险扩大对被保险人的赔偿范围，根据运输契约'船舶互撞责任'条款的规定，应由被保险人承担的比例责任，视为本保险单项下应予赔偿的损失。如果船舶所有人根据上述条款提出任何索赔要求，被保险人同意通知保险人，保险人有权自负费用为被保险人就此项索赔进行辩护。"

三、除外责任

为了明确保险人的责任，方便合同当事人，新条款将保险人的除外责任明确地列举出来。它包括一般除外责任、不适航与不适货除外责任、战争险除外责任和罢工险除外责任。

1. 一般除外责任

一般除外责任条款（general exclusions clause）有以下几种。

（1）可归因于被保险人的蓄意恶行的灭失、损害或费用。

（2）保险标的自然渗漏，重量、体积的自然损耗或自然磨损。

（3）保险标的包装或准备不足、不当引起的灭失、损害或费用。

（4）保险标的固有缺陷或性质引起的灭失、损害或费用。

（5）迟延直接造成的灭失、损害或费用，即使该迟延是由承保风险引起的。

（6）因船舶所有人、经理人、承租人或经营人的破产或财务困难产生的灭失、损害或费用。

（7）因使用原子、核裂变或核聚变、其他类似反应、放射性力量或货物所制造的战争武器而产生的灭失、损害或费用。

ICC（A）、ICC（B）、ICC（C）对于一般除外责任的规定基本上是一致的。但ICC（A）仅对被保险人的故意不法行为所致的损失和费用不赔偿，而ICC（B）、ICC（C）则规定对任何人的故意不法行为对保险标的造成的损失和费用不赔偿。

2. 不适航与不适货除外责任

不适航与不适货除外责任条款（unseaworthiness and unfitness exclusion clause）有以下几种。

（1）保险货物在装船时，如被保险人或其雇佣人员已经知道船舶不适航，以及船舶、驳船、运输工具、集装箱或起重运货车的不适货，则由不适航与不适货而造成保险货物的灭失、损害或费用，保险人不负赔偿责任。

（2）只要被保险人或雇佣人员知道船舶等运输工具的不适航、不适货，则保险人对因违反船舶适航性及适货性的默示保证造成的货物损失不承担赔偿责任。

ICC（A）、ICC（B）、ICC（C）关于不适航与不适货除外责任的规定是完全一致的。

3. 战争险除外责任条款

战争险除外责任条款（war exclusion clause）中的各项责任均为协会战争险条款承保的风险责任，鉴于有协会战争险条款承保战争风险，因此将战争险承保的各项责任列为标准条款即 ICC（A）、ICC（B）、ICC（C）的除外责任。

海运货物保险人对于以下风险造成的货物损失不承担责任。

（1）战争、内战、革命、造反、叛乱及由此引起的内乱或任何交战方之间的敌对行为。

（2）捕获、扣押、扣留、拘禁或羁押（海盗除外）和此种行为引起的后果或进行此种行为的企图。

（3）被遗弃的水雷、鱼雷、炸弹或其他被遗弃的战争武器。

ICC（A）、ICC（B）、ICC（C）关于战争险除外责任的规定基本是一致的，但 ICC（A）承保海盗风险，ICC（B）、ICC（C）不承保海盗风险。

4. 罢工险除外责任条款

罢工险除外责任条款（strikes exclusion clause）中的各项责任均为协会罢工险条款承保的风险责任，鉴于有协会罢工险条款承保罢工风险，因此将罢工险承保的各项责任列为标准条款即 ICC（A）、ICC（B）、ICC（C）的除外责任。

海运货物保险人不承担下列损失、损害或费用。

（1）罢工者、被迫停工工人，以及参加工潮、暴动或民变的人员造损者。

（2）罢工、停工、工潮、暴动或民变造损者。

（3）恐怖分子或出于政治动机而行为的人员造损者。

ICC（A）、ICC（B）、ICC（C）关于罢工险除外责任的规定基本是一致的。

四、保险期限

ICC（A）、ICC（B）、ICC（C）三个条款有关保险期限的规定是完全一致的，主要包含"运输条款"（transit clause）、"运输合同终止条款"（termination of contract of carriage clause）和"变更航程条款"（change of voyage clause）。

五、索赔事宜

如果保险标的发生了保险责任范围内的保险事故时，就要进行索赔。ICC（A）、ICC

（B）、ICC（C）条款关于索赔事宜（claims）的规定是基本一致的，主要包括"可保利益条款"（insurable interest clause），"续运费用条款"（forwarding charges clause），"推定全损条款"（constructive total loss clause）和"增加价值条款"（increased value clause）。

第十一节　其他运输方式下的货运保险

一、陆上运输货物保险

陆上运输货物保险（overland transportation cargo insurance）承保以火车、汽车为主要交通工具货物运输的风险。中国人民保险公司于 1981 年 1 月 1 日修订的《陆上运输货物保险条款》（overland transportation cargo insurance clauses）规定，陆运货物保险的基本险有"陆运险"（overland transportation risks）和"陆运一切险"（overland transportation all risks）两种。另外，还有专设的基本险"陆上运输冷藏货物保险"（overland transportation insurance—frozen products）以及附加险"陆上运输货物战争险（火车）"（overland transportation cargo war risks—by train）。

（一）陆运险

陆运险与海洋运输货物保险条款中的"水渍险"或 ICC（B）承保的责任范围相似。保险人负责赔偿被保险货物在运输途中遭受暴风、雷电、洪水、地震等自然灾害，或由于运输工具遭受碰撞、倾覆、出轨或在驳运过程中因驳运工具遭受搁浅、触礁、沉淀、碰撞，或由于遭受隧道坍塌、崖崩、失火、爆炸等意外事故所造成的全部或部分损失。此外，对于施救、防止或减少货损的措施而支付的合理费用，保险人也负责赔偿，但以不超过此批被救货物的保险金额为限。

（二）陆运一切险

陆运一切险与海洋运输货物保险条款中的"一切险"或 ICC（A）承保的范围相似。保险人除了承保陆运险的赔偿责任外，还负责被保险货物在运输途中偷窃、短量、渗漏、碰损等外来原因所造成的全部或部分损失。

以上责任范围均适用于火车和汽车运输，并以此为限。

陆运险和陆运一切险于海洋运输货物险的除外责任基本相同。

（三）陆上运输冷藏货物保险

陆上运输冷藏货物保险是陆上货物运输险中的一种专门保险。它除了负责陆运险所列举的自然灾害和意外事故所造成的全部或部分损失外，还负责赔偿由于冷藏机器或隔温设备在运输途中损坏所造成的被保险货物解冻融化而腐败的损失。

一般的除外责任适用于本条款。另外，该条款对于战争、罢工或运输延迟所造成的被保险货物的损失，以及被保险冷藏货物在保险责任开始时冷藏不合格、包扎不妥等造成的损失不负赔偿责任。

陆上运输冷藏货物险的责任自被保险货物运离保险单所载起运地点的冷藏仓库装入运送工具开始运输时生效，包括正常的陆运和与其有关的水上驳运在内，直至货物到达保险单所载明的目的地收货人仓库为止。但是，最长保险责任的有效期限以被保险货物到达目的地车站后 10 天为限。

陆上运输冷藏货物险的索赔实效为：从被保险货物在最后目的地车站全部卸离车辆后算起，最多不超过两年。

（四）陆上运输货物战争险（火车）

该险承保火车在运输途中由于战争、类似战争行为、敌对行为、武装冲突以及各种常规武器所致的损失。但对于敌对行为中使用原子弹或核武器所造成的损失和费用，保险人不负赔偿责任。此险为陆上运输货物险的附加险，只有在投保了陆运险或陆运一切险的基础上，经过投保人与保险公司协商后，方可加保此险，但目前仅限于火车运输。

陆上运输货物战争险的责任起讫与海运战争险相似，以货物置于运输工具时为限。

二、航空运输货物保险

航空运输货物保险（air transportation cargo insurance）承保以飞机装载的航空运输货物为保险标的的一种保险。中国人民保险公司于 1981 年 1 月 1 日修订的《航空运输货物保险条款》（air transportation cargo insurance clauses）规定，我国航空运输货物保险包括"航空运输险"（air transportation risks）和"航空运输一切险"（air transportation all risks）两种基本险及"航空运输货物战争险"（air transportation cargo war risks）附加险条款。

1. 航空运输险

航空运输险与海洋运输货物保险条款中的"水渍险"或 ICC（B）承保的范围基本相同，保险人负责赔偿被保险货物在运输途中因遭受雷电、火灾、爆炸以及由于飞机遭受恶劣气候、其他危难事故而被抛弃，或飞机遭受碰撞、倾覆、坠落、失踪等自然灾害或意外事故所造成的全部或部分损失。

2. 航空运输一切险

航空运输一切险除了承保航空运输险的损失外，还负责赔偿被保险货物被偷窃、短少等一般外来原因所造成的全部或部分损失。

航空运输险和航空运输一切险与海洋运输货物险的除外责任基本相同。同时，这两种基本险的保险责任也采用"仓至仓"条款，但与海洋运输险的"仓至仓"责任条款有所不同。

3. 航空运输货物战争险

保险人负责赔偿在航空运输途中由于战争、类似战争行为、敌对行为或武装冲突以及各种常规武器包括地雷、炸弹所造成的货物的损失，但不包括使用原子弹或热核武器所致的损失。该险属于航空运输货物险的附加险，只有在投保了航空运输险或航空运输一切险的基础上经过投保人与保险公司协商方可加保。

航空运输货物战争险的保险责任是自被保险货物装上保险单所载明的起运地的飞机时开始，直到卸离保险单所载明的目的地的飞机时为止。

三、邮包运输保险

邮包运输保险主要承保通过邮局以邮包递运的货物因邮包在运输途中遭到自然灾

害、意外事故或外来原因造成的货物损失。中国人民保险公司于 1981 年 1 月 1 日修订并公布了一套较为完备的《邮包保险条款》，包括"邮包险""邮包一切险"两种基本险及"邮包战争险"一种附加险。

1. 邮包险

邮包险承包被保险邮包在运输途中由于恶劣气候、雷电、海啸、地震、洪水、自然灾害，或由于运输工具搁浅、触礁、沉没、出轨、倾覆、坠落、失踪或由于失火和爆炸等意外事故所造成的全部或部分损失，同时，还包括被保险人对遭受承保责任内风险的货物采取抢救、防止或减少货损的措施而支付的合理费用，但不能超过该批被救货物的保险金额。

2. 邮包一切险

邮包一切险除了承保邮包险的全部责任外，还负责被保险邮包在运输途中由于外来原因所致的全部或部分损失。

但是，在这两种险别下，保险公司对因战争、敌对行为、类似战争行为、武装冲突、海盗行为、工人罢工所造成的损失，直接由于运输延迟或被保险物品本质上的缺点或自然损耗所造成的损失，以及属于寄件人责任和被保邮包在保险责任开始前已存在的品质不良或数量短差所造成的损失，被保险人的故意行为或过失所造成的损失，不负赔偿责任。

3. 邮包战争险

邮包战争险承保在邮包运输过程中由于战争、类似战争行为、敌对行为、武装冲突、海盗行为以及各种常规武器包括水雷、鱼雷、炸弹所造成的损失。此外，保险公司还负责被保险人对遭受上述承保风险的物品采取抢救、防止或减少损失的措施而支付的合理费用。但保险公司不承担因使用原子弹或热核武器所致的损失。此险为附加险，只有在投保了邮包险或邮包一切险的基础上，经过投保人与保险公司协商后，方可加保此险。

必须指出的是，在附加险方面，除战争险外，海洋运输货物保险中的一般附加险和特殊附加险险别和条款均可适用于陆、空、邮运输货物保险。

第十二节 进出口货物运输保险实务

一、投保险别的选择

海运货物保险是国际贸易正常进行的必要保障，只有选择了适当的险别，才能得到充分的经济补偿。由于不同的险别，保险人承保的责任不同，被保险人受保障的程度不同，保险费率也不同。为了使被保险货物得到充分的保障，又要减少不必要的保费支出，所以在选择险别时要慎重，其受以下几个因素影响。

1. 标的物的自然属性和特点

由于不同货物有着不同的属性、各异的特点，其在运输途中所遇到的风险不同，从而遭受的损失也不尽相同。比如，茶叶容易吸潮、串味，谷粮容易遭虫、鼠咬食，油脂容易粘在舱壁等。因此，根据此类商品的特性，在投保水渍险的基础上加保受潮受热险、串味险、沾污险、短量险等，也可投保一切险。

2. 标的物的包装

货物在运输途中，往往由于包装破损而造成不必要的损失。因此，在选择险别时，货物的包装因素必须考虑在内。但是，属于装运前发货人的责任，如包装不良或不当造成货物损失时，保险人不负赔偿责任。

3. 运输路线及港口情况

货物在运输途中所遇的风险大小与其选择的运输路线以及所停泊的港口的安全情况有很大的关系。比如，海洋运输的风险比陆上运输的风险大。在政局不稳、已经发生战争的海域内航行，遭受意外损失的可能性自然增大。

4. 运输季节

不同的运输季节，给运输货物带来的风险和损失也不同。例如，夏季转运粮食、果品，极易出现发霉、腐烂或者生虫的现象。因此，在选择险别时，应注意季节的影响。

二、保险金额的确定

保险金额是被保险人对保险标的实际投保金额，是保险人承担保险责任和损失赔偿的最高限额。那么，保险金额是如何确定的呢？下面我们从进出口两方面进行分析。

1. 出口货物保险金额的确定

在 CIF 条件成交情况下，由出口方投保货运险。在我国出口业务中，保险金额一般按 CIF 加成 10%计算，这样既弥补了被保险人货物的损失，又可以使运费和保险费的损失得到补偿。如果国外商人要求将加成率提高到 20%或 30%，其差额部分应由国外买方负担。保险金额的计算公式为：

$$保险金额=CIF 货价×（1+加成率）$$

如果出口按 CFR 成交，保险金额的计算公式为：

$$保险金额=CFR 货价×（1+加成率）／［1-（1+加成率）×保险费率］$$

2. 进口货物保险金额的确定

我国进口货物的保险金额以估算的 CIF 价格为标准，不另加成。如投保人要求在 CIF 价基础上加成投保，保险公司也可接受。

如果按照 CFR 或 FOB 价格成交，则按照预约保险合同适用的特约保险费率和平均运费率直接计算保险金额。

按 CFR 进口时：

$$保险金额=CFR 货价×（1+特约保险费率）$$

按 FOB 进口时：

$$保险金额=FOB 货价×（1+平均运费率+特约保费率）$$

三、保险费率的计算

投保人向保险人交付保险费，换取保险人承担相应的赔偿责任。保险费是用于支付保险赔款的保险金额的主要来源，以保险金额为基础，按一定保费率计算出来，计算公式如下：

$$保险费 = 保险金额 \times 保险费率$$

如按 CIF 加成投保，则公式为：

$$保险费 = CIF 货价 (1 + 加成率) \times 保险费率$$

1. 出口货物保险费率

保险费率是保险人根据保险标的危险性大小、损失率高低、经营费用多少等因素，按照不同商品、不同目的地以及不同的投保险别加以规定的。目前，中国人民保险公司出口货物保险费率分为一般货物费率和指明货物费率两大类。

一般货物费率适用于所有海运出口的货物，凡投保基本险别的均需依照"一般货物费率表"所列标准核收保险费。

某些货物在运输途中因外来风险引起短少、破碎和腐烂等损失率极高，因此，针对这些已损失货物加收一种附加费率，将它们单独列出，并称为"指明货物费率"。

2. 进口货物保险费率

我国进口货物保险也有两种费率表，即"特约费率表"和"进口货物费率表"。

"特约费率表"仅适用于同保险公司签订有预约保险合同的各投保人。"进口货物费率表"适用于未与保险公司订有预约保险合同的、逐笔投保的客户，分为一般货物费率和特加费率两项。

四、保险单的填制

保险单（样本见附件）上必须有以下重点栏目。

（1）被保险人（insured）。被保险人一般为信用证的受益人。在 CIF 术语下，卖方是为了买方的利益保险的，保险单的背书转让十分重要，应视信用证的要求进行背书。

（2）唛头（mark &Nos.）。应与发票、提单上的唛头一致。如信用证无要求，可简单填"as per invoice on…"。

（3）包装及数量（packing and quantity）。应与商业发票一致。以包装件数计价的，可只填件数；以净重计价的，可填件数及净重；以毛作净的，可填件数及毛重；散装货物，可填"in bulk"，然后再填重量。

（4）保险货物项目（description of goods）。若名称繁多，可用统称，但应与提单、产地证书等单据一致，并不得与信用证相抵触。

（5）保险金额（amount insured）。除非信用证另有规定，保险单据必须使用与信用证相同的金额。

（6）总保险金额（total amount insured）。即保险金额的大写，其数额和币种应与小写的保险金额和币种保持一致。

（7）保费和费率（premium and rate）。一般填"as arranged"。但如果信用证要求具体列出保费和费率，应明确填上。

（8）装载运输工具（per conveyance S.S）。如为海运，且为直达船，则在栏内直接填上船名、航次；如为中途转船，则应在填上第一程船名后，再加填第二程船名；如为其他运输方式，则填"by railway"或"by train, wagon on…"（陆运）等。

（9）开行时间（slg. on or abt.）。按运输单据的日期填制，海运且运输单据为提单时可填"as per B/L"。

（10）运输起讫地（from…to…）。按运输单据填制。如中途转船，须填上"with transshipment…"。

（11）保险险别（conditions）。按照信用证的规定办理，通常包括险别及所依据的保险条款。

（12）赔款偿付地点（claim payable at…）。按信用证的规定填制。如信用证为规定，则填目的港名称。有的信用证要求注明偿付货币名称，应照办，如："at London in USD"。

（13）保险勘查办理人（insurance survey agent）。由保险公司选定，地址必须详细。

（14）签发地点和日期（place and date of issue）。签发地点应为受益人所在地，一般在保险单上已印制好。签发日期应早于或等于运输单据的签发日期。除非信用证另有规定，银行对签发日期迟于运输单据注明的装船或发运或接受监管日期的保险单据将不予接受。

（15）签署（authorized signature）。保险单从表面上看，必须经保险公司（insurance Co.）或承保人（underwriters）或由它们的代理人签署才有效。除非信用证特别授权，银行将不接受由保险经纪人（broker）签发的暂保单（cover notes）。

五、保险条款的拟订

保险条款是国际货物买卖合同的重要组成部分之一，必须订得明确、合理。保险条款的内容因选用术语的不同而有所区别。采用不同的贸易术语，办理保险的人就不同。

（1）以 FOB、CFR 或 FCA、CPT 条件成交的合同，由买方办理保险。保险条款可订为

Insurance：To be covered by the buyers.（保险：由买方自理。）

如买方委托卖方代为保险，则应明确规定保险金额、投保险别、按什么条款保险以及保险费由买方负担等。

（2）以 CIF 或 CIP 条件成交的合同，条款内容必须明确规定由谁办理保险、保险险别和保险金额的确定方法、按什么条款保险，并注明该条款的生效日期。保险条款可订为

Insurance：To be covered by the sellers for…% of total invoice value against…as per and subject to the relevant Ocean Marine Cargo Clauses of the People's Insurance Company of China dated1/1, 1981.（保险：由卖方按发票金额的×××%保险××险××险，按照中国人民保险公司 1981 年 1 月 1 日生效的有关海洋货物运输保险条款为准。）

如国外客户要求按伦敦保险业协会的《协会货物条款》或我方保险公司可以承保的其他保险条款投保，我方出口企业可以接受。如接受，也应在合同的保险条款中明确规定。

本章小结

海洋运输是指利用商船在国内外港口之间通过一定的航区和航线运输货物的方式。

铁路运输是指利用铁路进行国际贸易货物运输的一种方式。

航空运输是一种现代化的运输方式，具有运输速度快、货运质量高、且不受地面条件的限制等优点。

集装箱运输是以集装箱作为运输单位进行货物运输的一种先进的现代化运输方式。

国际多式联运是以集装箱为媒介，把海、陆、空各种传统的单一运输方式有机地结合起来，组成一种国际间的连贯运输。

大陆桥运输是指以集装箱为媒介，使用横贯大陆的铁路或公路运输系统作为中间桥梁，把大陆两端的海洋运输连接起来的连贯运输方式。

公路运输一般是指由公路和汽车两部分组成的运输方式。

管道运输是货物在管道内借高压气泵的压力推动向目的地输送的一种运输方式。

邮政运输是一种简便的运输方式，手续简便，费用不高，适于量轻体小的货物。

内河运输是连接内陆腹地和沿海地区的纽带，也是边疆地区与邻国边境河流的连接线。

海上保险的基本原则包括可保利益原则、最大诚信原则、近因原则和损失补偿原则。

海上保险保障的风险可分为海上风险和外来风险。海上损失分为全部损失和部分损失。费用损失主要包括施救费用、救助费用。

我国海洋运输货物保险的险种分为基本险、附加险和专门险三类。

英国伦敦保险业协会的《协会货物保险条款》6个险种：协会货物（A）险条款；协会货物（B）险条款；协会货物（C）险条款；协会战争险条款（货物）；协会罢工险条款（货物）；恶意损害险条款。

练习题

一、名词解释

滞期费　速遣费　国际多式联运　班轮运输　定程租船　可保利益　共同海损　推定全损　委付　仓至仓条款

二、单选题

1. 国际贸易中，海运提单的签发日期是指（　　）。

　　A. 货物开始装船的日期

　　B. 货物全部装船完毕的日期

　　C. 货物装船完毕船舶起航日期

2. 海运提单和航运提单两种运输单据，（   ）。

    A. 都是物权凭证

    B. 都是可转让的物权凭证

    C. 前者是物权凭证可以转让，后者不是物权凭证不可以转让

3. 出口人完成装运后，凭以向船公司换取已装船提单的单据是（   ）。

    A. shipping order   B. mate's receipt   C. freight receipt

4. 国际贸易中最主要的运输方式是（   ）。

    A. 航空运输   B. 铁路运输   C. 海洋运输   D. 公路运输

5. 某出口商品每件净重 30 千克，毛重 34 千克，体积每件 40 厘米×30 厘米×20 厘米。如果班轮运价计费标准为 W/M10 级，则船公司计收运费时应按（   ）。

    A. 毛重计收   B. 净重计收   C. 体积计收   D. 价值计收

6. 在定程租船方式下，我国对装卸的费的收取采用较为普遍的办法是（   ）。

    A. 船方不负担装卸费

    B. 船方负担装卸费

    C. 船方只负担装货费，而不负担卸货费

    D. 船方只负担卸货费，而不负担装货费

7. 在保险人所承保的海上风险中，雨淋、渗漏属于（   ）。

    A. 自然灾害   B. 意外事故   C. 一般外来风险 D. 特殊外来风险

8. 在海运过程中，被保险物被海盗劫持造成的损失属于（   ）。

    A. 实际全损   B. 推定全损   C. 共同海损   D. 单独海损

9. 船舶搁浅时，为使船舶脱险而雇佣驳船强行脱浅所支出的费用，属于（   ）。

    A. 实际全损   B. 推定全损   C. 共同海损   D. 单独海损

10. 我公司按 CIF 条件出口棉花 300 包，货物在海运途中因货舱内水管渗漏，致使 50 包棉花遭水渍受损，在投保下列（   ）险别时，保险公司负责赔偿。

    A. 平安险   B. 水渍险   C. 战争险   D. 一切险

11. 根据我国《海洋货物运输保险条款》的规定，承保范围最小的基本险别是（   ）。

    A. 平安险   B. 水渍险   C. 一切险   D. 罢工险

12. 我公司按 FOB 进口一批玻璃器皿，在运输途中的装卸、搬运过程中，部分货物受损。要得到保险公司赔偿，我公司应该投保（   ）。

    A. 平安险   B. 一切险   C. 破碎险   D. 一切险加破碎险

13. 根据现行伦敦保险协会《海运货物保险条款》的规定，承保风险最大的险别是（   ）。

    A. ICC（A）   B. ICC（B）   C. ICC（C）   D. ICC（D）

三、计算题

1. 报价某商品 CIF 旧金山 2000 美元/吨，按发票金额的 110% 投保，费率合计 0.6%，客户要求按发票金额的 130% 投保，我们应该如何报价？

2. 我公司出口到某国家商品 1000 箱，每箱体积 40 厘米×30 厘米×20 厘米，毛重为 30 千克。经查，该商品计费标准为 W/M，等级为 10 级，每吨运费率为 200 港币。另查得到该国要加收港口附加费 20%。

问：我应付轮船公司运费多少？

3. 我公司出口商品 200 件，每件毛重 95 千克，体积 100 厘米×40 厘米×25 厘米，查轮船公司运费表，该商品计费标准为 W/M，等级为 8 级每吨运费为 80 美元，另收港口附加费 10%，直航附加费 15%。

问：该批货物共计运费多少？我原报 FOB 上海每件 400 美元，客户要求改报 CFR 价，我应报多少？

4. 某公司出口一批货，单价为 1200 美元/吨 CIF 纽约，按发票金额的 110%投保，投保一切险，保险费率为 0.8%。现在客户要求该报 CFR 价格，计算在不影响我国收汇的前提下，应该报价多少？

5. 报价某商品 CIF 旧金山 2000 美元/吨，按发票金额的 110%投保，费率合计 0.6%，客户要求按发票金额的 130%投保，我们应该如何报价？

四、简答题

1. 什么叫班轮运输？班轮运输有哪些特点？

2. 买卖合同中的装运条款包括哪些内容？装运时间如何规定？

3. 保险的基本原则有哪些？

4. 构成实际全损有哪几种情况？

5. 共同海损的内容包括什么？

6. 在选择险别时，应考虑哪些因素？

五、案例分析题

1. 大连某进出口公司与日本某公司签订了一份出口 150 吨冷冻食品的合同，合同规定：3—7 月份，每月平均装运 50 吨，凭即期信用证支付，后来该证规定装运前由港口质检局出具船边测温证书作为协议单据之一。我方 3—5 月交货正常，顺利结汇。但到 6 月份，由于船期延误，推迟到 7 月 6 日才装运出口，而海运提单则倒签为 6 月 30 日，而送银行的商检证书在船边的测温日期为 7 月 6 日，议付银行也未发现弊端，在 7 月 10 日，同船由装运出 30 吨，我方所交商检证书上在船边的测温日期为 7 月 10 日。但开证行收到单证后来电表示拒付这两笔货款。

请问：我方的失误在哪里？开证行拒付的依据是什么？

2. 有一 CIF 合同，规定："CIF 汉堡，卖方必须提交提单、保险单和商品检验证书三项单据，买方凭单据付款。"事后，买方发现提单和商检证书有擦改的痕迹，买方提出异议并暂停付款，事后查明，擦改的是配舱的舱位号，而且是在单据签字前擦改的。试问：买方能否坚持拒收单据和拒付货款？

3. 某外贸公司按 CIF 术语出口一批货物，装运前已向保险公司按发票总值 110%投保平安险，6 月初货物装妥顺利开航。载货船舶于 6 月 13 日在海上遇到暴风雨，致使一部分货物受到水渍，损失价值 2100 美元。数日后，该轮又突然触礁，致使该批货物又遭到部分损失，价值为 8000 美元。

问：保险公司对该批货物的损失是否赔偿？为什么？

4. 某货物从天津新港驶往新加坡，在航行途中船舶货舱起火，大火蔓延到机舱，船长为了船、货的共同安全，决定采取紧急措施，往舱内灌水灭火。火虽然被扑灭，但由于主机受损，无法继续航行，于是船长决定雇佣拖轮将货船拖回新港修理。检修后重新驶往新加坡。事后调查，这次事件造成的损失有：①1000 箱货被火烧毁；②600 箱货由于灌水灭火受到损失；③主机和部分甲板烧毁；④拖船费用；⑤额外增加的燃料和船长、船员工资。从上述各项损失性质来看，它们各属于什么海损？

第十二章　进出口商品的价格

☞【学习目标】

学习完本章后，你应该能清楚地知道：

(1) 进出口商品价格的构成；

(2) 影响价格变化的因素；

(3) 进出口商品的定价办法；

(4) 佣金与折扣的运用；

(5) 出口商品成本的核算方法。

第一节　进出口商品价格的掌握

☞【案例导入】

　　有一批货物以 CIF 巴黎价格条件出口，由卖方投保一切险及战争险加罢工险。船未到巴黎前，船方获悉巴黎港正在罢工，不能靠岸卸货，于是将应卸巴黎的货物卸至下一个港口。后来巴黎罢工结束，货物又从该港运往巴黎，增加运费 2200 欧元。

☞思考：

这笔费用由谁负责，为什么？

一、商品价格的构成

在进出口货物贸易中，价格构成是制定进出口价格的基础和依据。运输距离的远近，交易条件的差别都是影响进出口商品价格的基本因素，同时还必须详细考虑到货物在转移过程中可能发生的各项费用。

（一）出口价格的构成

出口价格一般包括商品成本、出口费用和预期利润三部分。

1. 商品成本

出口商品的成本通常称原价或基价，一般是制造工厂交货价或仓库交货价，或者是专业出口商的购货成本，包括生产成本、加工成本和购货成本。生产成本指制造商生产某一产品所需的投入。加工成本指加工商对成品或半成品进行加工所需的成本。购货成本是贸易商向生产商购进商品的价格，也称进货成本，实际计算中应扣除出口退税收入。对出口商来讲，出口商品价格构成中主要是购货成本，因而成为价格中的重要组成部分。

2. 出口费用

出口费用指货物从起运地到交付买方之前应由卖方支付的费用，是价格构成中最复杂的部分，通常包括国内费用和国外费用。具体有直接费用、间接费用和银行费用三部分。

（1）直接费用。国内费用有包装费、仓储费、国内运输费、认证费、港区港杂费、商检费、捐税（出口关税、增值税），国外费用有出口运费、出口保险费、佣金等。

（2）间接费用指国内通信费、交通费、经营管理费等。

（3）银行费用指与每笔业务有关的银行利息，通知签、寄单费，电汇费，改证费等。

3. 预期利润

预期利润指出口商出口每批商品想要达到的利润率或利润额。生产厂商自营出口，利润已包含在商品成本中；专业出口商在计算出口价格时要加上自己的预期利润。

在上面三项中，商品成本和预期利润是相对固定的，只有出口费用随商品转移过程中的变化而变化。

（二）进口价格构成

进口价格一般由原价、进口费用和预期利润三部分构成。原价和进口费用是进口价格的基础。

1. 原价

原价一般指卖方的报价，也称为基价。进口价格有 FOB、CFR、CIF 等多种。一般以进口 CIF 价格计算。FOB 和 CFR 要分别加上运费及保险费。

2. 进口费用

进口费用随商品转移而变化。买方如按其责任最大的 EXW 术语成交，则要承担从出口地把货物运到买方仓库的全部费用。其中一部分责任及费用与出口费用相同。货物到达目的港后，买方一般承担的费用有以下几项。

（1）卸货费。货物用吊装机械从船上卸到岸上或驳船上的费用，但班轮运输已包含在运费中。

（2）上岸费用。由驳船运往岸上或码头仓库的费用。

（3）报关费。如缴纳进口关税、海关手续费等。

（4）进口地检验费用。此外，还包括利息费、邮电费和其他杂费。

二、国际市场商品供求变化和价格走势

国际市场商品价格是以商品的国际价值为基础，并受供求变化的影响而上下波动。有时甚至出现瞬息万变和大涨大落的情况，因此，在确定成交价格时，必须考虑供求状况和价格变动的趋势。当市场商品供不应求时，国际市场价格就会呈上涨趋势；反之，当市场商品供过于求时，国际市场商品价格就会呈下降趋势。由此可见，切实了解国际

市场供求变化状况，有利于对国际市场价格的走势做出正确判断，也有利于参照国际市场价格合理地确定进出口商品的成交价格，该涨则涨，该落则落，避免价格掌握上的盲目性。

在国际市场上，大宗商品的国际集散中心的市场价格是具有代表性的国际市场价格。如芝加哥谷物交易所的大豆、小麦的交易价格，伦敦五金交易所内的金属的交易价格等。它们对相应的商品出口定价具有指导意义。

小·提·示

进出口商品的作价原则包括：①根据国际市场价格水平作价；②要结合国别、地区水平作价；③要结合购销意图作价。

三、影响价格的各种具体因素

1. 商品的质量和档次

在国际市场上，一般都贯彻按质论价的原则，即好货好价，次货次价。品质的优劣，档次的高低，包装装潢的好坏，式样的新旧，商标、品牌的知名度，都会影响商品的价格。商标的知名度、包装装潢是否精致，有时对商品的价格有很大影响。

2. 运输距离

进出口货物买卖，一般都要经过长途运输。运输距离的远近，影响运费和保险费的开支，从而影响商品的价格。因此，确定商品价格时，必须认真核算运输成本，做好比价工作，以体现地区差价。

3. 交货地点和交货条件

在进出口贸易中，由于交货地点和交货条件不同，买卖双方承担的责任、费用和风险有别，在确定进出口商品价格时，必须考虑这些因素。例如，同一运输距离内成交的同一商品，按 CIF 条件成交同按 DAT 条件成交，其价格应当不同。

4. 季节性需求的变化

在国际市场上，某些节令性商品，如赶在节令前到货，抢行应市，即能卖上好价。过了节令的商品，往往售价很低，甚至以低于成本的"跳楼价"出售。因此，我们应充分利用季节性需求的变化，掌握好季节性差价，争取按对我方有利的价格成交。

5. 成交数量

按进出口贸易的习惯做法，成交量的大小影响价格。即成交量大时，在价格上应给予适当优惠，例如采用数量折扣的办法；反之，如成交量过少，甚至低于起订量时，则可以适当提高售价。不论成交多少，都是同一个价格的做法是不当的，我们应当掌握好数量方面的差价。

6. 支付条件和汇率变动的风险

支付条件是否有利和汇率变动风险的大小，都影响商品的价格。例如，同一商品在其他交易条件相同的情况下，采取预付货款和凭信用证付款方式下，其价格应当有所区别。同时，确定商品价格时，一般应争取采用对自身有利的货币成交，如采用对自身不利的货币成交时，应当把汇率变动的风险考虑到货价中去，即适当提高出售价格或压低购买价格。

此外，交货期的远近、运输条件、佣金多少、支付货币、关税征收、市场销售习惯和消费者的爱好等因素，对确定价格也有不同程度的影响，我们必须通盘考虑和正确掌握。

四、价格与贸易术语

在进出口贸易中，不同的贸易术语表示其价格构成因素不同，即包括不同的从属费用。例如，FOB 术语中不包括从装运港至目的港的运费和保险费；CFR 术语中则包括从装运港至目的港的通常运费；CIF 术语中除包括从装运港至目的港的通常运费外，还包括保险费。在对外洽商交易过程中，交易双方都希望选用于己有利的贸易术语。有时一方按某种贸易术语报价时，对方要求改报其他术语所表示的价格，如一方按 FOB 报价，对方要求改按 CIF 或 CFR 报价。为了把生意做活和有利于达成交易，也可酌情改报价格，这就涉及价格的换算问题。了解贸易术语的价格构成及其换算方法，乃是从事进出口贸易人员所必须掌握的基本知识和技能。

☞【案例与分析】

我国某出口公司就钢材出口对外发盘，每吨 2500 美元 FOB 广州黄埔，现外商要求我方将价格改为 CIF 伦敦。请问我出口公司对价格应如何调整？

分析：原报价格为每吨 2500 美元 FOB 广州黄埔，现外商要求我方将价格改为 CIF 伦敦，我方应调高对外报价。因为，以 CIF 价格成交时，我方需要负担从装运港至目的港的正常运费和保险费。

FOB、CFR 和 CIF 三种价格的换算方法如下：

$$CIF 价格＝FOB 价格＋国外运费＋国外保险费$$

这里要特别注意的是，国外保险费是以 CIF 价格为基础计算的。所以，如果写明保险费的计算方法，则应为：

$$CIF 价格＝FOB 价格＋国外运费＋CIF 价格×保险费率×投保加成$$

如已知 FOB 价格，现改报 CFR 价格或 CIF 价格，则 CFR 价格和 CIF 价格分别为：

$$CFR 价格＝FOB 价格＋国外运费$$

$$CIF 价格＝（FOB 价格＋国外运费）／（1－保险费率×投保加成）$$

如已知 CIF 价格，现改报 FOB 价格和 CFR 价格，则 FOB 价格和 CFR 价格分别为：

$$FOB 价格＝CIF 价格×（1－保险费率×投保加成）－国外运费$$

$$CFR 价格＝CIF 价格×（1－保险费率×投保加成）$$

如已知 CFR 价格，现改报 FOB 价格和 CIF 价格，则 FOB 价格和 CIF 价格分别为：

$$FOB 价格＝CFR 价格－国外运费$$

$$CIF\ 价格 = CFR\ 价格 /（1 - 保险费率 \times 投保加成）$$

☞【示例】

　　我国某公司向荷兰出口一批农产品，向客户发盘为每吨 800 欧元 CIF 鹿特丹，按 CIF 金额 120% 投保，对方要求改报 FOB 价格，我方同意，经查自中国口岸至鹿特丹运费为每吨 100 欧元，保险费率为 2%，请计算我方改报价格应为多少？

　　解析：

$$
\begin{aligned}
FOB\ 价格 &= CIF\ 价格 \times（1 - 保险费率 \times 投保加成）- 国外运费\\
&= 800 \times（1 - 2\% \times 120\%）- 100\\
&= 680.8（欧元）
\end{aligned}
$$

五、加强成本核算

　　外贸企业的盈亏是考核外贸企业经营管理水平的重要指标。为了控制亏损增加盈利，外贸企业在对外洽谈出口交易前，一般都必须对出口成本进行核算。只有经过核算后，确认有适当盈利的情况下，才能对外磋商该项出口交易。

　　1. 出口商品盈亏率

　　出口商品盈亏率是指出口商品盈亏额与出口总成本的比率。其计算公式为：

　　出口商品盈亏率 =（出口销售人民币净收入 - 出口总成本）/ 出口总成本 ×100%

　　其中，出口盈亏额是指出口销售人民币净收入与出口总成本的差额，前者大于后者为盈利；反之为亏损。出口总成本是指出口商品的进货成本（或生产成本）加上出口前的一切费用和税金，即：

　　出口总成本 = 出口商品的进货成本（或生产成本）+ 定额费用 - 出口退税收入

　　　　定额费用 = 出口商品的进货成本（或生产成本）× 费用定额率

　　费用定额率依不同的商品略有不同，通常维持在 5%~20%。

　　出口退税收入 = 出口商品的进货成本（或生产成本）/（1 + 增值税）× 退税率

　　出口销售人民币净收入是指出口商品外汇收入除去外汇费用（如运费、保险费、码头捐、驳船费等）的外汇净收入按照结汇银行的外汇牌价的现汇买入价折成人民币的金额，即按 FOB 价出售所得的人民币净收入。

　　出口商品盈亏率的计算公式表明，如果出口商品盈亏率大于零，则该笔出口交易有利可图；反之，若出口商品盈亏率小于零，则说明该笔出口交易亏损。

　　2. 出口商品换汇成本

　　出口商品换汇成本，又称出口商品换汇率，是指以某种商品的出口总成本与出口所得的外汇净收入之比，得出用多少人民币换回一美元。其计算公式如下：

　　　　出口商品换汇成本 = 出口总成本（人民币）/ 出口销售外汇净收入（美元）

　　出口销售人民币净收入是指出口商品外汇收入除去外汇费用（如运费、保险费、码头捐、驳船费等）的外汇净收入，即按 FOB 价出售所得的外汇净收入。出口商品换汇成本反映了出口商品的盈亏情况，是考察出口企业有无经济效益的重要指标，其衡量的标准是：人民币对美元的汇价。出口商品换汇成本的计算公式表明，如果出口商品换汇成本高于银行的外汇牌价的现汇买入价，则出口为亏损；反之，则说明出口有盈利。因此，要避免亏损，必须准确测算换汇成本。

准确测算出口商品换汇成本除了应正确计算运费、保险费及保险免赔外，还应正确估算正常的银行费用，尤其是信用证项下的费用。在一般情况下，信用证结算发生的正常费用主要包括信用证通知费、保兑费、议付费、寄单费、单据处理费、电报费、偿付费等。由于信用证金额不同，内容条款不同，开证国家不同，以及各银行收取费用的标准不同，优惠项目不同，信用证结算产生的费用也各不相同，因此在测算换汇成本时，就需要根据不同国家、不同银行的银行费用水平，再结合合同规定的条款来全面地测算银行费用。

3. 出口创汇率

出口创汇率，又称外汇增值率，是指加工后成品出口的外汇净收入与原料外汇成本的比率。该指标主要用于计算用国外原材料或国产原材料加工再出口的业务。其计算公式如下：

出口创汇率＝（成品出口外汇净收入－原料外汇成本）/原料外汇成本×100%

需要说明的是，如原材料为国产品，其外汇成本可按原料的 FOB 出口价计算。如原材料是进口的，则按该原料的 CIF 价计算。通过出口的外汇净收入和原料外汇成本的对比，则可看出成品出口的创汇情况，从而确定出口成品是否有利。特别是在进料加工的情况下，核算出口创汇率这项指标，更有必要。

☞【示例】

我某企业向新加坡某公司出售一批货物，出口总价为 10 万美元 CIF 新加坡，其中从大连港运至新加坡的海运运费为 4000 美元，保险按 CIF 总价的 110% 投保一切险，保险费率 1%。这批货物的出口总成本为 72 万元人民币。结汇时，银行外汇买入价为 1 美元折合人民币 8.3 元。试计算这笔交易的换汇成本和盈亏率。

解析：

FOB 出口外汇净收入＝CIF－F－I＝100000－4000－（100000×110%×1%）
　　　　　　　　　＝94900（美元）

出口换汇成本＝出口总成本（人民币）/出口外汇净收入（美元）
　　　　　　＝720000/94900＝7.586 元人民币/美元（7.59 元人民币/美元）

出口盈亏额＝出口销售人民币净收入－出口总成本
　　　　　＝94900×8.30－720000＝67670（元）

出口盈亏率＝（出口商品盈亏额/出口总成本）×100%
　　　　　＝（67670 元人民币/720000 元/人民币）×100%
　　　　　≈9.4%

☞【本节导入案例解析】

本节案例中，这笔费用应由进口人自己负责，因为按 CIF 价格，出口人在货物装运后，交单即交货，已完成交货任务，可不负责。承运人按提单背面条款大都规定如因罢工而使船舶及货物不能安全到达目的港和/或在目的港卸货，承运人有权在任何其他安全和便利的港口卸下货物，运输合同应认为已经履行。保险公司对罢工险负责的损失只限于直接损失，间接损失不赔。而因港口工人罢工，无法在原定目的港卸货，转到另一个港口卸货所引起增加的运输费用属于间接损失。

第二节　进出口商品的作价方法

在进出口贸易中，作价方法多种多样，如何定价由合同双方当事人酌情商定。一般均采用固定作价，即在交易磋商中，把价格确定下来，事后不论发生什么情况均按照确定的价格结算应付货款，但在实际业务中，有时也采用待定价格、暂定价格和滑动价格等作价方法。

一、固定价格

我国进出口合同，绝大部分都是在双方协商一致的基础上，明确地规定具体价格，这也是国际上常见的做法。

按照各国法律的规定，合同价格一经确定，就必须严格执行。除非合同另有约定，或经双方当事人一致同意，任何一方都不得擅自更改。

在合同中规定固定价格是一种常规做法。它具有明确、具体、肯定和便于核算的特点。不过，由于市场行情瞬息万变，价格涨落不定。因此，在进出口货物买卖合同中规定固定价格，就意味着买卖双方要承担从订约到交货付款以至转售时价格变动的风险。况且，如果行市变动过于剧烈，这种做法还可能影响合同的顺利执行。一些不守信用的商人很可能为逃避亏损，而寻找各种借口撕毁合同。

☞ 问与答

为了减少价格风险，在采用固定价格时，应注意哪些事项？

答：首先，必须对影响商品供需的各种因素进行细致的研究，并在此基础上，对价格的前景做出判断，以此作为决定合同价格的依据。

其次，必须对客户的资信进行了解和研究，慎重选择订约的对象。以免在市场价格剧涨暴跌时出现外商违约或毁约的情况。

最后，对价格一直相对稳定的商品，以及对成交数量不大或近期交货的商品，一般可以按固定价格成交。如果属于远期交货、大量成交或市场价格起伏不定的商品，则不宜轻易采用固定价格的做法，以减少价格变动的风险。

二、非固定价格

在进出口货物贸易中，为了减少价格变动的风险、促成交易和提高履约率，在合同价格的规定方面，往往采用一些灵活变通的做法，即按非固定价格成交。即一般业务上所说的"活价"，大体上可分为下述几种。

1. 待定价格

待定价格这种定价方法又可分为以下几种。

（1）在价格条款中明确规定定价时间和定价方法。例如，"在装船月份前 45 天，参照当地及国际市场价格水平，协商议定正式价格"或"按提单日期的国际市场价格计算"。

（2）只规定作价时间。例如，"由双方在×年×月×日协商确定价格"。这种方式由于未就作价方式做出规定，容易给合同带来较大的不稳定性，双方可能因缺乏明确的作价标准，而在商定价格时各执己见，相持不下，导致合同无法执行。因此，这种方式一般只适用于双方有长期交往并已形成比较固定的交易习惯的合同。

2. 暂定价格

在合同中先订立一个初步价格，作为开立信用证和初步付款的依据，待双方确定最后价格后再进行最后清算，多退少补。

此做法由于确定了定价依据，又不影响信用证开出，有利于合同的履行，而且风险较小。

3. 部分固定价格，部分非固定价格

为了照顾双方的利益，解决双方在采用固定价格或非固定价格方面的分歧，也可采用部分固定价格，部分非固定价格的做法，或是分批作价的办法，即交货期近的价格在订约时固定下来，余者在交货前一定期限内作价。

非固定价格是一种变通做法，在行情变动剧烈或双方未能就价格取得一致意见时，采用这种做法有一定的好处。这表现在以下几个方面：

（1）有助于暂时解决双方在价格方面的分歧，先就其他条款达成协议，早日签约。

（2）解除客户对价格风险的顾虑，使之敢于签订交货期长的合同。数量、交货期的早日确定，不但有利于巩固和扩大出口市场，也有利于生产、收购和出口计划的安排。

（3）对进出口双方，虽不能完全排除价格风险，但对出口方来说，可以不失时机地做成生意；对进口方来说，可以保证一定的转售利润。

但是，非固定价格的做法是先订约后作价，合同的关键条款价格是在订约之后由双方按一定的方式来确定的。这就不可避免地给合同带来较大的不稳定性，存在着双方在作价时不能取得一致意见，而使合同无法执行的可能；或由于合同作价条款规定不当，而使合同失去法律效力的危险。

采取非固定价格，由于双方并未就合同的主要要件——价格取得一致，因此，就存在着按这种方式签订的合同是否有效的问题。绝大部分国家认为，合同只要规定作价办法，即是有效的。《联合国国际货物销售合同公约》允许合同只规定"如何确定数量和价格"，至于怎样做，没有进一步的解释。因此，在采取非固定价格时，应尽可能将作价办法订得明确具体。

三、滑动价格

在进出口货物买卖中，对于某些商品，如成套设备、大型机械，从合同订立到履行完毕需要很长时间，可能因原材料、工资等变动而影响生产成本，价格的升降幅度较大。为了避免承担过大的价格风险，保证合同的顺利履行，可采用滑动价格。所谓滑动价格，是指现在先在合同中规定一个基础价格（basic price），交货时或交货前一定时间，按工资、原材料价格变动的指数作相应的调整，以确定最后价格。在合同中对如何调整价格的办法，则一并具体订明。例如，以上基础价格按下列调整公式根据××（机构）公布的20××年×月的工资指数和物价指数予以调整。

值得注意的是，在国际上，随着某些国家通货膨胀的加剧，有些商品合同，特别是加工周期较长的机器设备合同和一些初级产品交易，都普遍采用滑动价格即所谓"价格调整条款"，要求在订约时只规定初步价格，同时规定如原料价格、工资发生变化，卖方保留调整价格的权利。

在价格调整条款中，通常使用下列公式来调整价格：

$$P = P_0(A + B \times M/M_0 + C \times W/W_0)$$

上式中：P 代表商品交货时的最后价格；P_0 代表签订合同时约定的初步价格；M 代表计算最后价格时引用的有关原料的平均价格或指数；M_0 代表签订合同时引用的有关原料的价格或指数；W 代表计算最后价格时引用的有关工资的平均数或指数；W_0 代表签订合同时引用的工资平均数或指数；A 代表经营管理费用和利润在价格中所占的比重；B 代表原料在价格中所占的比重；C 代表工资在价格中所占的比重。A、B、C 所分别代表的比例，由买卖双方签合同时确定后固定不变，例如 A 为 10%，B 为 60%，C 为 30%；三者相加应等于 100%。

如果买卖双方在合同中规定，按上述公式计算出来的最后价格与约定的初步价格相比，其差额不超过约定的范围（如百分之若干），初步价格可不予调整，合同原定的价格对双方当事人仍有约束力，双方必须严格执行。

上述"价格调整条款"的基本内容，是按原料价格和工资的变动来计算合同的最后价格。在通货膨胀的条件下，它实质上是出口厂商转嫁国内通货膨胀、确保厂商利润的一种手段。但值得注意的是，这种做法已被联合国欧洲经济委员会纳入它所制定的一些"标准合同"之中，而且其应用范围已从原来的机械设备交易扩展到一些初级产品交易，因而具有一定的普遍性。

由于这类条款是以工资和原料价格的变动作为调整价格的依据，因此，在使用这类条款时，就必须注意工资指数和原料价格指数的选择，并在合同中予以明确。

此外，在进出口贸易中，人们有时也应用物价指数作为调整价格的依据。如合同期间的物价指数发生的变动超出一定的范围，价格即做相应调整。

总之，在使用价格调整条款时，合同价格的调整是有条件的。用来调整价格的各个因素在合同期间所发生的变化，如约定必须超过一定的范围才予以调整时，则未超过限度的，即不予调整。合同原定的价格对双方就仍然有约束力，双方必须严格执行，从这个意义上讲，合同规定的价格，也就是最后价格。

四、计价货币的选择

计价货币（money of account）是指买卖双方约定用来计算价格的货币。如合同中的价格是用一种双方当事人约定的货币（如英镑）来表示的，没有规定用其他货币支付，则合同中规定的货币，既是计价货币又是支付货币。如在计价货币之外，还规定了其他货币（如美元）支付，则美元就是支付货币。

在国际货物买卖中，计价货币（money of account）与支付货币（money of payment）为同一种货币，但也可以计价货币是一种货币，支付货币为另一种甚至另几种货币。这些货币可以是出口国的货币或进口国的货币，也可以是第三国货币，由买卖双方协商确定。在当前国际金融市场普遍实行浮动汇率制的情况下，买卖双方都将承担一定的汇率变化的风险。因此，作为交易的当事人，在选择使用何种货币时，就不能不考虑货币汇价升降的风险（即外汇风险）；另外，也要结合企业的经营意图、国际市场供需情况和价格水平等情况，做全面综合的分析，但须避免因单纯考虑外汇风险而影响交易的正常进行。

1. 合理选择计价货币的意义

在一般的进出口货物买卖合同中，价格都表现为一定量的特定货币（如每吨 100 美元），通常不再规定支付货币。根据进出口贸易的特点，用来计价的货币，可以是出口国家的货币，也可以是进口国家的货币或交易双方同意的第三国的货币，还可以是某一种记账单位，这由双方当事人协商确定。由于世界各国的货币价值并不是一成不变的，而且在世界许多国家普遍实行浮动汇率的条件下通常被用来计价的各种主要货币的币值更是严重不稳定，加之国际货物买卖的交货期一般都比较长，从订约到履行合同往往需要有一段时期，在此期间计价货币的币值可能会发生变化甚至会出现大幅度的起伏，其结果必然直接影响进出口双方的经济利益。因此，如何选择合同的计价货币就具有重大的经济意义，这是买卖双方确定价格时必须注意的问题。

2. 计价货币的选择方法

由于目前各种货币在国际市场上的地位和发展趋势不同，其中有的走向疲软，有的日益坚挺。一般进出口贸易业务中，在选择计价货币时，要考虑货币的可兑换性和货币的稳定性两个因素。

计价货币一般要选择可自由兑换的货币，比如有美元、欧元、英镑、日元、瑞士法郎、加元等，其中多数以美元为计价货币。

选用计价货币时，应充分考虑汇率波动所带来的风险，尽量选择对自己有利的货币。因此，任何一笔交易，在选择计价货币时都必须在深入调查研究的基础上，结合交易习惯、经营意图而定。一般原则是，在出口业务中，应尽可能争取多使用从成交至收汇这段时期内汇价比较稳定且趋势上浮的货币，即所谓"硬币"或称"强币"。相反，在进口业务中，则应争取多使用从成交至收汇这段时期内汇价比较疲软且币值有下浮趋势的货币，即所谓"软币"或称"弱币"。

为了达成交易而不得不采用于己不利的货币成交，则可采用下述两种补救措施。

（1）根据该种货币今后可能的变动幅度，相应调整对外报价。

（2）在可能条件下，争取订立保值条款。在当前许多国家普遍使用浮动汇率的情况下，交易双方签订买卖合同时，可以约定合同货币与其他一种货币的汇率，付款时，若汇率发生变动，即按比例调整合同价格，以避免计价货币汇率变动带来的风险。

☞ 问与答

如果在合同中规定用一种货币计价而用另一种货币支付，且两种货币的汇率都是按付款时的汇率结算的情况下，其中有的为硬币，有的为软币，则作为卖方如何选择更有利？

答：不论计价和支付用的是什么货币，都可以按计价货币的量收回货款。对卖方而言，如计价货币是硬币，支付货币是软币，基本上不会受损失，可起到保值的作用；如计价货币是软币，支付货币是硬币，其收入的硬币就会减少，则对卖方不利。

第三节　佣金与折扣

佣金（commission）和折扣（discount）是国际贸易中一种惯用的做法，特别是在目前市场竞争激烈的情况下，采用明佣暗扣等方式已成为外商加强竞争、扩大销售的重要手段之一。为了调动客户的积极性，我们也可根据不同市场、商品、客户数量和销售时期等采用佣金或折扣的方法。价格条款中所规定的价格，可分为包含有佣金或折扣的价格和不包含这类因素的净价（net price）。包含有佣金的价格，在业务中通常称为"含佣价"。

一、佣金

佣金（commission）是指卖方或买方付给中间商为其对货物的销售或购买提供中介服务的酬金。在进出口贸易中，由于进出口商因为信息来源、销售技巧以及销售渠道等方面都存在一定的局限性，有些买卖的成交必须依靠中间商。中间商是专门为介绍交易而获利的人，中间商为卖方促成出口，或为买方促成进口都要收取一定的报酬。

1. 佣金的表示办法

佣金可用文字表示。例如，每打100英镑 CIF 伦敦包含佣金2%，即£100 per doz. CIF London including 2% commission。也可以在贸易术语后面加注"佣金"的英文缩写字母"C"并注明佣金的百分比表示。例如，每打100英镑 CIFC2%伦敦，即£100 per doz. CIFC2% London。还可以用绝对数来表示。例如，每打2英镑佣金，即 commission £2 per doz.。

小·提·示

除明佣和暗佣之外，佣金还有一种是双头佣，即在同一笔买卖中，中间商向买卖双方都索取佣金，两头吃佣，双头佣通常为暗佣。

凡在价格中表明包含佣金若干的称为明佣。佣金也可不在价格中标明，由买卖双方另行约定。凡在价格中未标明，而实际上买卖双方另行约定含佣若干的称为暗佣。

2. 佣金的计算与支付

按国际贸易惯例，佣金一般是按交易额为基础进行计算的。有时以发票总金额作为计算佣金的基数，有的则以 FOB 总值为基数来计算佣金。如按 CIF 成交，而以 FOB 值为基数计算佣金时，则应从 CIF 价中减去运费和保险费，求出 FOB 值，然后以 FOB 值乘佣金率，即得出佣金额。

计算佣金的公式如下：

$$佣金 = 含佣价 \times 佣金率$$
$$净价 = 含佣价 - 佣金$$
$$含佣价 = 净价 / (1 - 佣金率)$$

下面我们分别用几个实例来具体说明佣金的计算办法。

（1）以 FOB 净价为基数计算。一批出口商品的成交金额按 FOB 条件为20万美元，佣金率为3%，则佣金为：

$$200000 \times 3\% = 6000 （美元）$$

显然，采用 FOB 净价为基数计算时，如果成交金额是 CFR 或 CIF，则需将其转为 FOB 净价，再计算佣金。

（2）以买卖双方的成交金额为基数计算。买卖双方以 CIF 价成交，金额为12000美元，佣金率为3%，则：

$$佣金 = CIF 价 \times 佣金率 = 12000 \times 3\% = 360 （美元）$$

☞**【示例】**

（1）净价改报含佣价：

例：某商品 CFR 价为2000元，试改为 CFRC4%报价，并保持卖方的净收入不变。

解：CFRC4% = 2000 ÷ (1-4%) = 2083.33 （美元）

（2）调整含佣价的佣金率：

例：CFRC3%价为 1200 美元，保持卖方净收入不变，试改报 CFRC5%价。

解：先把 CFRC3%价改为 CFR 净价

CFR 净价 = 1200-1200 × 3% = 1200-36 = 1164 （美元）

再把 CFR 净价改为 CFRC5%价

CFRC5% = 1164 ÷ （1-5%） = 1255.26 （美元）

佣金的支付，习惯上应先由卖方收到全部货款后，再支付给中间商。因为，中间商的服务不仅在于促成交易，还应负责联系、督促实际卖主履约，协助解决履约过程中可能发生的问题，以使合同得以圆满的履行。另一种支付方法就是由中间商直接从货价中扣除佣金。但是，为了防止误解，对佣金于货款全部收妥后才予支付的做法，应由卖方与中间商在双方建立业务关系之初予以明确，并达成书面协议；否则，有的中间商可能于交易达成后，即要求卖方支付佣金，而有关合同日后是否能切实得到履行，货款能否顺利收到，并无绝对保证。

二、折扣

折扣（discount）是指卖方按照原价给买方以一定的减让或优惠。折扣是在竞争条件下推销商品的重要方法之一，其名目很多，如特殊情况下的特别折扣，因订购数量较大而给予的数量折扣，根据年度贸易成交额度的年终折扣，或作为试订而给予的样品折扣等。

☞ 问与答

佣金与折扣有什么区别？

答：佣金与折扣都直接影响到商品价格，但二者概念不同。首先，付给的对象不同。其次，如果卖方将中间商的佣金包括在货价内，如出口使用 CIF 价，卖方投保时应将佣金计算在保险金额内；而买方在付款时就已经将折扣扣除，因此不包括在保险金额内。最后，许多国家对佣金要征收所得税，而由于折扣对买方有利害关系，则不征税。

1. 折扣的表示办法

如果价格中允许给予折扣，一般应该用文字作具体表示。例如，每吨 300 美元 FOB 上海，减 2%折扣，即 "USD300 per metric ton FOB Shanghai less discount 2%"。折扣也有不用百分率而用具体金额的，如 "减 2 英镑"（less discount 2）。折扣有时也用在价格术语后加注折扣的英文缩写 "R" 或 "D" 来表示。如上例表示为，USD300 per metric ton FOBR 2% Shanghai。

2. 折扣的计算与支付

折扣的计算比较简单，通常是以成交额或发票金额为基础计算出来的，其计算公式如下：

$$折扣额 = 原价 × 折扣率$$

$$卖方净收入 = 原价 - 折扣额$$

折扣一般是在买方支付货款时预先予以扣除；也有的折扣金额不直接从货价中扣除，而按暗中达成的协议另行支付给买方，这种做法通常在给"暗扣"或"回扣"时采用。

三、买卖合同中的价格条款

合同中的价格条款，一般包括商品的单价和总值两项基本内容，而且确定单价的作价办法和与单价有关的佣金与折扣的运用，也属价格条款的内容。国际贸易中商品的价格，通常是指单位商品的价格，简称单价（unit price）。在进出口业务中使用的单价比国内贸易中使用的单价表述要复杂一些，包括计价货币、单位价格金额、计量单位和贸易术语。

☞【示例】

USD	300	per metric ton	CIF New York
计价货币	单位价格金额	计量单位	贸易术语

商品的总值是商品单价与成交商品数量的乘积，它是指一笔交易的货款总金额。进出口合同价格条款中的总值与单价所使用的货币，应当是一致的。

商品单价和商品总值是商品价格条款的基本内容。由于价格条款是进出口合同中的核心条款，它与其他相关条款有着密切的联系，因此，价格条款涵盖的内容和涉及的问题是相当广泛的。

为了使价格条款的规定明确合理，必须注意下列事项。

（1）在调查研究的基础上，根据我国进出口商品作价原则和每笔交易的经营意图，合理确定适当的价格，防止盲目定价。

（2）根据市场上船货供求状况、运价动态和自身运输能力等因素，酌情选用适当的贸易术语。

☞ 问与答

选择贸易术语的一般原则有哪些？

答：出口业务尽量采用 CIF 或 CFR 术语，为国家增加保险费或运费的外汇收入；进口时尽量采用 FOB 术语，减少保险费和运费的支出，节省外汇。但也要根据方便贸易、促进成交的原则，根据具体情况，灵活选择贸易术语。

（3）根据金融货币市场情况，争取选择于己有利的计价货币，必要时，也可酌情增加保值条款，以免承担汇率变动的风险。

（4）根据成交的品种、数量和交货期限等因素，灵活运用各种不同的定价办法，以免承担价格变动的风险。

（5）参照国际贸易的习惯做法，注意佣金和折扣的合理运用，以便有效利用中间代理商和扩大交易。

（6）如果合同中对交货品质和数量约定有一定的机动幅度，则对机动部分的作价也应一并规定。

（7）如包装材料和包装费另行计价时，对其计价办法也应一并规定。

（8）单价中涉及的计量单位、计价货币、装卸地名称，必须书写正确、清楚，以利于合同的履行。

☞【案例与分析】

我某进出口公司从美国进口某种商品 200 吨，按每吨 1000 美元 FOB Vessel NewYork 成交。按合同约定的支付方式和付款时间，我方通过中国银行向对方开出了一张金额为 20 万美元的信用证，对方接到信用证后认为信用证金额不足，要求增加 1.2 万美元，作为有关出口税捐及各种签证费用。我方接电后认为这是美方的无理要求，回电指出："按 FOB Vessel 条件成交，卖方应负责有关的出口捐税和签证费用，这在 2000 通则中已有规定。"美方回电称："成交时并未明确规定按 2000 通则办理。根据我们的商业习惯及《1941 年美国对外贸易定义修订本》，出口捐税及费用应由买方承担，我很难接受按 2000 通则办理。"这时恰巧该商品的国际市场价格上涨，我方又急需这批商品，只好通过银行将信用证的金额增加了 1.2 万美元。通过本案例你认为在同美国等北美国家签订合同时，有关价格条款的规定应注意哪些问题？

分析：本节案例中的纠纷很明显是由于双方在价格条款的约定上理解不一致导致的。通过本案例，我外贸企业在与美国和其他国家出口商按 FOB 术语洽谈进口业务时，一定要注明价格条款中的价格术语适用的是哪一个国际惯例。

❋ 本章小结 ❋

出口价格的构成一般包括商品成本、出口费用和预期利润三部分。进口价格一般由原价、进口费用和预期利润三部分构成。影响商品价格的因素有很多，主要有商品的质量和档次，运输距离，交货地点和交货条件，季节性需求的变化，成交数量，支付条件和汇率变动的风险。

进出口商品的作价办法很多，主要有固定价格，非固定价格和滑动价格。用来计价的货币，可以是出口国家货币，也可以是进口国家货币或双方同意的第三国货币，由买卖双方协商确定。

佣金是代理人或经纪人为委托人进行交易而收取的报酬。折扣是指卖方按原价给予买方一定百分比的减让。

❋ 练习题 ❋

一、单选题

1. 某买卖合同中规定："如果卖方因国内原材料价格指数上升 1%，对本合同未执行的数量，双方协商调整价格。"这是（　　）。

　　A. 固定价格　　　　B. 非固定价格　　　　C. 暂定价格　　　　D. 价格调整条款

2. 某合同价格条款规定为"每吨 CIF 大阪 100 美元"，这种价格是（　　）。

　　A. 净价　　　　　　B. 含佣价　　　　　　C. 离岸价　　　　　D. 成本价

3. 某公司对外报价为 CIF 价 150 美元，外商要求改报 CIFC5%，我方应报价为（　　）。

　　A. 157.0 美元　　　B. 157.4 美元　　　　C. 157.8 美元　　　　D. 157.9 美元

4. 下列单价条款对佣金描述正确的有（　　）。

　　A. 每吨 150 美元 CIF 上海，包括 20% 的佣金

　　B. 每吨 150 美元 CIF 上海，每吨付佣金 3 美元

　　C. 每吨 150 美元 CIF 上海

　　D. 每吨 150 美元 CIF 上海，包含佣金

5. 合同中的单价条款不包括（　　）。

　　A. 总值　　　　　　B. 计量单位　　　　　C. 单位价格金额　　D. 计价货币

二、判断题

1. CIF 价不包括国外保险费。（　　）

2. 在采用价格调整条款时，合同价格的调整是有条件的。（　　）

3. 在合同中选择固定价格是最佳的做法。（　　）

4. 出口成本价格就是出口成交价格。（　　）

5. 佣金是卖方给买方的价格减让。（　　）

三、简答题

1. 影响商品成交价格的因素有哪些？

2. 简述采用固定价格的优缺点。

3. 如何在合同中规定佣金？

4. 如何在合同中规定折扣？

四、分析题

请分析下列我方出口单价的写法是否正确？如有错误或不完整，请更正或补充。

1. 每码 3.50 元 CIFC 中国香港

2. 每箱 500 英镑 CFR 净价英国

3. 每吨 1 000 美元 FOB 伦敦

4. 每打 100 法国法郎 FOB 净价减 1% 折扣

5. 2000 日元 CIF 上海包含佣金 2%

五、案例分析题

某公司 A 与另一公司 B 签订一份为期 10 年的供货合同。规定：A 公司每月向 B 公

司供应 10 吨 1 级菜油，价格每季度议定一次。同时规定："如双方发生争议，应提交仲裁处理。"但该合同执行了半年后，甲方提出因合同价格不明确，主张合同无效，后报经仲裁裁决。

问：合同中价格条款是否明确，你认为应该如何处理争议？

六、实训题

1. 我某公司向外商报价每吨 1 000 美元 CFR 曼谷，而外商来电要求改报 CIF 曼谷含 5%佣金价。我方应报 CIFC5%曼谷价为多少？（注：设保险费率合计为 0.85%）

2. 如果我方向外商报价为 CIF 香港每吨 520 美元，含折扣 2%，那么我方扣除折扣的净收入是多少？

第十三章　国际贸易货款的支付结算

☞【学习目标】

学习完本章后，你应该能够清楚地知道：

(1) 票据的概念及特点；

(2) 票据行为、票据流通过程中主要当事人的权责；

(3) 汇票、本票和支票的概念、内容以及分类；

(4) 国际贸易货款的三种主要支付方式——汇付、托收和信用证的含义；

(5) 三种支付方式的当事人的权责及种类；

(6) 三种支付方式的业务流程及在国际经济往来中的具体应用。

国际贸易的支付方式也称国际结算方式，是指国际上通过结算工具，办理因债权债务所引起的货币资金的收付而采取的方式。国际贸易中采取的支付方式主要分为汇付、托收、信用证。

第一节　结算的工具

一、票据概述

目前，在国际货款支付中，基本上都采用票据作为支付工具，现金支付在支付总额中仅占极小的比重，而且仅限于小量的交易。票据是商品经济发展到一定阶段的产物，是社会经济生活中的重要支付手段，而票据的流通和使用，反过来又推动和促进了商品经济的发展。票据是指出票人自己承诺或委托他人在见票或指定日期向收款人或持票人无条件地支付一定的金额并且可以流通转让的一种有价证券。目前在国际贸易中最常使用的支付工具是汇票、本票和支票。

（一）票据的含义和特点

广义的票据泛指商业上的权利凭证，即凡赋予持有人一定权利的凭证都是票据，如提单、存单、股票、债权等。狭义的票据是指以支付一定金额为目的、用于清偿债权债务的凭证，即由出票人在票据上签名，无条件地规定自己或他人支付确定金额的、可流通的证券。国际贸易支付中所说的票据即指狭义的票据。

票据作为一种支付工具，主要具有如下的特点。

（1）无因性。无因性（non-causative nature）是指票据的受让人接收票据时不需要知道票据签发的原因。票据签发的原因是多种多样的，比如由于出票人与收款人之间的买卖、赠予、借款而出具和接受票据。任何票据的签发都存在着类似于这样的基础关系，但是在票据签发之后，票据上的权利和义务即与这些基础关系相分离；不论这些基础关系是否有效或者发生改变，均不影响票据的效力。票据的无因性使得票据可以广泛流通。

（2）要式性。要式性（requisite in form）是指票据的形式和内容必须符合规定，必要的项目必须齐全；对票据的处理，包括出票、提示、承兑、背书、保证、追索等行为也都必须符合一定要求，只有这样才能发生票据的效力。

（3）文义性。文义性（words restrictin）是指票据债务人只根据票据的文字记载来履行付款义务，而不以文字记载以外的其他任何记载为依据。

（4）流通性。流通性（negotiability）是指票据的权利可以转让给其他人，票据是可流通证券。票据的转让有两种方式，直接的交付转让或者是通过背书的形式进行转让。票据经转让之后，受让人就成为持票人和票据的债权人。但并不是所有的票据都可以转让，如果票据上记载有"不得转让"（not negotiable）或其他类似表示不可转让的意旨时，该票据就不得再转让，即不再具有流通性。

（5）可追索性。可追索性（recourse）是指正当持票人如果未能实现票据的权利，有权对票据上的所有当事人起诉，要求得到票据权利。票据的可追索性保障了正当持票人的合法权利，如果票据的付款人或承兑人对合格票据拒绝付款或承兑，正当持票人可以通过法定程序向所有票据债务人起诉、追索，最终实现票据规定的全部法律权利。

总之，无因性、要式性、文义性、流通性和可追索性是票据的五大基本特性。正因为票据具备了这五个特性，才能减少票据纠纷，保证票据的顺利流通，才能更好地发挥票据在经济活动中的汇兑、支付和信用工具的功能。

（二）票据的种类和票据的当事人

1. 票据的种类

国际贸易结算中使用的票据包括汇票、本票和支票，以汇票为主。各国的法律对票据种类的规定并不完全一致；但是，在国际上一般都认为票据应包括汇票、本票和支票。我国票据法也只包括汇票、本票和支票三种。

2. 票据的当事人

票据当事人，也称票据法律关系主体，是指票据法律关系中，享有票据权利、承担票据义务的主体。票据当事人可以分为基本当事人和非基本当事人。

（1）基本当事人

基本当事人，是指在票据作成和交付时就已存在的当事人，是构成票据法律关系的必要主体，包括出票人、付款人和收款人三种。在汇票及支票中有出票人、付款人与收款人；在本票中有出票人与收款人。基本当事人不存在或不完全，票据上的法律关系就不能成立，票据就无效。

① 出票人（drawer），是指依法定方式签发票据并将票据交付给收款人的人。根据票据种类的不同，出票人的法律地位也有所不同。

331

商业汇票的出票人为银行以外的企业和其他组织；向银行申请办理汇票承兑的商业汇票的出票人，必须在承兑银行开立存款账户，资信状况良好，并具有支付汇票金额的可靠资金来源。

承兑商业汇票的银行，必须与出票人具有真实的委托付款关系，必须具有支付汇票金额的可靠资金。

支票的出票人，为在经中国人民银行批准办理支票存款业务的银行、城市信用合作社和农村信用合作社开立支票存款账户的企业、其他组织和个人。

② 收款人（payee），是指票据到期后有权收取票据所载金额的人，又称票据权利人。债权人的票据权利可以转让，如通过背书，将票据转让给他人，或者通过贴现，将票据转让给银行。

③ 受票人（drawee）又称付款人，是指由出票人委托付款或自行承担付款责任的人。付款人付款后，票据上的一切债务责任解除。

汇票的付款人有两种，商业承兑汇票的付款人是合同中应给付款项的一方当事人，也是该汇票的承兑人；银行承兑汇票的付款人是承兑银行，但是其款项来源还是与该票据有关的合同中应付款方的存款；支票的付款人是出票人的开户银行；本票的付款人就是出票人。

（2）非基本当事人

非基本当事人，是指在票据作成并交付后，通过一定的票据行为加入票据关系而享有一定权利、义务的当事人，包括承兑人、背书人、被背书人、保证人等。

① 承兑人。是指接受汇票出票人的付款委托，同意承担支付票款义务的人，它是汇票的主债务人。

② 背书人与被背书人。背书人是指在转让票据时，在票据背面或粘单上签字或盖章的当事人（称为前手），并将该票据交付给受让人的票据收款人或持有人。

被背书人，是指被记名受让票据或接受票据转让的人。背书后，被背书人成为票据新的持有人（称为后手），享有票据的所有权利。但是，在票据得到最终付款前，在持票人之前的所有前手不能终结其第一或第二债务人的义务。

③ 保证人。是指为票据债务提供担保的人，由票据债务人以外的第三人担当。保证人在被保证人不能履行票据付款责任时，以自己的金钱履行票据付款义务，然后取得持票人的权利，向票据债务人追索。

保证人应当依据《票据法》的规定，在票据或者其粘单上记载保证事项。保证人为出票人、付款人、承兑人保证的，应当在票据的正面记载保证事项；保证人为背书人保证的，应当在票据的背面或者其粘单上记载保证事项。

二、汇票

汇票是在国际结算业务中使用最广泛的一种结算工具。汇票作为票据的一种类型，具有一般票据所具有的特征，但是汇票作为最基本的票据类型，又有着其固有的特征。

按照英国票据法的定义，汇票（bill of exchange）是指由一个人向另一个人签发的，要求即期或于一定日期或在可以确定的将来时间，向某人或其指定人或持票人无条件支付一定金额的书面支付命令。我国《票据法》第十九条规定，汇票是出票人签发的，委托付款人在见票时或者在指定日期无条件支付确定的金额给收款人或者持票人的票据。

（一）汇票的必备内容

票据有一个很重要的特性就是要式性，要式性要求票据的必要记载项目必须齐全，任何绝对必要记载项目的欠缺都会导致票据的无效。汇票同样要符合票据的要式性特征，绝对必要记载项目必须齐全。

根据我国《票据法》，汇票上的绝对必要记载项目如下。

（1）"汇票"字样。汇票上必须标明"汇票"的字样，以区别于支票、本票。

（2）出票日期。汇票出票日之所以是绝对必要记载事项，是因为它具有以下重要意义：第一，决定见票即付的付款提示期限；第二，决定出票日后定期付款的到期日；第三，决定见票后定期付款的承兑提示期间；第四，确定出票人为出票行为时有无行为能力及代理人有无代理权等。

（3）收款人。收款人是指收取票款的人。在汇票上，一般对收款人有以下三种记载方法。①限制性抬头。②来人抬头。但是，这种来人汇票风险很大，在国际贸易结算中也很少使用。③指示性抬头，在国际贸易结算中被广泛使用。

（4）确定的金额。汇票必须记载一定的金额，而且金额必须是确定的。

（5）无条件支付的命令。汇票是无条件支付的命令，因此出票人应在票据上记载无条件支付的文句。

（6）受票人。受票人是受委托于到期日支付票据金额的人，又称为付款人。

（7）出票人的签章。签章是行为人负票据责任的意思表示，各国都规定出票人应在汇票上签名或者盖章，没有出票人签章的汇票为无效汇票。

以上七项为我国票据法上的汇票的绝对必要记载事项，以上任何一项内容记载的缺失，都将导致汇票无效。

除此之外，汇票上还有相对必要记载的内容，主要如下。

（1）出票地点。汇票的成立是以行为地法律为适用依据的，根据我国《票据法》，汇票上没有记载出票地点的，以出票人的营业场所、住所或经常居住地为出票地。

（2）付款时间。根据我国《票据法》，付款时间有如下的四种记载方式：①见票即付；②定日付款；③出票后定期付款；④见票后定期付款。如果汇票上欠缺付款时间的记载，则视为见票即付。

（3）付款地点。付款地点是汇票上记载的支付汇票金额的地方，也是拒绝付款时持票人请求做成拒绝证书地。汇票上如果欠缺付款地的记载，我国《票据法》规定，以付款人的营业场所、住所或经常居住地为付款地。

以上事项即为汇票上的相对必要记载事项，其记载的欠缺并不导致汇票的无效，法律上给出了相应的补救方式。

汇票的样本如图13.1所示。

（二）汇票的种类

根据不同的标准，可以把汇票划分成不同的种类，通常有如下几种类型。

```
                              Bill of Exchange
No._____（汇票号码）
Drawn under  （出票依据）_____ L/C No. _____ Dated _____
Exchange for （小写汇票金额）_____ Beijing，China （出票时间地点）_____
At  （见票）_____ sight of this  First of Exchange （Second of Exchange being unpaid ） pay to the order
of （收款人）_____
The sum of  （大写汇票金额）_____
To  （付款人）_____

                                              _____（出票人签字）
                                                             （Signature）
```

图 13.1　汇票示例

1. 依据付款时间的不同

依据付款时间的不同，汇票可以分成即期汇票和远期汇票。

即期汇票是指以提示日为到期日，持票人持票到付款人处，付款人见票必须付款的一种汇票，即见票即付汇票。汇票上没有付款时间的记载时，视为见票即付汇票。

远期汇票是在指定的到期日付款的汇票。根据到期日的指定方式不同，又分为出票后定期付款汇票、见票后定期付款汇票、定日付款汇票三种。

2. 依据汇票是否附随运输单据

依据汇票是否随附运输单据，汇票可以分成跟单汇票和光票。

跟单汇票是附带了各种货运单据的汇票，只有当所附的各种单据都符合要求，才能获得票据上所载金额的货币。

光票是没有附带货运单据的汇票，凭汇票本身即可获得付款。

3. 依据出票人的不同

依据出票人的不同，汇票可以分成商业汇票和银行汇票。

商业汇票是指由企业、商号或个人签发的，付款人可以是企业、商号、个人或银行的汇票。

银行汇票是指出票人和付款人均为银行的汇票。银行汇票一般用于汇付业务，汇票由银行签发后交给汇款人，由汇款人自行寄给国外收款人向付款银行取款。

4. 依据承兑人的不同

依据承兑人的不同，汇票可以分成银行承兑汇票和商业承兑汇票。

银行承兑汇票是以银行为付款人并经过付款银行承兑的远期汇票。

商业承兑汇票是以公司、企业或个人为付款人，并由公司、企业或个人进行承兑的远期汇票。

5. 依据收款人记载方式的不同

依据收款人记载方式的不同，汇票可以分成记名汇票、无记名汇票和指示汇票。

记名汇票是指出票人在汇票上明确记载收款人的姓名或商号的一种汇票。

无记名汇票是指在票面上没有记载收款人的姓名或商号，或仅记载"来人"字样的一种汇票。

指示汇票是指不仅在汇票上记载收款人的姓名或商号，并且附加"或其指定人"字样的汇票。出票人可以依背书交付而转让这种汇票。

（三）汇票的票据行为

票据行为是指以发生票据上的权利义务关系为目的的一种要式法律行为。根据票据行为是否签发票据，将票据行为分为基本的票据行为和附属的票据行为。基本的票据行为即出票，其他各类型票据行为都是在出票的基础上成立的。附属的票据行为即背书、承兑、保证等，这些行为都是在已成立的票据上所为。

在不同的票据种类中票据行为也不尽相同，与汇票相关的票据行为有出票、背书、提示、追索、保证、承兑等，与本票相关的票据行为有出票、背书、提示、追索、保证等，而与支票相关的票据行为主要表现为出票与背书。

1. 出票

出票（issue）是指按照法定形式签发汇票并将其交付给收款人的行为。出票包括做成汇票和交付汇票两个步骤。出票这种行为对汇票的不同当事人会产生不同的法律效力。对于出票人而言，出票后其具有担保承兑和付款的义务。对付款人而言，汇票一经签发，付款人处于为出票人付款的地位。对收款人而言，收款人接受票据以后，其就取得了付款请求权。

出票时有三种方式规定收款人：

（1）限制性抬头（restrictive payee），这种汇票通常会标注"pay ABC Co., Ltd. only"或"pay ABC Co., Ltd., not negotiable."，这种汇票不得流通转让。

（2）指示性抬头（to order）汇票常标有"pay ABC Co., Ltd. Or Order"或者"pay to the order of ABC Co., Ltd."。

（3）持票人或者来人抬头（to bearer）常标注有"pay to bearer"或者"pay to ABC Co., Ltd. Or bearer"。

2. 背书

背书（endorsement）是指持票人或收款人在汇票的背面或粘单上签章记载有关事项并把汇票交付他人以转让票据权利的行为。一张汇票可以经过多次背书，签章在前面的背书人称为前手，签章在后面的背书人称为后手。前手对后手负有担保票据被承兑和付款的责任。并且在多次背书的情况下，背书必须连续，即后一次背书的背书人必须是前一次背书的被背书人。

背书主要有如下几种类型。

（1）空白背书，又称不记名背书，是指背书人只在汇票背面签名，不指定被背书人，即不写明受让人。这种背书的汇票只凭交付即可转让。由于此种背书的汇票一经遗失，很难保护正当持票人的权利，因而在实践中使用较少。我国《票据法》不允许制作空白背书。

（2）限制性背书，即不可转让背书，是指背书人背书时加上了"不得转让"的限制性文句，该票据一般不能转让流通，在实践中使用得也比较少。

（3）特别背书，又称记名背书，是指背书人除在汇票背面签名外，还写明被背书人名称或其指定人。这种背书既保证了汇票的流通性，又保证了流通过程中的安全性，因而在实践中使用得最多。

我国《票据法》第三十条规定，背书必须记载被背书人名称。这表明我国不允许对票据做不记名背书。

3. 承兑

承兑（acceptance）是指付款人对远期汇票表示承担到期付款责任的附属票据行为，即期汇票不需要该程序。汇票的承兑包括三个步骤：首先是持票人提示；其次付款人写明承兑字样（accepted）并签名；最后付款人交还给持票人。付款人应对提示承兑的汇票在规定或习惯日期内承兑或拒绝承兑。在三种基本票据中，只有远期汇票需要承兑，本票和支票都不需要承兑的程序。承兑后，远期汇票的付款人取代出票人成为票据的第一债务人。汇票经承兑后意味着汇票付款加入了承兑人的保证，债权更加确定，便于转让。

4. 提示

提示（presentation）是持票人将汇票提交付款人要求承兑或付款的行为，是持票人要求实现汇票权利的必要程序。提示又分付款提示和承兑提示。付款提示是指汇票的持票人向付款人或承兑人出示票据要求付款的行为。承兑提示是指远期汇票的持票人向付款人或承兑人出示汇票，要求付款人承诺到期付款的行为。

5. 付款

付款（payment）是指由持票人提示，付款人支付票款以消灭票据关系的行为。付款是票据法律关系的结束，是票据流通过程的终结。付款人向持票人正当付款之后，持票人需要把票据返还给付款人，而付款人的票据责任也因此被解除。

6. 拒付和追索

持票人向付款人提示，付款人拒绝付款或拒绝承兑，均称拒付（dishonor）。另外，付款人逃匿、死亡或宣告破产，以致持票人无法实现提示，也称拒付。

出现拒付时，持票人有追索权，即有权向其前手（背书人、出票人）要求偿付汇票金额、利息和其他费用的权利。一般情况下，持票人进行追索时，应将拒付事实书面通知其前手，即发出拒付通知；并提供被拒绝承兑或被拒绝付款的证明或退票理由书，即做成拒绝证书。被追索者清偿债务后，与持票人享有相同的追索权利，即可以再向其他债务人行使追索权。依此顺序，直至该票据的债权债务关系因履行或其他法定原因消灭为止。

☞【案例与分析】

图 13.2 是一张国际贸易中使用的汇票，阅读它并指出汇票的出票人、付款人和收款人是谁，三者在国际贸易中的关系如何。

分析：汇票的出票人是"中纺针棉毛织品进出口公司"，付款人是"BANQUE NATIONALE DE PARIS（CANADA）"，收款人是"BANK OF CHINA, BEIJING"。

中纺针棉毛织品进出口公司
CHINATEX KNITWEAR NAD MANUFACTURED GOODS
IMPORT & EXPORT CORPORATION

Tel：5124388 5124604 5123019　　　　　82，**Dong An Men Street**，　　　FAX：5124743
　5127788 Ext：301 307 313　　　　　　　　Beijing，China　　　　　　　Telex：22732 CNTEX CN
　　　　　　　　　　　　　　　　　　　　　　　　　　　　　　　　　Cable：CHINATEX. BEIJING

No. 9003

Exchange for ┃ US $ 89705.50 ┃　　　　　　　　　　　　　　　　　　　　　　BEI JING

At ------------------- _____ sight of this **First** of Exchange

(**Second** of the same tenor and date unpaid) ， Pay to the Order of
BANK OF CHINA，BEIJING　　　　　　　　　　　　　　　　　　　　　　the sum of

┃ US DOLLARS EIGHTY NINE THOUSAND SEVEN HUNDRED AND FIVE CENTS FIFTY ONLY. ┃

Drawn under：BANQUE NATIONALE DE PARIS(CANADA)　　　　MONTREAL _____

　　　　(3)L/C NO. M40100　　　　ISSUED DATE：OCTOBER，06. 1995 _____

TO　BANQUE NATIONALE DE PARIS(CANADA)
　　MONTREAL _____

　　　　　　　　　　　　　　　中 纺 针 棉 毛 织 品 进 出 口 公 司
　　　　　　　　　　　　　CHINATEX KNITWEAR AND MANUFACTURED GOODS
　　　　　　　　　　　　　　　IMPORT & EXPORT CORPORATION

　　　　　　　　　　　　　　　　　　　　×××

图 13.2　汇票示例

三、本票和支票

（一）本票

根据我国《票据法》，本票（promissory note）是出票人签发的，承诺自己在见票时无条件支付确定金额给收款人或者持票人的票据。

与汇票相比，本票具有三个特点：第一，本票是无条件的支付承诺，即本票是自付票据；第二，本票的基本当事人只有两个——出票人和收款人；第三，本票不必办理承兑。

1. 本票的必备内容

各国票据法对本票内容的规定各不相同。我国《票据法》规定，本票上的绝对必要记载事项包括：表明"本票字样"、无条件支付的承诺、确定的金额、收款人的名称、出票日期、出票人的签章。本票的样本如图 13.3 所示。

2. 本票的种类

依据不同的标准，可以把本票划分成不同的种类。

（1）依据付款期限的不同划分

依据付款期限的不同划分，本票可以分为即期本票和远期本票。

```
┌─────────────────────────────────────────────────────────────────┐
│                    PROMISSORY   NOTE                              │
│  （本票金额）_____  _____（出票日期、地点）  │
│  On the _____  （付款时间）  fixed by the Promissory Note │
│  We promise to pay to the order of _____ （收款人）        │
│  The sum of  （大写金额）_____     │
│                                                                   │
│                                     _____（出票人）       │
│                                         （Signed）                 │
└─────────────────────────────────────────────────────────────────┘
```

图 13.3　本票示例

即期本票是见票即付的本票；远期本票是定日付款本票、出票后定期付款的本票和见票后定期付款的本票。

（2）依据本票的出票人的不同划分

依据本票的出票人的不同划分，本票可以分成商业本票和银行本票。

商业本票是由工商企业、商号或个人签发的本票。商业本票可分为即期和远期的商业本票。银行本票是由银行签发的，承诺自己在见票时无条件支付确定的金额给收款人或者持票人的票据。银行本票都是即期的。在国际贸易结算中使用的本票大多是银行本票。我国《票据法》第73条第2款规定：本法所称本票，是指银行本票。所以，我国《票据法》只调整银行本票，而不调整商业本票。

（3）依据本票上是否记载收款人的名称划分

依据本票上是否记载收款人的名称，本票可分成记名本票和无记名本票。

我国《票据法》第76条规定，本票必须记载收款人的名称，否则，本票无效。

（二）支票

支票（check）是银行存款户对银行签发的授权银行对某人或其指定人或持票人即期支付一定金额的无条件书面支付命令。

1. 支票的必备内容

支票上的记载事项包括："支票"字样；无条件支付命令；付款银行名称；出票人签章；出票日期和地点（未载明出票地点的，以出票人名称旁的地点作为出票地）；确定的金额；收款人或其指定的人；付款地点（未载明付款地点者，付款银行所在地视为付款地点）；写明"即期"字样（如未写明即期者，仍视为付款地点）。支票的样本如图13.4所示。

2. 支票的种类

支票有记名支票、不记名支票、划线支票三种。

记名支票，是指在支票的收款人一栏，写明收款人姓名，取款时须由收款人签章，方可支取。

不记名支票，是指支票上不记载收款人姓名，只写"付来人"，取款时持票人无须在支票背面签章，即可支取。此项支票仅凭交付而转让。

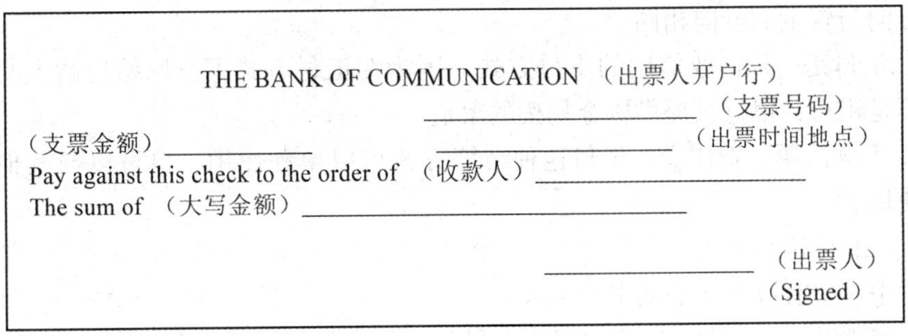

```
┌─────────────────────────────────────────────────────────────┐
│          THE BANK OF COMMUNICATION  （出票人开户行）          │
│                          _____ （支票号码）     │
│  （支票金额）_____        _____（出票时间地点）│
│  Pay against this check to the order of  （收款人）_____│
│  The sum of  （大写金额）_____              │
│                                                               │
│                                 _____（出票人）     │
│                                  （Signed）                   │
└─────────────────────────────────────────────────────────────┘
```

图 13.4　支票示例

　　画线支票，是指在支票正面画两道平行线的支票。画线支票与一般支票不同，画线支票非由银行不得领取票款，故只能委托银行代收票款入账。使用画线支票的目的是在支票遗失或被人冒领时，还有可能通过银行代收的线索追回票款。

☞【知识链接】

　　汇票、本票和支票的区别

　　汇票、本票和支票是票据的三种基本形式，在国际贸易结算中都充当着支付工具的作用，都具有票据共同的特性，但三者之间也存在着明显的差别，主要表现在如下几个方面。

　　（1）具体性质不同。汇票是无条件的支付命令；本票是无条件的支付承诺；支票是出票人对受票行的付款授权书并且出票人在出票之前必须在受票行有足额的存款，否则视为空头支票。

　　（2）基本当事人不同。汇票有三个基本当事人：出票人、受票人、收款人；而本票只有两个基本当事人：出票人和收款人，受票人与出票人为同一人；支票也有三个基本当事人：出票人、受票人、收款人，但是受票人必须是银行。

　　（3）付款的期限不同。汇票和本票都有即期和远期之分，即除了有见票即付的类型外，还有定日付款、出票后定期付款、见票后定期付款等形式；而支票只能是见票即付。

　　（4）涉及的票据行为不同。远期汇票需要经过付款人的承兑程序才进入付款程序；而本票和支票都不需要经过承兑，因为本票的出票人即为付款人，支票都是见票即付的。

第二节　结算的方式

一、汇付

（一）汇付的特点

汇付方式的特点有以下三点。

（1）汇付的结算方式属于顺汇，因为在汇付方式下，结算工具（委托通知、票据）的传递方向与资金的流向相同。

（2）汇付是一种商业信用的支付方式，因为在汇付方式下，原始付款人与最后收款人均不是银行，银行只提供资金划拨的渠道。

（3）手续简便、费用少。汇付这种结算方式可以单独使用，也可以与其他结算方式结合使用。

（二）汇付的当事人

汇付中一般有以下 4 个基本当事人。

（1）汇款人（remitter），指向银行交付款项并委托银行将该款交付给收款人的人。在国际贸易中通常是进口商，其责任是填写汇款申请书、提供汇款和承担相关费用。

（2）收款人或受益人（beneficiary），指汇款人委托银行交付汇款的对象。在国际贸易中通常是出口商，其权利是凭证取款。

（3）汇出行（remitting bank），指受汇款人的委托，汇出款项的银行。通常是汇款人所在地的银行，其职责是按汇款人的要求通过一定的途径将款项汇交给收款人。

（4）汇入行（paying bank），指受汇出行的委托将一定货币金额解付给汇款通知书上的指定的受益人的银行。通常是收款人所在地的银行。其职责是把款项解付给受益人。

（三）汇付的种类

依据汇出行向汇入行发出汇款委托书的方式的不同，汇付可以分为电汇、信汇、票汇三种类型。

1. 电汇

电汇（telegraphic transfer，T/T）是汇出行应汇款人的申请，用加押电报、电传或通过环球同业银行金融电讯协会（SWIFT）给在另一个国家的汇入行发出汇款委托书，指示其解付一定款项的金额给收款人的一种汇款方式。汇入行在收到汇款委托书以后首先要核对密押，然后缮制电汇通知书，通知收款人收款。使用电汇的汇款方式具有资金调拨速度快、安全和成本较高的特点。

电汇方式的业务流程如图 13.5 所示。

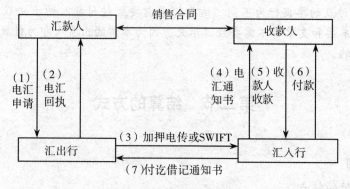

图 13.5 电汇业务流程图

2. 信汇

信汇（mail transfer，M/T）与电汇相似，两者的区别在于传递汇款委托书的手段不同。信汇是汇出行应汇款人的申请，用航空邮件的方式向汇入行发出汇款委托书，指示其解付一定款项的金额给收款人的一种汇款方式。

信汇方式的业务流程如图13.6所示。

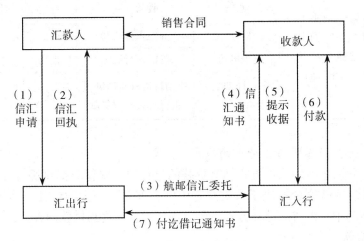

图 13.6　信汇业务流程图

3. 票汇

票汇（remittance by banker's demand draft，D/D）是汇出行应汇款人的申请，代其开立以汇入行为付款人的银行即期汇票，并交还汇款人，由汇款人自寄或自带给国外收款人，由收款人到汇入行凭票取款的汇款方式。

票汇的业务流程如图13.7所示。

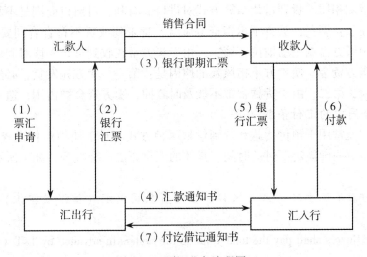

图 13.7　票汇业务流程图

信汇、电汇、票汇三种汇付方式的异同点见表 13.1。

表 13.1 三种汇付方式的异同点

方式	相同点	不同点				
		汇出行通知汇入行方式	出口商收款方式	银行费用	收款速度	可否转让
信汇	均属于商业信用,进口商均通过银行将款项交给出口商	信件	等汇入行通知	较低	慢	不允许
电汇		电报电传	等汇入行通知	较高	快	不允许
票汇		银行即期汇票的票根	主动持进口商提供的银行汇票索取货款	低	较快	允许

（四）汇付在国际贸易支付中的应用

在进出口贸易中使用汇付方式结算货款的过程中，银行只提供服务而不提供信用，因此，使用汇付方式完全取决于买卖双方中的一方对另一方的信任，属于商业信用性质。在国际贸易中，汇付的结算方式主要有预付货款、货到付款两种方式。

1. 预付货款

预付货款（payment in advance）是指进口商将货款的一部分或全部支付给出口商，出口商收到货款后再发货。预付货款是一种对出口商有利、对进口商不利的结算方式。因此，预付货款只适用于双方关系密切或货物畅销、货源有限的情况。预付货款还可以用在进口商向出口商支付定金方面，出口商在出口大宗商品或成套设备时。

2. 货到付款

货到付款（payment after arrival of the goods）指出口商先发货、进口商货到再付款的结算方式。此方式属于赊账交易或延期付款结算。

与预付货款相比，货到付款结算方式对进口商有利，对出口商则是不利的。对买方有利的原因在于：第一，买方不承担资金风险，货未到或货不符合合同要求则不付款，在整个交易中买方占据主动地位；第二，由于买方常在收到货物一段时间后再付款，无形中占用了卖方资金。使卖方承担风险的原因是：第一，卖方先发货，必然要承担买方不付款的风险；第二，由于货款常常不能及时收回，卖方资金被占用，造成一定损失。

（五）合同中的汇付条款

汇付方式通常用于预付货款和货到付款两种方式，对于使用汇付方式支付的交易，在买卖合同中应明确规定汇付的时间、具体的汇付方法和金额等，如下所示。

买方应不晚于×年×月×日将全部货款用电汇（信汇或票汇）方式支付给卖方。

The Buyers shall pay the total value to the Sellers in advance by T/T（M/T or D/D）not later than …

买方同意在本合同签字之日起，1 个月内将合同总金额×%的预付款，以电汇方式汇交卖方。

×% of the total contract value as advance payment shall be remitted by the Buyer to the Seller through telegraphic transfer within one month after signing this contract.

二、托收

托收（collection）是由出口商提交凭以收款的金融票据或商业单据，委托出口国的银行通过其在国外的分行或代理行，向进口商收回款项的一种国际结算方式。

（一）托收的特点

托收具有如下的特点：第一，属于商业信用。因为托收方式下进出口双方能否取得合同规定的货物或按期收到合同规定的货款分别取决于对方的资信，没有第三者的保证，托收项下的银行只是接受委托办理收款业务，与当事人之间的关系是委托代理关系，他们对于托收过程中遇到的一切风险、费用和意外事故等不承担责任。第二，属于逆汇方式。托收项下的结算工具票据与资金的结算工具的流向相反，因而属于逆汇。第三，跟汇付相比，安全性较高。

☞【知识链接】

　　办理国际结算业务的银行必须具有较广泛的海外机构网络，包括联行和代理行。联行是基础，代理行是主体。联行（sister bank）关系是指一家商业银行内总行、分行及支行之间的关系。代理行（correspondent bank）关系是指两家不同国籍的银行通过相互办理业务而建立的往来关系，建立了代理关系的银行互为代理行。

（二）托收的当事人

托收涉及的当事人主要有如下几大类。

（1）委托人（principal），就是将单据委托银行向国外付款人收款的人，即委托银行办理托收业务的人。通常是国际贸易中的出口商，委托人通过填写与提交托收申请书来委托托收行办理托收的业务。

（2）托收行（remitting bank），又称寄单行，是指受委托人的委托而办理托收的银行。通常是出口地的银行，托收行一方面受委托人的委托，受理托收业务；另一方面通过寄单委托其国外联行或代理行，代向付款人收款。

（3）代收行（collecting bank），是指受委托行的委托，参与办理托收业务的银行。通常是进口地的银行。

（4）付款人（drawee），是指代收行接受托收行的委托向其收取款项的人。通常是国际贸易中的进口商。

（5）提示行（presenting bank），是指向付款人提示汇票和单据的银行。通常也是进口地的银行。若代收行与付款人有直接的账户往来，则提示行与代收行是同一家银行。否则，代收行使用它选择的另一家银行作为提示行，这时提示行与代收行分别是两家银行。

（6）需要时的代理（representative in case of need），是指委托人指定的在付款地的代理人。在托收业务中若发生了拒付情况，委托人可指定付款当地代理人代为料理货物存仓、转售、运回等事宜。

（三）托收的种类及业务流程

1. 光票托收和跟单托收

依据是否附随单据的不同，可以把托收划分为光票托收和跟单托收。

光票托收（clean collection）是指不附有商业单据的金融单据的托收，即卖方仅开立汇票而不附带任何货运单据，委托银行收取款项的一种托收结算方式。它不涉及货权的转移或货物的处理，一般只用于贸易从属费用和非贸易货款的收取。

跟单托收（documentary bill for collection）是指伴随货运单据的托收。一般贸易上指的托收都是跟单托收，目的是把代表货物的货运单据与货款的支付作为对流条件。

2. 付款交单和承兑交单

按照银行交单条件的不同，跟单托收可以分为付款交单和承兑交单。

付款交单（document against payment，D/P），是指被委托的代收行必须在进口商付清票款以后，才能将货运单据交给进口商的一种托收方式。付款交单的特点是先付款后交单，付款人付款之前，出口商仍然掌握着对货物的支配权，因此其风险较小。

承兑交单（documents against acceptance，D/A），是指被委托的代收行根据托收指示，于付款人承兑汇票后，将货运单据交给付款人，付款人在汇票到期时履行付款责任的一种托收方式。这种方式因为出口商在进口商承兑汇票后就不能够控制单据而风险较大，承兑的期限越长，风险越大。在实际国际贸易中，应避免或严格控制采用承兑交单方式，在不得不使用承兑交单时，也应尽可能缩短承兑的期限。承兑交单业务流程图如图 13.8 所示。

3. 即期付款交单和远期付款交单

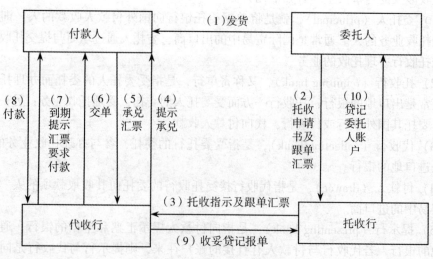

图 13.8 承兑交单流程图

依据托收汇票付款期限的不同，付款交单又有即期和远期之分。

即期付款交单（D/P at sight）指委托人开立即期汇票，在代收行向付款人提示汇票后，付款人只有立即付清货款才能获得货运单据的结算方式。即期付款交单业务流程如图 13.9 所示。

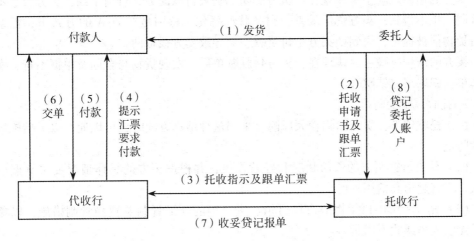

图 13.9　即期付款交单流程图

远期付款交单（D/P at … days after sight）指委托人开立远期汇票，代收行向进口商提示汇票时，进口商立即承兑汇票，代收行收回汇票并掌握货运单据，直至到期日，代收行再提示，进口商付款后，代收行才交出货运单据。远期付款交单的业务流程如图13.10 所示。

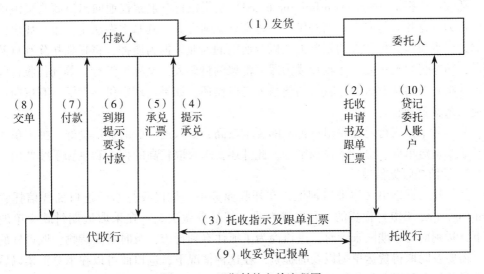

图 13.10　远期付款交单流程图

（四）托收的风险和防范

1. 托收的风险

在跟单托收方式下，买卖双方都会面临一定的风险，但卖方面临的风险更大。如何避免结算风险、加强风险防范是交易双方和银行都特别关注的问题。

卖方的信用风险主要体现在：买方倒闭，丧失付款能力；行情下跌，买方故意不履行合同，拒不付款；买方资信较差，财务状况恶化，特别是在 D/A 的方式下，汇票承兑后货物便被提走，而到期买方拒付货款，会导致卖方钱货两空。

买方的信用风险主要体现在：买方付款赎单后，发现货物与合同及单据不符；卖方伪造单据骗取买方钱财等。

2. 托收风险的防范

由于托收项下，卖方面临较大风险，采用这种结算方式时，可以通过以下措施进行风险防范。

（1）认真考察买方的资信状况和经营作风，并根据买方的具体情况妥善掌握成交金额，不宜超出其信用程度。

（2）充分了解出口货物的市场行情、进口国的外汇管制及贸易管制措施，以免货到后无法入境或收不回货款。

（3）选择合理的交单条件。应尽可能避免使用承兑交单方式。

（4）选择好价格条款。出口合同应争取按 CIF 或 CIP 术语成交，由卖方办理货运保险，以免遭受重大损失。

（5）可将托收与其他结算方式结合使用，例如部分信用证部分托收等。

（五）跟单托收方式下的资金融通

1. 托收出口押汇

托收出口押汇（collection bill purchased）是指银行有追索权地向出口商购买跟单汇票的行为，是托收行向出口商提供的一种资金融通方式。其基本做法是：银行凭出口商开立的以进口商为付款人的跟单汇票以及所附的商业单据为质押，将货款扣除利息及费用后，净额付给出口商。托收行成为跟单汇票的持票人，又称押汇行。等到代收行收妥款项并将其拨给托收行，托收行的垫款才得以偿还。如果出现拒付，押汇行有权向出口商追索票款及利息。

在实务中，银行对托收出口押汇的要求较高，要求进口商的资信良好、押汇单据必须是全套货运单据、出口货物畅销等，此外还要求收取较高的押汇利息和手续费用。

2. 凭信托收据借单

凭信托收据借单又称进口押汇，在托收业务中，是代收行给予进口商凭信托收据（trust receipt，T/R）提货的一种融资方式。其基本做法是：在采取远期付款交单的方式下，货到而付款期限未到时，进口商为了抓住有利行市，及时售出货物，取得好的收益，需要及时取得货运单据以及时提货，在这种情况下，进口商可以在承兑汇票以后出具信托收据，凭以向代收银行借取货运单据，提取货物。信托收据是进口商提供的一种书面信用担保文件，用以表示进口商愿意以代收行的受托人身份代为提货、保管、存仓、保险、出售，同时承认货物的所有权仍属银行。进口商可以在货物售出后用所得的货款在汇票到期日偿还银行，同时收回信托收据。如果借出货运单据后，发生汇票到期不能收到货款，代收银行应对出口商和托收行负全部责任。

在凭信托收据借单提货中，是代收银行自己向进口商提供信用融资，与出口商和托收银行都无关，所以对代收行来说存在一定的风险。因此，代收行必须审查进口商的资信，只有资信较好的进口商或者在进口商提供了足够的担保和抵押品时才提供这项业务。

☞【案例与分析】

北京某出口公司向美国出口一批货，付款方式为 D/P 60 天，汇票及货运单据通过托收行寄到国外代收行后进行了承兑。货物运到目的地后，恰巧该产品市场价格上涨，进口方为了抓住有利时机便出具信托收据向银行借取单证，先行提货。但货售出后买方倒闭。请问：在此情况下我方汇票到期能否收回货款？为什么？

分析：在采用 D/P after sight 方式进行结算时，会出现付款日期晚于货到日期，为了减少货物在港时间长带来的费用和损失，买方往往采用凭信托收据借单，该案例就属于此种情况。但借单的许可又分两种情况。如果银行借单给进口人非出口人的指示，而是代收行自己向进口人提供的信用便利，则代收行借出单据后汇票到期不能收到货款，代收行应对委托人（本案中的我方）负全部责任，向我方支付汇票上的货款。但如果代收行的借单行为系出口人指示，即是由出口人授权银行凭信托收据借给进口人，则日后如果进口人在货售出后倒闭，汇票到期收不到货款这一责任应由出口人自己承担风险。

（六）合同中的托收条款

跟单托收中在何种情况下将单据交付给买方，对买卖双方的权益、责任和风向都关系重大，凡以托收方式结算的交易，在买卖合同的支付条款中，必须明确规定交单条件和付款、承兑责任以及付款期限等内容。贸易合同中的托收条款举例如下。

（1）即期付款交单，如：

买方应凭卖方开具的即期跟单汇票于见票时立即付款，付款后交单。

Upon first presentation the Buyers shall pay against documentary draft drawn by the Sellers at sight. The shipping documents are to be delivered against payment only.

（2）远期付款交单，如：

买方应凭卖方开具的跟单汇票，于提单日后✕天付款，付款后交单。

The Buyers shall pay against documentary draft drawn by the Sellers at ✕ days after date of B/L. The shipping documents are to be delivered against payment only.

（3）承兑交单，如：

买方对卖方开具的见票后✕天付款的跟单汇票，于提示时应即承兑，并应于汇票到期日即予付款，承兑后交单。

The Buyers shall duly accept the documentary draft drawn by the Sellers at ✕ days sight upon first presentation and make payment on its maturity. The shipping documents are to be delivered against acceptance.

三、信用证

信用证（letter of credit，L/C）（样本见附件）是指开证行应申请人的要求并按申请人的指示，向第三方开立的载有一定金额的，在一定期限内凭符合规定的单据付款的书面保证文件。

（一）信用证的特点

相对于其他结算方式，信用证有以下几个特点。

1. 信用证是一项独立文件

信用证虽然是根据贸易合同而开立的，但它一经开立，就成为独立于贸易合同之外的一种契约，不再受贸易合同的约束。信用证的独立性，是信用证的支柱与基石。只有保证信用证的独立性，才能使银行愿意参与信用证的交易，才能使受益人的收款安全得到真正的保障。

2. 信用证是一种纯粹的单据业务

信用证业务是一种单据买卖，各有关当事人处理的是单据，而不是与单据有关的货物、服务或其他行为。信用证业务中，银行实行的是凭单付款原则，即只要受益人提交的单据符合信用证条款，银行就履行付款责任，至于实际交付的货物是否符合贸易合同的要求，银行不负审查责任。

☞【案例与分析】

某外贸公司接到国外开来的信用证，证内规定"数量共 6000 箱，1 至 6 月份分六批装运，每月装运 1000 箱。"该信用证受益人在 1 至 3 月份每月装运 1000 箱，银行已分批议付了货款，对于第四批货物，原定于 4 月 25 日装船出运，但由于台风，该批货物延至 5 月 1 日才装船，当该公司凭 5 月 1 日的装船提单向银行议付时却遭银行拒付。该公司曾以"不可抗力"为由要求银行通融也遭银行拒绝。请问：在上述情况下，开证行有无拒付的权利？为什么？

分析：在上述情况下，开证行有拒付的权利。因为信用证支付是一种单据的买卖，在此支付方式下实行的是凭单付款的原则。银行虽有义务合理小心地审核一切单据，但这种审核只是以确定单据表面上是否符合信用证条款为原则，开证行只根据表面上符合信用证条款的单据付款。如果做不到"单单一致""单证一致"则开证行可以拒付。

3. 信用证结算方式属于银行信用，开证行负有第一性付款责任

信用证结算方式是一种银行信用，由开证行以自己的信用做出付款保证，在采用信用证结算方式时，开证行提供的是信用而不仅仅是服务，其特点是在符合信用证规定的条件下，首先由开证行承担付款责任。只要信用证的受益人能提供符合信用证要求的单据，就可以直接向银行要求付款，而不用向开证申请人（进口商）要求付款。

348

（二）信用证的当事人

信用证涉及很多当事人，其中开证申请人、开证行和受益人是基本的当事人。除此之外，信用证还需要通知行、保兑行、议付行、承兑行、付款行等当事人的配合和协作才能顺利完成一宗信用证业务，现分述信用证的当事人如下。

1. 开证申请人

开证申请人（applicant）是向开证行申请开立信用证的人，是信用证业务的发起人，通常是国际贸易中的进口商。其既受与出口商签订的贸易合同的约束，也受与开证行签订的开证申请书的约束。

开证申请人的职责主要如下：①在贸易合同规定的时间内，向所在地银行递交开证申请书，申请开立信用证，并且保证申请开立的信用证的内容与贸易合同的内容一致；②向开证行支付开证手续费和邮电费，同时交付一定比例的保证金或抵押品；③在接到开证行的付款赎单的通知以后，到开证行核验单据，审单无误后，支付全部货款及有关费用；④在开证行破产或无理拒付时，有义务向受益人付款；⑤信用证内容与贸易合同内容不符时，有义务向开证行申请修改信用证。

2. 开证行

开证行（issuing bank）是指接受开证申请人的申请，向受益人开出信用证的银行，通常是进口地的银行。开证行一旦开立了信用证，就承担该贸易合同项下的第一性的付款责任。

开证行的职责和权利如下：①一旦接受开证申请人的开证申请，就要在规定的时间内正确、及时地开出信用证；②信用证开出后，将信用证的正本及时递交给通知行；③自信用证开立之时起，不可撤销地承担第一性付款责任；④向转交相符交单的指定银行进行偿付；⑤发现不符交单时应及时征询开证申请人的意见并告知受益人或寄单行；⑥在开证申请人付款赎单以后，将单据交付给开证申请人；⑦开证行有权收取各项手续费、有权要求申请人缴纳一定数额的保证金或抵押品并有权随时追加保证金或抵押品；⑧开证行有权审核相关的单据，对不符交单拒绝付款；⑨在开证申请人破产、无力付款赎单或拒付时，有权没收其保证金或抵押品；⑩开证行对电讯传递中的错误、遗漏或单据邮递损失不负责，对不可抗力不负责。

3. 受益人

受益人（beneficiary）是指接受信用证并享受其利益的一方，通常是国际贸易中的出口商。

受益人的职责和权利主要如下：①在申请人拖延开证的情况下，受益人有权催促开证申请人及时开立信用证；②受益人在收到信用证之后，经过审证，若发现信用证不符合贸易合同或者无法履行的条款时，受益人有权要求开证申请人及时修改信用证；③受益人在交单后，若开证行倒闭或无理拒付，受益人有权直接要求申请人付款，如申请人也拒付，受益人有权自行处理货物；④受益人在收到信用证之后，应在规定的装运期内发货并通知收货人，以及在规定的交单有效期内备齐单据向信用证指定的银行提交单据。

4. 通知行

通知行（advising bank）是指应开证行的要求通知信用证的银行，通常是开证行在受益人国家或地区的代理行。

通知行的职责和权利主要如下：①合理审慎地审核信用证或修改的信用证的表面真实性，但对信用证的内容不承担责任；②在确定了信用证表面的真实性之后，应及时通知信用证；如果不能确定信用证表面的真实性也应该及时告知受益人和开证行；③通知行有选择通知信用证或不通知信用证的权利，无论通知与否都要及时告知相关当事人；④通知行有权向受益人收取通知费，在无法收回通知费的情况下可以向开证行索要。

5. 保兑行

保兑行（confirming bank）是指应开证行的要求对信用证加具保兑的银行，即在开证行承诺之外对信用证以自己名义保证付款的银行。

保兑行的职责和权利如下：①保兑行有选择是否加具保兑的权利，如果选择不保兑时，应及时告知开证行；②保兑行一旦对信用证加具了保兑，就对信用证负独立的确定的付款责任，保兑行与开证行有相同的责任和地位；③保兑行在付款后只能向开证行索偿，而无权向受益人或其他前手追索；④保兑行有权选择是否对信用证的修改部分加具保兑；⑤保兑行有权向开证行收取保兑费。

6. 议付行

议付行（negotiating bank）是根据开证行的付款保证和受益人的请求，按信用证规定购买受益人交付的单据和汇票，并向信用证规定的付款行索偿的银行。

议付行的职责和权利主要如下：①议付行有审核单据的义务，并在合理的时间内确定交单是否相符；②审核单据后如果交单符合信用证的规定，即单证一致时，应在扣减垫付利息后将净额支付给受益人；若发现不符交单，有权拒付，但应及时告知相关当事人；③议付行有权选择是否接受开证行的议付委托；④议付行议付后，有权向开证行或其指定银行寄单索偿。

7. 承兑行

承兑行（accepting bank）是开证行指定的信用证下远期汇票的受票行，由它对远期汇票做出承兑。

承兑行的职责和权利如下：①在收到受益人提交的汇票和货运单据后，若审核认为单证相符时，在远期汇票正面签字承诺付款，即对远期汇票进行承兑；②对已经承兑的汇票，于付款到期日承担付款责任。如果承兑行承兑后不能履行付款责任，开证行仍然应负最后付款的责任；③承兑行有选择是否接受开证行的承兑委托的权利；④承兑行付款后可向开证行要求偿付。

8. 付款行

付款行（paying bank）是信用证上指定担任信用证项下付款或充当信用证项下汇票付款人的银行，是开证行的付款代理人。

付款行的职责和权利如下：①付款行有义务在合理的时间内审核提交的单据是否符合信用证的规定，在相符交单的情况下，应及时付款；②付款行有权选择是否接受开证行的付款委托；③付款行付款后，有权向开证行索偿；④付款行有权向开证行收取因付款而发生的一切费用；⑤若开证行倒闭，付款行有权对信用证的受益人拒绝付款。

9. 偿付行

偿付行（reimbursing bank）是开证行委托或授权的对议付行或付款行清偿垫款的银行，是开证行的偿付代理人，相当于开证行的出纳机构。偿付行通常是开证行的存款银行或约定的垫款银行。

偿付行的职责和权利如下：①偿付行在收到索偿要求后，应审核索偿行的求偿金额是否超过开证行授权书中所规定的授权金额，若符合授权金额的规定，偿付行应及时进行偿付；②偿付行有权选择是否接受开证行的偿付委托，如果偿付行不准备接受此委托时必须毫不延迟地通知开证行；③在开证行的存款不足以支付信用证款项时，偿付行可以拒绝偿付；④偿付行不需要接受和审核单据，如果偿付行根据指示付款后，开证行才发现单证不符，只能向索偿行追索业已支付的款项和利息，而不能向偿付行追索；⑤偿付行的费用及利息损失一般由开证行承担。

（三）信用证的业务流程

一项信用证业务的完成一般要经过如下几个步骤。

（1）进出口双方签订贸易合同。虽然信用证是一项独立的文件，但是信用证的内容要以合同的内容为基础，因此合同的签订以及签订的内容将直接影响信用证业务的开展。

（2）进口商向开证行申请开立信用证。一旦贸易合同中规定采用信用证的支付方式，进口商必须在贸易合同规定的期限内及时地向当地银行提出开立信用证的申请。

（3）开证行开立信用证。开证行在接到进口商的开证申请之后，经过认真审核，并在其缴纳了开证保证金或抵押品之后，应及时地开立信用证。

（4）通知行通知信用证。当开证行开立信用证之后把信用证递交给通知行，通知行需要审核信用证表面的真实性，在确定了信用证的表面的真实性之后，应该及时地把信用证通知给受益人。

（5）受益人审证、发货、制单。受益人在收到信用证之后应认真审核信用证，检查其是否与贸易合同的条款一致，检查是否有无法做到的条款。在审核无误的情况下，受益人就可以正式地备货、发货和制单。

（6）受益人交单议付。在受益人备妥单据之后，应立即到议付银行交单，并保证所提交的单据与信用证的条款相符。

（7）议付行审单垫付。议付行在接到受益人提交的单据之后，要认真审核单据的内容是否符合信用证的规定，在单证相符的情况下，议付行应及时将议付金额支付给受益人。若发现单证不符，议付行也应及时告知受益人。

（8）议付行寄单索汇。议付行在垫付完款项之后，可以向开证行寄单索偿。

（9）开证行向议付行付款。开证行接到议付行寄来的单据后，应立即审核单据，并在合理的时间内付款或提出拒付。

（10）开证申请人审单付款。开证行在接到议付行付款后，马上通知申请人赎单。申请人在接到开证行的赎单通知后，必须立即到开证行付款赎单。

（11）开证行交单。在申请人付款之后，开证行将信用证中规定的单据交付给申请人。

（12）申请人提货。申请人赎单后就可以安排提货、验货、仓储、运输、索赔等事宜。一笔信用证为结算工具的交易至此结束。

信用证的业务流程如图 13.11 所示。

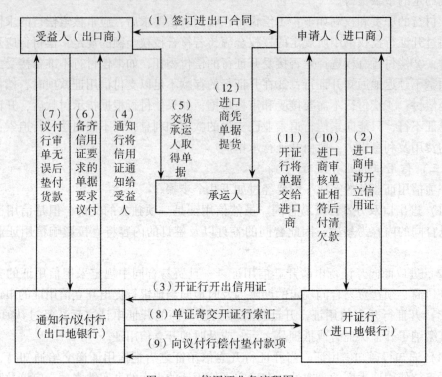

图 13.11　信用证业务流程图

（四）信用证的内容

信用证在目前虽然尚无统一格式，但基本内容大致相同。总的来说，就是贸易合同的有关条款与要求受益人提交的单据，再加上银行保证。通常主要包括以下内容。

（1）总的说明，如信用证的编号、开证日期、到期日和到期地点、交单期限等。

（2）兑付方式，是即期付款、延期付款、承兑还是议付。

（3）信用证的种类，包括是否可以撤销、是否经另一银行保兑、可否转让等。

（4）信用证的当事人，包括开证申请人、开证行、受益人、通知行、议付行、承兑行、付款行等。

（5）汇票条款，包括汇票的种类、出票人、受票人、付款期限、出票条款及出票日期等。不需要汇票的信用证无此内容。

（6）货物条款，包括货物的名称、规格、数量、包装、价格等。

（7）支付货币和信用证金额，包括币别和总额，有的信用证还规定有一定比率的上下浮动幅度。

（8）装运与保险条款。

（9）单据条款。通常要求提交商业发票、运输单据和保险单据，此外，还有包装单据、产地证、检验证书等。

(10) 特殊条款。常见的有要求通知行加保兑、限制由某银行议付等。

（五）信用证的种类

1. 信开信用证和电开信用证

按照信用证开立方式、传递方式和记载内容的不同，可分为信开信用证和电开信用证。

信开信用证（mail credit）是指开证行采用印就的信函格式开立信用证，开证后以航空邮寄将信用证寄送通知行。

电开信用证（cable credit）是指开证行将信用证内容加注密押后，以电报、电传和SWIFT等电讯方式将信用证条款传达给通知行，然后由通知行将信用证内容转录于本身的格式上或在来电文稿上附加面函再通知受益人。电开信用证有方便、快捷、准确等优点，但同时费用较高，因此适合在金额大、装运期限短或受益人急用的情况下采用。

2. 不可撤销信用证和可撤销信用证

按照开证行对所开出的信用证所负的责任，可以划分为不可撤销信用证和可撤销信用证。

不可撤销信用证（irrevocable L/C）是指信用证一经开立并通知受益人后，在有效期内，未经受益人及有关当事人同意，开证行不得单方面撤销或修改信用证。

可撤销信用证（revocable L/C）是指信用证开出后，开证行不必征得受益人或有关当事人的同意，就有权在信用证有效期内随时撤销或修改信用证。这种信用证对出口商的收款没有保障，对出口商极为不利，因此在实际业务中，受益人一般不愿意接受这种信用证，使其在国际贸易中极少使用。

3. 单信用证和光票信用证

根据信用证是否要求受益人提交单据，可划分为跟单信用证和光票信用证。

跟单信用证（documentary L/C）是指由开证银行开立的，在满足信用证要求的条件下，凭信用证规定的单据向受益人付款的信用证。此处的单据主要是指货运单据。

光票信用证（clean L/C）是指开证行凭不附带货运单据的汇票付款的信用证。光票信用证在国际贸易中运用比较少，多用于支付货物从属费用、尾款、样品费等。

4. 即期付款信用证、延期付款信用证、承兑信用证和议付信用证

按照付款方式的不同，信用证可划分为即期付款信用证、延期付款信用证、承兑信用证和议付信用证。

（1）即期付款信用证

即期付款信用证（sight payment L/C）是指开证行或其指定付款行在收到符合信用证条款的汇票或单据后，立即履行付款义务的信用证。

（2）延期付款信用证

延期付款信用证（deferred payment L/C）也称无汇票远期信用证，是远期信用证的一种，指开证行或其指定付款行见单后即把单据交给开证申请人，于到期时向受益人付款。这种付款也是终局性的，对受益人无追索权。

（3）承兑信用证

承兑信用证（acceptance L/C）是指信用证规定受益人开出远期汇票，开证行或其指定付款行在收到符合信用证规定的远期汇票和单据时，先对远期汇票履行承兑义务，并于汇票到期日再履行付款义务的信用证。

（4）议付信用证

议付信用证（negotiation L/C）是指开证行在信用证中明确邀请其他银行作为议付行，在受益人提交符合信用证规定的汇票和单据时，议付行扣除垫付利息和手续费后将货款垫付给受益人，然后议付行将汇票和单据按信用证规定的方法交与开证行索偿的信用证。

5. 保兑信用证和不保兑信用证

根据是否有另一家银行对信用证加以保兑，信用证可分为保兑信用证和不保兑信用证。

保兑信用证（confirmed L/C）是指由开证行以外的另一家银行应开证行的请求，对信用证加具保兑的信用证。这种信用证有开证行和保兑行双重确定的付款承诺，更容易被受益人接受。信用证之所以加具保兑，主要是由于受益人对开证行的资信不信任或不了解，或对开证银行的国家政局、外汇管制过于担心，怕收不回货款而要求加具保兑。

不保兑信用证（unconfirmed L/C）是指未经其他银行保证对付的信用证，这种信用证只有开证行负付款责任。

6. 可转让信用证和不可转让信用证

根据受益人对信用证的权利可否转让，信用证可划分为可转让信用证和不可转让信用证。

可转让信用证（transferable L/C）是指信用证的受益人（第一受益人）可以要求信用证指定的转让行，将该信用证全部或部分转让给一个或数个受益人（第二受益人）使用的信用证。可转让信用证必须要明确注明"transferable"（可转让）字样，否则一律视为不可转让信用证。

不可转让信用证（untransferable L/C）是指受益人不能将信用证的权利转让给他人的信用证。凡未注明"可转让"字样的信用证，就是不可转让信用证。

7. 对背信用证、预支信用证、循环信用证和对开信用证

按照进出口业务及国际贸易方式，信用证分为对背信用证、预支信用证、循环信用证和对开信用证。

对背信用证（back to back L/C）又称转开信用证，是指受益人要求原证的通知行或其他银行以原证为基础，另开一张内容相似的信用证。对背信用证的开立通常是中间商转售他人货物，从中牟利，或两国不能直接办理进出口贸易时，通过第三者以此种方法来沟通贸易。

预支信用证（anticipatory L/C）是指允许受益人在货物装运和交单前预支全部或部分货款的信用证。

循环信用证（revolving L/C）是指信用证金额被全部或部分使用后，无须经过信用

证修改，根据一定条件就可以自动、半自动或非自动地更新或还原再被使用，直至达到规定的使用次数、期限或规定的金额用完为止的信用证。

对开信用证（reciprocal L/C）是指两张信用证的开证申请人互以对方为受益人而开立的信用证，多用于易货贸易或加工贸易的情况。两张信用证的金额大致相等。

（六）信用证结算的风险与防范

1. 信用证结算存在的主要风险

尽管在信用证结算过程中银行对单据进行审核，要求做到"单证一致""单单一致"，相对比较安全，但由于信用证是一种纯粹的单据业务，各方当事人审核的只有单据，而不对货物予以审查，这就使得不法商人利用这一点伪造单据，进行欺诈。因此，在国际贸易中要特别警惕信用证欺诈。在实务中，常见的信用证风险包括以下三种。

（1）使用伪造的信用证或随附的单据、文件欺诈。

（2）在信用证中加列软条款。软条款信用证又称陷阱信用证，是指申请人开立的信用证中附有限制性的、不确定性的、不合理的约束性条款，据此条款，开证申请人或开证行具有单方面随时解除付款责任的主动权，使出口商不能如期收款。

（3）利用其他手段进行诈骗。有些不法分子利用信用证到付款前的一段时间制造付款障碍以达到骗取货物的目的。还有的情况是，卖方骗买方与其订立合同并开出信用证，然后要求银行为其贷款，从银行骗贷。

2. 信用证结算风险的防范

防范信用证结算的风险需要注意以下几点。

（1）在订立合同时，必须进行深入的资信调查，包括买方和卖方之间相互资信的了解，银行与开证申请人、受益人之间的资信了解。

（2）认真审核信用证。卖方收到信用证后，应及时、认真地对信用证与合同条款进行审核，对于软条款要特别警惕。发现信用证中存在不符合同之处以及无法接受的条款时，应立即向买方提出改证要求。

（3）尽量要求买方在一些大的、信誉较好的银行开证。这些银行一般会注意保持自身良好的声誉，业务操作会比较规范。

（4）要与银行保持密切的联系，内部建立一套完整的业务操作规则，特别是有关信用证结算的工作流程，提高业务能力。

（七）合同中的信用证条款

在国际货物买卖中，如采用跟单信用证方式结算，应在买卖合同的支付条款中就开证时间、开证银行、信用证的受益人、种类、金额、装运期、到期日等做出明确规定。贸易合同中的信用证条款举例如下。

（1）即期信用证支付条款

买方应于装运月份前×天通过卖方可接受的银行开立并送达卖方不可撤销的即期信用证，有效期至装运月份后第15天在中国议付。

The buyers shall open through a bank acceptable to the sellers an Irrevocable sight L/C to reach the sellers ✕ days before the month of shipment, valid for negotiation in China until the

15th day after the month of shipment.

（2）远期信用证支付条款

买方应于×年×月×日前（或接到卖方通知后×天内或签约后×天内）通过×银行开立的以卖方为受益人的不可撤销（可转让）信用证的见票后的×天（或装船日后×天）付款的银行承兑信用证，信用证议付有效期延至上述装运期后第 15 天在中国到期。

The buyers shall arrange with × bank for opening an Irrevocable（Transferable）banker's acceptance L/C in favor of the sellers before…（or within × days after receipt of seller's advice; or within × days after signing of this contract）. The said L/C shall be available by draft at sight（or after date of shipment）and remain valid for negotiation in China until the 15th day after the aforesaid time of shipment.

本章小结

在国际贸易中，支付工具主要是票据，票据的主要特性有无因性、要式性、文义性、流通性、可追索性。票据包括汇票、本票和支票，其中汇票是最常用的结算工具。基本的票据行为是出票，附属的票据行为包括提示、背书、承兑、付款、保证、拒付、追索等。

汇票是出票人签发的，委托付款人在见票时或者在指定日期无条件支付确定的金额给收款人或者持票人的票据。

本票是出票人签发的，承诺自己在见票时无条件支付确定金额给收款人或者持票人的票据。

支票是银行存款户对银行签发的授权银行对某人或其指定人或持票人即期支付一定金额的无条件书面支付命令。

汇票、本票和支票的票面上的记载内容可分为绝对必要记载事项和相对必要记载事项，其中绝对必要记载事项的欠缺会导致票据的无效。汇票、本票和支票根据不同的标准可以划分成不同的种类。

汇付是付款人通过银行、使用各种结算工具将货款汇交收款人的一种结算方式，属于商业信用。由于使用的结算工具的不同，汇付可分为电汇、信汇和票汇。汇付方式多用于预付货款和货到付款的交易方式。

托收是由卖方委托银行向买方收取货款的一种结算方式。跟单托收分为付款交单和承兑交单。托收是一种商业信用，在国际贸易中也只是有条件地使用。

信用证结算对进出口商而言是一种较为安全的收款方式，由于其建立在银行信用的基础上，同时又具有独立性和单据买卖的特点，在国际贸易中被广泛使用。

不同的结算方式在国际贸易结算中可以单独使用也可以结合使用，需视具体的贸易合同而定。不同结算方式的选择在国际贸易合同中的支付条款中也有不同的规定。

✻ 练 习 题 ✻

一、单选题

1. 某银行签发的一张汇票中有以下记载事项，其中属于相对必要记载事项的是（　　）。

　A. 出票行签章　　　　　　　　B. 付款行的付款地址

　C. 出票金额 50 万元人民币　　D. 收款人名称

2. 名流公司将其持有的一张以光明公司为出票人，鸿运公司为付款人，自己为收款人的商业承兑汇票背书赠予"希望工程"。汇票到期后，"希望工程"办公机构向鸿运公司提示付款，被拒绝，理由是名流公司与光明公司之间的合同已被撤销，光明公司通知其拒付汇票，则（　　）。

　A. 付款人有权拒付票款，因为持票人系无偿取得票据，其票据权利不优于前手

　B. 付款人有权拒付票款，因为基础合同撤销即意味着该汇票关系终止

　C. 付款人无权拒付票款，因为票据关系一旦成立就与其原因关系相分离

　D. 付款人无权拒付票款，因为"希望工程"属于社会公益事业，应予特别保护

3. 汇票、本票、支票的相同点有（　　）。

　A. 都是书面债券　　　　　　　B. 都有支付作用、结算作用、流通作用

　C. 持票人是票据的债权人　　　D. 收款人都是绝对必要记载事项

4. 对出口商而言，承担风险最大的交单条件是（　　）。

　A. D/P at sight　　　　　　　B. D/P at...days after sight

　C. D/A　　　　　　　　　　　D. T/R

5. 如果信用证没有表明其为 irrevocable 或是 revocable 信用证，则视为（　　）。

　A. 无效信用证　　　　　　　　B. 可撤销信用证

　C. 不可撤销信用证　　　　　　D. 有效信用证

6. 使用 D/P、D/A 和 L/C 三种结算方式，对于卖方而言，风险由大到小依次为（　　）。

　A. D/A、D/P 和 L/C　　　　　B. L/C、D/P 和 D/A

　C. D/P、D/A 和 L/C　　　　　D. D/A、L/C 和 D/P

7. 属于银行信用的国际贸易支付方式是（　　）。

　A. 汇付　　　B. 托收　　　C. 信用证　　　D. 票汇

8. 在国际贸易中，用以统一解释调和信用证各有关当事人矛盾的国际惯例是（　　）。

　A.《托收统一规则》　　　　　B.《国际商会 500 号出版物》

　C.《合约保证书统一规则》　　D.《国际商会 434 号出版物》

9. 按照《跟单信用证统一惯例》的规定，受益人最后向银行交单议付的期限是不迟于提单签发日后（　　）天。

357

A. 11　　　　　　　B. 15　　　　　　　C. 21　　　　　　　D. 25

10. 保兑行对保兑信用证承担的付款责任是（　　　）。

    A. 第一性的　　　B. 第二性的　　　C. 第三性的　　　D. 第四性的

11. 出票人是银行，受票人也是银行的汇票是（　　　）。

    A. 商业汇票　　　B. 银行汇票　　　C. 光票　　　　　D. 跟单汇票

12. T/T 指的是（　　　）。

    A. 信汇　　　　　B. 电汇　　　　　C. 票汇　　　　　D. 信用证

13. D/P at sight 指的是（　　　）。

    A. 远期付款交单　B. 即期付款交单　C. 跟单托收　　　D. 承兑交单

14. 根据 UCP 600 的规定，可转让信用证只能转让（　　　）。

    A. 1 次　　　　　B. 2 次　　　　　C. 3 次　　　　　D. 4 次

15. 采用信用证方式预付货款时，通常使用（　　　）信用证。

    A. 循环信用证　　B. 跟单信用证　　C. 光票信用证　　D. 可转让信用证

二、多选题

1. 托收方式的基本当事人包括（　　　）。

    A. 委托人　　　　B. 托收行　　　　C. 代收行　　　　D. 付款人

2. 托收方式下对出口商的融资方式有（　　　）。

    A. 出口押汇　　　　　　　　　　B. 出口贷款

    C. 凭信托收据借单提货　　　　　D. 凭银行保函提货

3. 按照有无随附单据，汇票可分为：（　　　）

    A. 即期汇票　　　B. 远期汇票　　　C. 光票　　　　　D. 跟单汇票

4. 汇付的方式可以分为：（　　　）

    A. 汇款　　　　　B. 信汇　　　　　C. 电汇　　　　　D. 票汇

5. 在国际贸易货款的收付中，使用的票据主要有：（　　　）

    A. 汇票　　　　　B. 本票　　　　　C. 支票　　　　　D. 发票

6. 汇付业务中所涉及的当事人主要有：（　　　）

    A. 汇款人　　　　B. 汇出行　　　　C. 汇入行　　　　D. 收款人

7. 在跟单托收业务中，根据交单条件的不同可以分为：（　　　）

    A. 提示交单　　　B. 见票交单　　　C. 付款交单　　　D. 承兑交单

8. 电开信用证的种类主要有：（　　　）

    A. 简电本　　　　B. 全电本　　　　C. SWIFT 信用证　D. SWFIT 信用证

9. 信用证支付方式的特点是：（　　　）

    A. 信用证是一种商业信用　　　　B. 信用证是一种银行信用

    C. 信用证是一种单据的买卖　　　　D. 信用证是一种自足的文件

10. 下列叙述中属于托收的特点是：（　　　）

    A. 它属于一种商业信用　　　　B. 它是一种单证的买卖

    C. 它有利于调动买方订货的积极性　D. 存在着难以收回货款的风险

三、简答题

1. 票据的特点有哪些？

2. 汇票的绝对必要记载事项有哪些？这些记载又将产生什么样的法律效力？

3. 票据的背书有哪几种类型？

4. 汇票、本票和支票之间的异同点有哪些？

5. 汇付的含义是什么？汇付有哪几种类型？

6. 汇付方式在国际贸易中是如何应用的？它对各方当事人会产生什么样的影响？

7. 托收的含义和特点是什么？托收的类型有哪些？

8. 托收项下进出口商是如何实现融资的？

9. 信用证结算方式的含义是什么？信用证结算有什么特点？

10. 信用证可以划分成哪些类型？

11. 信用证结算方式存在的风险有哪些？如何防范这些风险？

四、案例分析题

1. 2008 年 5 月 20 日，A 与 B 签订了一份价款为 68 万元的沙发购销合同。合同约定以汇票进行结算。5 月 27 日，B 向 A 签发了一张金额为 68 万元、到期日为 11 月 27 日的汇票。A 根据合同约定发送了沙发，接受了汇票。5 月 29 日，A 将汇票背书转让给 C，C 又将汇票于 7 月 20 日背书转让给 D，以抵消所欠货款。D 在汇票到期日，向 B 提示付款，因 B 在开户银行存款不足而遭退票。D 向 C 追索票款，未果。D 遂以票据债务人即出票人 B、背书人 A、C 为被告向法院起诉，要求被告承担连带责任，偿清票款。

试问：D 的要求是否合理？并根据票据法的有关规定说明理由。

2. 某公司接到一份经 B 银行保兑的不可撤销信用证。当该公司按信用证规定办完装运手续后，向 B 银行提交符合信用证各项要求的单据要求付款时，B 银行却声称：该公司应先要求开证行付款，如果开证行无力偿付时，则由他保证付款。

试问：B 银行的要求合理吗？

3. 某开证行按照自己所开出的信用证的规定，对受益人提交的、经审查符合要求的单据已履行了付款责任。但在进口商向开证行赎单后发现单据中提单是倒签的，于是进口商立即要求开证行退回货款并赔偿其他损失。

试问：进口商的要求合理吗？

第十四章 争议的预防与处理

☞【学习目标】

学习完本章后，你应该能够清楚地知道：

(1) 了解进出口货物检验的基本知识及相关条款；

(2) 熟悉处理国际贸易争议的一般原则和解决争议的方法；

(3) 掌握索赔、不可抗力和仲裁的含义及相应的条款。

第一节 货物的检验

☞【案例导入】

某公司从国外采购一批特殊器材，该器材指定由国外某检验机构负责检验合格后才能收货。后接到此检验机构的报告，报告称质量合格，但在其报告附注内说明，此项报告的部分检验记录由制造商提供。

☞ 思考：

这种情况下，买方能否以质量合格而接受货物？

在国际贸易中，买卖双方交接货物一般要经过交货、检验或验收、接受或拒收三个环节。在国际货物买卖中，由于交易双方身处异地，相距遥远，货物在长途运输过程中难免会发生残损、短少甚至灭失，尤其是在凭单证交接货物的象征性交货条件下，买卖双方对所交货物的品质、数量等问题更易产生争议。因此，为了便于查明货损原因，确定责任归属，以利于货物的交接和交易的顺利进行，就需要一个公正的第三者，即商品检验机构，对货物进行检验。

一般而言，当卖方履行交货义务后，买方对货物进行检验，如果发现货物与合同不符，而又确实属于卖方责任时，买方有权向卖方提出索赔。如果未经检验就接受了货物，即使以后发现货物有问题，也不能再行使拒收的权利。商品检验是结算货款和提出索赔、进行理赔的依据，以维护对外贸易关系中有关各方的合法权益。

一、商品检验的含义与作用

国际货物买卖中的商品检验 (commodity inspection)，简称商检，是指在国际货物买卖过程中，由具有权威性的专门的进出口商品检验机构依据法律法规或合同的规定，对商品的质量、数量、重量和包装等方面的检验和鉴定，同时出具检验证书的活动。商品检验是买卖双方交接货物不可缺少的重要环节。

由于商品检验直接关系到买卖双方在货物交接方面的权利与义务，以及能否促进本国出口商品质量的提高和出口贸易的发展。因此，许多国家的法律和国际公约都对商品的检验与检疫问题做了明确规定。

在国际贸易中，商品检验检疫有着重要的作用，主要体现在以下几个方面。

（1）维护国家的信誉和利益。出口国对出口货物实施强制性检验或检疫，以及对其进行鉴定和监督管理的行为，对不合格的货物不允许出口，其目的是维护本国在国际上的信誉，并提高本国产品的国际竞争力。

（2）海关放行的依据。贸易商必须向海关当局提交检验检疫机构签发的符合国家法律、国际惯例或买卖合同规定的相关证书，海关当局才予以放行。

（3）征收关税的依据。检验检疫机构签发的相关证书是海关当局征收进出口关税的依据之一。此外，检验检疫机构签发的产地证明是进口国海关给予差别关税待遇的依据之一。

（4）计收运费等的依据。检验机构签发的货物数量、重量、尺码等证明，通常作为托运人与承运人间计收运费、港务当局计收仓储费或装卸、理货等费用的依据。

（5）结算货款的依据之一。有些买卖合同或信用证中规定，进口商或开证银行凭检验检疫证书所证明的货物质量、数量等向出口商支付货款。

（6）证明货物等状况和划分责任的依据。检验检疫机构签发的有关货物的积载状况的证明、监装或监卸证明、载货工具的证明和集装箱状况的证明等都是货物、运输工具和集装箱等在装卸和运输环节中所处状况的有效证明。

（7）索赔的依据。检验检疫机构所出具的关于货物品质不良、数（重）量缺少、残损、水渍、沾污、淡水雨淋、腐烂等证明，是进口商向出口商，或向承运人，或向保险公司提出索赔要求的重要依据之一；同时也是保险人向有关责任方代位追偿的重要依据之一。

（8）作为仲裁、诉讼索赔的有效文件和裁决或判决依据。一旦发生贸易争议或纠纷时，若双方当事人通过仲裁解决争议或纠纷，或向法院提起诉讼时，检验检疫机构所出具的相关证书则是举证的有效文件，可作为仲裁裁决或法院判决的有效依据。

（9）入境商品检验检疫主要可分为法定检验检疫和委托检验检疫。其中法定检验检疫又称强制性检验检疫，是指出入境检验检疫机构对于列入《种类表》的和其他法律、行政法规规定，对必须检验检疫的出入境货物、交通运输工具、人员及其事项等依照规定的程序实施强制性的措施。

二、商品检验的主要内容

进出境商品检验的主要内容是包装检验、品质检验、卫生检验和安全性能检验等。

1. 包装检验

包装检验是根据外贸合同、标准和其他有关规定对外包装和内包装以及包装标志进行检验。对进出口商品的外包装检验首先核对外包装上的商品包装标志（标记、号码等）是否与进出口贸易合同相符。对进口商品主要检验外包装是否完好无损，包装材料、包装方式和衬垫物等是否符合合同规定的要求。对出口商品的包装检验，除包装材料和包装方法必须符合外贸合同、标准规定外，还应检验商品内外包装是否牢固、完整、干燥、清洁，是否适于长途运输和保护商品质量、数量的习惯要求。

商检机构对进出口商品的包装检验一般采取抽样或当场检验的方式，或在衡器计重的同时结合进行。

2. 品质检验

品质检验亦称质量检验，是对进出口商品的品质、规格、等级等进行检验，以确定其是否符合外贸合同（包括成交样品）、标准等的规定。品质检验的手段有很多，包括感官检验、化学检验、仪器分析、物理测试、微生物学检验等。

3. 卫生检验

卫生检验主要是指对进出口食品进行检验，以确定其是否符合人类食用卫生条件，以保障人民的健康和维护国家的信誉。根据《中华人民共和国食品卫生法（试行）》规定："进口的食品、食品添加剂、食品容器、包装材料和食品用工具及设备，必须符合国家卫生标准和卫生管理办法的规定。进口上述所列产品，由国家食品卫生监督检验机构进行卫生监督检验。进口单位在申报检验时，应当提供输出国（地区）所使用的农药、添加剂、熏蒸剂等有关资料和检验报告。海关凭国家卫生监督检验机构的证书放行。"

4. 安全性能检验

安全性能检验是根据国家规定和外贸合同、标准以及进口国的法律要求，对进出口商品有关安全性能方面的项目进行的检验，如易燃、易爆、易触电、易受毒害、易受伤害等，以保证生产使用和生命财产的安全。商品检验除上述内容外，还包括船舱检验、残损鉴定、监视装载、签封样品、签发产地证书和价值证书、委托检验等多项内容。

三、商品检验的时间和地点

确定商品检验的时间和地点，实际上就是确定买卖双方哪方行使对货物的检验权的问题。如前所述，国际上一般都承认买方在接受货物之前有权检验货物。但是，对买方在何时何地检验货物，各国法律并无统一规定。检验的时间和地点往往与合同所使用的贸易术语、商品及其包装的性质、行业惯例、国家的法令等密切相关。为了使贸易顺利进行，防止产生争议，买卖双方应将检验的时间和地点在合同的检验条款中具体说明。

确定检验的时间和地点，直接关系到买卖双方的切身利益，是交易双方商定检验条款的核心。在国际货物买卖合同中，根据国际贸易习惯做法和我国对外贸易的实际情况，有关检验时间和地点的规定办法可归纳为以下几种。

1. 在出口国检验

在出口国检验包括产地（工厂）检验和装运港（地）检验两种。

产地（工厂）检验是指货物在产地出运前，由买卖合同中规定的检验机构进行检验和验收，并由其出具检验证书，作为卖方所交货物的品质、数量或重量等的最后依据。卖方只承担货物离开产地或工厂前的责任，对于货物在运输途中所发生的一切变化，卖方概不负责。

装运港（地）检验又称离岸品质、离岸重量（shipping quality and weight），是指货物在装运港或装运地交货的，由买卖合同中规定的检验机构对货物的品质、数量等方面进行检验，并以该机构出具的检验证书作为最后依据。

☞【案例与分析】

某合同商品检验条款中规定以装船地商检报告为准。但在目的港交付货物时却发现品质与约定规格不符。买方经当地商检机构检验并凭其出具的检验证书向卖方索赔，卖方却以上述商检条款拒赔。卖方拒赔是否合理？

分析：卖方拒赔是有理由的。因为：合同规定商品检验以装船地商检报告为准，这决定了卖方交货品质的最后依据是装船地商检报告书。在此情况下，买方在目的港收到货物后，可以再行进行检验，但原则上无权提出异议。所以，卖方拒赔是合理的。

2. 在进口国检验

在进口国检验包括在目的港（地）检验和买方营业处所（最终用户所在地）检验。

目的港（地）检验又称"到岸品质、到岸重量"（landed quality and weight），是指货物运达目的港或目的地后，由双方约定的检验机构在合同规定的时间内对货物进行检验，并出具检验证书作为卖方交货品质、数量等的最后依据。

买方营业处所（最终用户所在地）检验通常是指在货物运抵买方营业处所（最终用户所在地）后，由合同规定的检验机构对货物进行检验，并由该机构出具检验证书作为卖方交货品质、数量等的最后依据。

采用这两种方式，卖方需承担到货品质、数量的责任，对卖方不利。

3. 出口国检验，进口国复验

出口国检验，进口国复验，是指卖方在出口国装运货物后，以合同规定的检验机构出具的检验证书作为向银行收取贷款的凭证之一，但不作为卖方交货的最后依据。货物运抵目的港或目的地后，由双方同意的检验机构对货物进行复验。如货物与合同规定不符，且为卖方责任所致，买方有权凭该机构所出具的检验证书向卖方索赔。由于这种做法兼顾了买卖双方的利益，较为公平合理，因而是国际货物买卖中最常用的一种方法。

4. 出口国装运前预检，进口国最终检验

出口国装运前预检，进口国最终检验，是指买卖合同中规定，货物在出口国装运前由买方派员或委托检验机构人员对货物进行预验，货物运抵目的港或目的地后，买方有最终检验权和索赔权，并以最终检验所出具的检验证书为最后依据。这是目前国际货物贸易中一种常用的行之有效的质量保证措施。

四、商品检验机构和检验检疫证书

（一）商品检验机构

检验机构的选定，关系到交易双方的利益，故交易双方应商定检验机构，并在买卖合同中订明。在实际交易中，究竟选用哪种检验机构，取决于各国的规章制度、商品性质以及交易条件等。检验机构的选定，一般是与检验的时间和地点联系在一起。在出口国工厂或装运港检验时，一般由出口国的检验机构检验。此外，根据成交商品的不同，双方也可以约定由买方派人到供货的工厂或出口地检验，或由双方派人实行联合检验。

1. 国际商品检验机构

国际贸易中的商检工作，一般是由专业性的检验部门或检验企业来办理。国际上的商品检验机构种类繁多，其类型大体可归纳为官方检验机构、半官方检验机构和非官方检验机构。官方检验机构是指由国家设立的检验机构；半官方检验机构是指一些有一定权威的，由国家政府授权，代表政府行使某项商品检验或某一方面检验管理工作的民间机构；非官方检验机构主要是指由私人创办的，具有专业检验、鉴定技术能力的公证行或检验公司。

☞【案例与分析】

我方向马来西亚客商出口一批土特产品，CIF 槟城。订约时我方已知道该批货物要转销美国，该货物到达槟城港后，立即转运美国，其后买主在合同规定的索赔期限内凭美国商检机构签发的检验证书向我提出索赔。试问我公司能否依据美国检验证书进行处理？为什么？

分析：我方应同意理赔。因为《公约》规定：如果货物在运输途中改运或买方在发运货物中没有合理机会加以检验，而卖方在订立合同时已知道或理应知道这种改运或再发运的可能性，检验可推迟到货物到达新目的地后进行。因此，马来西亚商人提交的美国检验证书应是有效的。

2. 我国商品检验机构及其基本任务

我国进出口商品检验主要由官方的"中华人民共和国出入境检验检疫局"及其分支机构承担，此外还有各种专门从事动植物、食品、药品、船舶、计量器具等检验的官方检验机构。根据我国《商检法》和《商标法实施条例》，国家商检部门及其设在各地的检验机构的基本任务有下述三项。

（1）实施法定检验。法定检验是指商检机构根据国家法律法规，对规定的进出口商品或有关的检验事项执行强制性的检验。

（2）实施监督管理。监督管理是指国家商检部门、商检机构通过行政手段对进出口商品的收货人、发货人及生产、经营、储运单位以及国家商检部门、商检机构指定或认可的检验机构和认可的检验人员的检验工作实施监督管理。

（3）办理公证鉴定。公证鉴定是指根据对外贸易关系人或国外有关机构的委托，办理规定范围内的进出门商品鉴定业务。

（二）检验检疫证书

检验检疫证书（inspection certificate）是进出口商品经检验检疫机构检验检疫、鉴定后出具的证明文件。常见的检验检疫证书有下列几种。

（1）品质检验证书。运用各种检测手段，对进出口商品的质量、规格、等级进行检验后出具的书面证明。

（2）重量检验证书。根据不同的计量方法证明进出口商品的重量，经检验后出具此证书。

（3）数量检验证书。根据不同计量单位证明商品的数量，经检验后出具此证书。

（4）兽医检验证书。证明动物产品在出口前经过兽医检验，符合检验要求，如冻畜肉、皮张、毛类、绒类、猪鬃及肠衣等商品，经检验检疫后出具此证书。

（5）卫生（健康）检验证书。证明出口供食用的动物产品、食品，如肠衣、罐头食品、蛋品、乳制品等商品，经卫生检验，未受传染疾病感染，可供食用。

（6）消毒检验证书。证明出口动物产品经过消毒；使用此种证书的如猪鬃、马尾、羽毛、人发等商品。

（7）产地检验证书。合同规定须出具产地证明，按给惠国要求，我方出具原产地证明时，由商检机构签发原产地证书。

（8）有些商品需要证明其价值时，证明出口商品价值与发货人提供的发票上价值完全正确，由商检机构出具的证书。

（9）验残损检验证书。证明进口商品残损情况，估定残损贬值程度，判断残损原因，供索赔时使用，由商检机构出具此证书。

（10）验舱检验证书。证明船舱是否干净，如散装食用油，装船前对船舱检验检疫后出具此证书。

除上述各种检验检疫证书之外，还有证明其他检验、鉴定工作的检验检疫证书，如货载衡量检验证书、温度检验证书等。

在国际贸易中，究竟采用哪种检验检疫证书，应根据商品的种类、特性、政策与法律规定以及贸易习惯而定。为了明确要求，在检验检疫条款中应规定所需证书的类别。上述各种检验证书，尽管类别不一，但其作用是基本相同的，商检证书的作用主要表现在下列几个方面。

（1）作为证明卖方所交货物的品质、重量（数量）、包装以及卫生条件等是否符合合同规定的依据。

（2）作为买方对品质、重量、包装等条件提出异议、拒收货物、要求索赔、解决争议的凭证。

（3）作为卖方向银行议付贷款的单据之一。

（4）作为海关通关验放的凭证。

（5）作为证明货物在装卸、运输中的实际状况，明确责任归属的依据。

五、商品检验的依据及流程

1. 商品检验的依据

商品检验检疫的标准很多。例如，有生产国标准、进口国标准、国际通用标准以及买卖双方协议的标准等。商品检验检疫，一般按合同和信用证规定的标准作为检验检疫的依据，如合同信用证未规定或规定不明确时，进口商首先采用生产国现行标准；没有生产国标准的，则采用国际通用标准；这两项标准都没有时，可按进口国家的标准检验检疫。出口商品以买卖双方约定的标准作为检验检疫的依据，无约定或约定不明确的，按国家标准；无国家标准的，按企业标准。

检验检疫方法不同，其结果不一，容易引起争议。为避免争议，必要时应在合同中订明检验检疫方法。在我国，检验检疫方法的标准，由国家质量监督检验检疫总局制定。

2. 商品检验的流程

进出口货物检验检疫主要有报验、抽样、检验检疫和签发证书四个环节。

（1）报验（application for inspection）是指进出口商向商检机构申请检验，填写报验申请单，同时提交合同、信用证、成交样品及其他必要的资料。

（2）现场检验一般采用国际贸易中普遍使用的抽样（sampling）法，抽样时，按规定的方法和一定的比例，在货物不同部位随机抽取一定数量的、能代表整批货物质量的样品（标本），供检验之用。

（3）检验（inspection）机构接受报验后，根据抽样和现场检验记录，确定检验项目和检验内容，仔细核对合同及信用证对品质、包装的规定，弄清检验依据，确定检验标准、方法，然后对样品进行检验。

（4）出口方面，凡列入《种类表》内的出口货物，经检验合格后，签发出境货物通关单。

进口方面，货物经检验后，分别签发"检验情况通知单"或"检验证书"，供对外结算或索赔用。凡自行验收的商品，发现问题，应及时向商检机构申请复验，复验不合格的，签发商检证书，供索赔用。复验合格的，收货单位在索赔期内，将验收报告送商检机构销案。

六、合同中的检验条款

订立检验条款的目的在于确定商品的质量、数量（重量）和包装等是否符合贸易合同的要求，凭以验证卖方是否履行了交货义务，如发现与合同不符时，买方可以拒收货物、拒付货款或提出索赔。因此，订好商品检验条款，对维护双方权益、保证交易的顺利进行具有重大意义。

检验条款的内容一般包括：检验的时间与地点；检验机构；检验标准与方法；复验的期限、地点和机构；商品检验的内容；检验证书的种类。

☞【本节导入案例解析】

买方不能接受货物。因为买方之所以要卖方出具某检验机构签发的商检证书，目的是让商品检验机构检验货物，避免因卖方自己出具发货单而可能出现不真实问题。且商检机构对其签发的商检证书负有保证其真实性的责任。本例商检部门出具的证书，尽管说明质量合格，但有言明部分检验记录由制造商提供，这说明商检机构未尽到自己的责任，对买方来说，接受这种商检证书风险很大。所以买方不能凭此证书接受货物。

第二节 争议与索赔

国际贸易业务涉及面广、环节多，程序繁杂，情况多变。在履约过程中，如稍有不慎，或一方违约，便会影响合同的履行，甚至可能引起争议或法律纠纷。争议产生后，作为当事人应积极面对，努力找出双方产生分歧的源头，再针对具体情况采用不同的方式处理。

一、争议

争议（disputes）是指买卖的一方认为另一方未能部分或全部履行合同的责任与义务而引起的纠纷。

（一）争议的原因

引起争议的原因主要有以下三种。

（1）卖方或买方违约。所谓违约（breach of contract），是指买卖双方之中任何一方违反合同义务的行为。国际货物买卖合同是对缔约双方具有约束力的法律文件。

（2）双方对合同条款规定的欠妥当、不明确，或同一合同的不同条款之间互相矛盾，致使双方当事人对合同规定的权利与义务的理解互不一致，导致合同的顺利履行产生困难，甚至发生争议。买卖双方国家的法律或对国际贸易惯例的解释不一致，甚至对合同是否成立有不同的看法。

（3）在履行合同过程中遇到了买卖双方不能预见或无法控制的情况。

（二）各国法律对违约的规定

违约是指合同的一方或双方当事人没有履行或没有完全履行合同规定的义务的行为。国际货物买卖合同对合同双方当事人具有法律约束力，任何一方当事人都必须按照合同规定严格履行其合同义务，否则即构成违约。一方违约，就应承担违约的法律责任，而受损害方有权根据合同或有关法律规定提出损害赔偿要求，这是进出口贸易中普遍遵循的原则。但是对违约行为的性质划分和据此可采取的补救办法，各国法律规定却不很一致。

1. 英国法律的规定

英国《货物买卖法》把违约分成违反要件（breach of condition）与违反担保（breach of warranty）两种。所谓违反要件，是指违反合同的主要条款，受损害方有权因之解除合同，并要求损害赔偿；而违反担保通常是指违反合同的次要条款，受损害方有权因之要求损害赔偿，但不能解除合同。

值得注意的是，英国近年来在司法实践中确立所谓中间性条款（breach of intermediate）的原则，对于一些虽是违反要件，但性质并不严重者，只能要求损害赔偿，不得解除合同。

2. 美国法律的规定

美国法律把违约分成重大违约（material breach）和轻微违约（minor breach）两

种。一方当事人违约，以致另一方无法取得该交易的主要利益，则是重大违约。在此情况下，受损害方有权解除合同，并要求损害赔偿。如果一方违约情况并未影响对方在该交易中取得主要利益，则为轻微违约，受损害方只能要求损害赔偿，而无权解除合同。

3. 我国法律的规定

我国有关法律规定："当事人一方不履行合同义务或者履行合同义务不符合约定的，应承担继续履行、采取补救措施或赔偿责任等违约责任。"当事人一方迟延履行合同义务或者有其他违约行为，致使严重影响订立合同所期望的经济利益的，对方可以不经催告解除合同。当事人一方迟延履行主要义务，经催告后在合理期限内未履行的，对方可以解除合同。我国法律又认为，合同终止，不影响合同中结算和清算条款的效力，也不影响当事人请求损害赔偿的权利。

4. 《联合国国际货物销售合同公约》的规定

《联合国国际货物销售合同公约》把违约分为根本性违约（fundamental breach）和非根本性违约（non-fundamental breach）两类。所谓根本性违约，是指一方当事人违反合同的结果，如使另一方当事人受到损害，以至于实际上剥夺了他根据合同规定有权期待得到的东西。例如卖方完全不交货，买方无理拒收货物、拒付货款。此时，受损害的一方就可以宣告合同无效，同时，有权向违约方提出损害赔偿的要求。如果违约的情况尚未达到根本性违约的程度，则受损害方只能要求损害赔偿而不能宣告合同无效。

（三）争议的解决方法

当争议发生时，一般均首先采用友好协商方式解决。如协商得不到解决，则视情况采取第三者调解（conciliation）、提交仲裁（arbitration）或进行司法诉讼（litigation）等方式进行处理。

我国《合同法》规定："当事人可以通过和解或调解解决合同争议。当事人不愿和解、调解或者和解、调解不成的，可以根据仲裁协议向仲裁机构申请仲裁。涉外合同的当事人可以根据仲裁协议向中国仲裁机构或者其他仲裁机构申请仲裁。当事人没有订立仲裁协议或者仲裁协议无效的，可以向人民法院起诉。当事人应当履行发生法律效力的判决、仲裁判决、调解书；拒不履行的，对方可以请求人民法院执行。"关于争议的解决方法我们将在本章的第四节详细阐述。

二、索赔

国际贸易涉及的范围很广，情况复杂多变，在履约过程中，如一个环节出现问题，就可能会影响合同的履行。再者，市场情况千变万化，如出现对当事人不利的变化，就可能导致该方当事人违约或毁约，而给另一方当事人造成损害，从而引起争议。受损害的一方为了维护自身权益，便向违约方提出损害赔偿，这种行为称为索赔。当违约方对受损害方的索赔要求进行处理时就称为理赔。索赔有时发生在托运人和承运人之间，这种情况属于运输索赔；有时发生在被保险人和保险公司之间，这种索赔属于保险索赔。在这里，我们将主要探讨发生在买卖双方之间的买卖索赔。

在国际贸易中，买卖索赔情况时有发生，特别是在市场剧烈动荡和价格瞬息万变的时候，更加容易出现买卖索赔。买卖索赔事件多发生在交货期、交货品质和数量等问题上。一般来说，买方向卖方提出索赔的情况较多。当然，买方不按期接运货物或无理拒收货物和拒付贷款的情况也时有发生，因此，也有卖方向买方索赔的情况。为了便于处理这类问题，买卖双方在合同中，一般都应订立索赔条款。索赔条款有两种规定方式：一种是异议与索赔条款（discrepancy and claim clause）；另一种是罚金条款（penalty）。在一般货物买卖合同中，多数只订立异议与索赔条款。而在大宗商品和机械设备合同中，除了订明异议与索赔条款外，往往还要另订罚金条款。

（一）索赔及索赔对象

索赔（claim）是指签订合同的一方违反合同的规定，直接或间接地给另一方造成损害，受损方向违约方提出损害赔偿要求，以弥补其所受损失。当违约的一方受理对方提出的赔偿要求即为理赔（settlement of claims）。

索赔的原因主要包括买方违约、卖方违约、承运人违约、发生保险范围内的货损货差。

各个索赔对象应负的单独责任见表 14.1。如果损失的发生牵涉几方面，例如保险的货物到达目的港后发生短卸，由于船公司对每件货物的赔偿金额有一定的限制，往往不能赔足，其不足部分就应由保险公司负责。这里涉及船公司和保险公司两方面，因此收货人应向船公司和保险公司同时提出索赔。

表 14.1　　　　　　　　　　　索赔对象应负的单独责任

索赔对象	单独责任
卖方	①货物品质规格不符；②原装货物数量短少；③包装不善致使货物受损；④延期交货；⑤卖方不符合合同条款规定的其他行为致使买方受到损失
买方	①付款不及时；②订舱或配船不及时（指按 FOB 条款成交的合同）或延迟接货；③买方不符合合同条款规定的其他行为致使卖方受到损失
船公司（承运人）	①数量少于提单载明的数量；②收款人持有清洁提单而货物发生残损短缺
保险公司	①在承保范围以内的货物损失；②船公司（或承运人）不予赔偿的损失或赔偿额不足以补偿货物的损失而又属承保范围以内的

（二）合同中的索赔条款

进出口合同中的索赔条款有两种规定方式：一种是异议与索赔条款；另一种是罚金条款。一般在买卖合同中，多数只订立异议与索赔条款，只有在买卖大宗商品和机械设备一类商品的合同中，除订明异议与索赔条款外，再另订罚金条款。

1. 异议与索赔条款

异议与索赔条款（discrepancy and claim clause）是针对卖方交货品质、数量或包装不符合合同规定而订立。主要内容包括索赔依据（claim foundation）、索赔期限（period of claim）、索赔损失的办法和索赔金额等。

合同中本条款的内容一般包括：明确规定一方违约，另一方有权提出索赔，还要规定索赔依据、索赔期限、赔偿损失的办法和索赔金额等。

（1）索赔依据。索赔依据指提出索赔时必须具备的证据和出证机构。索赔时，必须出具齐全的、有效的证据，如果证据不全、不清，出证机构不符合规定，都可能遭到对方拒赔。索赔依据包括法律依据和事实依据两个方面，前者是指提出索赔的权力是根据贸易合同和有关国家的法律规定后者是指违约的事实及其书面证明材料，以确定违约的真实性。

（2）索赔期限。索赔期限指提出索赔的一方向违约方提出索赔的有效时限。索赔期限主要根据货物的不同特性、货物到港后的卸货时间、商品检验所需的时间来确定。索赔期限与商品到港后买方的复验期限是一致的，如果逾期索赔，违约方可不予受理。因此，对于索赔期限，一方面它是给予受害方在期限内提出索赔的权利；另一方面它限制受损害方只能在期限内索赔，逾期索赔无效。在实际贸易过程中，一般货物规定货到目的地后 30 天或 45 天；对于机电、仪表设备规定货到目的地后 60 天或 90 天；对于机器设备等常常订有一年或一年以上的质量保证期，索赔期可依据此期限。总之，对于索赔期限的规定，除一些性能特殊的产品（如机械设备）外，一般不宜规定过长，以免使卖方承担过重的责任；也不宜规定过短，以免使买方无法行使索赔权。

（3）赔偿损失的办法和索赔金额。由于签约的当事人难以预料发生违约的原因和违约的程度，对违约的金额难以预计，所以一般不做详细规定。

在贸易实践中，处理索赔案件的中心或者说发生纠纷后争议的焦点往往是索赔的具体金额，它不仅关系到买卖双方的经济利益，而且对于开展以后的业务产生影响。按照多数国家的法律和贸易惯例，确定索赔金额时应符合下列三项原则：一是赔偿金额与因违约造成的损失相等；二是赔偿金额应以可预料的合理损失为限；三是由于受害方未采取合理措施，而使有可能减轻而未减轻的损失，应在赔偿金额中扣除。

2. 罚金条款

罚金条款（penalty clause）指一方未履行或未完全履行合同应向对方支付一定数额的约定金额，以补偿对方的损失。罚金条款一般适用于卖方延期交货，或者买方延迟开立信用证、延期或无理拒收货物等情况。罚金数额的大小按违约时间的长短、性质来确定，罚金的金额不得超过全部货物的一定比例。

违约金的规定方法一般有两种。一种是按合同规定的交货期限或信用证开立日期终止后开始计算；另一种是规定在某一个终止日期之后再给出一个附加时间，在这个附加时间之内不计算违约罚金。罚金的支付并不意味着违约方解除合同的义务（合同另有规定者除外）。

在订立罚金条款时，要注意各国的法律对于罚金条款持有不同的态度和不同的解释与规定。在法国、德国等国家的法律中，对合同的罚金条款是予以承认和保护的。但在美国、英国、澳大利亚和新西兰等英美法系国家的法律上则有不同的解释。

3. 定金罚则

定金是指一方当事人根据合同的约定，预先付给另一方当事人一定数量的金额，以保证合同的履行，是作为债权担保而存在的。

在买卖合同中，只要订立了定金条款，无论合同当事人哪方违约，都要承担与定金数额相等的损失。换句话说，就是如果支付定金的一方违约，即丧失定金的所有权，定金归收取定金的乙方所有。如果收取定金的一方违约，则除返还支付方支付的定金外，还应支付给支付方定金相等数额的钱款。这种以定金方式确保合同履行的方法称为定金罚则。

在运用定金罚则（the rule of earnest penalty）的时候要注意区分以下几个相关的概念。

（1）定金和违约金。定金和违约金是对当事人不履行或不完全履行合同时应承担责任的两种形式。其适用的前提条件都是存在违约的情况，违约尚未给对方造成经济损失时，定金和违约金都只起惩戒作用，其法律后果相同。但从二者性质上分析，定金是经济合同的担保形式，而违约金是对违约的一种制裁和补偿手段。比如双方当事人在合同中既约定了定金又约定了违约金，如遇一方违约，对方既要求违约方偿付违约金又要求按定金罚则处理定金问题，只要法律、法规没有相反规定，就应予以保护，但并用的结果应以不超过合同标的价金总额为限。

（2）定金与预付款。《经济合同法》规定，定金在合同履行后可以抵作价款。换句话说，定金可以起到预付款的作用，但预付款不同于定金。首先，预付款是一种支付手段，预付款的交付属于债务人履行债务行为，不具有担保作用，它仅对一方当事人按时履行合同义务起一定的资助作用，在经济合同履行后，它本身即成为支付金额的组成部分；而定金是一种担保手段，定金的交付在于担保债务人履行债务。其次，在合同被违反时，定金起着制裁违约行为并补偿受害方所受损失的作用，而预付款则须返还对方，依法追究违约责任或损害赔偿责任。由于定金较之预付款有着特殊的功能和作用，一旦违反合同，就会产生更严重的法律后果，所以定金须由双方当事人在合同中明确约定，不能将预付款作为定金处理，也不能将未明确约定为定金的其他预付款项，如押金等作为定金处理。

（3）定金与赔偿金。定金惩罚性较明显，只要一方不履行合同，就要受到惩罚，或无权收回定金。赔偿金与定金有区别。赔偿金是一方违约必须给对方造成损失，在违约金不足以抵补对方损失时，才须向对方支付赔偿金。但在预付定金或双倍返还定金不足以弥补实际损失时，违约方仍负有赔偿责任。定金能否代替赔偿金呢？在审判实践中，一般是折抵了赔偿金的，即如果不履行合同给对方造成了损失，除适用定金罚则外，还应赔偿。赔偿办法是：损失小于定金的，不再赔；损失大于定金的，超出部分赔。

（三）进行索赔、处理理赔应注意的问题

进出口工作中的对外索赔，按照目前的做法，属于船方责任的，由有关保险公司代办；属于卖方责任和保险公司责任的，由各进出口公司自行办理。

作为进口方，如向卖方进行索赔时，一般应注意下面几个问题：①做好索赔方案，在方案中，应明确列明索赔案情、证件、索赔项目和金额、索赔的理由、索赔的措施等，如情况有变更，应对方案进行及时修改，并在索赔工作结束后做好登记并总结经验教训。②按照合同的规定提供必要的索赔证件，包括商检机构出具的检验证书，其中，检验证书内容应与合同的检验条款要求相一致。③在规定的有效期内提出索赔。如果估计检验工作不能在有效期内完成，应及时通知卖方要求延长索赔期并取得对方同意，以免影响行使索赔权。④正确确定索赔金额。如合同预先约定损害赔偿的金额，则按约定的金额提赔；如未预先约定，则按实际所受损失情况确定适当的金额；退货时提赔金额，除货价外，还应包括运费、保险费、仓储费、利息以及运输公司和银行费用。倘因品质而减价，则提赔金额应是品质差价等。

在出口理赔工作中，我们一般应注意以下问题：①认真审查对方提出的索赔要求，其理由是否充分，出证机构是否合法，证据与索赔要求是否一致，索赔是否在有效期内提出等。②应分清责任归属。如果确属我方责任，应在合理确定对方损失后，实事求是地予以赔偿。对于不该我方赔偿的，应根据事实说清楚。如果国外商人强词夺理提出不合理的要求时，应根据掌握的可靠资料予以驳斥，必要时进行揭露。

总之，索赔和理赔应认真对待，及时处理，注意策略，做到有理、有利、有节。

第三节 不可抗力

国际货物买卖合同成立之后，有时会发生买卖双方无法预料又不能控制的意外事故，致使遭受事故的一方不能履行或不能如期履行合同。在这种情况下，如果强硬要求当事人履行合同，显然是对当事人过于苛刻的要求，按照许多国家的法律和国际贸易惯例所确定的原则，当事人会因此而获得免责。

一、不可抗力的含义

不可抗力（force majeure）是指买卖合同签订后，不是由于当事人一方的过失或故意，发生了当事人在订立合同时无法预见、无法预防、无法避免和无法控制的事件，以致不能履行或不能如期履行合同，发生意外事件的一方可以免除履行合同的责任或推迟履行合同。

尽管各国法律和国际公约对不可抗力的解释存在差别，但却都承认构成这类事件需要具备以下条件：（1）事件是在有关合同成立后发生的；（2）无任何一方当事人的故意或过失造成的；（3）事件的发生及其造成的后果是当事人无法预见、无法避免、无法控制和不可克服的。

不可抗力通常包括两种情况：（1）自然原因引起的，如水灾、旱灾、飓风、暴雨、大雪、地震等自然灾害；（2）社会原因引起的，如战争行为、政府封锁、禁运等。但不可抗力事故目前在国际上还没有统一的、确切的解释。对于哪些意外事故应订入合同的不可抗力条款，买卖双方可自行商定。但不是所有意外事故都可以构成人力不可抗拒事故的，例如，合同签订后，物价的涨落、货币的升值、贬值等，这些是交易中常见的现象，除买卖双方另有约定外，不属于不可抗力的范围。

二、不可抗力条款

不可抗力条款对买卖双方都是同样适用的。在进出口合同中订立了不可抗力条款，一旦发生意外事故影响到合同的履行时就可根据合同规定确定发生的意外事故是否属于不可抗力，防止对方任意扩大或缩小对不可抗力的解释。这对于维护买卖双方正当利益是有好处的。

不可抗力条款的内容一般有：（1）不可抗力事故的范围；（2）不可抗力事故发生后，通知对方的期限；（3）出具证明文件的机构；（4）不可抗力事故的后果。

在国际货物买卖合同中，不可抗力条款主要有以下规定方法。

（1）概括式规定，即在合同中不具体规定不可抗力事故的种类而是做笼统的规定。例如："由于公认的不可抗力原因而不履行合同规定义务的一方可不负责任，但应于若干天内通知对方提供有关的证明文件。"

（2）列举式规定，即逐一证明不可抗力事故的种类。例如："由于战争、洪水、水灾、地震、暴风、大雪而不能履行合同规定义务的一方可不负责任。"

（3）综合式规定，即将概括式和列举式合并在一起的方式。

上述概括式规定比较笼统，容易产生纠纷。列举式规定虽然明确，但不可抗力的事故举不胜举，如发生了没有列举的事故，就无法引用不可抗力条款。综合性规定则弥补了前两种方式的不足，因此，使用比较广泛。

三、不可抗力事件的处理

按照国际惯例，当发生不可抗力事故影响到合同的履行，遭受事故的一方必须及时通知对方，对方接到通知后应及时给予答复，如有异议应及时提出。为了明确责任，一般在不可抗力条款中规定一方发生事故后通知对方的期限和方式。

不可抗力条款是一种免责条款，只有确实发生不可抗力事故时，当事人一方才可免责。因此，当一方援引合同中不可抗力条款要求免责时，都必须向对方提交一定机构出具的证明文件作为发生不可抗力的证据。在国外，一般由当地的商会或合法的公证机构出具。在我国，一般由中国国际贸易促进委员会（中国国际商会）出具。

不可抗力事故所引起的后果主要有两种：一种是解除合同，另一种是延迟履行合同。至于在什么情况下可以解除合同，在什么情况下不能解除合同而只能延迟合同的履行，要看意外事故对履行合同的影响。也可由买卖双方在合同中做具体规定。如合同中未规定，一般解释为：如不可抗力事故使合同的履行成为不可能，则可解除合同；如不可抗力事故只是暂时阻碍了合同的履行，则只能延迟履行合同。

不可抗力的发生，仅免除损害赔偿的责任。按《联合国国际货物买卖合同公约》规定，一方当事人享受的免责权利只对履约障碍存在期间有效，如果合同未经双方同意宣告无效，则合同关系继续存在，一旦履行障碍消除，双方当事人仍需继续履行合同义务。根据我国法律，当事人迟延履行后发生不可抗力的，不能免除责任。

我国法律规定，当不可抗力发生后，当事人一方因不能按规定履约要取得免责权利，必须及时通知另一方，并在合理的时间内提供必要的证明文件，以减轻可能给另一方造成的损失。《联合国国际货物买卖公约》规定，如果当事人一方未及时通知而给对方造成损害的，仍应负赔偿责任。在实践中，为防止发生争议，不可抗力条款中应明确规定具体的通知和提交证明文件的期限和方式。

不可抗力的处理，关键是对不可抗力的认定，尽管在合同的不可抗力条款中做了一定的说明，但在具体的问题上，双方会对不可抗力事件是否成立出现分歧。在处理不可抗力事件时，通常应注意下列问题。

（1）区分商业风险和不可抗力事件。商业风险往往也是无法预见和不可避免的，但是它和不可抗力事件的根本区别在于一方当事人承担了风险损失后，有能力履行合同义务，典型情况是对"种类货"的处理，此类货物可以从市场中购得，因而卖方通常不能免除交货责任。

（2）重视"特定标的物"的作用。对于包装后刷上唛头或通过运输单据等已将货物确定为某些合同的标的物，称为"特定标的物"。此类货物由于意外事件而灭失，卖方可以确认为不可抗力事件。如果货物并未特定化，则会造成免责的依据不足。

四、援引不可抗力条款的注意事项

援引不可抗力条款应注意如下事项。

（1）任何一方在遭受到不可抗力事故后，应立即按照合同规定通知对方，并提供有关机构的证明。出证机构如合同未予规定，在我国可由中国国际贸易促进委员会出证，在国外一般由当地的商会或合法的公证机构出证。

（2）一方接到不可抗力事故通知和证明后，应及时研究所发生的事故是否属于不可抗力条款所包括的范围。如合同中已经列举了事故的种类，但发生的事故下属列举范围，一般就不能按不可抗力处理。如合同中附有"双方当事人所同意的其他意外事故"规定的，则必须经买卖双方协商同意才能作为不可抗力事故处理。如一方不同意即不能列入下可抗力事故。但不论同意与否，都应及时答复对方。

（3）对于不可抗力事故成立后，处理问题应按合同规定办理。如果合同没有规定，买卖双方应本着实事求是的精神根据事故发生的原因和情况与对方协商决定，是否解除合同或延迟履行合同。

第四节 仲 裁

国际贸易中，解决争议的方式通常有协商、调解、仲裁、诉讼等。采用友好协商或通过第三者调解的方式，气氛比较友好，有利于贸易双方的长期交往，是买卖双方都愿意采用的方法。但如果通过协商和调解，买卖双方未能达成一致意见，则只好采用仲裁或诉讼的方式来加以解决。

仲裁是解决对外贸易争议的一种重要方式。仲裁比起其他解决争议的方式来说，具有自主、灵活、迅速等多方面的优点，所以这一方式在国际贸易中被普遍采用。在国际贸易中，由于索赔、不可抗力等事件随时可能发生，所以在买卖合同中订立仲裁条款是非常必要的。

一、仲裁的含义和特点

解决争议的方式主要有友好协商（amicable negotiation）、调解（conciliation）、仲裁（arbitration）、诉讼（litigation）。其中，仲裁是解决争议的一种重要方式。由于仲裁程序比较简单，仲裁时间短，费用较低廉，且裁决一般为终局性的，更重要的是可以较少影响双方之间的关系，所以合同双方一般均愿意采用这种方式解决纠纷。

仲裁又称公断，是指买卖双方达成协议，发生争议时若通过协商不能解决，自愿将有关争议提交给双方同意的第三者进行裁决，裁决的结果是终局，对双方均有约束力。由于仲裁是依照法律所允许的仲裁程序裁定争端，因而仲裁裁决是最终裁决，具有法律约束力，当事人双方必须遵照执行。

在国际贸易业务实践中，仲裁是解决争议的主要方法。其主要特点如下。

（1）仲裁机构是民间组织，无法定管辖权，对争议案件的受理，以当事人自愿为基础。

（2）当事人双方通过仲裁解决争议时，必先签订仲裁协议；双方均有在仲裁机构中推选仲裁员以裁定争议的自由。

（3）仲裁比诉讼的程序简单，处理问题比较迅速及时，而且费用也较为低廉。

（4）仲裁机构的裁决一般是终局性的，对双方当事人均有约束力。仲裁方式具有解决争议时间短、费用低、能为当事人保密、异国执行方便等优点，且仲裁是终局的，对双方都有约束力。因此，在国际贸易实践中，仲裁是最被广泛采用的一种方式。

二、仲裁协议

1. 仲裁协议的形式

仲裁协议（arbitration clause）是表明双方当事人愿意将他们的争议提交仲裁机构裁决的一种书面协议。仲裁协议有两种形式：一种是双方当事人在争议发生之前订立的，表示一旦发生争议应提交仲裁，通常为合同中的一个条款，称为仲裁条款；另一种是双方当事人在争议发生后订立的，表示同意把已经发生的争议提交仲裁的协议，往往通过双方函电往来而订立。

2. 仲裁协议的作用

仲裁协议表明双方当事人愿意将他们的争议提交仲裁机构裁决，任何一方都不得向法院起诉。仲裁协议也是仲裁机构受理案件的依据，任何仲裁机构都无权受理无书面仲裁协议的案件。仲裁协议还排除了法院对有关案件的管辖权，各国法律一般都规定法院不受理双方订有仲裁协议的争议案件，包括不受理当事人对仲裁裁决的上诉。

3. 仲裁协议的内容

仲裁协议的内容一般应包括仲裁地点、仲裁机构、仲裁程序、仲裁裁决的效力及仲裁费用的负担等。

仲裁地点是协议中最为重要的一个问题。因为仲裁地点与仲裁适用的程序和合同争议所适用的实体法密切相关。通常均适用于仲裁所在地国家的仲裁法和实体法。

我国进出口贸易合同中的仲裁地点一般采用下列规定方法：① 力争规定在我国仲

裁；② 有时规定在被诉方所在国仲裁；③ 规定在双方同意的第三国仲裁。

由于我国企业目前大多缺乏在国外申诉的能力，所以应力争在我国仲裁。

仲裁裁决是终局的，对双方当事人均有约束力，不得向任何机构提出变更裁决的请求。

仲裁费用的负担可在协议中订明，通常由败诉方负担，也可规定由仲裁庭裁决。

三、仲裁机构和仲裁程序

（一）仲裁机构

目前，国际贸易仲裁机构有临时机构和常设机构两种。临时仲裁机构是为了解决特定的争议而组成的仲裁庭。争议处理完毕，临时仲裁庭即告解散。常设仲裁机构又可分为两种。

1. 常设仲裁机构

常设仲裁机构有国际性的和区域性的，有全国性的，还有附设在特定行业内的专业性仲裁机构。它们都有一套机构和人员，负责组织和管理有关仲裁事务，可为仲裁的进行提供各种方便，所以大多数仲裁案件都被提交在常设仲裁机构进行审理。著名的常设仲裁机构有：国际商会仲裁院、英国伦敦仲裁院、瑞士苏黎世商会仲裁院、日本国际商事仲裁协会、美国仲裁协会、瑞典斯德哥尔摩商会仲裁院、中国国际贸易促进委员会对外经济贸易仲裁委员会。

2. 临时仲裁机构

临时仲裁机构是由双方当事人指定仲裁员自行组成的。

3. 专业性仲裁机构、仲裁庭

附设在特定行业内的专业性仲裁机构、仲裁庭，案件处理完毕即自动解散。

这类仲裁机构有：伦敦羊毛协会、伦敦黄麻协会、伦敦油籽协会、伦敦谷物商业协会等行业内设立的仲裁机构。

当事人双方选用哪种或哪个国家（地区）的仲裁机构审理争议，应在合同中做出具体说明。

除此之外，在我国的对外贸易中如双方同意在中国仲裁，合同内应订明争议由中国国际贸易促进委员会对外经济贸易仲裁委员会仲裁。该委员会受理的案件可分四类。

（1）对外贸易契约和交易中所发生的争议，特别是外国商号、公司或者其他经济组织同中国商号、公司或者其他经济组织间的争议。

（2）当事人双方都是外国商号、公司或者其他经济组织间的争议。

（3）中国商号、公司或者其他经济组织间的争议。

（4）有关中外合资经营企业、外国来华投资建厂、中外银行相互信贷等各种对外经济合作方面所发生的争执。

（二）仲裁程序

在买卖合同的仲裁条款中，应订明用哪个国家（地区）和哪个仲裁机构的仲裁规则进行仲裁。各国仲裁机构的仲裁规则对仲裁程序（arbitral proceeding）都有明确规定。按我国仲裁规则规定，仲裁基本程序如下。

1. 仲裁申请

仲裁申请是仲裁程序开始的首要手续，是仲裁机构立案受理的前提。我国仲裁机构受理争议的依据是双方当事人的仲裁协议和一方当事人的书面申请。

2. 组成仲裁庭

关于仲裁员人数和选定办法，各国法律规定不同，多数国家规定为三人制，但英、美等国一般为一人独任制；少数国家也允许二人或采用双数制。在临时仲裁中，独任仲裁员都是由双方当事人在仲裁协议中指定。三人仲裁员则是由双方当事人各指定一名，再由这两名仲裁员指定第三名首席仲裁员。如当事人不指定，也可委托仲裁委员会主席指定。首席仲裁员由仲裁委员会主席在仲裁员名册中另行指定。由当事人双方分别指定一名仲裁员，目的在于使争议案件能得到公平合理的裁决，而被指定的仲裁员并非是指定一方的代理人。

3. 仲裁审理

仲裁庭审理案件的形式有两种：一是不开庭审理。一般是经当事人申请，或由仲裁庭征得当事人同意，只以书面文件进行审理并裁决。二是开庭审理。这种审理按照仲裁规则的规定。采取不公开审理，如果双方当事人要求公开进行审理时，由仲裁庭做出决定。

仲裁审理一般过程包括开庭、收集证据或询问证人，如有必要还要采取"保全措施"。即对有关当事人的财产采取扣押等临时性强制措施。

4. 仲裁裁决

仲裁机构对案件进行审理后所做的处理结论，被认为是最终裁决。一般裁决应自仲裁庭组成之日起6个月内做出，但有必要时可以延长期限，只要在一年内做出即可。裁决是仲裁程序的最后一个环节，裁决做出后，审理案件的程序即告终结，因而这种裁决被称为最终裁决。根据我国仲裁规则规定，除最终裁决外，仲裁庭认为有必要接受当事人之提议，在仲裁过程中，可就案件的任何问题做出中间裁决或者部分裁决。中间裁决是指对审理清楚的争议所做的暂时性裁决，以利于对案件的进一步审理；部分裁决是指仲裁庭对整个争议中的某些问题已经审理清楚，而先行做出的部分终局性裁决，这种裁决构成最终裁决的一部分。

仲裁裁决必须于案件审理终结之日起45天内以书面形式做出，当事人对于仲裁裁决书，应依照其中所规定的期限自动履行。裁决书未规定期限的，应立即履行。

在买卖合同的仲裁条款中，还应订明采用哪个国家（地区）和哪个仲裁机构的仲裁规则进行仲裁，适用我国的仲裁程序规则时，是指适用《中国国际经济贸易仲裁委员会仲裁规则》。按照各国仲裁规则的一般规定，仲裁裁决一般在以下情况做出。

（1）在无仲裁协议的情况下做出的裁决。

（2）以无效（或过期）的仲裁协议为据做出的裁决。

（3）仲裁员的行为不当或越权所做出的裁决。

（4）以伪造证据为依据所做出的裁决。

（5）裁决的事项是属于仲裁地法律规定不得提交仲裁处理的裁决等法定期限内，

请求仲裁地的管辖法院撤销仲裁裁决，并宣布其为无效。

此外，在仲裁费用的负担问题上，通常在仲裁条款中明确规定仲裁费用由谁承担。一般规定由败诉方承担，也有的规定由仲裁庭酌情决定。

四、仲裁裁决的承认和执行

仲裁裁决的承认和执行涉及一个国家的仲裁机构所做出的裁决要由另一个国家的当事人去执行的问题。各国法律规定，仲裁裁决应由败诉方自动执行，仲裁机构无强制执行裁决的权利和义务。如果败诉方不愿执行裁决，胜诉方只能求助于本国或败诉方所在国的法院，请其协助强制败诉方执行。一般情况下，如果仲裁地和败诉方是在同一个国家，则能够比较顺利地解决；但如果仲裁地和败诉方不是在同一个国家，因许多国家对执行国外仲裁裁决规定有种种限制，问题就会比较复杂和困难。

为了解决仲裁裁决的顺利执行问题，国际上曾签订了一些国际仲裁公约，如1923年《关于仲裁条款的日内瓦议定书》、1927年《关于执行国外仲裁裁决的公约》。1958年6月10日，联合国在纽约召开了国际商事仲裁会议，通过了《承认与执行外国仲裁裁决公约》，又称《1958年纽约公约》。该公约规定，各缔约国必须承认和执行外国的仲裁裁决。该公约强调了两点：承认双方当事人所签订的仲裁协议有效；根据仲裁协议所做出的仲裁裁决。缔约国应承认其效力并有义务执行。

公约规定，凡在缔约国领土内做出的仲裁裁决，都可以运用本公约予以执行；在非缔约国领土内做出的裁决，只要执行地所在国不认为这完全属于其本国仲裁，也可以运用本公约加以执行。但该公约又规定，允许缔约国在批准参加时，可提出某些保留。我国于1987年4月正式加入了这一公约，并根据公约规定做了两项保留，即中华人民共和国只在互惠的基础上对在另一缔约国领土内做出的仲裁裁决的承认和执行适用该公约；中华人民共和国只对根据中华人民共和国法律认定为属于契约性和非契约性商事法律关系所引起的争议适用该公约。

例如，声明以互惠作为承担和执行外国裁决的条件。我国在被批准参加《1958年纽约公约》时，曾做了以下声明。

（1）中华人民共和国只在互惠的基础上对在另一缔约国领土内做出的仲裁裁决适用该公约。

（2）中华人民共和国只对根据中国法律认定为属于契约性和非契约性商事法律关系所引起的争议适用该公约。

仲裁裁决一经做出，当事人应当自动履行裁决。若败诉方不执行裁决，胜诉方有权向有关法院起诉，请求法院强制执行。但是国际仲裁的当事人分处不同国家，到国外法院申请执行有一定困难。

为了解决在执行外国仲裁裁决问题上所产生的一些矛盾，国际上除通过订立双边协定相互承认与执行仲裁裁决外，还订立了多边国际公约。

五、合同中的仲裁条款

我国对外贸易合同中的仲裁条款常用的有下列几种。

（1）规定在我国仲裁的条款

凡因执行本合同所发生的或与本合同有关的一切争议，双方应通过友好协商解决；如果协商不能解决，应提交北京中国国际贸易促进委员会对外经济贸易仲裁委员会根据该会的《仲裁程序暂行规则》进行仲裁，仲裁的裁决是终局的，对双方都有约束力。

（2）规定在被诉方所在国仲裁的条款

凡因执行本合同所发生的或与本合同有关的一切争议，双方应通过友好协商解决；如果协商不能解决，应提交仲裁。仲裁在被诉人所在国进行，如在中国，由中国国际贸易促进委员会对外经济贸易仲裁委员会根据该会《仲裁程序暂行规则》进行仲裁。如在某国（被诉人所在国家名称），由某仲裁机构（被诉人所在国家的仲裁机构的名称）根据该机构的仲裁程序规则进行仲裁。仲裁裁决是终局的，对双方都有约束力。

（3）规定在第三国仲裁的条款

凡因执行本合同所发生的或与本合同有关的一切争议，双方应通过友好协商解决；如果协商不能解决，应提交某国（第三国名称）某仲裁机构（第三国某地的仲裁机构的名称）根据该仲裁机构的仲裁规定进行仲裁。仲裁裁决是终局的，对双方都有约束力。

本章小结

在国际货物买卖中，进出口商品只有通过检验，才能确定其品质、数量、包装等是否符合合同的规定。商品检验条款应注明检验时间、地点、检验机构、检验证书等。

买卖双方在履约中如发生争议，可进行索赔与理赔，合同中的索赔条款有异议与索赔条款和罚金条款两种方法。

不可抗力是买卖合同中的一种免责条款，不可抗力有其特定的含义，所引起的法律后果有解除合同和延期履行合同两种。

解决国际货物买卖中的争议方式有多种，其中对外贸易仲裁方式有其优点，如采用仲裁方式，争议双方应订有仲裁协议。

练习题

一、名词解释

商品检验　索赔　理赔　不可抗力　仲裁　仲裁协议

二、单选题

1. 关于商品检验时间和地点的规定，我国进出口业务中使用较多的是（　　）。

    A. 到岸品质、到岸重量　　　　　　B. 离岸品质、离岸重量

    C. 离岸重量、到岸品质　　　　　　D. 出口国装运港检验，进口国目的港复验

2. 在进出口业务中，商品检验的依据主要有（　　）。

    A. 成交样品　　B. 信用证　　　C. 标准　　　D. 合同

3. 在国际贸易中，一方违约使另一方遭受经济损失，受损方依法解除合同后（　　）。

  A. 有权再提出损害赔偿

  B. 无权再提出损害赔偿

  C. 是否有权再提出损害赔偿要求，由仲裁解决

  D. 是否有权再提出损害赔偿要求，视损失的金额大小而定

4. （ ）可以作为索赔的依据。

  A. 商检证书、保险单、发票   B. 货损证明、合同、信用证

  C. 保险单、贸易合同、运输合同 D. 货损证明、商检证书、信用证

5. 当卖方因不可抗力事故造成交付困难时，按法律及惯例（ ）。

  A. 只能免除交货责任

  B. 只能免除延期交货的责任

  C. 卖方已构成违约

  D. 有时可以免除交货责任，有时可以延迟交货，视事故的严重程度而定

6. 下列因素中，（ ）是不可抗力因素。

  A. 海啸   B. 市价跌落

  C. 政府禁令   D. 战争因素

7. 下列有关仲裁协议的表述中，（ ）是不正确的。

  A. 排除了法院对争议案的管理权

  B. 使仲裁机构取得对争议案的管理权

  C. 排除了当事人以协商和调解方式解决争议的可能

  D. 约束当事人以仲裁方式解决争议，不向法院起诉

8. 贸易争端经仲裁机构做出的裁决（ ）。

  A. 没有法律约束力

  B. 具有法律约束力

  C. 必须经过法院的确认才有法律约束力

  D. 败诉方同意则有约束力，否则无约束力

三、简答题

1. 在国际贸易中，引起买卖双方争议的主要原因有哪些？

2. 当卖方不履行或不完全履行合同义务时，买方可采取的补救措施主要有哪些？

3. 什么是罚金条款？

4. 何谓"不可抗力"事故？发生不可抗力事故的法律后果如何？

5. 仲裁协议的形式和作用有哪些？

四、案例分析题

1. 某国一公司以 CIF 鹿特丹出口食品 1000 箱，即期信用证付款，货物装运后。出口商凭已装船清洁提单和已投保一切险及战争险的保险单，向银行收妥货款。货到目的港后，经进口商复验发现下列情况：

（1）该批货物共有 10 个批号，抽查 20 箱，发现其中 2 个批号涉及 200 箱内含有沙门氏细菌超过合同标准。

（2）收货人实际收到 998 箱，缺少 2 箱。

（3）有 15 箱货物外表状况良好，但箱内货物共缺少 60 千克。

问：根据上述案情，进口商应分别向谁索赔？

2. 国内某出口公司与某外商签订了一份农产品出口合同，签订日期为 9 月 1 日，合同规定装船日期为 10—12 月。但 9 月中旬后，国内市场该产品价格上涨，该合同因亏损过高不能出口。经查发现国内市场产品涨价的原因是 7 月中旬产地曾发生过严重水灾，货源受损所致。在此情况下，我方是否可以利用不可抗力条款免除责任？

3. 我某公司与外商订立了一项出口合同，在合同中明确规定了仲裁条款，约定在履行过程中如发生争议在中国进行仲裁。后来，双方对商品的品质发生争议，对方在其所在地法院起诉我方，法院也发来了传票，传我国的公司出庭应诉。对买方的这种做法，你认为该如何处理？

4. 有一份合同，印度 A 公司向美国 B 公司出口一批黄麻。在合同履行的过程中，印度政府宣布对黄麻实行出口许可证和配额制度。A 公司因无法取得出口许可证而无法向美国 B 公司出口黄麻，遂以不可抗力为由主张解除合同。

问：印度公司能否主张这种权利？为什么？

第十五章 交易磋商与合同的订立和履行

☞【学习目标】

学习完本章后，你应该能清楚地知道：

(1) 交易磋商的形式、内容；

(2) 合同订立的主要程序；

(3) 在 CIF 合同和信用证（L/C）付款方式下出口合同履行的各个环节；

(4) 在 FOB 合同和信用证（L/C）付款方式下进口合同履行的各个环节。

第一节 交 易 磋 商

☞【案例导入】

A 公司某年 11 月 8 日向 B 公司发盘："大力牌农用车 200 台，每台 2800 美元 CIF 科伦多，即期 L/C12 月装运，限 20 日复到我方为有效。"B 公司没有表示接受，却在 11 月 13 日根据发盘内容向银行申请开立以 A 公司为受益人的信用证。这时，A 公司发现发盘有误，11 月 19 日以未收到对方接受通知，合同无法成立为由退回 L/C。

☞ 思考：

A 公司是否可以退回 B 公司的 L/C，为什么？

一、交易磋商的形式和内容

交易磋商是指交易双方以一定的方式并通过一定的程序就买卖的商品及各项交易条件进行协商，最后达成协议的整个过程。它是签订合同不可缺少的前期基础工作，交易磋商的好坏直接关系将来买卖双方之间的权利、义务和经济利益。因此磋商谈判人员不仅要有认真负责的工作态度，而且要熟悉掌握国际贸易合同的条款内容。

1. 交易磋商的形式

交易磋商可以分为口头和书面两种。口头磋商主要是指在谈判桌上面对面的谈判，包括出口企业邀请国外客户来本企业调查访问，参加各种商品交易会、洽谈会，一起由我方派遣出国推销人员、贸易代表团，或委托驻外机构、海外企业代为在当地洽谈等面对面的磋商。

书面磋商是指通过信件、电报、电传等通信方式来洽谈交易。目前，多数企业使用传真、电子数据交换和电子邮件洽谈交易。但传真、电子邮件等电文易褪色或易被变造作伪，因此，在采用上述电讯磋商达成交易后，最好另行制作合同书或确认书并由买卖双方签署或盖印，从而有利于合同的履行，并作为日后争议解决的可靠依据。

2. 交易磋商的内容

交易磋商的内容，涉及签订买卖合同的各项条件，其中包括商品的品名、品质、数量、包装、价格、装运、保险、支付以及检验、索赔、不可抗力和仲裁等条款。从理论上讲，上述的各项条款都需要一一地进行磋商，全部达成一致之后，才可以签订合同。然而，在实际的业务中，并非每次磋商都需要把这些条款都一一列出，为了简化交易磋商的内容，加速磋商的进程，精明的进出口商往往在正式进行磋商交易之前，先与对方就"一般交易条件"达成协议。

所谓一般交易条件（general terms and conditions），是指由出口商为出售或进口商为购买货物而拟定对每笔交易都适用的一套交易条件。一般交易条件通常包括以下几个方面：①有关预防和处理争议的条件（如货物检验、索赔、不可抗力和仲裁的规定）；②有关主要交易条件的补充说明（如品质、数量变动的幅度，保险的金额、险别等）；③个别的主要交易条件（如通常采用的包装方法）等。一般交易条件大都印在进口商或出口商自行设计和印刷的销售合同或购货合同格式的背面或格式正面的下部，只要交易对方没有异议，就不必逐条重新协商。这些条件也就成为双方进行交易的基础。

二、交易磋商的程序

交易磋商一般包括询盘、发盘、还盘、接受等环节。

（一）询盘

询盘（enquiry）又称询价，是指交易的一方为购买或出售某种商品，向对方口头或书面发出的探询交易条件的过程。其内容可繁可简，可只询问价格，也可询问其他有关的交易条件。

询盘对买卖双方均无约束力，接受询盘的一方可给予答复，也可不做回答。但作为交易磋商的起点，商业习惯上，收到询盘的一方应迅速做出答复。

1. 买方询盘

买方询盘是买方主动发出的向国外厂商询购所需货物的函电。在实际业务中，询盘一般多由买方向卖方发出。

买方询盘过程中应注意的问题是：①对多数大路货商品，应同时向不同国家、地区和厂商分别询盘，以了解国际市场行情，争取最佳贸易条件。②对规格复杂或项目繁多的商品，不仅要询问价格，而且要求对方告知详细规格、数量等，以免往返磋商、浪费时间。③询盘对发出人虽无法律约束力，但要尽量避免询盘而无购买诚意的做法，否则容易丧失信誉。④对垄断性较强的商品，应提出较多品种，要求对方一一报价，以防对方趁机抬价。

☞【示例】

买方询盘

Interested in northeast soybean, please telex CIF London lowest price.

对东北大豆有兴趣，请电告 CIF 伦敦最低价格

2. 卖方询盘

卖方询盘是卖方向买方发出的征询其购买意见的函电。卖方对国外客户发出询盘大多是在市场处于动荡变化及供求关系反常的情况下，探听市场虚实、选择成交时机，主动寻找有利的交易条件。

☞【示例】

卖方询盘

Can supply soybean 1000M/T, please contact us。

可以提供大豆 1000 米/吨，请与我们联系。

（二）发盘

发盘（offer）又称发价、报盘或报价，是指交易一方（发盘人）向对方（受盘人）提出交易条件，并愿意按此条件达成交易、签订合同买卖某种商品的一种表示。

发盘可以是应对方的邀请发盘做出的答复，也可以是在没有邀请的情况下直接发出。在实际业务中，发盘多由卖方发出，这种发盘称为售货发盘（selling offer）；也可以由买方发出，称为购货发盘（buying offer）或递盘（bid）。

☞【示例】

Offer 1000 dozen sport shirt sampled March 15th, USD 90 per dozen CFR KOBE shipment June, sight L/C subject reply here 20th.

报 1000 打运动衫，规格按 3 月 15 日样品，每打 90 美元 CFR 神户 6 月装运，即期信用证支付，限 20 日复到有效。

（三）还盘

收到发盘的受盘人，对发盘的内容不完全同意，但为了进一步磋商交易，对发盘提出了修改和变更的表示，就构成了还盘（counter-offer）。

还盘的形式可以有多种，有的明确使用"还盘"字样；有的则不使用，而在内容中表示出对发盘的修改，也构成还盘。一方的发盘，另一方如对其内容不同意，可以进行还盘。同样，一方的还盘，另一方如对其内容不同意，也可以进行再次还盘。还盘不仅可以对商品价格，也可以对交易的其他条件提出意见。在还盘时，对双方已经同意的条件一般不用重复列出。

（四）接受

所谓接受（acceptant），是指受盘人在发盘规定的时间内以声明或者行为表示同意发盘提出的各项条件，并愿意按照这些条件与对方达成交易，订立合同的一种意思表示。

一方发盘经另一方接受，交易即告达成，合同成立，双方当事人就应该依据合同的内容分别履行各自的义务。

表示接受，一般用"接受"（accept）、"同意"（agree）和"确认"（confirm）等术语。

☞【本节导入案例解析】

　　本节案例中，B公司对A公司的发盘，没有做出接受的意思表示，就申请开立信用证，因此合同没有成立。既然合同没有成立，那么A公司就可以退回B公司的L/C。

第二节　合同的订立

合同的订立，是双方当事人意思表示一致的结果。《联合国国际货物买卖合同公约》（以下简称《公约》）中认为合同订立的过程包括两个阶段，一是要约，二是承诺。要约和承诺是我国法律上的用词，在具体的货物买卖或外贸业务中通常称为发盘与接受。鉴于我国是《公约》的缔约国，我国外贸公司在与营业地设在其他缔约国的企业订立国际货物买卖合同时，将会使用《公约》的规定，因此有必要了解《公约》有关合同成立的各项规定。

以下将参照《公约》、我国《合同法》的规定，并联系我国外贸实际，进一步介绍关于发盘和接受的法律规则及其在实际业务中的应用。

一、发盘

《公约》第十四条规定，凡向一个或一个以上特定的人（specific）提出的订立合同的建议，如果其内容十分确定，并且表明发盘人有当其发盘一旦被接受就将受其约束的意思，即构成发盘（offer）。

（一）发盘的要求

按照《公约》的规定，发盘应符合以下要求。

1. 发盘应向一个或一个以上的特定人发出

发盘人在发盘时必须指明接受发盘的公司、企业或个人的名称或姓名。这项规定将发盘与刊载在普通商业广告或向广大公众散发商品目录、价目表等行为区分开来。后者是向广大公众，而不是向某一或某几个特定的人发出的，因此不构成发盘，仅应视为"发盘邀请"。

2. 发盘的内容必须十分确定

对于什么是"十分确定",不同的国家有不同的解释。《公约》第十四条规定,一项订立合同的建议"如果写明货物,并且明示或暗示地规定数量和价格或如何确定数量和价格,即为十分确定"。按照此规定,一项订立合同的建议,如果包含以下三项内容,就符合"十分确定"的要求。

(1) 应当载明货物的名称。

(2) 应当明示或默示地规定货物的数量或规定如何确定数量的方法。例如,在发盘中可以明确规定"东北大米 100 吨"。但也可以不规定具体的数量,而只规定某种确定数量的方法,例如,在发盘中规定"拟出售武汉市某钢铁厂 2009 年一年内生产的全部铁矿"。这种做法虽然没有规定货物的具体数量,但按照该钢铁厂的生产规模和规定的期间仍然可以推算出所需或所供产品的数量。

(3) 应明示或默示地规定货物的价格或规定如何确定价格的方法。在对外贸易业务中,前者称为固定价或板价,后者称为活价或开口价。

按照国际货物买卖合同公约的规定,在发盘中只要包括上述三项内容就满足了内容十分确定的要求,至于其他事项,在合同成立后,可以通过援引《公约》的有关规定来填补解决。尽管如此,为了防止误解和可能发生的争议,在外贸实际工作中,我国外贸企业在对外发盘时,应明示或默示地至少规定六项主要交易条件,即货物的品质、数量、包装、价格、交货和支付条件。这样,一旦受盘人表示接受,双方即可明白无误地了解双方协商一致的主要合同条款,而无须借助于任何可能引起意见分歧的补救措施。

3. 发盘人须有一旦其发盘被接受时即受约束的意思

发盘的目的是同对方订立合同。因此发盘无论是口头还是书面的,只有传达到受盘人时才生效,一旦被对方接受,合同即告成立,发盘人即须受到约束。但如果发盘人在其发盘中附有某些保留条件,则表明即使"发盘"被对方接受,发盘人也不受任何约束。

按照这样的规定,我国外贸公司在外贸业务中所发出的"实盘"(firm offer),是完全符合《公约》关于发盘的要求的,因为我国外贸公司发出的实盘一旦被对方接受,合同即告成立,我国外贸公司也必须受到约束。但是如果发出的是"虚盘"(nonfirm offer),因为虚盘一般附有保留条件,如"以上条款以我公司拥有最终的解释权","须以我公司最后确认为准"等字样,这些表明我国外贸公司发出"虚盘"时并无受其约束的意思,即使虚盘已经被对方接受,我国外贸公司仍然可以不予确认,不受约束,合同也没有成立。

(二) 发盘生效的时间

《公约》第十五条第一款规定,发盘于到达受盘人时生效。因为发盘是一种意思,表示受盘人必须在收到发盘之后才能决定是否予以接受。因此,如果一方仅凭以往交易的经验,或通过其他途径了解对方可能向他发出报价的内容,他也不能在收到报价之前主动做出接受的表示,即使他这样做,也不能因此而认为双方已成立了合同关系,而只能认为是双方的交互报价。明确地规定报价生效的时间不仅是个理论问题,而且在确定发盘人是否能撤回或变更其发盘内容时具有重要的实际意义。

（三）发盘的撤回

发盘的撤回（withdrawal）是指发盘人将尚未被受盘人收到的发盘予以取消的行为。按照《公约》第十五条第二款规定：一项发盘，即使是不可撤销的发盘，也可以撤回，只要撤回的通知能在该发盘到达受盘人之前或与其同时送达发盘人。这项规定包括以下几层意思。

（1）撤回发盘的时间仅限于发盘人已经发出了发盘，但是该发盘尚未到达受盘人之前的这一段时间，即发盘发出后至生效前的这段时间。

（2）这一规定是建立在发盘尚未生效的基础上的，既然发盘尚未生效，自然应当允许其撤回。

（3）发盘人如果想撤回其发盘，就必须向受盘人发出撤回通知，而且此项撤回通知必须在该项发盘到达受盘人之前送达，最晚也应与该项发盘同时送达受盘人，只有这样，才能阻止该项发盘生效。

（4）《公约》的这一规定，可以适用于一切发盘，包括不可撤销的发盘，例如实盘，只要其尚未到达受盘人都可以将其撤回。

（四）发盘的撤销

发盘的撤销是指发盘人在其发盘已经到达受盘人之后，即在其发盘已经生效之后，将该项发盘取消，从而使发盘的效力归于消灭。关于发盘已经到达对方并生效之后，发盘人能否将其撤销的问题，各国法律特别是英美法系和大陆法系存在着严重的分歧。英美法系认为，发盘原则上对发盘人没有约束力，不论发盘是否已经送达受盘人，发盘人在受盘人做出接受之前，随时可以撤销其发盘或变更其内容。大陆法系特别是德国等国的法律则认为，发盘原则上对发盘人具有拘束力，除非发盘人在发盘中已经表明其不受约束，否则，发盘一旦生效之后，发盘人就要受到约束，不得随意将其撤销。

为了解决这个分歧，《公约》在经过长期酝酿、讨论之后，对发盘的撤销做了以下规定。

第一，未订立合同之前，如果撤销的通知于受盘人发出接受通知之前送达受盘人，发盘可以撤销。

第二，但在下列情况下，发盘不得撤销：①发盘中写明了发盘的有效期或以其他方式表明发盘时不可撤销的；②受盘人有理由信赖该发盘是不可撤销的，而且已本着对该发盘的信赖采取了行动。

（五）发盘的失效

《公约》第十七条规定，一项发盘，即使是不可撤销的，在拒绝通知到达发盘人时终止。就是说，若受盘人在对发盘表示拒绝后表示接受，即使原发盘仍在有效期内，其效力也会随着受盘人的拒绝送达而丧失，发盘人将不再受其约束，除非他愿意对该项接受予以确认。除此之外，以下情况也可造成发盘的失效：

（1）被受盘人拒绝或还盘之后。即拒绝或还盘通知送达发盘人时，原发盘失效。发盘人依法撤销发盘。

（2）发盘因其规定的接受期限届满而终止。凡是规定了接受期限的发盘，如果受发盘人不在规定期限内接受，该发盘即告终止。如果发盘中没有规定接受的期限，只要受盘人未能在一段合理的时间内把接受通知送达发盘人，则该发盘即告失效。

（3）不可抗力。非当事人所能控制的意外事故造成发盘的失效。如政府对发盘中的商品或所需外汇发布禁令等，或者战争、罢工等原因造成当事人不能实际执行发盘中的承诺，发盘的效力即告终止。

（4）在发盘被接受前，当事人丧失行为能力、死亡或法人破产等，则发盘的效力也可终止。

二、接受

1. 接受的含义和构成接受的有效条件

根据《公约》第十八条的规定，受盘人以做出声明或以其他行为对某项发盘表示同意的接受，即为接受（acceptance）。接受如同发盘一样，既属商业行为，也属于法律行为。

发盘一经接受，合同即告成立，对买卖双方当事人都产生了法律上的效力。那么，构成一项有效的接受，必须具备以下条件。

（1）接受必须由特定受盘人做出。从以上的叙述，我们可以了解到一项有效的发盘必须是向特定的人做出的，同理，对发盘表示接受，也必须是发盘中所指明的特定的受盘人，这样接受才具有效力。任何第三人对发盘的接受，对发盘人都没有任何的效力，只能被看做对发盘人的一项新的发盘。

（2）接受必须表示出来。接受的是指对发盘表示同意。这种同意发盘的意思表示必须以某种方式向发盘人表示出来。根据《公约》的规定，受盘人可以用两种方式表示其对发盘的接受：一种方式是采取向发盘人发出声明的方式（口头或书面均可以）表示接受该项发盘，这是国际贸易中最常用的表示方法；另一种方式是通过某种行为表示接受。例如受盘人根据发盘中规定的品质规格和数量发运货物或支付货款，这种发货和付款的行为也是接受发盘的一种方式。但是如果受盘人在收到发盘后，仅保持缄默，不能认为是接受。

（3）接受必须在发盘的有效期内传达到发盘人。如果发盘中规定了有效期，则接受应在有效期内做出；如果没有规定有效期，则应该在合理的期限做出，并传达到发盘人方能生效。在面对面的口头谈判或通过电话的谈判中，由于一方做出的接受可以立即传达到发盘人，所以在发盘有效期内做出接受是没有问题的。可是在用信件或者电报等方式进行谈判时，接受的表示不能立即传达到发盘人，对此，接受如何生效，英美法系和大陆法系的国家对此分歧很大。英美法系采用"投邮生效"原则（dispatch theory），即采用信件或电报时，信件投邮或电报交发，接受即告生效。但是发盘人在发盘中有特殊规定的，以特殊规定为准。大陆法系采用"到达生效"原则（receipt theory），即表示接受的函电必须在发盘有效期内到达发盘人，接受才能生效。

（4）接受的内容必须与发盘的内容相符。接受是同意发盘提出的订立合同条件的一种意思表示，因此接受必须是同意发盘中提出的各项条件，不能随意加以改变。但是在国际贸易的实际业务中，受盘人在表示接受时，往往对发盘做出某些更改。那么依此按法律的规定，凡属对于发盘内容的任何更改，就不是真正有效的接受，从而影响到合同的成立，这是不适应现代商业需要的，并阻碍了交易的有效达成。因此，《公约》将接受中对发盘的条件所作的变更分为非实质性变更和实质性变更。凡对货物的价格、付款、质量和数量，交货地点和时间、赔偿责任范围与解决争端六项的变更，视为实质性变更。对于实质性变更了发盘内容的接受，不认为是有效的接受，而是一项还盘。

☞【案例与分析】

　　我某进出口公司向国外某商人询购某商品，不久，我方收到对方 8 月 15 日的发盘，发盘有效期至 8 月 22 日。我方于 8 月 20 日向对方复电："若价格能降至 56 美元/件，我方可以接受。"对方未做答复。8 月 21 日我方得知国际市场行情有变，于当日又向对方去电表示完全接受对方 8 月 15 日的发盘。请问：我方的接受能否使合同成立？为什么？

　　分析：我方的接受不能使合同成立。因为我方在 8 月 20 日曾向对方复电："若价格能降至 56 美元，我方可以接受。"该复电已构成了还盘。该还盘一经做出，原发盘即告失效。所以，当我方 8 月 21 日得知国际市场行情有变，向对方表示的接受已不具有接受效力。因此，我方的接受不能使合同成立。

　　2. 逾期的接受

逾期的接受也称为迟到的接受，是指接受通知到达发盘人的时间已经超过了发盘规定的有效期，或者在发盘没有规定有效期时，已经超过了合理的时间。根据各国的法律规定，逾期的接受不能认为是有效的接受，而是一项新的发盘。《公约》也认为逾期的接受原则上是无效的。但是为了有利于双方合同的成立，《公约》对逾期接受亦采取了一些灵活的处理方法。一种情况是，如果发盘人收到逾期接受后，毫不延迟地通知受盘人，确认其为有效，则该逾期接受仍有接受的效力。另一种情况是，一项逾期的接受，从它使用的信件或其他书面文件表明，在传递正常的情况下，应能及时送达发盘人，由于出现传递不正常的情况而造成了延误，这种逾期接受仍可被认为是有效的，除非发盘人毫不延迟地用口头或书面形式通知受盘人，他认为他的发盘已经失效。

　　3. 接受的撤回

根据《公约》的规定，接受是可以撤回的，只要撤回的通知能于该项接受原应生效之前或与其同时送达发盘人即可。撤回接受是受盘人阻止其接受发生法律效力的一种意思表示。受盘人在发出接受通知之后，如果发现不妥，可以在该接受生效之前，赶紧发出撤回通知，只要撤回通知能早于该接受生效之前或与其同时送达对方，即可以将该项接受予以撤回。

接受通知一经到达发盘人，接受生效，合同即告成立，受盘人就不能予以撤回，否则就等于撕毁合同。

三、合同的形式

合同的形式是合同当事人内在意思的外在表现形式。在国际贸易中，交易双方订立合同有以下几种形式。

（一）书面形式

从法律上讲，买卖双方经过磋商，一方发盘被另一方有效接受，交易即达成，合同即告成立。但是在实际业务中，按照一般习惯做法，买卖双方达成协议后，通常还要制作书面合同将各自的权利和义务用书面条款方式加以明确，并签字，这就是书面合同的签订。采用书面形式订立的合同，既可以作为合同成立的证据，也可以作为履行合同的依据，还有利于加强合同当事人的责任心，使其依约行事，即使履约中发生纠纷，也便于举证和分清责任，故书面合同被称为合同的一种主要形式。

国际贸易中，进出口贸易书面合同的名称和形式，均无特定的限制。正式合同（normal contract）、确认书（confirmation）、协议书（agreement）、订单和委托订购单均有使用，但是我国外贸业务主要使用的是正式合同和确认书。

1. 正式合同

正式合同，如进口合同（import contract）或购买合同（purchase contract）以及出口合同（export contract）或销售合同（sales contract），都属于条款完备、内容全面的合同。条款完备表现在，该种合同包括商品名称、品质、规格、单价、包装、装运港和目的港、交货期、付款方式、运输标志、商品检验、异议索赔、仲裁、不可抗力等条款；内容全面表现在，对双方的权利和义务以及发生争议后如何处理，均有全面的规定。由于该种合同具有上述特点，因此，大宗商品或成交金额较大的交易，多采用正式合同的形式。

2. 确认书

确认书，如销售确认书（sales confirmation）和购买确认书（purchase confirmation）。这是一种简式合同，它所包括的条款比销售或购买合同简单。这种简式合同使用于金额不大、批数较多的小土特产产品和轻工产品，或者已经定有代理、包销等长期协议的交易。

3. 协议书

协议书（agreement），在法律上是"合同"的同义语。当双方当事人把经协商达成一致的交易条件归纳为书面形式时，就称之为"协议"。其内容中对买卖双方当事人的权利和义务做了明确、具体和肯定的规定，因此这样的协议就具有法律效力。

4. 订单和委托订购单

订单（order）是指由进出口商与实际购买者拟定的货物订购单。委托订购单（entrust purchase order）是指由代理商或中间商拟定代理买卖货物的订购单。

（二）口头形式

采用口头形式订立的合同，称为口头合同，即指当事人之间通过当面的谈判或通过电话的方式达成协议而订立的合同。采用口头形式订立的合同，有利于节省时间、渐变行事，对加速成交起着重要的作用。但是，只有口头的协议，一旦发生了争议，没有任何的文字凭证，往往造成举证方面的困难，不好分清责任。所以口头形式的合同很多国家都不建议采用，用口头磋商达成的交易，在取得口头协议后，都应经双方合法代表正式签署书面合同。

（三）其他形式

这是指上述两种形式之外的订立合同的形式，即以行为方式表示接受而订立的合同。例如，根据当事人之间长期交往中形成的习惯做法，或发盘人在发盘中已经表明受盘人无须发出接受通知，可直接以行为做出接受而订立的合同，均属此种形式。

四、合同的基本内容

书面合同不论采取何种格式，其基本内容通常包括约首部分、基本条款和约尾部分。

约首（preamble）一般包括合同名称、合同编号、缔约双方名称和地址、电报挂号、电传号码等内容。

基本条款（body）是合同的主体，其中包括品名、品质规格、数量或重量、包装、价格、交货条件、运输、保险、支付、检验、索赔、不可抗力和仲裁等内容。

约尾（witness clause）一般包括订约日期、订约地点和双方当事人签字等项内容。

为了提高履约率，在规定合同内容时，应考虑周全，力求使合同中的条款明确、具体、严密和相互衔接，且与磋商的内容一致，以利于合同的履行。

第三节　合同的履行

买卖双方经过交易磋商、达成协议后要签订书面合同，作为约束双方权利和义务的依据。在国际贸易中，买卖合同一经依法有效成立，有关当事人必须履行合同规定的义务。所以，履行合同是当事人双方共同的责任。

在实际业务中，由于买卖双方进行交易的标的物品种不同、贸易的条件和所选的惯例不同，因此每一份合同所规定的具体的权利和义务就自然大相径庭。因此在履行合同的时候，外贸企业必须遵循重合同、守信用的原则，严格按照合同规定对外履行其本身应尽的义务。

按照《公约》第三十条的规定，卖方必须按照合同和公约的规定，交付货物，移交一切与货物有关的单据并转移货物所有权。我国出口贸易除大宗交易有时采用 FOB 术语外，多数都采用 CIF 或 CFR 贸易术语，并且一般都采用信用证付款方式，因此在履行这类合同时往往要经过备货、报验、催证、审证、改证、租船订舱、报关、投保、装船、制单结汇等诸多环节，只有这些环节做好，环环相扣，才能避免有货无证、有证无货、有船无货和有货无船等诸多问题，使出口企业按合同规定出运货物，提供全套合格单据，顺利从进口方取得货款，安全收汇。

一、出口合同的履行

（一）备货

备货是进出口公司根据合同和信用证规定，向生产加工及仓储部门下达联系单（有些公司称其为加工通知单或信用证分析单等）要求有关部门按联系单的要求，对应交的货物进行清点、加工整理、刷制运输标志以及办理申报检验和领证等项工作。备货是交货的前提，是履行出口合同的基础，因此在出口备货时，一般要注意以下几个问题。

1. 货物的品质必须符合合同的规定和法律的要求

合同中表示品质的方法，有"凭文字说明"和"凭样品"两种类型。对于凭文字说明成交的合同，卖方所交货物必须与文字说明相符。对于凭样品成交的合同，该样品应是买卖双方交接货物的依据，卖方交付的货物的内在质量与外观形态都应和样品一致。如果在交易中既凭文字说明，又凭样品来表示商品品质，则卖方所交货物既要和文字说明相符，只要和样品一致，其中任何一种不一致，都构成违约。此外值得注意的是，卖方交付的货物除须严格符合买卖合同的质量要求外，还必须适合货物通常的用途和订立合同时买方通知的特定用途。

2. 交货数量应符合合同的规定

对于卖方在交货数量上应承担的义务，各国法律都有具体的规定，但并不一致。由于世界各主要贸易国都是《公约》的缔约国，因而不论其国内法如何规定，我国企业在与其贸易时，均按《公约》规定处理。《公约》规定，如果卖方多交，则买方对于多交的部分，可以拒收，也可以接收一部分或全部。如果卖方少交，则买方有权要求卖方补交，并请求损害赔偿。如果卖方少交货物的后果构成了根本违反合同，则买方可宣告合同无效并有权索赔。

3. 货物包装应与合同和法律的要求一致

合同中对包装的要求有繁有简，凡是合同中有明文规定的，卖方必须严格照办。对于合同没有明文规定的，应注意符合有关法律的要求：①《公约》规定："货物按照同类货物通用的方式装箱或包装，如果没有此种通用方式，则按照足以保全和保护货物的方式装箱或包装。"合同包装条款不明确时，这是对卖方在包装方面的最低要求。②各国国内法对包装及包装上的文字说明的相应规定。比如美国食品药物管理局（FDA）规定食品罐头不能使用焊锡；对包装上的文字说明以及外包装材料和填充物等，各国均有相应的规定。卖方必须在包装方面遵守这些强制性的规定。

4. 按合同规定的时间交货

卖方必须按照合同的规定备妥货物，如果延迟装运或提前装运，买方不仅有权拒收货物并提出索赔，甚至可以宣告合同无效。至于是将合同的货物全部一次装运，还是分批分期装运，也必须按照合同的规定办理。合同中如未规定允许分批装运或转运，一般理解为卖方必须将合同货物全部一次装运。

此外，卖方还应保证对出口的货物拥有完全的所有权。即任何第三者不能根据物权、工业产权或其他知识产权主张任何权利或要求。针对这一责任，卖方在接受买方来样订货和来料来件加工装配业务时，可在合同中订明"关于任何违反知识产权和工业产权的行为，均由买方负责，与卖方无涉"。

（二）报验

根据《中华人民共和国出口商品检验法》规定，一切出口商品都必须经过检验，未经检验或检验不合格的，不准出口。这里的检验，包括国家商检机构的检验和生产、经营单位自行检验。属于法定检验的商品，或合同规定由国家商检机构检验出口的商品，在货物备齐后，应向商品检验局申请检验，一般应在商品出运前一周内提出申请，报验时应填写"出口报验申请单"，并随附合同和信用证副本，以及出口货物报关单等通关用的凭证。报验的商品，由商检机构或指定的检验机构进行检验。检验的依据是法律法规规定的标准或其他必须执行的检验标准（如进口国法律法规规定的标准）或合同所规定的检验标准。当合同的约定和法定标准不同时，以较高标准为准。经检验合格，由商检机构签发检验证书，或在"出口货物报关单"上加盖检验印章。出口方应该在检验证书规定的有效期内将货物出运。如在有效期限内未能装运，需申请延期，复验合格后才能出口。

对于不属于法定检验范围的出口商品，可以由生产、经营单位或委托其他检验机构检验。国家商检机构对其进行定期或不定期的抽查，抽查不合格的，不准出口。

（三）催证、审证及改证

在凭信用证支付的交易中，落实信用证是履行出口合同至关重要的环节，因为它将直接关系到出口商能否安全、顺利地结汇。落实信用证通常包括催证、审证和改证三项内容。

1. 催证

催证是催开信用证的简称，是指在凭信用证支付的出口合同中，通过信件、电报、电传或传真催促国外进口人及时办理开立信用证手续并将信用证送达我方，以便我方及时装运货物出口，履行合同义务。在采用信用证方式结算货款的交易中，按时开立信用证本是买方必须履行的一项义务。但在实务中，买方由于资金等种种原因，延误开证时间的事时有发生。在下列情况下，卖方应注意向买方发出函电提醒或催促对方开立信用证。

（1）在合同规定的期限内，买方没有及时开立信用证，且这一事实已构成了违约。

（2）出口合同规定的装运期限较长，例如3个月或6个月，而买方应在卖方装运期前的一定时日（例如30日）开立信用证，则卖方应在通知对方预计装运日期的同时，催请对方开证。

（3）卖方的货物已备妥，并打算提前装运。可征求对方同意提前开证。

（4）开证期限没有到，由于买方资信的欠佳或者市场的情况有变，也可以催促对方开证。

2. 审证

信用证是以买卖合同为基础开立的，其中所列的条款，从理论上说，应当与买卖合同的规定相符。但是在实践中，由于种种原因，如工作的疏忽、电文传递的失误、贸易习惯的不同以及国外客户故意在信用证内加列一些不合理的条款，往往会出现开立的信用证条款与合同规定不符，因此为了确保收汇安全和合同顺利执行，审查和核对信用证是一项十分重要的工作。

对信用证内容的审核，大体可以分为以下几个方面。

（1）政治性的审查。来证国家必须是与我国有经济往来的国家和地区，应拒绝接受与我国无往来关系的国家和地区的来证。同时来证各项内容应符合我国方针政策，不得有歧视性内容，否则应根据不同情况向开证行交涉。

（2）开证银行资信的审查。为了保证安全收汇，对开证行所在国家的政治、经济状况，开证行的资信、经营作风等必须进行审查，对于资信不佳的银行，应酌情采取适当措施。

（3）对信用证不可撤销性的审查。按 UCP600，信用证都是不可撤销的，有的信用证在开证行应负责任方面却附加了一些与"不可撤销"相矛盾的条款，对此，均需要要求对方按照一般做法改证。

（4）支付货币与信用证金额的审查。信用证规定的支付货币应与合同规定相同，如不一致，应按我国银行发布的"人民币市场汇价表"折算成合同货币，在不低于或者相当于原合同货币总金额时才能接受。信用证金额一般应与合同金额相符。信用证上的金额总值的阿拉伯数字和大写文字必须一致，若两者不一致，应要求改证。

（5）到期日、到期地点、交单期和最迟装运日期的审查。未规定到期日的信用证是无效信用证，不能使用。凡晚于到期日提交的单据，银行有权拒收。信用证通常还应规定一个运输单据出单日期后必须向信用证制定的银行提交单据要求付款、承兑或议付的特定期限，即"交单期"（date for presentation of document）。如信用证未规定交单期，按照惯例，银行有权拒收迟于运输单据日期 21 天后提交的单据，但无论如何，单据也不得迟于信用证到期日提交。如信用证规定的交单期距装运期过近，例如运输单据出单日期后 2 天或 3 天，则应提前交运货物，或要求开证人修改信用证推迟交单期限，以保证能在装运货物后有足够时间制备单据，如期向银行交单。

最迟装运日期（latest date for shipment）是指卖方将货物装上运输工具或交付给承运人接管的最迟日期。一般而言，信用证到期日同最迟装运期应该有一定的间隔，以便装运货物后能有足够的时间办理制单、交单等工作。在我国的出口业务中，如交单地点在我国的，通常要求信用证的交单到期日规定在装运期限后 15 天。

（6）付款期限以及转运和分批装运的审查。信用证的付款期限以及转运和分批装运条款必须与买卖合同的规定相一致。

（7）开证申请人和受益人的审查。开征申请人大都是买卖合同的对方当事人（买方），但也可以是对方的客户（实际买户或第二买主），因此，对其名称和地址均应仔细核对，防止张冠李戴，错发错运。受益人通常是我方出口企业，是买卖合同的卖方。

（8）对商品的描述以及运输地点的审查。信用证中关于商品的描述，包括品名、规格、数量、包装等，均须与买卖合同规定相符。同时，还要注意规格、数量的搭配是否有矛盾，引述的买卖合同是否正确。信用证中的装运地和目的地应与买卖合同的规定相一致，信用证中目的地常会多处出现，需要仔细审核是否有差异。

（9）对单据的审查。对于来证中要求提供的单据种类和份数及填制方法等，要进行仔细审核，如发现有不正常的规定，例如要求商业发票或产地证明须由国外第三者签证以及在提单上的目的港后面加上指定码头等字样，都应慎重对待。

（10）对其他特殊条款的审查。在审证时，除对上述内容进行仔细审核外，有时信用证内加列许多特殊条款（special condition），如指定船籍、船龄等条款，或不准在某个港口转船等，一般不应轻易接受，但若对我方无关紧要，尚且也可办到，则也可酌情灵活掌握。

以上是审证的一些要点。在实际工作中，还应按照买卖合同条款、参照 UCP600 的规定和解释，逐条对照作详细审查。

3. 改证

在信用证业务中，出口企业在对信用证进行了全面细致的审核后，对于发现的问题，应区分不同的性质，必要时同银行、运输、保险、商检等有关部门共同研究，做出适当妥善的决策。通常而言，信用证的修改要求是由出口人（受益人）提出，有时也有由进口人主动向开证行提出的。对此须经开证行同意后，由开证行经通知行转告出口人，并经出口人同意接受后方为有效。如遭出口人拒绝接受，则此项修改不能确定，信用证仍以原款为准。

关于对信用证的修改，UCP600 的十条做了详细具体的规定，其基本内容如下。

（1）除本惯例第三十八条（关于可转让信用证的规定）另有规定外，凡未经开证行、保兑行（如有）以及受益人同意，信用证既不能修改也不能撤销。

（2）自发出信用证修改书之时起，开证行就不可撤销地受其发出修改的约束。保兑行可将其保兑承诺扩展至修改内容，且自其通知该修改之时起，即不可撤销地受到该修改的约束。然而，保兑行可选择仅将修改通知受益人而不对其加具保兑，但必须不延误地将此情况通知开证行和受益人。

（3）在受益人向通知修改的银行表示接受该修改内容之前，原信用证（或包含先前已被接受修改的信用证）的条款和条件对受益人仍然有效。受益人应发出接受或拒绝接受修改的通知。如受益人未提供上述通知，当其提交至被指定银行或开证行的单据与信用证以及尚未表示接受的修改的要求一致时，则该事实即视为受益人已做出接受修改的通知，并从此时起，该信用证已被修改。

（4）通知修改的银行应当通知向其发出修改书的银行任何有关接受或拒绝接受修改的通知。

（5）不允许部分接受修改，部分接受修改将被视为拒绝接受修改的通知。

（6）修改书中做出的除非受益人在某一时间内拒绝接受修改，否则修改将开始生效的条款将被不予置理。

（四）托运、订舱和装船

在备货和落实信用证以后，出口企业应按买卖合同和信用证的规定，对外履行装运货物的义务。在 CIF 与 CFR 出口合同下，租船订舱是出口方的责任之一，对于数量大、需要整船运输的货物，办理租船手续；当数量不大时，则只需办理班轮舱位。其工作的基本程序大致如下。

（1）凡由我方负责出口运输手续的，我外贸企业一般都委托中国对外贸易运输公司（外运公司）代办托运。所以，在货、证齐全后，出口企业应向外运公司填写并发送订舱委托书，办理订舱委托。

（2）外运公司收到出口企业的货运代理委托书后，应填写托运单（也称订舱单）并送交承运人或其他代理人，为托运人办理订舱手续。

（3）承运人或其他代理人在接受托运人的托运单证后，即对出口企业签发装货单。

装货单（shipping order, S/O），又称关单，是船公司或其代理向船上负责人（船长或者大副）和集装箱装卸作业区签发的一种通知其接受装货的指示文件。待载货船舶到港后，出口企业或外运公司在海关验货放行后，凭此装货单装船。

（4）待货物装船后，由船长或大副签发收货单，根据装船货物实际情况在收货单上签字或做适当批注，即大副收据，作为货物已经装船的临时收据。然后，由托运人凭该收货单向承运人交付费用并换取正本提单。

（5）出口企业在货物装船后应向对方发出通知，以便买方为收取货物事先采取必要的措施，例如，为付款、赎单和进口报关等做准备，以及有时买方还可能自付费用加保其他险别或增加投保金额。

装运通知的内容一般有合同或确认书号、信用证号、货物名称、数量、总值、唛头、装运口岸、装运日期、船名、航次等。

（五）投保与报关

1. 投保

履行 CIF 出口合同时，在配舱就绪、确定船名、航次和装运日期后，出口企业应于货物运离仓库或其他储存处所前，按照出口合同和信用证的规定向保险公司办理投保手续，以取得约定的保险单据。在办理投保手续时，通常应填写对外运输投保单（application for foreign transportation insurance），列明投保人名称、货物的名称、数量、包装和标志、船名、航次、预计起航日期、投保险别、保险金额等。有时也有出口企业利用现成单据副本，如出口货物时细表、货物出口分析单等表式替代投保单。保险公司根据投保单考虑接受承保，并缮制签发保险单。

2. 报关

报关是指进出口货物装船启运前，向海关申报的手续。按照我国《海关法》规定：凡是进出国境的货物，必须经由设有海关的港口、车站、国际航空站出，并由货物所有人向海关申报，经过海关放行后，货物才可提取或者装船出口。

在出口报关的过程中，第一，要进行出口申报。我国《海关法》对出口货物申报的资格、时间、单证、内容等方面，做了明确的规定。具有申报资格的必须是海关审核准予注册的专业报关企业、代理报关企业和自理报关企业及其报关员。而出口报关的时间是在装货的 24 小时以前，如果超过这一期限，海关可以拒绝接受通关申报。第二，海关在接受出口申报之后，应对报关员所递交的所有单证进行审核，核对收到的报关单证是否齐全正确，内容是否一致。第三，查验货物。海关将在其监管区域内对出口货物进行检查和核对，核对其货物的相关事项是否与出口报关单和其他证件相符，以防止非法出口或走私等现象。第四，办理征税。为了减少出口货物的成本，我国目前征收出口税的货物很少。最后一项业务程序就是清关放行。放行前，海关派专人负责审查核批货物的全部报关单证及查验货物记录，并签署认可，然后在装货单（在海运情况下）上盖放行章，货方才能凭该装货单（S/O）要求船方装运出境。

（六）制单结汇

在信用证业务中，开证银行只看单据和信用证，不管合同与货物，且对单据的要求十分严格，只有在单据和信用证完全相符后，才能承担付款的责任。因此，出口方缮制的各种单据必须"正确、完整、及时、简明、整洁"，做到"证货一致、单货一致、单证一致、单单一致"。在信用证规定的交单有效期内，向银行递交单据办理结汇手续。

1. 常用的出口单据

出口单据的种类很多，究竟需要哪些单据以及其内容、份数和制作方法有何要求，都要视不同的交易和信用证规定的要求而定。现将几种主要结汇单据及其制作时应注意的问题介绍如下。

(1) 汇票。国际贸易中，主要使用的是跟单汇票，作为出口方要求付款的凭证。

(2) 商业发票。商业发票（commercial invoice）是出口商开立的发货价目清单，是装运货物的总说明，全面反映了合同内容。其主要作用是供进口商凭以收货、支付货款和进出口商记账、报关纳税的凭据。在不用汇票的情况下（如付款信用证、即期付款交单），发票代替汇票作为付款的依据。发票没有统一的格式，其内容应符合合同规定，在以信用证方式结算时，还应与信用证的规定严格相符。发票是全套货运单据的中心，其他单据均参照发票内容缮制，因而制作不仅要求正确无误，还应排列规范，整洁美观。

(3) 运输单据。运输单据因不同贸易方式而异，其中包括海运提单、海运单、航空运单、铁路运单、货物承运收据及多式联运单据等。

(4) 保险单。保险单（insurance policy/certification）是保险人与被保险人之间订立的保险合同的凭证，是被保险人索赔、保险人理赔的依据。当出口人办妥投保手续后，由保险公司根据投保人提供的投保单缮制保险单。

(5) 原产地证明。原产地证明（certificate of origin）是用以证明货物原产地或制造地，是进口国海关计征税率的依据。我国出口商品所使用的产地证主要有以下几种。

普通产地证。用以证明货物的生产国别，进口国海关凭以核定应征收的税率。在我国，普通产地证可由出口商自行签发，或由进出口商品检验局签发，或由中国国际贸易促进委员会签发。实际业务中，应根据买卖合同或信用证的规定，提交相应的产地证。在缮制产地证时，应按《中华人民共和国原产地规则》及其他规定办理。

普惠制产地证（GSP certificate of origin）。凡是向给惠国出口受惠商品，均须提供普惠制产地证，才能享受关税减免的优惠，其书面格式名称为"格式A"（form A）。但对新西兰还须提供格式59A（form 59A），对澳大利亚不用任何格式，只需在商业发票上加注有关声明文句。在我国，普惠制产地证由进出口商品检验局签发。

欧洲经济共同体纺织品产地证明书。这种产地证明书的英文全称是 European Economic Community Certificate of Origin（Textile Products），简称 EEC 纺织品产地证。对欧洲联盟国家出口纺织品时，通常都需要提供这种特殊的原产地证明书，供进口商进口报关用。此种产地证在我国是由出口地省级外经贸委（厅）签发的。

对美国出口的原产地声明书。凡属对美国出口的配额商品，如纺织品等，应由出口商填写原产地声明书。有三种格式：格式 A：单一国家声明书（single country declaration），声明商品产地只有一个国家；格式 B：多国家产地声明书（multiple country declaration），声明商品的原材料是由两个或两个以上国家生产的；格式 C：非多种纤维纺织品声明书，也称否定声明书（negative declaration），凡纺织品的主要价值或主要重量属于麻或丝的原料或含羊毛量不超过17%，则可填用此格式，以说明该类商品为非配额产品。

（6）检验证书。国际贸易中检验证书（inspection certification）种类很多，分别用以证明货物的品质、数量、重量和卫生条件等方面的情况。检验证书一般由国家指定的检验机构出具，也可根据不同情况，由出口企业或生产企业自行出具。应注意出证机构检验货物名称和检验项目必须符合信用证的规定。还须注意检验证书的有效期。一般货物为60天，新鲜果蔬类为2~3个星期，出口货物务必在有效期内出运，如超过期限，应重新报验。

（7）包装单据。包装单据（packing document）是指一切记载或描述商品包装 种类和规格情况的单据，是商业发票的补充说明。不同商品有不同的包装单据，常用的有装箱单（packing list；packing slip）、重量单（weight list；weight note）和尺码单（measurement list）等。装箱单又称包装单，是表明出口货物的包装形式、包装内容、数量、重量、体积或件数的单据。重量单又称磅码单、码单，是用于以重量计量、计价的商品清单。尺码单又称体积单，是着重记载货物的包装件的长、宽、高及总体积的清单。供买方及承运人了解货物的尺码，以便合理运输、储存及计算运费。

2. 出口结汇的几种方式

交单结汇是指出口人（信用证受益人）在规定的期限内向指定银行提交符合信用证条款下规定的各种单据。银行对这些单据经审核确认无误后，根据信用证规定的付汇条件，由银行办理出口结汇。在我国出口业务中，使用信用证出口结汇的方法主要有以下几种。

（1）收妥结汇。收妥结汇是指议付行收到受益人提交的单据，经审核认定单、证一致后，将单据寄交国外付款行索取货款，待议付行收到付款行划付的外汇后，即按当日外汇牌价结算成人民币交付给受益人。

（2）定期结汇。定期结汇是指议付行在收到受益人提交的单据经审核无误后，将单据寄给国外银行索取货款，并自交单日起预先在规定期限内将货款外汇结算成人民币交付受益人。

（3）押汇。押汇又称买单结汇，是指议付行在审单无误情况下，按信用证条款买入受益人的单据，从票面金额中扣除从议付日到估计收到票款之日的利息，将余款按议付日外汇牌价折成人民币，拨给信用证的受益人。议付行向受益人垫付资金买入跟单汇票后，即成为汇票持有人，可凭票向付款行索取票款。

（七）出口退税

出口退税，是指当商品出口时，将该商品在国内负担的间接税予以退还的制度。现代各国普遍征收增值税，因此各国实行出口退税的税种主要是增值税。出口退税制度作为国际贸易中的通行做法，同样为我国所采用。图15.1是出口合同履行程序图。

二、进口合同的履行

我国进口货物，大多数是按FOB条件并采用信用证付款方式成交，按此条件签订的进口合同，其履行的一般程序包括开立信用证、租船订舱、接运货物、办理货运保

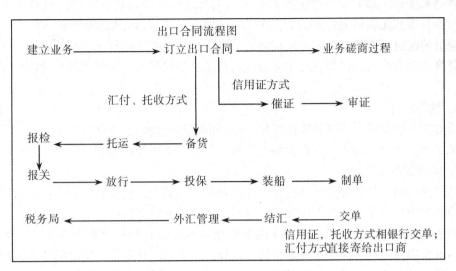

图 15.1 出口合同履行程序图

险、审单付款、报关提货、验收和拨交货物、办理索赔等，现分别加以介绍和说明。

1. 开立信用证

买方开立信用证是履行合同的前提条件。因此，签订进口合同后，应按全员规定办理开证手续，如合同规定在收到卖方货物备妥通知或在卖方确定装运期后开证，我方应在接到上述通知后及时开证；如合同规定在卖方领到出口许可证或支付履约保证金后开证，我方应在收到对方已领到许可证的通知，或银行通知履约保证金已收讫后开证，买方向银行办理开证手续时，必须按合同内容填写开证申请书，银行则按开证申请书内容开立信用证。因此，信用证内容是以合同为依据开立的，它与合同内容应当一致。

卖方收到信用证后，如要求展延装运期和信用证有效期或变更装运港等，若我方同意对方的请求，即可向银行办理改证手续。

2. 租船订舱

按 FOB 条件签订进口合同时，应由买方安排船舶，如买方自己没有船舶，则应负责租船订舱或委托租赁代理办理租船订舱手续。当办妥租船订舱手续后，应及时将船名及船期通知卖方，以便卖方备货装船，避免出现船等货的情况。

3. 接运货物

买方备妥船后，应做好催装工作，随时掌握卖方备货情况和船舶动态，催促卖方做好装船准备工作。对于数量大或重要的进口货物，必要时可请我驻外机构就地协助了解和督促对方履约，或派员前往出口地点检验监督，以利于接运工作的顺利进行。

4. 办理货运保险

凡由我方办理保险的进口货物，当接到卖方的装运通知后，应及时将船名、提单号、开航日期、装运港、目的港以及货物的名称和数量等内容通知中国人民保险公司，即作为办妥投保手续，保险公司即按预允保险合同的规定对货物负自动承保的责任。

5. 审单付款

货物装船后，卖方即凭提单等有关单据向当地银行议付货款，当议付行寄来单据后，经银行审核无误即通知买方付款赎单。如经银行配合审单发现单证不符或单单不符，应分情况进行处理。处理办法很多，例如：拒付货款；相符部分付款，不符部分拒付；货到检验合格后再付款；凭卖方或议付行出具担保付款，在付款的同时提出保留索赔权。

6. 报关提货

买方付款赎单后，一俟货物运抵目的港，即应及时向海关办理申报手续。经海关查验有关单据，证件和货物，并在提单上签章放行后，即可凭以提货。

7. 验收和拨交货物

凡属进口的货物，都应认真验收。如发现品质、数量、包装有问题，应及时取得有效的检验证明，以便向有关责任方提出索赔或采取其他救济措施。

对于法定检验的进口货物，必须向卸货地或到达地的商检机构报验未经检验的货物，不准销售和使用。为了在规定时效内对外提出索赔，凡属下列情况的货物，均应在卸货港口就地报验：（1）合同订明须在卸货港检验的货物；（2）货到检验合格后付款的；（3）合同规定的索赔期限很短的货物；（4）卸货时已发现残损，短少或有异状的货物。如无上述情况，而用货单位不在港口的，可将货物转运至用货单位所在地，由其自选验收，验收中如发现问题，应及时请当地商检机构出具检验证明，以便在索赔有效期内对外提出索赔。

货物进口后，应及时向用货单位办理拨交手续，如用货单位在卸货港所在地，则就近拨交货物；如用货单位不在卸货地区，则委托货运代理将货物转运内地，并拨交给用货单位，在货物拨交后，外贸公司再与用货单位进行结算。

在履行凭信用证条款的 FOB 进口合同时，上述各项基本环节是不可缺少的，但是在履行凭其他付款方式和其他贸易术语成交的进口合同时，则其工作环节有别。例如：在采用汇付或托收的情况下，就不存在买方开证的工作环节；在履行 CFR 进口合同时，买方则不负责租船订舱，此项工作由卖方办理；在履行 CIF 进口合同时，买方不仅不承担货物从装运港到目的港的运输任务，而且不负责办理货运投保手续，此项工作由卖方按约定条件代为办理，这就表明，履行进口合同的环节和工作内容，主要取决于合同的类别及其所采取的支付条件。

8. 索赔

在履行进口合同过程中，往往因卖方未按期交货或货到后发现品质，数量和包装等方面有问题，致使买方遭受损失，而需向有关方面提出索赔，进口索赔事件虽不是每笔交易一定发生，但为了维护我方的利益，我们对此项工作应当常备不懈，随时注意一旦出现卖方违约或发生货运事故，应切实做好进口索赔工作，为此，我们必须注意下列事项：

在查明原因，分清责任的基础上确定索赔对象。根据事故性质和致损原因的不同，向责任方提出索赔。例如：凡属原装短少和品质，规格与合同不符，应向卖方提出索赔；货物数量少于提单所载数量，或在签发清洁提单情况下货物出现残损短缺，则应向承运人索赔；由于自然灾害，意外事故而使货物遭受承保险别范围内的损失，则应向保险公司索赔。

为了保证索赔工作的顺利进行，必须提供切实有效的证据，如事故记录、短卸或残损证明和联检报告等，必要时还可提供物证或实物照片等。

向责任方提出索赔，应在规定的期限内提出，过期提出索赔无效，在合同内一般都规定了索赔期限：向卖方索赔，应在约定期限内提出，如合同未规定索赔期限，按《联合国际货物销售合同公约》规定，买方向卖方声称货物不符合合同时限，是买方实际收到货物之日起两年；向船公司索赔的时限，按《海牙规则》规定，是货物到达目的港交货后一年；向保险公司索赔的时限，按中国人民保险公司制定的《海洋运输货物保险条款》规定，为货物全部卸离海轮后两年。

索赔金额应适当确定，除包括受损商品价值外，还应加上有关费用（如检验费等）。索赔金额究竟多少，其中究竟包括哪些费用，应视具体情况而定。

❊ 本章小结 ❊

交易磋商主要包括询盘、发盘、还盘和接受四个过程，其中发盘和接受尤其重要，是合同订立的主要环节。一项有效的发盘和接受，才能使得合同顺利成立。

要实现买卖双方当事人各自的经济目的，除了订立合同外，还必须履行所订立的合同。国际货物买卖合同分为出口合同和进口合同两种履行程序。

出口合同履行的程序主要包括：备货，报验，催证、审证和改证，托运、订舱和装船，投保与报关、制单结汇、出口退税等程序。这些程序之间是相互联系又相互依存的，只有环环紧扣，严格按照合同的规定，根据法律和惯例的要求，才能确保合同得以圆满履行。

进口合同履行的程序主要包括：开立信用证，租船订舱，接运货物，办理货物保险，审单付款，报关提货，验收和拨交货物，索赔等程序。

❊ 练习题 ❊

一、单选题

1. 在出口结汇时，由出口商签发的，作为结算货款和报关纳税依据的核心单据是（　　）。

　　A. 海运提单　　　B. 商业汇票　　　C. 商业发票　　　D. 海关发票

2. 某国外来证规定，最迟装运期为 2003 年 6 月 30 日，议付有效期为 2003 年 7 月 15 日。受益人于 2003 年 6 月 20 日装运货物并取得已装船提单。根据《UCP600》的规定，受益人最迟应于（　　）向议付行交单议付。

　　A. 2003 年 7 月 5 日　　　　　　　B. 2003 年 7 月 15 日

　　C. 2003 年 7 月 11 日　　　　　　D. 2003 年 6 月 30 日

3. （　　）是指议付行收到收益人的单据和（或）汇票后，经审查无误，将单据和汇票寄交国外付款行索取货款，待收到付款行将货款拨入议付行账户的贷记通知书时，即按当日外汇牌价折成人民币收入受益人账户。

  A. 定期结汇   B. 收妥结汇   C. 交单结汇   D. 票据结汇

  4. 信用证的基础是买卖合同，当信用证与买卖合同不一致时，受益人应要求（ ）。

    A. 开证行修改   B. 开证申请人修改

    C. 通知行修改   D. 议付行修改

  5. 信用证开出后，对方要求修改某些条款，则应（ ）。

    A. 区别情况处理   B. 不得批准

    C. 按统一规定处理   D. 在半月内处理

  6. 按《联合国国际货物销售合同公约》的规定，合同成立的时间是（ ）。

    A. 接受生效的时间   B. 交易双方签订书面合同时

    C. 当发盘送达发盘人时   D. 在合同获得国家批准时

  7. 某公司对外发盘时规定了发盘的有效期，根据《联合国国际货物销售合同公约》的规定，这项发盘（ ）。

    A. 不得撤销   B. 可随意撤销

    C. 在对方表示接受前可以撤销 D. 撤销的通知先于发盘到达对方即可撤销

  8. 下列说法错误的是（ ）。

    A. 按《联合国国际货物销售合同公约》规定，一项发盘只要送达受盘人，发盘人就不能撤回其发盘

    B. 根据《联合国国际货物销售合同公约》的规定，一项发盘在受盘人未表示接受之前可撤销

    C. 还盘是对发盘的拒绝，还盘一经做出，原发盘即失去效力，发盘人不再受其约束

    D. 一项接受，可以由受盘人做出，也可由发盘人做出

二、判断题

  1. 提单的签发日期可早于信用证规定的最迟装运日期。（ ）

  2. 提单的被通知人应与信用证规定一致，通常是出口人。（ ）

  3. 一切信用证必须规定一个到期日和一个交单付款、承兑的地点。（ ）

  4. 信用证的到期日与最迟装运期应有一定的时间间隔，通常要求信用证的到期日规定在装运期后 21 天。（ ）

  5. 修改信用证时不必经过开证行，而直接由申请人修改后交给受益人即可。（ ）

三、简答题

  1. 逾期接受是不是一定会导致合同不能成立？为什么？

  2. 简述在履行 CIF 条件下，以信用证方式支付货款的出口合同的基本环节及其主要内容。

  3. 进口货物运输保险有几种方式？分别是什么？

四、案例分析题

  1. 3 月 15 日，A 公司向新加坡客户 G 公司发盘：报童装兔毛衫 200 打，货号 CM034，每打 CIF 新加坡 100 美元，8 月份装运，即期信用证付款，25 日复到有效。3

月 22 日收 G 公司答复如下：你 15 日发盘收到。你方报价过高，若降至每打 90 美元可接受。A 公司次日复电：我方报价已是最低价，降价之事歉难考虑。3 月 26 日，G 公司又要求航邮一份样品以供参考。29 日，A 公司寄出样品，并函告对方：4 月 8 日前复到有效。4 月 3 日，G 公司回函表示接受发盘的全部内容，4 月 10 日送达 A 公司。经办人员视其为逾期接受，故未做任何表示。

7 月 6 日，A 公司收到 G 公司开来的信用证，并请求用尽可能早的航班出运。此时因原料价格上涨，公司已将价格调整至每打 110 美元，故于 7 月 8 日回复称：我公司与你方此前未达成任何协议，你方虽曾对我方发盘表示接受，但我方 4 月 10 日才收到，此乃逾期接受，无效。请恕我方不能发货。信用证已请银行退回。如你方有意成交，我方重新报价每打 CIF 新加坡 110 美元，9 月份交货，其他条件不变。

7 月 12 日 G 公司来电：我方曾于 4 月 3 日接受你发盘，虽然如你方所言，4 月 10 日才送达你方，但因你我两地之邮程需三天时间，尽管我方接受在传递过程中出现了失误，你我两国均为《公约》的缔约国，按《公约》第二十一条第二款规定，你方在收到我方逾期接受后未做任何表示，这就意味着合同已经成立，请确认你将履行合同，否则，一切后果将由你方承担。

请分析：G 公司的上述观点是否正确？

2. 我某出口公司与外商就某商品按 CIF 即期信用证付款条件达成一项数量较大的出口合同，合同规定 11 月装运，但未规定具体开证日期，后来因该商品市场价格趋降，外商便拖延开证。我方为防止延误装运期，从 10 月中旬起多次电催开证，终于使外商在 11 月 16 日开来了信用证。但该商品开证太晚，使我方安排装运发生困难，遂要求对方对信用证的装运期和有效期进行修改，分别推迟一个月，但外商拒不同意，并以我方未能按期装运为由，单方面宣布解除合同，我方也就此作罢。

试分析：我方如此处理是否得当？